国家社科基金后期资助项目

哲学的鲁迅

A Philosophical Interpretation of Lu Xun's Thought

俞兆平 著

商务印书馆
The Commercial Press
创于1897

图书在版编目（CIP）数据

哲学的鲁迅 / 俞兆平著 . — 北京：商务印书馆，2023
ISBN 978-7-100-21853-5

Ⅰ . ①哲… Ⅱ . ①俞… Ⅲ . ①鲁迅（1881—1936）—
哲学思想—思想评论 Ⅳ . ① B261

中国版本图书馆 CIP 数据核字（2022）第 219873 号

哲学的鲁迅

俞兆平　著

商 务 印 书 馆 出 版
（北京王府井大街 36 号　邮政编码 100710）
商 务 印 书 馆 发 行
北京顶佳世纪印刷有限公司印刷
ISBN 978-7-100-21853-5

2023 年 2 月第 1 版　　　　开本 710×1000　1/16
2023 年 2 月北京第 1 次印刷　　印张 27¼

定价：120.00 元

国家社科基金后期资助项目
出版说明

后期资助项目是国家社科基金设立的一类重要项目，旨在鼓励广大社科研究者潜心治学，支持基础研究多出优秀成果。它是经过严格评审，从接近完成的科研成果中遴选立项的。为扩大后期资助项目的影响，更好地推动学术发展，促进成果转化，全国哲学社会科学工作办公室按照"统一设计、统一标识、统一版式、形成系列"的总体要求，组织出版国家社科基金后期资助项目成果。

全国哲学社会科学工作办公室

目　录

自　序 …………………………………………………………………………… 1

第一编　鲁迅与严复

第一章　鲁迅对《天演论》之扬弃 ……………………………………………… 2

　　第一节　需要纵向开掘的课题 ……………………………………………… 2

　　第二节　天行与人治 ………………………………………………………… 6

　　第三节　进化与退化 ……………………………………………………… 20

　　第四节　立群与立人 ……………………………………………………… 37

第二章　《狂人日记》写作动机与《群己权界论》 ……………………………… 45

　　第一节　严复译《群己权界论》中的"狂人" ………………………… 46

　　第二节　鲁迅与《群己权界论》在观念上的叠合 ……………………… 50

　　第三节　"小己受制国人"的文学形象典型 …………………………… 59

　　第四节　鲁迅概括《狂人日记》意旨的辨析 …………………………… 63

第三章　鲁迅"执中"之道与严复译著 ……………………………………… 71

　　第一节　严复与鲁迅在学理上的贯连 …………………………………… 71

　　第二节　鲁迅在学理上的"执中"之道 ………………………………… 78

　　第三节　"执中"之道与"中庸"方略 ………………………………… 87

第二编　鲁迅与卢梭

第四章　鲁迅研究需从尼采推进至卢梭 ……………………………… 94

　第一节　卢梭对中国思想界的影响 ………………………………… 94

　第二节　鲁迅与卢梭之关联 ……………………………………… 100

第五章　鲁迅对卢梭的接纳——"掊物质而张灵明" ……………… 105

　第一节　"掊物质"——反击唯物质主义 ……………………… 105

　第二节　"张灵明"——"心声"洋溢、"内曜"清明 ………… 109

　第三节　追随卢梭，开拓自由之路 ……………………………… 119

第六章　鲁迅对卢梭的摒弃——"任个人而排众数" ……………… 123

　第一节　愚庸"众意"淹没理想"公意" ……………………… 124

　第二节　愚庸"众意"与先觉者悲剧

　　　　　——《狂人日记》《祝福》《孤独者》之解读 ……… 127

　第三节　"任个人"与"中国亦以立"

　　　　　——《药》《复仇（其二）》《铸剑》之解读 ……… 138

第三编　鲁迅与尼采

第七章　鲁迅与"力" ………………………………………………… 152

　第一节　"力"之溯源 …………………………………………… 152

　第二节　"力"之衰微 …………………………………………… 163

　第三节　"力"之飞扬 …………………………………………… 171

　第四节　"力"之调整 …………………………………………… 182

第八章　鲁迅对尼采哲学浪漫主义的承接 ………………………… 187

　第一节　浪漫主义"四派"之划分 …………………………… 189

第二节　诗意人生的追寻 ………………………………… 194

第三节　"纯文学"及"文章不用之用" …………………… 198

第四节　诗性存在与"诗撄人心" ………………………… 204

第九章　鲁迅的价值取向：科学与人文 …………………… 214

第一节　历史语境及论题缘起 ……………………………… 214

第二节　推崇、肯定科学的价值 …………………………… 219

第三节　审视科学的人文视角 ……………………………… 222

第四节　"吾行太远，孑然失其侣" ………………………… 235

第四编　鲁迅与马克思主义

第十章　厦门：鲁迅哲学思想转换的起点 ………………… 240

第一节　离开厦门，"思想已经有些改变" ………………… 241

第二节　愚昧的"众数"　麻木的"庸众" ………………… 247

第三节　"世界是属于傻子" ………………………………… 255

第十一章　鲁迅对马克思主义的接纳 ……………………… 271

第一节　接纳的过程及原因 ………………………………… 272

第二节　经济基础与意识形态 ……………………………… 280

第三节　社会改造的途径 …………………………………… 285

第四节　人的历史社会性 …………………………………… 291

第五节　文艺的本质、功用及审美特性 …………………… 296

第十二章　鲁迅现实主义文学观念的演变 ………………… 306

第一节　科学实证的"写实主义" ………………………… 307

第二节　"在高的意义上的写实主义" ……………………… 317

第三节　"现实底理想主义" ………………………………… 325

第五编　鲁迅与《阿Q正传》

第十三章　《阿Q正传》新论——越界的庸众与阿Q的悲剧·················334

　　第一节　主旨是"憎"　精神是负·····························335

　　第二节　越界的"庸众"·····································341

　　第三节　惧怕其"争"·······································346

　　第四节　从绝望到希望·······································354

第十四章　阿Q形象原型新的定位·································362

　　第一节　唯理演绎与经验归纳·································362

　　第二节　"以鲁解鲁，以鲁证鲁"·····························367

　　第三节　沿此解读　顺理成章·································376

第十五章　论阿Q的辫子——文学经典解读之"互文印证"···········382

　　第一节　从国人的辫子到阿Q的辫子···························382

　　第二节　"阿Q辫子"的意象内涵·······························387

　　第三节　阿Q是"游民之类"的形象典型·······················392

附录　"有思想的小说"与"被小说的思想"

　　　　——评俞兆平《越界的庸众与阿Q的悲剧》···············397

后　记···417

自 序

鲁迅为拯救民族衰亡，启蒙国民"自觉"，论及"立人"时曰："外之既不后于世界之思潮，内之仍弗失固有之血脉"。[①] 强调接纳世界之新近思潮，继承传统之有益血脉，两者聚合一体，"别立新宗"，方可使"沙聚之邦"的古国，转为"人国"，从而屹立于世界民族之林。另一方面，从自我个体的视角，鲁迅亦深切感受到："世界的时代思潮早已六面袭来，而自己还拘禁在三千年陈的桎梏里。于是觉醒，挣扎，反叛，要出而参与世界的事业——我要范围说得小一点：文艺之业。"[②]

于是，觉醒的鲁迅敞开胸襟，以充满自信的"拿来主义"，"运用脑髓，放出眼光"；以广博厚重的中国经验，"同化"对象，拓展新路。鲁迅曾给几位现代名人寻出"家谱"："梁实秋有一个白璧德，徐志摩有一个泰戈尔，胡适之有一个杜威"，[③] 那么，鲁迅自己呢？1932年，他为一位青年作者的诗学论著所写的"题记"有以下之语："纵观古今，横览欧亚，撷华夏之古言，取英美之新说，探其本源，明其族类，解纷挈领，粲然可观。"[④] 这，亦可成为寻索鲁迅哲学思想的导向。

拙著取名为《哲学的鲁迅》，并非去论证鲁迅是位哲学家，而是从哲学的视角去审视他，企望能"探其本源，明其族类"，追溯鲁迅思想与外部世界哲学思潮之关联。如与严复的哲学、社会学译著（赫胥黎的《天演论》、约翰·穆勒的《群己权界论》）、与卢梭哲学、与尼采哲学、与马克

---

① 鲁迅：《文化偏至论》，《鲁迅全集》第 1 卷，人民文学出版社 2005 年版，第 57 页。

② 鲁迅：《当陶元庆君的绘画展览时》，《鲁迅全集》第 3 卷，人民文学出版社 2005 年版，第 573 页。

③ 鲁迅：《现今的新文学的概观》，《鲁迅全集》第 4 卷，人民文学出版社 2005 年版，第 137 页。

④ 鲁迅：《题记一篇》，《鲁迅全集》第 8 卷，人民文学出版社 2005 年版，第 370 页。

思主义哲学美学等的关联等，追索其内在血脉之贯通，融合新知之悟觉；力求阐明鲁迅哲学思想在中国现代思想史上的价值与意义，及其相应的历史地位。

学界的鲁迅研究已是硕果累累、卓见迭出，在前贤所奠立的基础上企盼推进，着实不易。百年来的鲁迅研究史，主要是在思想史和心灵史这两大方向展开，再延及对论著、作品的解读。很长一段时间，鲁迅思想史的研究多为政治学所覆盖，历史发展中的政治事件往往成为对鲁迅论著及思想解读与判断的先决前提；学理性论述的欠缺，引发了另一研究界域的展开，从李长之的《鲁迅的批判》到日本学者竹内好的《鲁迅》、北美华裔学者李欧梵《铁屋中的呐喊》，再到王晓明的《无法直面的人生——鲁迅传》、钱理群的《心灵的探寻》，对鲁迅心灵史的研究得以拓展。同样的，鲁迅思想史中相对超越的哲学层面，也有了新的开拓，像王乾坤的《鲁迅的生命哲学》、汪晖的《反抗绝望》，就留下了先行者的印迹。

何兆武在谈及个人学识建构时曾强调指出："真正理解历史一定要提升到哲学的高度。……你可以知道很多零碎的知识，但不一定就意味着你理解了历史。我想任何学问都是这样，最后总得有人做出理论的总结，否则只能停留在纯技术性的层面。"[1]此精辟之悟解在鲁迅研究中同样适用，即要向着哲学的高度提升，及其广度的拓展。只有提升到这一层面，才能真正理解鲁迅在中国走向现代化历史进程中的作用，才能深刻领悟鲁迅的论著何以在今天仍具有如此强大的历史穿透力度。

成书后，方读到署名为"中国鲁迅研究名家精选集"丛书编委会的题为《薪火相传：百年中国鲁迅研究的回顾与前瞻》一文，内中提及，20世纪90年代举行的一次鲁迅研究会议上，张梦阳说："中国的鲁迅研究成果90%都是重复前人已经取得的研究成果。"而后，他又修改说："中国的鲁迅研究成果99%都是重复前人已经取得的研究成果。"[2]90%重复研究，问题已相当严重了，再提升至99%，不禁骇然，国内鲁迅研究界竟成如此状态，让我这"过客"式的"票友"也咋舌不已。

---

[1] 何兆武：《上学记（增订版）》，人民文学出版社2016年版，第100页。
[2] "中国鲁迅研究名家精选集"丛书编委会：《薪火相传：百年中国鲁迅研究的回顾与前瞻》，参见杨义《鲁迅文化血脉还原》，安徽大学出版社2013年版，第12页。

后来又读到《东岳论丛》上一篇评述国内鲁迅研究状况的论文，张全之批评道："纵观新世纪以来的 20 年，中国鲁迅研究就显得十分沉闷，虽不乏有新意的成果，但对鲁迅研究产生整体性影响的突破性成果难得一见。不仅如此，鲁迅研究的知识化、朴学化、碎片化、学院化，已经十分明显，重复性研究、充满空话套话的研究，已经司空见惯。正是这种状况，不能不给人'鲁迅研究陷入困境'的感觉。"^① 心中略微一沉，本书是否也会成了证实"困境"或"重复研究"的新的标本？

于是，再把书稿审视一番，感觉好像还不至于如此吧。因为从事文学研究 40 余年的我，有一信条严守至今，这就是"不求第一，但求唯一"。遵从鲁迅对学术研究的要求："说出别人没有见到的话来"，^② 避免重复他人见解，若无新意，则不轻作。我一贯认为，文学研究就是要拿出新的判断，拓出新的界域，如此，方有学术生命力；否则，嚼食他人咬过的馍，沿袭他人的观点，除了使自身蒙羞之外，于学术推进有何补益？正由于此，本书稿对一些研究热点并不用上全力，像鲁迅对章衣萍说过："我的哲学都包含在我的《野草》里面了"，而学界研究《野草》的专著据说已近百部，且卓见迭出，也就不去凑这个热闹了，但在本书的《鲁迅对〈天演论〉之扬弃》《鲁迅对卢梭的摒弃》《鲁迅与"力"》等章节中还是有涉及《野草》的近一半篇章，提出一些新的阅读感悟。

本着这一"有所为而有所不为"的心态，我在写作中尽量突出问题意识。诺贝尔奖得主齐纳教授曾说过："人的一生只有两个问题，第一个问题，是找到一个问题，第二个问题，是把它解决掉。"由此可见问题意识在科研中的重要性。以提出问题为定位，解答问题而展开，力求做到以点带面，避免全方位布局的面面俱到，这是本书的撰写策略。

"无征不信，孤证不立"，强调原态史实的实证和历史语境的纳入，则是我坚持多年的学术研究的基本原则。尽管接受美学兴起，阅读主体的阐释性被任意扩展，但不管怎样，哈姆莱特首先是哈姆莱特，不会变成贾宝玉。所以在鲁迅研究中，只要条件可行，我都尽量求助于鲁迅自身著作，一字一句地积累原始资料，苦思冥想地寻求真谛。

---

① 张全之：《新世纪以来鲁迅研究的困境与"政治鲁迅"的突围》，《东岳论丛》2020 年第 7 期。

② 鲁迅：《致许广平》，《鲁迅全集》第 11 卷，人民文学出版社 2005 年版，第 599 页。

在研究方法上，侧重于运用"以鲁证鲁""以鲁解鲁"，即以史料实证为前提，以经验归纳为逻辑原则的文学研究方法，因为鲁迅有他的精神密码，这密码就藏在他的全集中，有待我们去破译。日本的鲁迅研究者竹内好在 20 世纪 50 年代就指出："只是阅读他个别的文章是无法把握鲁迅的。单篇的文章，各个都是他的一部分，与其说是一部分，不如说是一个方面；与其说是方面，不如说是方向。众多方向集中指向一点，鲁迅就在那里。……整体地把握鲁迅，只有在行动的场里才是可能的。"①

例如，对《阿 Q 正传》的解读，除鲁迅直接题示的《俄文译本〈阿 Q 正传〉序》《〈阿 Q 正传〉的成因》等文之外，我在全集的阅读中，还寻索到《摩罗诗力说》《文化偏至论》《破恶声论》《热风·随感录三十八》《〈现代电影与有产阶级〉译者附记》，以及《再谈保留》《流氓的变迁》《学界三魂》《辱骂和恐吓决不是战斗》《350824 致萧军》等 12 处的相关段落，与《阿 Q 正传》文本进行"互文印证"，溯源阿 Q 形象原型的身份定位，得出鲁迅所说的"破落户子弟的装腔作势"作为原点的成分较大，以此图求解答阿 Q 形象涵义这一亘久之谜。在对鲁迅《狂人日记》的创作动机探索中，也采用了与严复译著《群己权界论》"互文印证"的方式等。此种研究方法虽然笨拙、费力，但对鲁迅的百年解读过程中不断添加上去的附着物来说，则是有效的去蔽方式。

取《哲学的鲁迅》这一书名，也是想突出、强调本书与以往研究者不同的视角，但并不意味着穷尽对象，因为这是不可能的事。书已结稿，研究未停，仍处在向源点进发、寻觅、探测的途中，因为在博大精深的鲁迅思想跟前，我们都只能是"弱水三千只取一瓢饮"而已。像鲁迅与中国古典哲学的论题，则有点心有余而力不足了。

唐弢先生说："我向来只顾走自己的路，认定了，一步一个脚印，既不愿苟同别人的意见，也不强求别人附和我。我以为只要持之有故，言之成理，不妨各执一辞，这才有利于自由讨论，有利于活跃思想，使学术研究得以进步和发展。"② 这也是我的心声。现把拙著呈上学界，自信在鲁迅与严复译著、鲁迅与卢梭哲学、鲁迅与尼采"强力意志"之力、鲁迅与马克

---

① 〔日〕竹内好：《从"绝望"开始》，靳丛林编译，生活·读书·新知三联书店 2013 年版，第 96 页。

② 唐弢：《一个应该大写的文学主体——鲁迅》，《反抗绝望——鲁迅及其文学世界》，汪晖著，河北教育出版社 2000 年版，第 14 页。

思主义哲学美学、鲁迅与《阿Q正传》这些方面的研究上，有着自己的悟解与思想。至于是否具有一定的创新与推进的意义，则有待学界评判。鲁迅研究已逾百年，其研究资料整理的系统与完整，在中国现代作家中首屈一指，因此对一本著作的价值的判断，若稍加对比，即可明了，但愿拙著能经得起这样的考验。现把具有原创意味的几个方面简述如下：

其一，鲁迅与严复译著《天演论》。

鲁迅对《天演论》，有继承，有否定，"去其偏颇，得其神明"，采用了哲学的"扬弃"立场。这由三个方面展示：第一，天行与人治。对自然科学意义上"物竞天择、适者生存"的万物进化论，鲁迅是遵从的；对弱小民族宣扬斯宾塞的"天行"说，他是赞同的；而对跟从斯宾塞"丛林法则"的"兽性爱国"者，则以赫胥黎的"人治"予以抨击。第二，进化与退化。鲁迅把进化论和社会革命联系思考，愿意牺牲自我，促使新的希望在进化中诞生；退化的观念则深潜于鲁迅的"鬼气""一代不如一代"，以及对"黄金世界"的疑虑中。第三，立群与立人。严复倾向于斯宾塞，强调"舍己为群"；鲁迅倾向于约翰·密尔，"首在立人"，人立而"人国"立。进化论在人类社会现实中的困境，使鲁迅最后认识到，必须以马克思主义学说来取代严复译著《天演论》。

其二，《狂人日记》与《群己权界论》。

鲁迅《狂人日记》的写作动机与严复译《群己权界论》有关，"狂人"一词或许也来自该书。当时的鲁迅在思想观念上，倾向于约翰·密尔和严复的关于社会矛盾为"小己受制国人"的要义；接受他们关于"国群"之暴，"较专制之武断为尤酷"的判断；同意他们关于"国群"暴虐的恐怖之处，在于"束缚心灵"的结论；而且，周作人隔年所写的小说《真的疯人日记》也涉及严复译著《群己权界论》。《狂人日记》的意旨，在于批判由小人与庸众所组成的"国群"，对"小己"中"孤独的精神战士"的迫压、暴虐，"吃人"的意象则是这一历史语境中的具体展示与深化而已，是一种精神性的象征。鲁迅喊出中国历史"吃人"，类同于尼采的"上帝死了"，都代表着"一切价值重估"的时代到来。

其三，鲁迅与卢梭哲学。

国内外对鲁迅早期思想研究的疏漏是，止于尼采，不再推进至卢梭。1926年底之前，鲁迅的"掊物质而张灵明"，是跟随卢梭对唯物质主义、唯科学主义的质疑；而"任个人而排众数"，则是借助尼采"超人"观念对卢梭"公意"说的调整，对"借众以陵寡"的庸众式民主政治的批判。鲁迅发现，淹没卢梭乌托邦式"公意"的愚庸类"众意"，即英语中的mob（乌合之众）之"长技"，亦即约翰·密尔所揭示的"多数的暴虐"，在中国则表现为"无主名无意识的杀人团"，它在外，构筑成"铁屋子"；在内，转化为"国民性"。20世纪初的中国先觉者们多因此而陷入悲剧性的结局，鲁迅对此深感痛切，并外化为相应的杂文、小说及论文等。

其四，鲁迅与尼采"强力意志"之力。

鲁迅前期的"力"之观念，是以尼采"强力意志"为核心，前承达尔文、斯宾塞，后延及对弗洛伊德、柏格森等的理解。鲁迅钟情尼采哲学的原因是，其一，"意力派"将成为新世纪的哲学主潮；其二，"意力派"摧毁偶像，与"五四精神"合拍；其三，尼采之"力"与达尔文进化论同源。中国的现状，落入《摩罗诗力说》中"古国衰败史"的魔圈，从汉唐时期的雄健阔大变为晚清的孱弱萎琐，原因在于中国传统的腐朽力量的绞杀，以及封建统治者阴毒权术的奴化。为使古国浴火重生，鲁迅求助于尼采的强力意志，呼唤"精神界的战士"的诞生；求取生命本体的勃发与飞扬；坚执于深沉韧性的战斗。1930年前后，鲁迅接受了马克思主义的哲学与美学，逐步疏离、告别了尼采哲学。

其五，鲁迅与马克思主义哲学美学。

鲁迅一生的思想主要是在梁启超所归纳的两大观念中选择：从尼采的"少数之优者为多数之劣者所钳制"，转换到马克思的"多数之弱者为少数之强者所压伏"的理论基点；即从原本的"任个人而排众数"、视"众数"为"庸众"的尼采超人哲学，逐步转换到劳动工农是"世界的创造者"的新的哲学基点上来。这一从尼采的"劣制优"，逐步转换为马克思的"强压弱"观念的起点，则是他在厦门生活的1926年11月，正如他自己而后在广州所说的"离开厦门的时候，思想已经有些改变"。

学界对鲁迅接纳马克思主义的论述，从逻辑体系、学理深度的视角来考察，略嫌零乱、粗率了些。若要更清晰地把握鲁迅这一思想脉络，拟从经济基础与意识形态关系、社会改造的途径、人的历史社会性、文艺的本质功用及审美特性等方面，予以梳理与阐述，并做出相应的评说与判断。鲁迅在接纳马克思主义理论过程中有其特色：一是呈现为动态的逻辑演变，不断地扬弃旧我，吸纳新知；二是所接纳的新的理论多转化为内在的深度悟解；三是站立在厚重的中国经验的基础上，化融了马克思主义，在理论与实践上做出了独特的回应。

其六，鲁迅与《阿Q正传》。

鲁迅对于阿Q不是"怒其不争"，而是"惧怕其争"。鲁迅当时冀盼的是在精神上彻底觉醒的革命先驱者，如写《革命军》的邹容、《药》中的夏瑜，英国诗人拜伦等，而非以权力、金钱、女人为"革命"目的的阿Q式的人物。按照"以鲁解鲁"的研究方法，阿Q这个人物形象原型的身份定位，如鲁迅说的"破落户子弟的装腔作势"的成分较大，其最主要的个性特征是"精神胜利法"与投机革命，阿Q属于投机革命的越界的"庸众"。鲁迅对于中国革命中的游民文化意识与民粹主义倾向是持批判态度的，他惧怕"阿Q似的革命党"这类游民、民粹的沉渣泛起，借着革命的大潮起来争夺权力与地盘，因为他们不可能成为推进中国发展的健康的力量，带给中国人民的反而是一场又一场的灾难。

上述六点或可视之为本书的亮点，是否货真价实，创新推进，还是"忽悠""卖拐"，再度"重复研究"，期盼同行们明眼审察，我亦诚心接受评判。如此，或可为现今的国内外的鲁迅研究增进一些生机与活力。

俞兆平
2022 年 6 月
于南国鹭岛南华苑

第一编　鲁迅与严复

第一章　鲁迅对《天演论》之扬弃

【进化论是鲁迅思想的一条主纲，但中国学界对鲁迅如何接纳严复译著《天演论》缺少纵向开掘，引来日本华裔学者李冬木的批评："关于鲁迅进化论的知识在鲁迅研究领域仍属于知识残缺的环节。"但他的文章却也存在硬伤。鲁迅对严复译著《天演论》，有继承，有否定，"去其偏颇，得其神明"，采用了哲学的"扬弃"立场。这由三个方面展示：其一，天行与人治。对自然科学意义上的"物竞天择、适者生存"的万物进化论，鲁迅是遵从的；对弱小民族宣扬斯宾塞的"天行"说，他是赞同的；而对跟从斯宾塞"丛林法则"的"兽性爱国"者，则以赫胥黎的"人治"予以抨击。其二，进化与退化。鲁迅把进化论和社会革命联系思考，愿意牺牲自我，促使希望在进化中诞生；退化的观念则深潜于鲁迅的"鬼气""一代不如一代"，以及对"黄金世界"的疑虑中。其三，立群与立人。严复倾向于斯宾塞，强调"舍己为群"；鲁迅倾向于约翰·密尔，"首在立人"，人立而"人国"立。进化论在社会现实中的困境，让鲁迅最后认识到，必须以马克思主义学说来取代严复译著《天演论》。】

第一节　需要纵向开掘的课题

进化论是鲁迅研究中绕不过去的一项课题。因为 20 世纪 30 年代初，鲁迅在回顾自我思想历程时明确写道：

　　我一向是相信进化论的，总以为将来必胜于过去，青年必胜于老人。[①]

这一时期，他在与冯雪峰的交谈中也多次提及进化论，并以肯定的口吻说："进化论对我还是有帮助的，究竟指示了一条路。"[②] 尽管 1927 年后，此思路因血淋淋的阶级斗争现实而"轰毁"，但在鲁迅前期思想的发展中它仍是一条主纲。

鲁迅接触进化论的始端是严复译著《天演论》。鲁迅曾回述在南京矿路学堂的生活，19 岁的他如饥似渴地接受新的知识："看新书的风气便流行起来，我也知道了中国有一部书叫《天演论》。星期日跑到城南去买了来，白纸石印的一厚本。"不妨领略一下鲁迅读该书时的第一感觉：

> 哦！原来世界上竟还有一个赫胥黎坐在书房里那么想，而且想得那么新鲜？一口气读下去，"物竞""天择"也出来了，苏格拉底，柏拉图也出来了，斯多噶也出来了。[③]

原来这个世界并不只有四书五经、孔孟老庄之学，还有毕达哥拉斯、德谟克利特、斯多噶学派、苏格拉底、柏拉图、亚里士多德、拉马克、达尔文、赫胥黎、斯宾塞、欧文、哥白尼、培根、笛卡儿、亚当·斯密、洛克、休谟、康德、穆勒、马尔萨斯等学说，《天演论》在年轻的鲁迅眼前打开了一个崭新的世界，标示了独步千古的大师系列。

他痴迷此书，甚至能背诵书中一些篇章，许寿裳曾回忆他们在东京留学的日子："有一天，我们谈到《天演论》，鲁迅有好几篇能够背诵，我呢，老实说，也有几篇能背的，于是二人忽然把第一篇《察变》背诵起来了。"[④] 由此，鲁迅开始了对赫胥黎、斯宾塞、严复有关进化学说的接纳与扬弃，当然此后还有对丘浅治郎、章太炎等人相关学说的吸收，建构起了进化论的学理体系。

鲁迅对严复译著《天演论》熟悉到什么程度，有一细节还可看出。

---

① 鲁迅：《三闲集·序言》，《鲁迅全集》第 4 卷，人民文学出版社 2005 年版，第 5 页。
② 冯雪峰：《回忆鲁迅》，《冯雪峰忆鲁迅》，河北教育出版社 2001 年版，第 20 页。
③ 鲁迅：《琐记》，《鲁迅全集》第 2 卷，人民文学出版社 2005 年版，第 305、306 页。
④ 许寿裳：《亡友鲁迅印象记》，《挚友的怀念——许寿裳忆鲁迅》，河北教育出版社 2000 年版，第 6 页。

1934 年，鲁迅就苏联将排演莎士比亚戏剧遭到施蛰存讥讽一事，写下杂文《"莎士比亚"》。文章开篇就从"严复提起过'狭斯丕尔'"谈起，此语之出处相当偏僻，在《天演论》"导言十六 进微"："持今日之英伦，以与图德之朝相较，则贫富强弱，相殊远矣。而民之官骸性情，若无少异于其初，词人狭斯丕尔之所写生，方今之人，不仅声音笑貌同也，凡相攻相感不相得之情，又无以异。"①时隔 30 多年，鲁迅还记得严复这不经意的一笔，可见他对《天演论》之谙熟近乎了如指掌。

但学界以往对此课题的研究，一般只是把鲁迅著作中与进化论相关的段落与句子录出，加以分析与评断，而较少推进到鲁迅是如何接纳严复《天演论》及相关著作这一纵向的开掘上，欠缺深化与细化。由此，甚至引起日本华裔学者李冬木对中国鲁迅研究界颇为凌厉的批评：

> 鲁迅关于进化论具有怎样的知识呢？这种知识具有怎样的结构和内容，又是通过怎样的途径获得的呢？对于这些问题，迄今为止虽不乏研究和探讨，但有好些不是流于粗疏就是囿于狭窄，或仅仅止于空论而缺乏实证性研究的支持，并没能呈现出鲁迅关于进化论知识结构的本来面目，至少可以说没能呈现出其完整的面目，以至于关于鲁迅进化论的知识在鲁迅研究领域仍属于知识残缺的环节。②

他提出的三个问题确是点到要害，对国内学界关于这一课题的研究不无鞭策作用。但遗憾的是，苛求中国学界的李冬木在这篇文章中自己也存在硬伤：

> 鲁迅实际接受的是斯宾塞的"二元论"——即把自然界和人类社会区别开来，并分别命名为"宇宙过程"（Cosmic Process）和"伦理过程"（Ethical Process）。③

这里，他像是张冠李戴了，把赫胥黎当成了斯宾塞。

---

① 〔英〕赫胥黎：《天演论》，严复译，商务印书馆 1981 年版，第 39 页。

② 李冬木：《鲁迅进化论知识链中的丘浅次郎》，《文化经典和精神象征》，谭桂林等主编，南京师范大学出版社 2013 年版，第 303 页。

③ 同上注，第 332 页。

因为"宇宙进程"与"伦理进程"，是赫胥黎在批判由斯宾塞所引发的社会达尔文主义倾向而提出的概念：

> 那些用以锻造出人类社会极大部分原始结合的情感，进化成为我们叫做良心的这种有组织的和人格化了的同情心。我曾把这种情感的进化叫做伦理过程。就其有助于促使人类的每一个社会更有效地同自然状态或同其他社会进行生存斗争来看，伦理过程所起的作用与宇宙过程形成了和谐的对照。[①]

赫胥黎还特地为"伦理进程"一词概念的来源加了附注："现今似乎有忽视哈特利的风气；虽然，早在一个半世纪以前，他给一个真正的有关智力和道德方面的进化理论不仅奠定了基础，而且建立起大部分上层建筑。他把我所称的'伦理过程'叫做'我们从利己到献身的进步过程'。"[②] 很清楚，"伦理进程"这一词的内涵是人类"从利己到献身"，是人类的"良心""人格化的同情心"。它源于学者哈特利和亚当·斯密的观点，再由赫胥黎延续、发展，并设立语词以凝定。

美国学者史华兹在《寻求富强：严复与西方》一书中也指出："赫胥黎全书的中心论题是'社会进步意味着对宇宙进程的每一步加以控制，并以另一种伦理进程来代替这种宇宙进程，……社会的伦理进步所依赖的不是摹仿宇宙进程，更不是回避宇宙进程，而是与它作斗争'。"[③] 所以，一向强调实证的李冬木，对进化论的研究也未必像是传说中的日本学风那么严谨、扎实吧。

由此看来，关于鲁迅与进化论的研究，仍值得国内外学界更进一步地探索。其中重要的原因在于严复所译的《天演论》只是意译，在赫胥黎的原著上添加了不少自己的悟解，特别是他的"案语"，让人甚至感到他只是在借赫胥黎这只酒杯，来斟斯宾塞及严复自己的酒，所以称之为"译著"更为合理些。这只要把它和科学出版社 1971 年版，由"《进化论与伦

---

① 〔英〕赫胥黎：《进化论与伦理学》，《进化论与伦理学》翻译组译，科学出版社 1971 年版，第 21 页。
② 同上注，第 31 页。
③ 〔美〕本杰明·史华兹：《寻求富强：严复与西方》，叶凤美译，江苏人民出版社 1996 年版，第 91 页。

理学"翻译组"所译的《进化论与伦理学》一书对照，即可明了。

而且，周作人还回忆道："《天演论》原只是赫胥黎的一篇论文，题目是《伦理与进化论》（或者是《进化论与伦理》也未可知），并不是专谈进化论的，所以说的并不清楚，鲁迅看了赫胥黎的《天演论》，是在南京，但是一直到了东京，学了日本文之后，这才懂得了达尔文的进化论。因为鲁迅看到丘浅治郎的《进化论讲话》，于是明白进化学说到底是怎么一回事。"①

所以，从赫胥黎到严复，从严复到鲁迅，再加上严复与章太炎在翻译斯宾塞文集上的分歧，而鲁迅在日本留学时又曾师从章太炎，所以此间存在着极其错综复杂的关系与变数，也就是说，进化理论在中国的传播与承接上存在着不少错位的现象。若由此角度楔入，可以发现，鲁迅对严复译著《天演论》中的观点，既有接纳，也有调整，他继承和发扬了其内部积极、合理的因素，抛弃和否定其消极、偏执的成分，"去其偏颇，得其神明"，即采取了哲学上所说的"扬弃"的立场。因此，把鲁迅有关进化论的论述与《天演论》尽可能地加以相互印证与比对，将有助于对这一课题纵向研究的推进与深化。本章拟从天行与人治、进化与退化、立群与立人三个方面展开论析。

第二节　天行与人治

吴汝纶为《天演论》所写的"序"，开首即提纲挈领地点出此书要义："天行人治，同归天演"。②

"天行"之义为，认同于宇宙中存在着亘久不息的"力"，它在自然界中运行，表现为达尔文的"物竞天择、适者生存"的万物进化论；而后，英国哲学家斯宾塞把它扩展至人类社会，人世亦遵循其运行与演进，即形成带有社会达尔文主义倾向的"任天为治"的学说。

"人治"之义为，指批评前者，欲以人类从原始情感进化而来的人格

---

① 周作人：《鲁迅的国学与西学》，《年少沧桑——兄弟忆鲁迅（一）》，河北教育出版社 2000年版，第 185 页。

② 〔英〕赫胥黎：《天演论》，严复译，商务印书馆 1981年版，第 vi 页。

化的同情心，即"从利己到献身"的"伦理本性"，来抗衡"天行"的"宇宙本性"，来调整"社会达尔文主义"偏向，主张"以人持天"的英国学者赫胥黎的进化学说。

"天行"与"人治"的对立，是人类历史进程中永久的矛盾，像李泽厚在20世纪后半叶提出的历史发展是历史主义和伦理主义的二律背反，即是此观点的延伸。但严复却把此对立的二者，都纳入、归于其具有东方哲学色彩的"天演"一说之中，采取了独特的哲学立场。他立论基点是，斯宾塞之说与《易经》等中国古籍有所"偶合"。他先揭示斯宾塞学说之要义：

> 有斯宾塞尔者，以天演自然言化，著书造论，贯天地人而一理之，此亦晚近之绝作也。其为天演界说曰：翕以合质，辟以出力，始简易而终杂糅。[①]

天演学说有两大要义："翕"为质的聚合，"辟"为质的发散，天地人无不按此由简易而至繁杂。

严复进而指出，中国古籍亦有此说：

> 而《易》则曰："坤其静也翕，其动也辟。"至于全力不增减之说，则有自强不息为之先，凡动必复之说，则有消息之义居其始，而《易》不可见，乾坤或几乎息之旨，尤与热力平均、天地乃毁之言相发明也。此岂可悉谓之偶合也耶？[②]

《易》经中，坤（地）为质的聚合，在时空演化中也会辟毁；乾（天），"天行健，君子以自强不息"，为力之亘久之动。这就是说，英人斯宾塞和中国《易》经都论及，世界万物由气之凝定、力之聚合而为质，而质之运行又发散聚力、消耗自身，终将寂灭。因此，斯宾塞之说，《易》经早已有之，这并非偶合。

19世纪末，中国国势衰危、列强凌逼，严复出于"自强保种"、救亡

---

① 〔英〕赫胥黎：《天演论》，严复译，商务印书馆1981年版，第 ix 页。
② 同上。

图存的强烈现实需求，在斯宾塞与赫胥黎之间徘徊的他，则更偏向于前者。对此选择，他十分清楚：

> 斯宾塞氏得之，故用生学之理以谈群学，造端此事，粲若列眉矣。然于物竞天择二义之外，最重体合，体合者，物自致于宜也。彼以为生既以天演而进，则群亦当以天演而进无疑。而所谓物竞、天择、体合三者，其在群亦与在生无以异，故曰任天演自然，则郅治自至也。①

严复指出，斯宾塞以生物学进化理论用之于社会学，此事的发端，明白无疑。其中，除物竞、天择二大要义之外，最重要的是体合，体合即是生物体自变其形状，以迎合所遇的境况，即适者生存。斯宾塞认为生物既然可以按天演法则而进化，那么人类社会也应当按天演法则而演进。因此，由物竞、天择、体合（适者生存）三者构成的天演法则，在社会界也和在自然界没有差异，所以说任凭自然进化法则的运行，完善的社会大治也自然会到来。

可以看出，严复的思想内理，对斯宾塞的"任天为治"的纲要总体上是赞同的。那么，严复何以不直接翻译他的著作呢？原因是他看到了斯宾塞有关进化论的著作卷帙浩繁、体量庞大，其《天人会通论》："举天、地、人、形气、心性、动植之事而一贯之，其说尤为精辟宏富。其第一书开宗明义，集格致之大成，以发明天演之旨；第二书以天演言生学；第三书以天演言性灵；第四书以天演言群理；最后第五书，乃考道德之本源，明政教之条贯，而以保种进化之公例要术终焉。呜呼！欧洲自有生民以来，无此作也。"②其体系由五本著作构成，对整个世界现象几乎是无所不包，估计严复对此"宏富"的体量感到一时难以完成，而赫胥黎的演讲集的前半部分恰好极为简明地讲述了进化论的要义，故借之为载体来向中国思想界推介斯宾塞的进化论了。

在这样的知识传播背景下，鲁迅对进化论的接受是否与严复保持一致呢？从现有史料来看，存在着既有接纳，也有调整的现象。像对严复把西

---

① 〔英〕赫胥黎：《天演论》，严复译，商务印书馆 1981 年版，第 89 页。
② 同上注，第 4 页。

方新学纳入中国《易经》这类古籍之中的做法，鲁迅则持有异议：

> 外来的事物，都要"用夷变夏"，必须排除的，但待到这"夷"入主中夏，却考订出来了，原来连这"夷"也还是黄帝的子孙。这岂非出人意料之外的事呢？无论什么，在我们的"古"里竟无不包涵了！①

又如对赫胥黎的评价，鲁迅就比严复来得高一些："自称为'达尔文的咬狗'的赫胥黎，他以渊博的学识，警辟的文章，东冲西突，攻陷了自以为亚当和夏娃的子孙们的最后的堡垒。"②当然，这和他在日本留学时师从章太炎有关，当时章太炎逐步转向崇奉意志与宗教，这同弘扬"伦理进程"的赫胥黎是合辙的，他的倾向不可能不影响到鲁迅。

大体看来，对作为解释自然界的纯粹科学意义上的"物竞天择，适者生存"的万物进化论，鲁迅是遵从的；对弱小的国家、民族宣扬斯宾塞的"天行""自强保种"，他是赞同的；而对按照斯宾塞的"丛林法则"而弱肉强食的"兽性爱国"者，则站在赫胥黎的"人治"立场上，予以猛烈的抨击。

一、遵从自然科学范畴的万物进化论

鲁迅进入新学是从自然科学开始的，先是在南京矿路学堂学矿业，到日本学的又是医学，所以他对自然科学的了解比一般作家来得深刻。他认为，欲使国家强大的根本前提是："必以科学为先务，待其结果之成，始以振兵兴业也，特信进步有序，曼衍有源，虑举国惟枝叶之求，而无一二士寻其本，则有源者日长，逐末者仍立拨耳。"③在他的心目中，科学是源头，科学是根本，振兵兴业、强盛国家一定要以此为基础，为始点，若舍本求末，国运将立刻倾覆。而且科学还在鲁迅眼前闪射出另一种异彩：

> 科学者，神圣之光，照世界者也，可以遏末流而生感动。时泰，则为人性之光；时危，则由其灵感，生整理者如加尔诺，生强者强于

---

① 鲁迅：《古书与白话》，《鲁迅全集》第 3 卷，人民文学出版社 2005 年版，第 227 页。
② 鲁迅：《论语一年》，《鲁迅全集》第 4 卷，人民文学出版社 2005 年版，第 584 页。
③ 鲁迅：《科学史教篇》，《鲁迅全集》第 1 卷，人民文学出版社 2005 年版，第 33 页。

拿坡仑之战将云。①

科学在更高的层面上还放射出神圣之光，它能阻遏邪恶末流，孕育美之情感，在这一向度上，科学不仅是"器"，而且上升为具有某种人文色彩之"道"了。因此，对来自《天演论》中属于自然科学范畴的进化理论，鲁迅一般均以接纳，这在他最早撰写的论文《人之历史》中尤为明显。

严复译著《天演论》"导言二 广义"的案语概述了天演论之要义：

> 斯宾塞尔之天演界说曰："天演者，翕以聚质，辟以散力。方其用事也，物由纯而之杂，由流而之凝，由浑而之画，质力杂糅，相剂为变者。"②

其头二句为总纲，宇宙万象，初始由星气聚力合成有质地之物，凝聚后之物质又散发出热、光、声、动，消耗自身之力。以此理论解释万物演进，其特点有四：由简单到繁杂、由流散到凝定、由芜乱到定体、由内涵之力与其外质二者糅合相剂而推动进化。

严复所概括的这些"天演"（亦为"天行"）要义，在鲁迅的著作中，特别是在《人之历史》中多可见到对其悟解及运用。

论及动物、植物及人类的演变，鲁迅写道："凡此有生，皆自古代联绵继续而来，起于无官，结构至简，继随地球之转变，以渐即于高等，如今日也。"③生命是由远古时代传承延续而来，其始于无器官的细胞，生命体的结构极为简单，而后随着地球的变化，才逐渐演进为像今日这样的高级的生命体。此为严复归纳出的"由纯而之杂"，即由简单到繁杂之律。

论及斯宾塞的宇宙中恒久运行的"力"，鲁迅写道："盖世所谓生，仅力学的现象而已。动植诸物，与人类同，无不能诠解以自然之律；惟种亦然，决非如《圣书》所言，出天帝之创造。"④生命由气状聚力合而为质，由具质之物散发出力，所以生命体从根本上看，只是力的运动演化出来的

---

① 鲁迅：《科学史教篇》，《鲁迅全集》第 1 卷，人民文学出版社 2005 年版，第 35 页。
② 〔英〕赫胥黎：《天演论》，严复译，商务印书馆 1981 年版，第 6 页。
③ 鲁迅：《人之历史》，《鲁迅全集》第 1 卷，人民文学出版社 2005 年版，第 12 页。
④ 同上。

现象，这是从动植物直到人类所依循的客观自然规律。此为对严复所概括的天演之根本动力——"翕以聚质，辟以散力"，亦即"天行"的认可。

对天演论中的"人择"原理，鲁迅写道："举其要旨，首为人择，设有人立一定之仪的，择动物之与相近者育之，既得苗裔，则又育其子之近似，历年既永，宜者遂传。"[1]他举例说，像放牧的人，为着不使羊跳栏而逃，就选腿短的留种，最后就剩下短腿羊留传下来，此为严复"由流而之凝"之律的阐发，而严复在《天演论》"导言六　人择"中对此也有详细的阐释。

对于新的科技动向，鲁迅写道："近者法有学人，能以质力之变，转非官品为植物，又有以毒鸩金属杀之，易其导电传热之性者。故有生无生二界，且日益近接，终不能分，无生物之转有生，是成不易之真理，十九世纪末学术之足惊怖，有如是也。"[2]随着人类的进化，新的科技发明不断涌现，有的能使无生命的变为植物类生命体，有的能以化学方法改变金属导电性能等，此为鲁迅运用严复"质力杂糅，相剂为变"之律，对生物体和非生物体互变相生现象的解释。

在日本时，鲁迅曾师从章太炎。在严复翻译赫胥黎的《进化论与伦理学》时，章太炎也曾和他人一起翻译过《斯宾塞尔文集》，1898 年起在《昌言报》上连载过。他所写的《五无论》，对世界的起源亦有涉及："世界初成，溟濛一气，液质固形，皆如烟聚。佛谓之金藏云，康德谓之星云，今人谓之瓦斯气，儒者则以太素目之。尔后渐渐凝成，体若熟乳，久之坚硬，则地球于是定位，次是乃有众生滋长。"[3]也是以康德之"星云说"为主体描述了地球形成的图景。所以，鲁迅的世界进化观念也可能同时受到章太炎的影响。

鲁迅写于 1907 年的《人之历史》一文，相对集中展现了他对严复《天演论》中属于自然科学范畴进化论的接纳。除此之外，与之相关的还散见在全集各处，像在《我们现在怎样做父亲》中，鲁迅就把自然界的进化论归结为简要的一段话："依据生物界的现象，一，要保存生命；二，要延续

---

① 鲁迅：《人之历史》，《鲁迅全集》第 1 卷，人民文学出版社 2005 年版，第 13 页。
② 同上注，第 17 页。
③ 章太炎：《五无论》，《革故鼎新的哲理——章太炎文选》，上海远东出版社 1996 年版，第 259 页。

这生命；三，要发展这生命（就是进化）。"① 这些拟在后文述之。

二、肯定弱小民族"自强保种"的现实需求

严复翻译的《天演论》虽然来自赫胥黎，但出于中国当年救国强种的现实需求，他更倾向于被赫胥黎批评的斯宾塞的"天行"理论，即遵循宇宙中永恒之力，以"任天为治"的原则用于自然界及人类社会。这种张扬"天行"之力，在对自然与社会的现象解说中，强化了物竞天择、适者生存的法则。这一法则，从正向看，它可激发弱小者奋发而起，力求自强；从负向看，它又成了一种弱肉强食的"丛林法则"，成了"社会达尔文主义"。

进化论正反两极的运行，正如赫胥黎所论析的：

> 如果没有从被宇宙过程操纵的我们祖先那里遗传下来的天性，我们将束手无策；一个否定这种天性的社会，必然要从外部遭到毁灭。如果这种天性过多，我们将更是束手无策；一个被这种天性统治的社会，必然要从内部遭到毁灭。②

也就是说，"宇宙过程"所操纵的人类天性，即物竞天择、适者生存的"天行"法则，若否定它，人这一族类或国族将遭到来自外部力量的迫压而毁灭；但若对此"天性"放任自流，崇奉"丛林法则"，从而放弃"伦理进程"，放弃"人治"，我们也将遭到发自内部力量的颠覆而毁灭。看清前者，弱小国族应保种自强、发奋而起；警惕后者，一个国家或族群则要压制兽性，弘扬"伦理本性"，与世间各种族类物类和平共处。

但严复出于现实的需求，在翻译时略去了赫胥黎为《进化论与伦理学》出版所写的"序言"，上述的内容未见于《天演论》。严复在开卷第一篇"察变"即强调：

> 以天演为体，而其用有二：曰物竞，曰天择。此万物莫不然，而

---

① 鲁迅：《我们现在怎样做父亲》，《鲁迅全集》第1卷，人民文学出版社2005年版，第135页。

② 〔英〕赫胥黎：《进化论与伦理学》，《进化论与伦理学》翻译组译，科学出版社1971年版，第 iv 页。

于有生之类为尤著。物竞者，物争自存也，以一物以与物物争，或存或亡，而其效则归于天择。天择者，物争焉而独存。①

天演为本体，它在自然与社会中的作用呈现为物竞、天择，物与物之间竞争不息，其间适者生存，优者胜而独存，劣者败而消亡，此为天择。

严复进而指出，像美洲、澳洲，当地土人"日益萧瑟"，此状况不仅是外来者的劫掠、杀戮造成的，而且还有"资生之物"的占有问题，"有术者既多取之而丰，无具者自少取焉而啬，丰者近昌，啬者邻灭。此洞识知微之士，所为惊心动魄，于保群进化之图"。②族群赖以生存的物资多被竞争之胜者占有，弱者只能依赖剩余的残物啬地过活，因此强者日渐昌盛，弱者几近于灭亡。

严复描绘出一幅惊心动魄、保群进化之图景，使那些具有"洞识知微"、关心国事的思想前驱者们茅塞顿开，也给那些抱残守缺、泥古不化的封建顽固派以猛烈的冲击。转化为社会性的推动力量的《天演论》也由此风行全国，几近经典之地位。他所强化的斯宾塞的"天行"原则，即"物竞天择，适者生存"，适时投合了晚清爱国者们救亡图存的心理需求，在中国思想界激起了巨大的波澜。

这一原理影响之大，可从曹聚仁的回忆中看出："如胡适那样皖南山谷中的孩子，他为什么以'适'为名，即从《天演论》的'适者生存'而来。孙中山手下大将陈炯明，名'陈竞存'，即从《天演论》的'物竞天择，适者生存'一语而来。"③

青年的鲁迅亦卷入其中，1908年，他发表了《摩罗诗力说》，全文充溢着"天行"的强力意志，激荡着"立意在反抗"的"摩罗"精神。

至力足以振人，且语之较有深趣者，实莫如摩罗诗派。摩罗之言，假自天竺，此云天魔，欧人谓之撒但，人本以目裴伦（G. Byron）。今则举一切诗人中，凡立意在反抗，指归在动作，而为世所不甚愉悦者悉入之，为传其言行思惟，流别影响，始宗主裴伦，终以

---

① 〔英〕赫胥黎:《天演论》，严复译，商务印书馆1981年版，第2页。
② 同上注，第12页。
③ 曹聚仁:《中国学术思想史随笔》，生活·读书·新知三联书店1986年版，第353页。

摩迦（匈加利）文士。①

面对国家、民族的衰弱积贫，国人不可避免地处在悲观的氛围之中，鲁迅认为，此时人们更要振作起来，调整自己旧有的伦理价值判断，不必去惧怕传说中的"摩罗"（魔鬼）一派，反而要崇尚这类"雄桀伟美者"。因为他们"立意在反抗，指归在动作"，国人由此可得到力量，拓展前行，上升到所能达到的最高境界。

这是鲁迅在进化论的导引下，强化了斯宾塞的宇宙进程的"力"的功绩。他认为，在特殊的状况下，甚至还可以求助于"魔鬼"（摩罗）之力。由此，方可理解鲁迅为何淡薄卢梭，而偏爱尼采。因为尼采认为，人类的上升，文明的新生，可以从原始野蛮的本性中获得武健勇烈之力。鲁迅承接这种强力的主张，张扬此力，以争天拒俗，"创为理想之邦"。

标举"天行"之力，在鲁迅当年的思想中是一种去弱求强、奋起自立的方略，不但是暂处于衰微中的中华民族，而且世界上各个弱小的民族也急切地需要它，所以在《摩罗诗力说》中，鲁迅列出的八位"摩罗诗人"中，除英国的拜伦、雪莱外，其余六位皆来自日渐衰落的国度，俄国的普希金、莱蒙托夫，波兰的密茨凯维支、斯洛瓦茨基、克拉辛斯基，匈牙利的裴多菲，他们"超脱古范，直抒所信，其文章无不函刚健抗拒破坏挑战之声。平和之人，能无惧乎？于是谓之撒但"。② 这些诗人之所以被执政者及庸众们称之为"撒但""摩罗""魔鬼"，就在于他们超脱陈规旧俗，坦诚抒发信念，以"刚健抗拒破坏挑战"之"诗力"，唤醒民众，激起伟力，拯救国族于危亡之际。

因此，鲁迅在日本翻译出版《域外小说集》时选用的多是弱小民族的作品，因为他们的和中国民众有着共同的遭遇，易于引起国人的共鸣。他说过："因为所求的作品是叫喊和反抗，势必至于倾向了东欧，因此所看的俄国，波兰以及巴尔干诸小国作家的东西就特别多。也曾热心的搜求印度，埃及的作品，但是得不到。"③

周作人对此有过较为详细的回忆："鲁迅的文学主张是为人生的艺术，虽然这也就是世界文学的趋向，但十九世纪下半欧洲盛行自然主义，过分

---

① 鲁迅：《摩罗诗力说》，《鲁迅全集》第1卷，人民文学出版社2005年版，第68页。

② 同上注，第75页。

③ 鲁迅：《我怎么做起小说来》，《鲁迅全集》第4卷，人民文学出版社2005年版，第525页。

强调人性，与人民和国家反而脱了节，只有俄国的现实主义的文学里，具有革命与爱国的精神，为鲁迅所最佩服。他便竭力收罗俄国文学的德文译本，又进一步去找别的求自由的国家的作品，如匈牙利、芬兰、波兰、波希米亚（捷克）、塞尔维亚与克洛谛亚（南斯拉夫）、保加利亚等。这些在那时都是弱小民族，大都还被帝国主义的大国所兼并。"[①]

在鲁迅的心目中，弱小并不可悲，滞后也不足惧，关键在于一个民族有否刚健、奋起之力。他和冯雪峰谈得更为直白："主张反抗，主张民族革命，注重被压迫民族的文学作品和同情弱小者的反抗的文学作品之介绍，也还是叫人警惕自然淘汰，主张生存斗争的意思。"[②] 所以对于弱小民族来说，文学首要之处就是要有自强保种之"诗力"！

三、抨击陷于"丛林法则"的"兽性爱国"。

但鲁迅不是一味地强化"天行"之力，因为他发现，若从负向的角度看，它有可能恶性膨胀，使人类社会陷入"丛林法则"，退回到弱肉强食的动物性的状态。警惕"社会达尔文主义"，在这一点上他比严复来得清醒。

严复出于强种保国的现实需求，在《天演论》"导言一"即以斯宾塞之语为结："斯宾塞尔曰：'天择者，存其最宜者也。'夫物既争存矣，而天又从其争之后而择之，一争一择，而变化之事出矣。"对物竞天择这一宇宙进程的运行法则，严复知道它来自达尔文的《物种由来》一书，属自然界的动植物的进化论，但他仍赞同斯宾塞的理论延展："天演之义，所苞如此，斯宾塞氏至推之农商工兵语言文学之间，皆可以天演明其消息所以然之故，苟善悟者深思而自得之，亦一乐也。"原本论析自然生物的进化论，被斯宾塞推演至人类社会，不但农工商兵的实践界域，甚至语言文学的精神领域，均都适用之。严复虽然看到了"物竞"之惨烈，却仍在社会界域着力推崇斯宾塞的"天行"法则："人欲图存，必用其才力心思，以与是妨生者为斗。负者日退，而胜者日昌，胜者非他，智德力三者皆大是耳。"[③]人若想生存，势必与妨碍自我生命发展的另一方搏斗，以胜者进、败者退

---

①　周作人：《鲁迅的国学与西学》，《年少沧桑——兄弟忆鲁迅（一）》，河北教育出版社2000年版，第185页。

②　冯雪峰：《回忆鲁迅》，《冯雪峰忆鲁迅》，河北教育出版社2001年版，第20页。

③　本段中的引文见〔英〕赫胥黎：《天演论》，严复译，商务印书馆1981年版，第3、8、37页。

为结。他似乎有意地忽略了赫胥黎对斯宾塞漠视"伦理进程"的批评，未能一分为二地把握进化原则，由此，也在刚向西方世界睁开眼的中国思想界留下了隐患。

这一隐患，即是鲁迅在《破恶声论》中所批判的"兽性爱国"思潮。19世纪末，德皇威廉二世曾散布"黄祸"之说，意指中国、日本等黄种民族将威胁西方世界，构成祸害。其出发点是为西方列强侵略东方制造舆论，而当时中国的一些思想激进者却为之所惑，援引此说来鼓动所谓的"民气"，实则已有鲁迅后来所贬抑的"阿Q精神"之端倪。此类人，鲁迅斥之：

> 旧性失，同情漓，灵台之中，满以势利，因迷谬亡识而为此与！……吾尝一二见于诗歌，其大旨在援德皇威廉二世黄祸之说以自豪，厉声而噪，欲毁伦敦而覆罗马；巴黎一地，则以供淫游焉。[①]

国内那些兽性爱国者们溺于精神性的"自淫"，发出野兽般的吼叫，在想象中摧毁伦敦，覆灭罗马，占领巴黎，这种侵略性的思想苗头若不加以制止的话，定会把急于崛起的国人与民族引向歧途。鲁迅斥责他们是人的本性失缺，人的同情心浮薄，灵魂深处尽是势利之欲，陷于迷茫与荒谬之中，而忘却为人应有的常识。

鲁迅进而从理论上论析：

> 是故嗜杀戮攻夺，思廓其国威于天下者，兽性之爱国也，人欲超禽虫，则不当慕其思。……盖兽性爱国之士，必生于强大之邦，势力盛强，威足以凌天下，则孤尊自国，蔑视异方，执进化留良之言，攻小弱以逞欲，非混一寰宇，异种悉为其臣仆不慊也。[②]

此类兽性爱国之徒，从根本上说是错误地理解了进化的理论。鲁迅不否认人类是由"虫蛆虎豹猿狄"进化来的，肯定人性中潜伏着"嗜杀戮侵略"的兽性成分，但他指出：人之所以为人，在于"人欲超禽虫"，欲战胜动

---

① 鲁迅：《破恶声论》，《鲁迅全集》第8卷，人民文学出版社2005年版，第36页。
② 同上注，第34页。

物性的成分；而不能"执进化留良之言，攻小弱以逞欲"，误读"物竞天择，适者生存"之说，盲从"丛林法则"，对弱小者攻击、杀戮，甚至到了不把全世界其他种族均凌辱于脚下而不满足的程度。

在《文化偏至论》中，鲁迅也指出，当西方的一些学说进入中国，

> 人心始自危，而轻才小慧之徒，于是竞言武事。后有学于殊域者，近不知中国之情，远复不察欧美之实，以所拾尘芥，罗列人前，谓钩爪锯牙，为国家首事，又引文明之语，用以自文，征印度波兰，作之前鉴。[1]

在列强环伺、新潮涌入之际，国人危机感始生，这时一些识少闻寡、才能低下的庸者，竞相倡言武力之事。他们近不知悉中国国情，远不了解欧美实况，捡拾一些外来的尘埃草末，罗列于国人跟前，说什么要张扬兽爪利牙之类的武力，才是国家首要之事。又引印度、波兰被英、俄等侵占之史实作为前车之鉴，以所谓文明衰亡来掩饰自身之错。鲁迅对此批评道："以力角盈绌者，于文野亦何关？"以气力相斗胜出或落败之事，与文明和野蛮有何关系？"举国犹孱，授之巨兵，奚能胜任，仍有僵死而已矣。"整个国家都是卑微的弱者，即使予以重兵，亦只是僵死待之，何能取胜？所以，在此文的最后，鲁迅强调中国要角逐于列国，不是"竞言武事"、穷兵黩武，其首要的任务是"立人"，只有具有个性独立、精神自由的"人"屹立于世，中国衰危、沉沦之难，方可得以解救。

鲁迅的观察与判断亦为历史所证实。过了 26 年，鲁迅又论及"黄祸"："现在的所谓'黄祸'，我们自己是在指黄河决口了，但三十年之前，并不如此。那时是解作黄色人种将要席卷欧洲的意思的，有些英雄听到了这句话，恰如听得被白人恭维为'睡狮'一样，得意了好几年，准备着去做欧洲的主子。"30 年过去了，那些"兽性爱国"者意淫式的迷梦早已破灭，现今连"睡狮"也不再提起，"地大物博"也不很看见。其原因之一，就是未能"立人"，何以"立国"？鲁迅进而忧虑地写及："倘是狮子，自夸怎样肥大是不妨事的，但如果是一口猪或一匹羊，肥大倒不是好兆头。"[2]

---

① 鲁迅：《文化偏至论》，《鲁迅全集》第 1 卷，人民文学出版社 2005 年版，第 45 页。
② 鲁迅：《黄祸》，《鲁迅全集》第 5 卷，人民文学出版社 2005 年版，第 354 页。

两年前的"九一八事变"就在眼前。从"竞言武事"到任人宰割，对进化论理解偏误之后果由此可见。

从反对"兽性爱国"的立场出发，鲁迅还在《摩罗诗力说》中批评了俄国诗人普希金：

> 普式庚乃作《俄国之谗谤者》暨《波罗及诺之一周年》二篇，以自明爱国。丹麦评骘家勃阑兑思（G. Brandes）于是有微辞，谓惟武力之恃而狼藉人之自由，虽云爱国，顾为兽爱。特此亦不仅普式庚为然，即今之君子，日日言爱国者，于国有诚为人爱而不坠于兽爱者，亦仅见也。[1]

1831年，沙皇俄国向外扩张，征战弱国，引起被侵略国家人民的反抗，而普希金却写了上述两首诗，以爱国的名义为之辩护。鲁迅引丹麦文学评论家勃兰兑斯之说，批评他依恃武力，践踏弱国人民的自由，此非爱国，而是"兽爱"。鲁迅还联系中国现状指出，国中天天喊"爱国"的一些人，多坠落于"兽性爱国"陷坑，应力加警戒。

由此看来，鲁迅比严复清醒许多，他不像严复那样，天平向斯宾塞一方倾斜，而是以赫胥黎的人性"自我约束"这一伦理导向来寻求"人治"，来提升文明层次。因为赫胥黎曾尖锐地批评过这种兽性：

> 宇宙本性不是美德的学校，而是伦理性的敌人的大本营。需要以事实的逻辑来使他们相信宇宙通过人的低级本性而起作用，不是支持正义，而是反对正义。[2]

"天行"说所推崇的"宇宙本性"，是通过"人的低级本性"，即兽性而起作用的，它是人类的敌人，是文明的敌人，应以伦理、正义的观念来约束之，这正是鲁迅所认同的。

鲁迅在日本留学时，曾师从章太炎，在这问题上可能还受到老师的影响。章太炎对斯宾塞的理论批评得较为激烈："近来像宾丹、斯宾塞尔那

---

① 鲁迅：《摩罗诗力说》，《鲁迅全集》第1卷，人民文学出版社2005年版，第91页。
② 〔英〕赫胥黎：《进化论与伦理学》，《进化论与伦理学》翻译组译，科学出版社1971年版，第53页。

一流人崇拜功利，看得宗教都是漠然。但若没有宗教，这道德必不得增进，生存竞争，专为一己，就要团结起来，譬如一碗的干勃子，怎能团得成面？"[1]在人类社会中，若一味地强化生存竞争，必然使人为着一己私利而抛弃伦理道德，这种社会势必涣散，如干面粉般捏不成团，所以需用宗教等人文精神来粘合之。看来，鲁迅对"兽性爱国"偏向的批评，还内藏着章太炎的观念。而且，从上述鲁迅引勃兰兑斯之说还可看出，他对进化学说的了解，并不止于严复的《天演论》，而是在广泛的接纳中择优选取，对严复偏向于斯宾塞"天行"之说予以相应的调整。

那么，在"天行"与"人治"，即斯宾塞的"宇宙本性"与赫胥黎的"伦理本性"的对峙中，鲁迅是如何选择其间的节点呢？他认为，当一个国家和民族处于遭受欺凌的弱小状态，斯宾塞的"天行"原则可以起到振奋人心、催人猛进的作用，达到"自强保种"的目标；但若一味地强调物竞天择、弱肉强食，把"丛林法则"不加区别地用于人类社会，即使冠以爱国的名号，也只是一种"兽性爱国"而已。

鲁迅还回到现实的大地，结合中华民族传统基因的特点来论析之。因为我们民族是以农耕文明为主的，"民乐耕稼，轻去其乡"，故不忍别离，不重扩张，恶喋血，恶杀人，故中华文明光华美大；我们民族不依暴力去欺凌四夷，人性深处热爱和平，这是天下少有的。故而，鲁迅在全文之末点明要旨：

> 今兹敢告华土壮士者曰，勇健有力，果毅不怯斗，固人生宜有事，特此则以自臧，而非用以搏噬无辜之国。……收艳羡强暴之心，而说自卫之要矣。呜呼，吾华土亦一受侵略之国也，而不自省也乎。[2]

他从中国的国情民风，从中华文明的华美，从中国遭受侵略的现状出发，指出若一味地遵从斯宾塞的"天行"法则，放纵人性中的嗜血、杀戮的动物本能，"搏噬无辜之国"，这只是一种"兽性爱国"；但对于侵凌我国土的暴虐者，国人也不能放弃刚勇之伟力，真正的中华民族的壮士豪杰，既要抑制"艳羡强暴之心"，也要以勇健、果毅之力"自卫"，这才是我们民

---

① 章太炎：《东京留学生欢迎会演说辞》，《革故鼎新的哲学——章太炎文选》，上海远东出版社 1996 年版，第 142 页。
② 鲁迅：《破恶声论》，《鲁迅全集》第 8 卷，人民文学出版社 2005 年版，第 36 页。

族所应具有的善良、美好的意愿。

第三节　进化与退化

对纯粹科学意义上的万物进化论，鲁迅是遵从的，但他又是一位以启蒙主义为宗旨的作家，不可能孤立地仅在自然界域论之，势必要把进化理论运用于社会现实的分析，在鲁迅著作中时时可发现这一踪影。

1925 年，他在批驳章士钊主张读经时写道：

> 衰老的国度大概就免不了这类现象。这正如人体一样，年事老了，废料愈积愈多，组织间又沉积下矿质，使组织变硬，易就于灭亡。一面，则原是养卫人体的游走细胞（Wanderzelle）渐次变性，只顾自己，只要组织间有小洞，它便钻，蚕食各组织，使组织耗损，易就于灭亡。……古国的灭亡，就因为大部分的组织被太多的古习惯教养得硬化了，不再能够转移，来适应新环境。若干分子又被太多的坏经验教养得聪明了，于是变性，知道在硬化的社会里不妨妄行。……惟一的疗救，是在另开药方：酸性剂，或者简直是强酸剂。①

国家正如人体，其衰老、灭亡的原因就像人体的细胞变性、组织耗损等一样，鲁迅充分发挥了自己在生理医学方面的专长，把自然科学的进化、退化理论颇为贴切地运用于国家、社会从盛到衰的分析中。

1927 年，他在黄埔军官学校做《革命时代的文学》的演讲：

> "革命"是并不稀奇的，惟其有了它，社会才会改革，人类才会进步，能从原虫到人类，从野蛮到文明，就因为没有一刻不在革命。……也许曾有一个猴子站起来，试用两脚走路的罢，但许多猴子就说："我们底祖先一向是爬的，不许你站！"咬死了。它们不但不肯站起来，并且不肯讲话，因为它守旧。人类就不然，他终于站起，讲

---

① 鲁迅：《十四年的"读经"》，《鲁迅全集》第 3 卷，人民文学出版社 2005 年版，第 139 页。

话，结果是他胜利了。①

就把社会革命和进化论联系起来思考。不过学界在论述中，一般偏于进化这一路向，而对鲁迅关于退化路向的思考则有所忽略。

一、"进化的途中总须新陈代谢"

为着启蒙宗旨，为着唤醒民众，鲁迅自然地把进化论从自然科学推进到社会科学范畴。如写于 1919 年的《我们现在怎样做父亲》：

> 既是生物，第一要紧的自然是生命。因为生物之所以为生物，全在有这生命，否则失了生物的意义。生物为保存生命起见，具有种种本能，最显著的是食欲。因有食欲才摄取食品，因有食品才发生温热，保存了生命。但生物的个体，总免不了老衰和死亡，为继续生命起见，又有一种本能，便是性欲。因性欲才有性交，因有性交才发生苗裔，继续了生命。所以食欲是保存自己，保存现在生命的事；性欲是保存后裔，保存永久生命的事。……
>
> 生命何以必需继续呢？就是因为要发展，要进化。个体既然免不了死亡，进化又毫无止境，所以只能延续着，在这进化的路上走。走这路须有一种内在的努力，有如单细胞动物有内的努力，积久才会繁复，无脊椎动物有内的努力，积久才会发生脊椎。所以后起的生命，总比以前的更有意义，更近完全，因此也更有价值，更可宝贵；前者的生命，应该牺牲于他。②

这是鲁迅在运用白话文写作后，较为集中地论述进化论的一段话。他把自然界的进化学说推进到社会界域，用以论析社会家庭结构中的父与子关系，亦即老年与青年、旧有与后起、衰老与新生等关系。从上引一段话看，鲁迅对自然科学范畴的进化论仍是心领神会的，所论生命的进程基本上沿用了达尔文的生物进化论。而这一理论的启蒙、发端仍是来自《天演论》。

---

① 鲁迅：《革命时代的文学》，《鲁迅全集》第 3 卷，人民文学出版社 2005 年版，第 437 页。
② 鲁迅：《我们现在怎样做父亲》，《鲁迅全集》第 1 卷，人民文学出版社 2005 年版，第 135、136 页。

像严复在"察变"一节的译后案语，就介绍了达尔文进化学说在欧美的影响力，及其为考古成果所实证："达氏书出，众论翕然。自兹厥后，欧、美二洲治生学者，大抵宗达氏。而矿事日辟，掘地开山，多得古禽兽遗蜕，其种已灭，为今所无。于是虫鱼禽互兽人之间，衔接迤演之物，日以渐密，而达氏之言乃愈有征。……自达尔文出，知人为天演中一境，且演且进，来者方将。"他进而点明了"进化"之规律：

> 由纯之杂者，万物皆始于简易，终于错综。日局始乃一气，地球本为流质，动植类胚胎萌芽，分官最简。……其演弥浅，其质点弥纯，至于深演之秋，官物大备，则事莫有同，而互相为用焉。①

由纯至杂、由简至繁的规律，以及考古上发现的虫鱼至兽人的演进等，这些要义均在上引鲁迅的文字中呈现。

又如，鲁迅写于 1919 年的《热风·随感录四十九》：

> 凡有高等动物，倘没有遇着意外的变故，总是从幼到壮，从壮到老，从老到死。……我想种族的延长，——便是生命的连续，——的确是生物界事业里的一大部分。何以要延长呢？不消说是想进化了。但进化的途中总须新陈代谢。所以新的应该欢天喜地的向前走去，这便是壮，旧的也应该欢天喜地的向前走去，这便是死；各各如此走去，便是进化的路。②

这里所呈现的鲁迅的思路，可能有如周作人所说的，是到日本全面接受进化论学说后的悟解，但《天演论》中的最基本原理没有变，其特点之三："由浑而之画"指的便是这。"画"为定体，使界域分明："物至于画，则由壮入老，进极而将退矣。"事物演变的规律都是从幼到壮，从壮到老，从老到死，这是种族延长、生命连续的必然。

严复在《天演论》"导言十八 新反"的最后，进而断言："吾党生于今日，所可知者，世道必进，后胜于今而已。"③此语像是深印在鲁迅的脑海

---

① 〔英〕赫胥黎：《天演论》，严复译，商务印书馆 1981 年版，第 4、7 页。
② 鲁迅：《热风·随感录四十九》，《鲁迅全集》第 1 卷，人民文学出版社 2005 年版，第 354 页。
③ 〔英〕赫胥黎：《天演论》，严复译，商务印书馆 1981 年版，第 7、47 页。

里，鲁迅所说的"进化的途中总须新陈代谢"、"后起的生命，总比以前的更有意义"、"将来必胜于过去，青年必胜于老年"等，与严复的"世道必进，后胜于今"，在脉理上的延续贯通是显而易见的。

新的诞生、旧的死亡，生老病死、去旧纳新是"进化的路"，是人这一族类处于"宇宙行程"中繁衍生息的规律，是"吾党"谁也逃脱不了的"天道"。对于鲁迅来说，生命之谜既已解答，生命定位也因此而豁达：

> 以为一切事物，在转变中，是总有多少中间物的。动植之间，无脊椎和脊椎动物之间，都有中间物；或者简直可以说，在进化的链子上，一切都是中间物。……他的任务，是在有些警觉之后，喊出一种新声；又因为从旧垒中来，情形看得较为分明，反戈一击，易制强敌的死命。但仍应该和光阴偕逝，逐渐消亡，至多不过是桥梁中的一木一石，并非什么前途的目标，范本。①

虽然这豁达的心境中也略有悲凉，但鲁迅对自我生命的定位很清楚，在进化的行程中，他只是"链子"上的一环，只是从旧世界向新世界过渡的桥梁，是"桥梁的一木一石"，是从旧到新转变的"中间物"，并终将随时光而消逝，并走向死亡。但鲁迅终究是鲁迅，面对着死的必然，他不是抑郁消沉而出世，而是"向死而生"，以生命对旧有衰败的事物，对黑暗腐朽的世界，做奋力的一搏。所以，他才会对冯雪峰说："进化论对我还是有帮助的，究竟指示了一条路。明白自然淘汰，相信生存斗争，相信进步，总比不明白不相信好些。就只不知道人类有阶级斗争。"②

但在那时的中国，鲁迅面对的现实状况，却是新兴的被垂老的所绞杀：

> 可惜有一种人，从幼到壮，居然也毫不为奇的过去了；从壮到老，便有点古怪；从老到死，却更奇想天开，要占尽了少年的道路，吸尽了少年的空气。③

---

① 鲁迅：《写在〈坟〉后面》，《鲁迅全集》第 1 卷，人民文学出版社 2005 年版，第 302 页。
② 冯雪峰：《回忆鲁迅》，《冯雪峰忆鲁迅》，河北教育出版社 2001 年版，第 20 页。
③ 鲁迅：《热风·随感录四十九》，《鲁迅全集》第 1 卷，人民文学出版社 2005 年版，第 354 页。

那腐朽的、衰败的、僵死的，抑制了所有的生机，堵塞了所有的新路，封建主义体制与意识形态把整个国度变成了死寂的"铁屋子"。

因此，为了新生一代的路不被堵死、空气不被吸尽，在《我们现在怎样做父亲》中，鲁迅挺身站立："自己背着因袭的重担，肩住了黑暗的闸门，放他们到宽阔光明的地方去；此后幸福的度日，合理的做人。"为了新生一代的生存，在《狂人日记》中，他放声疾呼："没有吃过人的孩子，或者还有？救救孩子……"为了新生一代的前程，在《灯下漫笔》中，他高声呐喊："这人肉的筵宴现在还排着，有许多人还想一直排下去。扫荡这些食人者，掀掉这筵席，毁坏这厨房，则是现在的青年的使命！"①

他相信中国的未来，人类的希望，终将在一代接一代的进化中诞生，理想的新人终将会出现："尼采式的超人，虽然太觉渺茫，但就世界现有人种的事实看来，却可以确信将来总有尤为高尚尤近圆满的人类出现。"其实这一"高尚圆满"的人，在鲁迅的心目中已有范型，现实中的邹容、拜伦和小说中的夏瑜形象，及斯巴达三百勇士等即是，严复的"世道必进，后胜于今"的进化信念，已深深地在他心中扎下根来。为着这一目的，鲁迅愿意牺牲自己，他紧接着说："此后如竟没有炬火：我便是唯一的光。倘若有了炬火，出了太阳，我们自然心悦诚服的消失，不但毫无不平，而且还要随喜赞美这炬火或太阳；因为他照了人类，连我都在内。"②当四周是一片黑暗时，我可以作为一道微弱的光而燃烧；而当有了火炬、出了太阳之时，我会欣喜地消失在这明亮的光芒中。

对后辈的爱亦是为了种族的蕃衍、强盛，严复在《天演论》的案语中写道："物莫不慈其子姓，此种之所以传也。"③鲁迅则以文学性的形象描述说明之，他引日本有岛武郎的小说《与幼者》的一段话展露心怀："像吃尽了亲的死尸，贮着力量的小狮子一样，刚强勇猛，舍了我，踏到人生上去就是了。……幼者呵！将又不幸又幸福的你们的父母的祝福，浸在胸中，上人生的旅路罢。前途很远，也很暗。然而不要怕。不怕的人的面前才有路。走罢！勇猛着！幼者呵！"④为着幼者，为着年轻一代，为着心目中的新人的诞生，鲁迅愿意献出自我的生命，以自身的血与肉，化为"幼者"

---

① 本段中的引文见《鲁迅全集》第 1 卷，人民文学出版社 2005 年版，第 135、454、229 页。
② 鲁迅：《热风·随感录四十一》，《鲁迅全集》第 1 卷，人民文学出版社 2005 年版，第 341 页。
③ 〔英〕赫胥黎：《天演论》，严复译，商务印书馆 1981 年版，第 16 页。
④ 鲁迅：《热风·随感录六十三》，《鲁迅全集》第 1 卷，人民文学出版社 2005 年版，第 380 页。

的力量，鼓励他勇猛地前行。这是"又不幸又幸福"的父母的祝福，这是作为进化链上的一个"链环"，一个"中间物"所应有的职责，在这一点上，称鲁迅为理想主义者毫不过分。

对进化论透彻的悟解，勘破生死的超越，让鲁迅面对生命的终极是死亡这一真相，有了一种坦然与自如：

> 老的让开道，催促着，奖励着，让他们走去。路上有深渊，便用那个死填平了，让他们走去。少的感谢他们填了深渊，给自己走去；老的也感谢他们从我填平的深渊上走去。——远了远了。明白这事，便从幼到壮到老到死，都欢欢喜喜的过去；而且一步一步，多是超过祖先的新人。这是生物界正当开阔的路！①

个体的生命只是进化链条上的一环，只是从此岸到彼岸的一座桥，所以不管是少的向前走，还是老的让开道，老的少的都应欢欢喜喜、高高兴兴，只有这样才能做到"后胜于今"，才是"正当开阔的路"。

当然，这里也有着尼采生命学说的浓浓的投影："我们有必要不断地让自身的一些东西死去，以便其他的东西活下来。像人生与不断的死亡并肩地走在一起一样：人类必须经常蜕皮。"从达尔文到尼采，对生与死的交替已视之为族类自然演进的规律，坦然地面对死亡，也就是你追求生命的永恒："你也许不久将告别人生——这种感受的晚霞映照在你的幸福中。请注意这个明证：这意味着你爱生命，你爱你自己，你爱的是迄今为止所遇和造就你的生命——这意味着你追求生命的永恒。"②

由此，你也才可以理解，鲁迅为何要把第一本杂文集取名为《坟》。在《写在〈坟〉后面》一文中，鲁迅把自己比喻成做土工的："不明白是在筑台呢还是在掘坑。所知道的是即使是筑台，也无非要将自己从那上面跌下来或者显示老死；倘是掘坑，那就当然不过是埋掉自己。总之：逝去，逝去，一切一切，和光阴一同早逝去，在逝去，要逝去了。——不过如此，但也为我所十分甘愿的。"③他写出自我生命的两种走向，或是"筑台"来提升自己，但最终仍是要跌下、老死；或是"掘坑"，即埋葬自己。

---

① 鲁迅：《热风·随感录四十九》，《鲁迅全集》第1卷，人民文学出版社2005年版，第355页。
② 〔德〕尼采：《尼采遗稿选》，虞龙发译，上海译文出版社2005年版，第46、69页。
③ 鲁迅：《写在〈坟〉后面》，《鲁迅全集》第1卷，人民文学出版社2005年版，第299页。

由此，你也才可理解鲁迅的《野草》"题辞"：

> 过去的生命已经死亡。我对于这死亡有大欢喜，因为我借此知道它曾经存活。死亡的生命已经朽腐。我对于这朽腐有大欢喜，因为我借此知道它还非空虚。[①]

逝去，逝去，"逝者如斯夫"！但此时鲁迅方 46 岁，何以有此沉郁的心态呢？虽然他在理智上是"十分甘愿"的，但清醒地"向死而生"毕竟不是一件轻松的事。这里的"死亡的阴影"当然有恶劣的现实生存环境的挤压，但严复所译介的进化论也投下了浓重的痕迹。

二、对"退化"的警觉与批判

鲁迅相信进化论，甚至愿意以牺牲自我来为新生的一代拓展前行的道路；但他又是警觉的，同时也看到人类在进化途中的差异："夫人历进化之道途，其度则大有差等，或留蛆虫性，或猿狙性，纵越万祀，不能大同。"[②]即有的人已进化为"人"，有的却还停留在动物性阶段，即使再过万年，也还是这样，其实质上已是退化。

早在 1903 年，鲁迅就看到了人类社会的发展不仅是进化，还存在着退化的危险。他在写作《中国地质略论》时指出，有无"自制之精密地图"是区分文明与非文明国家的一项标准。中国虽为文明之鼻祖，科学原先发达，但到晚清之际，却连一张略为精确且标示出地质矿产的地图也没有，正如一个"昏昧乏识"的孤儿，自家房子、田地、财产、珍藏有多少都弄不清。遇强盗入室，持以相赠；兄弟之间，却锱铢必较，甚至自相残杀。

> 呜呼，现象如是，虽弱水四环，锁户孤立，犹将汰于天行，以日退化，为猿鸟蜃藻，以至非生物。[③]

中国社会已处于危险的境地了，虽然能闭关锁国，孤立自处，但它必然被"物竞天择，适者生存"这一世界性的"天行"法则所淘汰，它正"已日

[①] 鲁迅：《野草·题辞》，《鲁迅全集》第 2 卷，人民文学出版社 2005 年版，第 163 页。
[②] 鲁迅：《破恶声论》，《鲁迅全集》第 8 卷，人民文学出版社 2005 年版，第 34 页。
[③] 鲁迅：《中国地质略论》，《鲁迅全集》第 8 卷，人民文学出版社 2005 年版，第 5 页。

退化"，处于日渐衰弱退化之中，国人若不警觉，将返回为猿鸟虫藻之类，甚至非生物之境地。

对于现实社会状况，鲁迅也清醒地看到了进化过程中的另一路向：

> 因为社会不良，恶现象便很多，势不能一一顺应；倘都顺应了，又违反了合理的生活，倒走了进化的路。所以根本方法，只有改良社会。①

社会的恶现象引发了他的反向思维——对"倒走了进化的路"，即退化的深度思考。

1926 年，因韦素园在编辑《莽原》时，未采用高歌和向培良的稿件，高长虹便翻脸向鲁迅发难，撰文攻击，还以进化论为辩。鲁迅回击道：

> 中国现在道路少，虽有，也很狭，"生存竞争，天演公例"，须在同界中排斥异己，无论其为老人，或同是青年，"取而代之"，本也无足怪的，是时代和环境所给与的运命。②

这里有着反讽之意，进化论的生存竞争之说在自然界原本没错，但若用之于社会环境，以此排斥同行，甚至是往日的同道者，那就值得怀疑了："费笔费墨，费纸费寿，归根结蒂，总逃不出争夺一个《莽原》的地盘。"③鲁迅之笔利刃般揭开了高长虹不可告人的野心与目的，同时也透露出他已看到了进化论中的退化一面，年轻一代已不可全然信之了。

关于鲁迅与进化论的研究，学界对于进化，即优化、进步这一路向关注较多，但对进化的悖论——退化，像是触及较少，值得拓展。这甚至还可涉及对鲁迅作品中一些意象寓意的理解，像《秋夜》中的枣树，"他知道小粉红花的梦，秋后要有春；他也知道落叶的梦，春后还是秋"。秋后有春，春后还是秋；浪漫的粉红的梦，冷酷的枯叶的梦——对立的两极性意象，蕴含着鲁迅对时光的轮回，乃至历史的循环之感悟。

---

① 鲁迅：《我们现在怎样做父亲》，《鲁迅全集》第 1 卷，人民文学出版社 2005 年版，第 143 页。

② 鲁迅：《新的世故》，《鲁迅全集》第 8 卷，人民文学出版社 2005 年版，第 189 页。

③ 同上。

赫胥黎在《进化论与伦理学》中对此有过论析:"进化"一词,

> 就其通俗的意义来说,它表示前进的发展,即从一种比较单一的情况逐渐演化到一种比较复杂的情况;但其含义已被扩大到包括倒退蜕变的现象,即从一种比较复杂的情况进展到一种比较单一的情况的现象。①

进化一词中即包括着退化。但不知为何,这段论述在严复所译的《天演论》中像是找不到。不过退化的内容在《天演论》仍然存在,只是被成为"显学"的进化一说所遮掩、覆盖而已。严复在"导言二 广义"案语写道:"斯宾塞尔之天演界说曰:'天演者,翕以聚质,辟以散力。'"②翕为聚集,辟为发散,发散即包含着退化,这是斯宾塞进化论的逻辑起点。

全增嘏主编的《西方哲学史》对此做过释解:

> 斯宾塞的定义是:"进化是物质的集结,以及同时发生的运动的消散,在这个过程中,物质由相对不确定的、分散的同质状态进到相对确定的、凝聚的异质状态,而被保留的运动也发生了相应的转化。"……但是上面说的还只是事情的一个方面,由于他认为物质的集结必伴以运动的消散,因此到一定阶段,进化就到了顶点,达到一种均衡状态。他说"运动一直进行到均衡发生为止,而均衡终会发生"。随后就是解体和分散。③

因此,"解体和分散",即退化,亦是进化理论的组成部分,它是规律性的存在,是万物运行的一种必然。

物质从分散到凝聚,再到均衡,终于解体、分散,天演之行,无法干预。严复也看到了这一点:

> 形气内事,皆抛物线也。至于其极,不得不反,反则大宇之间,

---

① 〔英〕赫胥黎:《进化论与伦理学》,《进化论与伦理学》翻译组译,科学出版社 1971 年版,第 4 页。

② 〔英〕赫胥黎:《天演论》,严复译,商务印书馆 1981 年版,第 6 页。

③ 全增嘏主编:《西方哲学史》下册,上海人民出版社 1985 年版,第 447—448 页。

又为天行之事。人治以渐，退归无权，我曹何必取京垓世劫以外事，忧海水之少，而以泪益之也哉。①

他以几何学的抛物线比喻天演之规律，它延伸到顶点，必然下行，而后再开始天行之道。其时人治消隐，无力掌控，我们何必去考虑这些众多世间劫数以外的事情？这就像忧虑海水减少，想以泪水去补充一样。

沿此，他不由自主地发出感慨：

> 宇宙究竟与其元始，同于不可思议。不可思议云者，谓不可以名理论证也。吾党生于今日，所可知者，世道必进，后胜于今而已。至极盛之秋，当见何象，千世之后，有能言者，犹旦暮遇之也。②

宇宙之始，不可以名理论证，"世道必进，后胜于今"！他说出了让鲁迅牢记的名言。但万物进化至极盛，而后势必退化，此终末之景象却未无法言之，如若能言，就像清晨与黄昏相遇合那样荒谬。"不可知论"的悲凉也于严复的笔下渗透出来。

这一"悲凉"也渗入鲁迅的魂灵，1935 年，在他逝世的前一年，给一位木刻家的信中写道：

> 宇宙的最后究竟怎样呢，现在还没有人能够答复。也许永久，也许灭亡。但我们不能因为"也许灭亡"就不做，正如我们知道人的本身一定要死，却还要吃饭也。③

可以看出，鲁迅也像严复一样思考过宇宙终结问题，或许这是每一位思想家所必然要发问的。那么，由此所延伸的生命存在于世间的价值意义何在呢？这是每个接触到"退化"观念的人都不能不思索的问题。与严复溺于不可知论的"悲凉"不同，鲁迅强调的生命个体的抗争，以新的创造战胜生命不可避免的衰亡，或许尼采的"强力意志"观念尚未消退吧。

由此，鲁迅前期思想中一些谜题，似乎增添了一种解答的可能性。

---

① 〔英〕赫胥黎：《天演论》，严复译，商务印书馆 1981 年版，第 45 页。
② 同上注，第 47 页。
③ 鲁迅：《致唐英伟》，《鲁迅全集》第 13 卷，人民文学出版社 2005 年版，第 494 页。

其一，"鬼气"问题。

1924年，鲁迅在《致李秉中》信中谈及：

　　我自己总觉得我的灵魂里有毒气和鬼气，我极憎恶他，想除去他，而不能。我虽然竭力遮蔽着，总还恐怕传染给别人，我之所以对于和我往来较多的人有时不免觉到悲哀者以此。[①]

　　那么，什么是鲁迅灵魂中的"鬼气"呢？这"鬼气"由何而来呢？在《写在〈坟〉后面》中，他有过这样的自白："若是自己，则曾经看过许多旧书，是的确的，为了教书，至今也还在看。因此耳濡目染，影响到所做的白话上，常不免流露出它的字句，体格来。但自己却正苦于背了这些古老的鬼魂，摆脱不开，时常感到一种使人气闷的沉重。就是思想上，也何尝不中些庄周韩非的毒，时而很随便，时而很峻急。"[②]"鬼气"来自中国古籍，特别是道家与法家的著作。

　　但似乎不仅是如此，它还是1925年3月18日给许广平信中所说的"虚无"："我的作品，太黑暗了，因为我只觉得'黑暗与虚无'乃是'实有'，却偏要向这些作绝望的抗战，所以很多着偏激的声音。"[③]

　　它还是《影的告别》中的"一个影"："我不过一个影，要别你而沉没在黑暗里了。然而黑暗又会吞并我，然而光明又会使我消失。"[④]

　　它还是《死后》中的"运动神经废灭，而知觉还在"的那具躺在棺材里的"尸体"："我想：这回是六面碰壁，外加钉子。真是完全失败，呜呼哀哉了！……"[⑤]

　　它还是《墓碣文》中的"长蛇"："有一游魂，化为长蛇，口有毒牙。不以啮人，自啮其身，终以殒颠。……"[⑥]

　　它还是鲁迅用过的一颗印章："洪宪发作以前，北京空气恶劣，知识阶级多已预感危险，鲁迅那时自号'俟堂'，本来也就是古人的'待死堂'

①　鲁迅：《致李秉中》，《鲁迅全集》第11卷，人民文学出版社2005年版，第453页。
②　鲁迅：《写在〈坟〉后面》，《鲁迅全集》第1卷，人民文学出版社2005年版，第301页。
③　鲁迅：《致许广平》，《鲁迅全集》第11卷，人民文学出版社2005年版，第466页。
④　鲁迅：《影的告别》，《鲁迅全集》第2卷，人民文学出版社2005年版，第169页。
⑤　鲁迅：《死后》，《鲁迅全集》第2卷，人民文学出版社2005年版，第216页。
⑥　鲁迅：《墓碣文》，《鲁迅全集》第2卷，人民文学出版社2005年版，第207页。

的意思。"①……

　　虚无、影子、尸体、游魂、待死……在 1925 年前后鲁迅的作品与信件中是经常出现的意象，它所携带的幻灭感，自然也是一种"鬼气"。但学界以往多以鲁迅《〈自选集〉自序》为解："后来《新青年》的团体散掉了，有的高升，有的退隐，有的前进，我又经验了一回同一战阵中的伙伴还是会这么变化，并且落得一个'作家'的头衔，依然在沙漠中走来走去。"②战友们分道扬镳、食言饰非，战阵中波谲云诡、星流云散，轰轰烈烈的一场思想文化的战役，终末以"两间余一卒，荷戟独彷徨"而收局，"绝望之为虚妄，正与希望相同"，现实所带来的颓唐、寂寞的心境致使"鬼气"萌生。

　　仅是客观现实的原因吗？在主体的灵魂深处的"鬼气"，难道会没有《天演论》中"退化"观念的渗合吗？请陈衡恪刻的印章为"俟堂"——待死堂，坦然地等待、迎候死的来临，难道就没有对万物盛极而衰的"解体和分散"这一生命必然的了悟？在《影的告别》中，我徬徨于明暗之间，若是黄昏，黑夜自会沉没我；若是黎明，光亮自会消失我，所以我献出的只有黑暗与虚空。难道会没有个体生命只是进化路途上的"中间物"的感慨？只有这样，我们才会真正理解，在《呐喊·自序》中，鲁迅何以会写道："希望是在于将来，决不能以我之必无的证明，来折服了他之所谓可有。"③"我之必无"乃是"实有"，而希望却是不确定的。进化论中的"无"与"有"的哲学理念，如一柄双刃匕首，鲁迅既用来"与黑暗捣乱"、作"绝望的抗战"，同时又把自身伤得血迹斑斑。

　　其二，"一代不如一代"问题。

　　严复在《天演论》"论十四　矫性"的案语，论及民性之退化问题：

　　　　然而前之民也。内虽不足于治，而种常以强。其后之民，则卷娄濡需，黠诈憸窳，易于驯伏矣，然而无耻尚利，贪生守雌，不幸而遇外仇，驱而糜之，犹羊豕耳。④

---

① 周作人：《关于鲁迅》，《关于鲁迅》，止庵编，新疆人民出版社 1997 年版，第 137 页。

② 鲁迅：《〈自选集〉自序》，《鲁迅全集》第 4 卷，人民文学出版社 2005 年版，第 469 页。

③ 鲁迅：《呐喊·自序》，《鲁迅全集》第 1 卷，人民文学出版社 2005 年版，第 441 页。

④ 〔英〕赫胥黎：《天演论》，严复译，商务印书馆 1981 年版，第 87 页。

民性在原古时代，虽然人治、伦理的规则未能明之，但武健侠烈、敢斗轻死，此时的民风甚为强悍；而进化到文明开化时代，民众却变成衰老、背驼的模样，苟安于一时，其生性狡猾诈骗、懒惰懈怠，虽易于管驯，却而无廉耻之感，他们追求私利，贪生怕死，处世柔弱，倘若遭遇外来强敌，就容易像猪羊一样为之所驱使、所捆绑。

严复描述的退化之民性，跟鲁迅笔下所批判的国民性几可重叠。所以，学界以往把鲁迅关于国民性的思考，仅仅溯源至受亚瑟·史密思的《中国人气质》日译本的影响，是否过于偏窄些？严复《天演论》中"民性退化"的视角，以及而后章太炎的善恶"俱分进化论"之说等是否应考虑重点纳入。

鲁迅言及退化，最有感性意味的就是小说《风波》中九斤老太的口头禅："这真是一代不如一代！"曾孙女生下重六斤，比她爸爸七斤少一斤，比她曾祖少了三斤，一代不如一代仿佛成了一条颠扑不破的实例。别以为这只是鲁迅在创作时随手而来漫画式的笔法，其实退化的理念在鲁迅心中是一道深深的隐痛。

中国社会延续到明清时期，汉唐的雄健阔大、自信沉稳的气派全然不见，国民性已退化到如此惨烈之程度：

> 中国的社会里，吃人，劫掠，残杀，人身卖买，生殖器崇拜，灵学，一夫多妻，凡有所谓国粹，没一件不与蛮人的文化（？）恰合。拖大辫，吸鸦片，也正与土人的奇形怪状的编发及吃印度麻一样。至于缠足，更要算在土人的装饰法中，第一等的新发明了。[1]

种种丑陋的行径触目惊心、令人骇然，却又美之名曰"国粹"，这些远离文明的恶习实则和未开化的野蛮部落、土著民族处在同一级次。特别是中国妇女的"缠足"，比"土人"耳朵剜空嵌上木塞，下唇剜孔插上兽骨有过之而无不及，更是人类肢体上的退化，鲁迅怒斥道："世上有如此不知肉体上的苦痛的女人，以及如此以残酷为乐，五恶为美的男子，真是奇事怪事。"[2]

---

[1]　鲁迅:《热风·随感录四十二》，《鲁迅全集》第1卷，人民文学出版社2005年版，第343页。

[2]　同上。

社会如此，那么国人呢？对上述种种社会丑恶的现象，国人应生发出无畏的批判勇气，但他们退缩了、回避了：

> 中国人的不敢正视各方面，用瞒和骗，造出奇妙的逃路来，而自以为正路。在这路上，就证明着国民性的怯弱，懒惰，而又巧滑。一天一天的满足着，即一天一天的堕落着，但却又觉得日见其光荣。①

对当时中国"一天一天堕落"的"国民性"，鲁迅用"怯弱，懒惰，巧滑"三个词概括之。怯弱，如《忽然想到》中的对羊显凶兽样，对凶兽显羊样的"卑怯"的国民；懒惰，如《娜拉走后怎样》中的北京羊肉铺前张大嘴巴盯着剥羊的无聊"看客"；巧滑，如《阿Q正传》中的阿Q的精神胜利法，如《杂感》中的抽刀向更弱者的"怯者"。鲁迅写出了国民从身体到灵魂的退化，几乎是上述严复的描述的延续。

更有甚者，国人中还有用他人的鲜血谋取私欲的。《药》中的华老栓求取蘸有烈士鲜血的馒头给儿子治痨病，蒙昧之举，尚有可原；而1927年春那场腥风血雨中，有的青年却踩着他人的鲜血、尸体而往上爬，那就罪不可赦了。"我在广东，就目睹了同是青年，而分成两大阵营，或则投书告密，或则助官捕人的事实！我的思路因此轰毁，后来便时常用了怀疑的眼光去看青年，不再无条件的敬畏了。"②此类青年，人性退化，道德沦丧，让鲁迅原本信奉的"将来必胜于过去，青年必胜于老年"的进化论原则，彻底因之轰毁，这类青年的"退化"现象轰毁了他那源自严复的"世道必进，后胜于今"，即斯宾塞乐观主义的进化思路，促使他开始探索新的路向。

其三，"黄金世界"问题。

鲁迅对预设的所谓希望、远景，或各种学说所言及渺远的"黄金世界"，一直持有疑虑与观望的态度，也因此得到"鲁迅多疑"的评说，这当然和他所崇奉的尼采学说有关。尼采强调生命的当下的意义："我们不能让生命从我们自己的手中溜走，不因为追求一个'目标'溜走——而是收获我们每个季节的果实。"虚幻的目标不能成为生命的目的，每个季节都

---

① 鲁迅：《论睁了眼看》，《鲁迅全集》第1卷，人民文学出版社2005年版，第254页。
② 鲁迅：《三闲集·序言》，《鲁迅全集》第4卷，人民文学出版社2005年版，第5页。

会结出相应的丰硕的生命果实。所以尼采对那些所谓目标的设定者怀着深深的警惕:"我的兄弟们,你们要对大地忠诚,不要相信那些对你们说什么有超凡希望的人。他们是施毒者,是生命的蔑视者,不管他们知道与否,他们行将灭亡,自己毒害自己。"①要忠实于脚下的大地,要相信实在的生活,只有当下自己的生命存在才是真正的实有,这是尼采的训诫。但我们也不能忘记,对鲁迅来说,其间还可能有严复这条线的影响。

严复译著《天演论》中既有斯宾塞的直线进化的乐观主义,也有赫胥黎忧虑人类困境的悲观主义,内存矛盾张力。在"导言十八 新反"的案语中,他写道:

> 赫胥氏是篇所称屈己为群为无可乐,而其效之美,不止可乐之语,于理荒矣。吾不知可乐之外,所谓美者果何状也。然其谓郅治如远切线,可近不可交,则至精之譬。②

严复虽然重斯宾塞而轻赫胥黎,对他偏重个体生存的主张不甚赞同,但对他的另一些看法还是认同的。像社会的"郅治",即人类进化至大治、完美社会的到来,赫胥黎认为就像"远切线",就像地平线一样,可以趋近但不可以真实触及,所以真正的理想性的社会实现还是虚幻缥缈的。这和鲁迅对宣传中的"黄金世界"一直不予信任像是有着内在脉理关联。

1923年底,鲁迅在北京女子高等师范学校做了《娜拉走后怎样》的演讲,谈到了"黄金世界"的问题:

> 但是,万不可做将来的梦。阿尔志跋绥夫曾经借了他所做的小说,质问过梦想将来的黄金世界的理想家,因为要造那世界,先唤起许多人们来受苦。他说,"你们将黄金世界预约给他们的子孙了,可是有什么给他们自己呢?"有是有的,就是将来的希望。但代价也太大了,为了这希望,要使人练敏了感觉来更深切地感到自己的苦痛,叫起灵魂来目睹他自己的腐烂的尸骸。③

---

① 〔德〕尼采:《尼采遗稿选》,虞龙发译,上海译文出版社2005年版,第56、77页。
② 〔英〕赫胥黎:《天演论》,严复译,商务印书馆1981年版,第46页。
③ 鲁迅:《娜拉走后怎样》,《鲁迅全集》第1卷,人民文学出版社2005年版,第167页。

早在 1920 年 10 月，他的《头发的故事》，就对预约给子孙的黄金时代提出质疑："我要借了阿尔志跋绥夫的话问你们：你们将黄金时代的出现豫约给这些人的子孙了，但有什么给这些人们自己呢？"①1924 年 9 月在《影的告别》他更明确地宣告："有我所不乐意的在天堂里，我不愿去；有我所不乐意的在地狱里，我不愿去；有我所不乐意的在你们将来的黄金世界里，我不愿去。"②1925 年 4 月，在《春末杂谈》，他从细腰蜂的毒针也谈到了圣君、贤臣们构想的"黄金世界"的恶毒与虚幻。

1925 年 3 月，在给许广平的第二封信中，他就提到："我疑心将来的黄金世界，也会有将叛徒处死刑，而大家尚以为是黄金世界的事，其大病根就在人们各各不同，不能像印版书似的每本一律。"有独立个性的所谓"叛徒"，在像印版书一律那样的黄金世界或将会被处死。所以，"所谓'希望将来'，不过是自慰——或者简直是自欺——之法，即所谓'随顺现在'者也一样。必须麻木到不想'将来'也不知'现在'，这才和中国的时代环境相合，但一有知识，就不能再回到这地步去了"。③

一直到 20 年代末，在和冯雪峰的谈话中，他还在深思这一问题：

> 真的只看将来的黄金世界的么？这么早，这么容易将黄金世界预约给人们，可仍旧有些不确实，在我看来，就不免有些空虚，还是不太可靠！……我自然相信有将来，不过将来究竟如何美丽，光明，却还没有怎样去想过。倘说是怎么样才能到达那将来，我是以为要更看重现在；无论现在怎么黑暗，却不想离开。我向来承认进化论，以为推翻了黑暗的现状，改革现在，将来总会比现在好。将来就没有黑暗了么？④

有人认为，鲁迅有一种怀疑的本能，是的，他的怀疑阴影较他人浓重。但你能说他错了吗？"将黄金世界预约给人们"，这可靠吗？"将来就没有黑暗了么？"从现在到"黄金世界"，进化的过程能是一路坦途、光明畅达的吗？要知道，20 世纪初的中国的所谓"革命"给鲁迅的失望是太多

---

① 鲁迅：《头发的故事》，《鲁迅全集》第 1 卷，人民文学出版社 2005 年版，第 488 页。
② 鲁迅：《影的告别》，《鲁迅全集》第 2 卷，人民文学出版社 2005 年版，第 169 页。
③ 鲁迅：《两地书》，《鲁迅全集》第 11 卷，人民文学出版社 2005 年版，第 20、26 页。
④ 冯雪峰：《冯雪峰忆鲁迅》，河北教育出版社 2001 年版，第 11、13 页。

了，他的怀疑，他的虚幻感是历史现实的刻痕。

辛亥革命推翻了几千年的中国封建体制，是进步、进化了，但鲁迅随即看到的是退化："涂饰的新漆剥落已尽，于是旧相又显了出来，使奴才主持家政，那里会有好样子。"[1]连他亲密的战友、徐锡麟烈士的弟子范爱农，一位充满革命激情的留日学生，在辛亥革命之后都无处谋生，穷困落魄，最终溺水而死，疑为自杀而亡。面对着这倒退的现状，鲁迅含着悲愤地写道："我觉得仿佛久没有所谓中华民国。我觉得革命以前，我是做奴隶；革命以后不多久，就受了奴隶的骗，变成他们的奴隶了。"[2]革命后，我倒成了奴隶的奴隶。

鲁迅精神值得尊崇，原点之一就在于他"更看重现在"，从不轻信"乌托邦"式的幻象。如上述严复所言："郅治如远切线，可近不可交"；当然也有其师章太炎"善亦进化，恶亦进化"论说的影响，即使是"黄金世界"也避免不了"恶"的存在。革命前所许诺的自由、幸福，革命前所想象的美丽、光明，即那些人所描绘的"黄金世界"，在革命成功后轰然倒塌，成了泡影。

对于 1925 年前后的中国政局，鲁迅尖锐地揭示：这不过是"称为神的和称为魔的战斗了，并非争夺天国，而在要得地狱的统治权。所以无论谁胜，地狱至今也还是照样的地狱"。[3]就像他在《失掉的好地狱》一文中所描绘的那样，即使"人类"掌握了主宰地狱的大威权之后，也不见得比"魔鬼"掌权时来得好。"魔鬼"时地狱的曼陀罗花还可萌生，虽然花极细小，惨白可怜，但到"人类"掌权后，此花立即焦枯了，甚至使被奴役者去记起"失掉的好地狱"。显然，如此的"革命"，能叫进化吗？不，这是"倒走了进化的路"！于此，你能说鲁迅是生性多疑吗？不，这种怀疑论值得肯定，进化论中的退化理念带来的痛感，使鲁迅有了如哲学家式的醒觉和史学家式的透视。

鲁迅对"黄金世界"的怀疑、拒绝，直至 1930 年才有所松动。他在翻译苏联作家法捷耶夫的小说《溃灭》后写道："革命有血，有污秽，但有婴孩。这'溃灭'正是新生之前的一滴血，是实际战斗者献给现代人们

---

[1] 鲁迅：《致许广平》，《鲁迅全集》第 11 卷，人民文学出版社 2005 年版，第 470 页。

[2] 鲁迅：《忽然想到》，《鲁迅全集》第 3 卷，人民文学出版社 2005 年版，第 16 页。

[3] 鲁迅：《杂语》，《鲁迅全集》第 7 卷，人民文学出版社 2005 年版，第 77 页。

的大教训。虽然有冷淡，有动摇，甚至于因为依赖，因为本能，而大家还是向目的前进，即使前途终于是'死亡'，但这'死'究竟已经失了个人底意义，和大众相融合了。所以只要有新生的婴孩，'溃灭'便是'新生'的一部分。"①这似乎是在反驳自己在前些年说过的话：为了抵达乌托邦式的"黄金世界"，难道要牺牲现实的个人，难道要"叫起灵魂来目睹他自己的腐烂的尸骸"吗？现今的鲁迅仿佛领悟了，个人已和大众相融合，个人存在的意义已体现在群体目的的实现——"新生的婴孩"的到来。"溃灭"便是"新生"，个体之死的价值体现为"黄金世界"的到来。马克思主义的集体论开始取代尼采的个人主义了。

第四节　立群与立人

鲁迅对严复译著《天演论》的扬弃，还表现为在进化路程上，对人类社会的建构究竟是侧重于"立群"，还是侧重"立人"的思考。在这一问题上，鲁迅与严复存在着较大的分歧。按当时历史语境，"救国强种"是第一要务，那么，要达到这一目的，是以"立群"为先呢，还是以"立人"为先呢？这是摆在中国思想界跟前不可回避的选择。

严复的《天演论》虽然译自赫胥黎，却塞进了大量他所心仪的斯宾塞的理论，在"论十五 演恶"案语中，他写道：

> 斯宾塞所谓民群任天演之自然，则必日进善不日趋恶，而郅治必有时而臻者，其竖义至坚，殆难破也。②

斯宾塞的进化学说是以乐观主义为主调的，他认为，从整体角度考察，国民群体只需按天演法则自然地"任天为治"，即放任自流，就会每天向善进化，而不会趋向于恶，一段时日之后，必然可以发展、演变达到"郅治"——完善的社会。严复对此终极虽然带有些赫胥黎的疑虑，却仍然赞之立义牢实，几乎难以破穿。因为在严复的心目中，"郅治"虽然如"远

---

① 鲁迅:《〈溃灭〉第二部一至三章译者附记》,《鲁迅大全集》第16卷,长江文艺出版社2011年版,第382页。

② 〔英〕赫胥黎:《天演论》,严复译,商务印书馆1981年版,第89页。

切线"般可望而不可即，但向着这一目标努力，并日益趋近它，却是不可动摇的信念。

为此，严复引述斯宾塞所立的"保种三大例"，其曰：

> 一，民未成丁，功食为反比例率，二，民已成丁，功食为正比例率，三，群己并重，则舍己为群。用三例者，群昌，反三例者，群灭。①

第一、二例，讲的是族群中的未成年人与成年人，未成年时，他为群奉献与耗费之比为反；成年人时，他为群奉献与耗费之比为正，即哺养幼者，为群之责。但若到族群与个体必二者取其一之际，就要"舍己为群"。

熟读并而后译过约翰·密尔《群己权界论》的严复，虽然明白"小己"不能受制于"国群"，"国群"不能压抑"小己"的自由这一道理，但他更看重"故曰人得自繇，而必以他人之自繇为界"②的原则，并在《天演论》中三次提及。虽然他也主张对个体的"放任主义"，提倡个人主义，但为着"郅治"这一终点仍要服从群体，这是他内在矛盾之处。在他的心目中，由能"以他人的自由为界"的"小己"组成的"国群"，可以构成合理的社会合体，特别是在这国难危机的紧迫关头，更应"两害相权，己轻群重""屈己为群""抑己苦而后人乐"，③在"立群"与"立人"两者的取舍中，严复取"立群"为重，当二者对立时，必须"舍己为群"。

鲁迅的"群己"概念虽然来自严复，但对其取舍却与严复恰恰相反：

> 处现实之世，使不若是，每至舍己从人，沉溺逝波，莫知所届，文明真髓，顷刻荡然；惟有刚毅不挠，虽遇外物而弗为移，始足作社会桢干。④

在现今的世界上，如果不是意力坚定者，凡遇事则会抛舍自己而盲从于他人，沉溺于即将逝去的旧有观念，而不知前往的是何去处，若如此，其所残留的文明真义，随即荡然无存；唯有意力刚毅、不屈不挠的强者，遇到

---

① 〔英〕赫胥黎：《天演论》，严复译，商务印书馆 1981 年版，第 90 页。
② 严复：《译凡例》，〔英〕约翰·穆勒：《群己权界论》，严复译，商务印书馆 1981 年版，第 vii 页。
③ 〔英〕赫胥黎：《天演论》，严复译，商务印书馆 1981 年版，第 44、46 页。
④ 鲁迅：《文化偏至论》，《鲁迅全集》第 1 卷，人民文学出版社 2005 年版，第 56 页。

任何外来的异数而不偏移的，方可够得上作为社稷国家的柱石。

这里，鲁迅几乎是完全背对严复：从"舍己为群"，转换为"人始自有己"！因为"盖惟声发自心，朕归于我，而人始自有己；人各有己，而群之大觉近矣"。①人贵在有自我之心声，自我之意志，即能自我确立；只有每个人的个性独立，群体的才有可能觉醒，中国方可屹立。显然，鲁迅抛舍了严复的"立群"为救国之前提，而是视"立人"为因，"国亦以立"为果；此间只有"群之觉醒"后，国家方可"转为人国"，进而屹立于天下。

鲁迅还以欧美国家何以强盛为例予以论析："然欧美之强，莫不以是炫天下者，则根柢在人，而此特现象之末，本原深而难见，荣华昭而易识也。是故将生存两间，角逐列国是务，其首在立人，人立而后凡事举；若其道术，乃必尊个性而张精神。"②观欧美列国，没有不是以强盛而炫耀于天下，而此现象的根本原因在于他们国家多由个性独立、精神自觉的人组成。所以一个国族若要角逐于世界之林，若要在各民族竞争中得以生存，其首要的任务就在于"立人"，只有个人屹立，百事皆可兴盛，故必定得"尊个性而张精神"。这里，鲁迅所偏重的、立的"人"，是约翰·密尔《群己权界论》中的"小己"，即有自我"个性"、有独立"精神"的"人"。

"立人"这一观念，在 20 世纪初的中国文化思想界精英群体中比较盛行，陈独秀《1916 年》一文写道："集人成国，个人之人格高，斯国家之人格亦高；个人之权巩固，斯国家之权亦巩固"，③强调"尊重个人独立自主之人格"与国家强盛、巩固之间的关联，亦肯定了"立人"的重要意义。

鲁迅所立之"人"，具体说来应有什么样的精神、品格呢？这在《破恶声论》中述及：

> 故今之所贵所望，在有不和众嚣，独具我见之士，洞瞩幽隐，评骘文明，弗与妄惑者同其是非，惟向所信是诣，举世誉之而不加劝，举世毁之而不加沮，有从者则任其来，假其投以笑傌，使之孤立于世，亦无慑也。则庶几烛幽暗以天光，发国人之内曜，人各有己，不

---

① 鲁迅：《破恶声论》，《鲁迅全集》第 8 卷，人民文学出版社 2005 年版，第 26、27 页。
② 鲁迅：《文化偏至论》，《鲁迅全集》第 1 卷，人民文学出版社 2005 年版，第 58 页。
③ 陈独秀：《1916 年》，《青年》1916 年 1 月第 1 卷第 5 册。

随风波，而中国亦以立。①

今天所珍惜、所盼望的是有不附和众人喧哗，有个人独特见地的英哲。他能洞瞩潜藏之深意，评定精神界的精义，而不与狂妄迷惑者争执是非，仅以所信奉的真理为导向。即使是整体世人的赞扬或诋毁，对他都难加激励或沮丧；他有跟从者，也有笑骂者，但即使是孤立于世间也无所畏惧。他或将以光明照亮幽暗，让国人闪射出内心之光焰，使每个人都有自己独特见地，而不随波逐流、附和他人。这也就是《摩罗诗力说》中所推崇的"立意在反抗，指归在动作"的精神界战士。有如此之"个人"，像流沙堆积般的国度方可转为"人国"；有如此之"个人"，由其所聚成的中国方屹立于世界民族之林。只有具备这样精神、品格的英哲、志士，才是鲁迅所瞩望之"人"，所欲立之"人"！

那么，如何"立人"呢？就当时中国现状来说，鲁迅认为，第一是要破除"同是者是，独是者非"这种"众数"的"偏至"，确立"任个人而排众数"的原则。其原因在于"众数"，即"群"往往会产生偏误，把民众在数量上的优势当作所谓"公意"，从而凌驾于具有独立个性、自觉精神的先觉者之上，并采取制约、逼压的手段，剥夺其话语权利，甚至在肉体上虐杀、消灭之，像先哲苏格拉底，就被希腊人"鸩之"；像圣人耶稣基督，就被众犹太人"磔之"。以"众数""公意"为意识形态主导趋向的观念，实为大谬。鲁迅揭示：

> 且社会民主之倾向，势亦大张，凡个人者，即社会之一分子，夷隆实陷，是为指归，使天下人人归于一致，社会之内，荡无高卑。此其为理想诚美矣，顾于个人殊特之性，视之蔑如，既不加之别分，且欲致之灭绝。更举黮暗，则流弊所至，将使文化之纯粹者，精神益趋于固陋，颓波日逝，纤屑靡存焉。②

这种带着所谓社会民主倾向的"众治"，即所谓"公意"，表面上使天下人归于一致，全社会无高低贵卑之分。若作为"理想"的设置，是"诚美"

---

① 鲁迅：《破恶声论》，《鲁迅全集》第 8 卷，人民文学出版社 2005 年版，第 27 页。
② 鲁迅：《文化偏至论》，《鲁迅全集》第 1 卷，人民文学出版社 2005 年版，第 51—52 页。

的；但也不乏乌托邦式之空想，因为它实际上常为"众意"所淹没，给社会个体，特别是精英们带来的则是"夷隆实陷"，削去其明察卓见，抹平观念上的差距，实则为精神陷落，"致之灭绝"。这种趋势终将使一个国家、民族的纯粹文化精神"固陋"、停滞，如颓波日渐逝去，纤毫无存。因此，严复所强调的"群"，即"众数"，在鲁迅这里是作为批判的对象而存在。

欲"立人"，鲁迅提出的第二条原则是：

> 明哲之士，必洞达世界之大势，权衡校量，去其偏颇，得其神明，施之国中，翕合无间。外之既不后于世界之思潮，内之仍弗失固有之血脉，取今复古，别立新宗，人生意义，致之深邃，则国人之自觉至，个性张，沙聚之邦，由是转为人国。人国既建，乃始雄厉无前，屹然独见于天下，更何有于肤浅凡庸之事物哉？[①]

如果第一条是对外破除"众数"之偏至，那么第二条则是对内的"个人"自身观念建构的问题。立人，所立之人，即明哲之士，他必须洞悉世界大势，权衡校量，去掉偏颇之处，得其精髓，施行于中国，使之协调一致。这样，对外不落后于世界先进思潮，对内不丧失固有的血脉传统，汲取古今精义，建构新的观念体系。由此，人生的意义日渐深邃，国人自觉意识由之增强，个性意志得以弘扬，一盘散沙般的中国，必然转变为由觉醒者奠立的"人国"。这样的国家将以从所未见的猛烈势头，屹然巍立于世界民族之林。这是鲁迅为构建他理想中的"人国"而提交于世人的第二方略，但仍是以"明哲之士"——"己""个人"作为主体，而非严复之"群"。

先"立人"，方有"人国"；而非先有"群""人国"，方才"立人"，这就是鲁迅和严复不同之处。那么，为何会产生这样的错位呢？这和他们在思考这一问题时，所取的理论倾向有关，严复取的是斯宾塞，而鲁迅取的是约翰·密尔。

严复是这样解释"先群后人"的：

> 赫胥黎保群之论，可谓辨矣。然其谓群道由人心善相感而立，则有倒果为因之病，又不可不知也。盖人之由散入群，原为安利，其始

---

① 鲁迅：《文化偏至论》，《鲁迅全集》第 1 卷，人民文学出版社 2005 年版，第 57 页。

正与禽兽下生等耳，初非由感通而立也。夫既以群为安利，则天演之
事，将使能群者存，不群者灭；善群者存，不善群者灭。善群者何？
善相感通者是。然则善相感通之德，乃天择以后之事，非其始之即如
是也。其始岂无不善相感通者，经物竞之烈，亡矣，不可见矣。赫胥
黎执其末以齐其本，此其言群理，所以不若斯宾塞氏之密也。①

严复批评赫胥黎关于"群道"，即维系社会的伦理法则是由人的"心善相
感"而生的，是一种因果倒置的错误说法。他按斯宾塞的自然、社会演进
的逻辑，原初与禽兽同等的人类，为着安全、利益，由散入群，而有的群
能生存发展，确是在于因内心之善相感通而团结聚合，但从根本上推演，
善这一伦理法则乃是在自然界物竞天择之后，由群而生的结果，而非由善
而生群。严复取斯宾塞之说无甚错误，倒有点符合唯物论之意。

而赫胥黎所着力设定的能对"宇宙进程"起到制约的"伦理进程"，
其产生的始点却是有点心理本能的意味：

对这种作为开创人类社会的必要条件的"自行其是"或天赋自由
的自由发展的制止，是一种与蜂群赖以组成的需要不同的官能上的需
要的产物。②

这种严复译成"善"的"伦理"需要，成了像组合蜂群一样的官能性的东
西，是一种先天遗传的本能，难怪严复评之倒因为果。不过严复于此之辨
亦未分明，因为他自己也论及，爱是一种天然本能："物莫不慈其子姓，此
种之所以传也。今设去其自然爱子之情，则虽深谕切戒，以保世存宗之
重，吾知人之类其灭久矣。"③若这种自然爱子之情不存，则人类这一族群
行将灭亡。是先天的本能，还是后天实践中形成，这对于 20 世纪初的中
国思想界先驱者来说，似乎不必过于苛求，他们在接受西方涌入的各种理
论时，其思想内理常多矛盾混融，这是正常的。

在"群己"关系上，鲁迅更为偏重于约翰·密尔的《群己权界论》，

---

① 〔英〕赫胥黎：《天演论》，严复译，商务印书馆 1981 年版，第 32 页。
② 〔英〕赫胥黎：《进化论与伦理学》，《进化论与伦理学》翻译组译，科学出版社 1971 年版，
第 19 页。
③ 〔英〕赫胥黎：《天演论》，严复译，商务印书馆 1981 年版，第 16 页。

虽然此书也是由严复翻译的。《群己权界论》"所重者"是"在小己国群之分"，小己不得受制于国群，受制于庸众、群氓，强调了个体的精神独立、思想自由。这一要旨与鲁迅对当时中国社会现状的判断吻合：

> 实际上，中国人向来就没有争到过"人"的价格，至多不过是奴隶，到现在还如此，然而下于奴隶的时候，却是数见不鲜的。[①]

国人连人的地位都没有取得，还能奢谈什么个体的独立、自由？由奴隶状态的国民组成的群体能值得信赖吗？对"庸众"的警惕与批判，成了鲁迅在1926年底之前的思想主线。如本文"一代不如一代"一段所述，至晚清社会，中国"国民性"在鲁迅眼中，已从汉唐时代的雄健、自信，退化为"怯弱，懒惰，巧滑"，甚至连奸雄、大盗这样的有刚勇之气的为恶者都找不到了。狂人的大哥、华老栓、红眼睛阿义、赵七爷、豆腐西施杨二嫂、阿Q、四铭、高老夫子、七大人……鲁迅笔下一连串形象所构成的中国社会的人物谱系，可以"庸众"一词揽括之。

难道中华民族的"立国"能由这些人来完成吗？难道特立独行的思想先驱者要屈从于由这些人组成的"群"吗？这样的"群"能有前途吗？能值得为之"己轻群重""屈己为群"吗？"立人"，寻求、促成有个性、有独立精神的"英哲"，成了鲁迅在1926年底之前的思想主线。所以，鲁迅在"群己"问题上，首先确立的是"己"，是"立人"，而非严复的"立群"。或许可以这么说，在这一点上严复偏于理念的演绎，鲁迅偏于现实的归纳。

1925年，鲁迅给许广平的信中谈到自己的思想倾向：

> 教我自己说，或者是"人道主义"与"个人的无治主义"的两种思想的消长起伏罢。[②]

这里的"个人的无治主义"像是与斯宾塞在社会中推行的"任天为治"的"个人至上"主张类似，但斯氏是一种以放纵人的自然本性、强化竞争的

---

① 鲁迅：《灯下漫笔》，《鲁迅全集》第1卷，人民文学出版社2005年版，第224页。
② 鲁迅：《致许广平》，《鲁迅全集》第11卷，人民文学出版社2005年版，第493页。

个人主义；而鲁迅则是为了唤醒"铁屋子"里昏睡的庸众，为着启蒙的目的而奉行"个人主义"的，或许这是鲁迅"立人"的最深层的奥秘。

　　1930 年，鲁迅为周建人辑译的《进化和退化》写下"小引"，他从自然环境的逆转谈起："最要紧的是末两篇。沙漠之逐渐南徙，营养之已难支持，都是中国人极重要，极切身的问题，倘不解决，所得的将是一个灭亡的结局。"说明他对进化的悖论——退化说，并不陌生。但他关注点更在于社会，在"小引"之末，他指出："接着这自然科学所论的事实之后，更进一步地来加以解决的，则有社会科学在。"① 自然科学所难以解决的，应该转换到社会科学来探讨，鲁迅已开始探索新的路向了。
　　经历了 1927 年春那场精神上血的洗礼后，从进化论中醒悟过来的鲁迅，在和友人的谈话时点明了问题的症结所在：

　　　　我看，达尔文这人，也留心社会的，就只没有看出社会的阶级对立和斗争。他是生物学家，从自然界的进化进而推知人类的进化。倘自然界也是进行阶级斗争，那他也早就知道了罢。但这是在不同的人类社会，所以就只有让学经济的马克思来发见了。②

这在他为普列汉诺夫《艺术论》所写的"译本序"中，说得更为明确了："于是就须'从生物学到社会学去'，须从达尔文的领域的那将人类作为'物种'的研究，到这物种的历史底运命的研究去。"③ 属于自然科学范畴的进化论有它合理性，而将它全盘推演至社会学、政治学，乃至美学、艺术学的范畴，可能就失之偏误，陷于困境。1930 年左右的鲁迅，以马克思主义的社会历史观及其经济学说、阶级斗争学说，来取代严复译著《天演论》的义理，已成势在必行的趋向了。

---

① 鲁迅：《〈进化和退化〉小引》，《鲁迅全集》第 4 卷，人民文学出版社 2005 年版，第 255、256 页。
② 冯雪峰：《冯雪峰忆鲁迅》，河北教育出版社 2001 年版，第 20 页。
③ 鲁迅：《〈艺术论〉译本序》，《鲁迅全集》第 4 卷，人民文学出版社 2005 年版，第 268 页。

第二章 《狂人日记》写作动机
与《群己权界论》

【鲁迅《狂人日记》的写作动机与严复译的《群己权界论》有关，"狂人"一词或许也来自此书。鲁迅熟悉严复的译著，特别是《天演论》与《群己权界论》，严复译作的文言文版的语词能传递出特定的历史语境与时代氛围。

当时的鲁迅，在思想观念上倾向于约翰·密尔和严复的关于社会矛盾为"小己受制国人"的要义；接受他们关于"国群"之暴，"较专制之武断为尤酷"的判断；同意他们关于"国群"暴虐的恐怖之处，在于"束缚心灵"的结论。而且，周作人同期所写的小说《真的疯人日记》也涉及严复译的《群己权界论》。

鲁迅《狂人日记》的意旨，在于批判由小人与庸众所组成的"国群"，对"小己"中"孤独的精神战士"的迫压、暴虐，"吃人"的意象则是这一历史语境中的具体展示与深化，是一种精神性的象征。鲁迅喊出中国历史"吃人"，类同于尼采的"上帝死了"，都代表着"一切价值重估"的时代到来。回归历史语境和原态史实纳入的原则，应是进入学术研究的前提，对其遵从或可避免现今愈演愈烈的"过度阐释"的弊端。】

鲁迅的小说《狂人日记》发表已逾百年，对其阐释、解读的文章指不胜屈，足以写成一部"《狂人日记》接受史"。从思想意义到文本细读，再到跨界阐发，众行家钩玄提要，卓见迭出，但在究原溯始，或曰写作动机的生成上，似乎还存在可探寻的空间。进而论之，即对构成鲁迅思想的多种资源的探测似可继续展开，寻求立体、完整的鲁迅仍是进行式中的任务。

第一节　严复译《群己权界论》中的"狂人"

若论鲁迅《狂人日记》的写作动机可能与严复译的《群己权界论》有关，估计学界定有愕然之声。但任何判断均来自实证，请容一一论证之。

鲁迅较少称颂前人，但对严复却颇为赞赏："佩服严又陵究竟是'做'过赫胥黎《天演论》的，的确与众不同：是一个十九世纪末年中国感觉锐敏的人。"[①]鲁迅的评断十分简明，只用八个字：与众不同，感觉锐敏。19世纪末，甲午战争爆发，清朝北洋水师覆灭，"马关条约"的签订震醒国人：区区岛国竟可逼使我泱泱华夏割地赔款，屈膝受辱！如何拯救民族危亡，如何变革图强，严复便是这一"感觉锐敏"的思想先行者中的一员。而他"与众不同"之处，在于着力探寻西方世界强大的秘密，窃"精神之火"给中国，他以翻译西方名著来启蒙中国思想界。学贯中西，并精通西方的哲学、自然科学、政治经济学的严复，译出了《天演论》《群己权界论》《原富》《穆勒名学》《名学浅说》《群学肄言》《社会通诠》《孟德斯鸠法意》等，为荒寂的中国思想文化界注入了源源不断的清泉。

处于思想形成期的青年鲁迅，十分关注严复的译作，我们应该都会想起19岁的他，在南京矿路学堂"吃侉饼，花生米，看《天演论》"的场面。鲁迅在严复的译著中汲取了学理精义，建构了学识体系。直至1931年，鲁迅在和瞿秋白通信论翻译之"信达雅"时，还两次谈及严复：

> 据我所记得，译得最费力，也令人看起来最吃力的，是《穆勒名学》和《群己权界论》的一篇作者自序，其次就是这论，后来不知怎地又改称为《权界》，连书名也很费解了。最好懂的自然是《天演论》，桐城气息十足，连字的平仄也都留心，摇头晃脑的读起来，真是音调铿锵，使人不自觉其头晕。[②]

《穆勒名学》是逻辑学，讲的是格物穷理的归纳与演绎的基本方法；《群己

---

① 鲁迅:《热风·随感录二十五》,《鲁迅全集》第 1 卷, 人民文学出版社 2005 年版, 第 311 页。

② 鲁迅:《关于翻译的通信》,《鲁迅全集》第 4 卷, 人民文学出版社 2005 年版, 第 389 页。

权界论》是政治学，按严复对该书主旨的阐明："所重者，在小己国群之分界"，① 论及个体在国群中之自由问题，所以两本著作译得费力、看得吃力是免不了的。但给鲁迅印象深刻的是，严复译《天演论》的文字，甚至连发音之平仄都注意到，其功力之深厚，在译界是少有的。

岂止是读音，鲁迅还谈到严复在语词上对他的影响："我的文章里，也有受着严又陵的影响的，例如'涅伏'，就是'神经'的腊丁语的音译，这是现在恐怕只有我自己懂得的了。"② 这里，也隐伏着鲁迅给后来的研究者的提醒，若论及他和严复之间的学理关联，还有必要进入语词层面上来考证。笔者曾把《群己权界论》与《文化偏至论》《破恶声论》稍加部分比对，就发现鲁迅在一些语词上沿用自严复，或与之重叠，如"郅治""专制""自繇""性灵""灵明""庸众""众治""性解""精英""桀骜""豪杰""独行""特立""狂人"等等。

但现今有些研究者接触此论题时，采用的不是严复的文言译本，而多用商务印书馆"汉译世界学术名著丛书"中的白话文译本。这里，绝对不是说商务白话文版的不能用，而是说，若单一地依循白话文版，可能会感受不到早期鲁迅与严复之间的独特的语境氛围，以及由此语境所引生的特定学理内涵，最好的方法莫过于把严复的文言文版与商务等的白话文版结合起来读。因为瞿秋白曾在与鲁迅的关于翻译的通信中，对严复提出批评："其实，他是用一个'雅'字打消了'信'和'达'。……古文的文言怎么能够译得'信'，对于现在的将来的大众读者，怎么能够'达'！"鲁迅基本上同意他的说法，但也补充道：

> 严又陵自己却知道这太"达"的译法是不对的，所以他不称为"翻译"，而写作"侯官严复达恉"；……但他后来的译本，看得"信"比"达雅"都重一些。③

即严复在翻译《天演论》《群己权界论》时，用的传达媒介是文言文，为

---

① 严复：《译凡例》，〔英〕约翰·穆勒：《群己权界论》，严复译，商务印书馆 1981 年版，第 ix 页。
② 鲁迅：《集外集·序言》，《鲁迅全集》第 7 卷，人民文学出版社 2005 年版，第 4 页。
③ 鲁迅：《关于翻译的通信》，《鲁迅全集》第 4 卷，人民文学出版社 2005 年版，第 381、390 页。

追求文词之雅，很难做到译文的"信"，所以多为意译；但后来在译《名学》《法意》《原富》等著作时，就着重于"信"。

由于以"意译"为重，所以今读严复此类译本就让人感到有独异之处，即判断语式较为明晰，译者的价值取向较为鲜明，特别是他为译文写下的"案语"更是，这些均如其从孙严群所言，"能深解原文义旨而以译文出之"。译者的态度与个人倾向介入译作，虽无法做到"信"，但特定的历史语境与时代氛围却能在语词中相应地传递出来，对于学术研究来说，这是今天白话文直译本所缺少的，当引起必要的重视。

严复译英国哲学家约翰·穆勒（现译为约翰·密尔）的《群己权界论》（现译为《论自由》），出版于1903年，鲁迅读过此书，如前所引，当年"看起来最吃力"，而后还注意到其不同版本的书名变化，这都说明鲁迅对此书是相当在意的。

令笔者万分惊讶的是，此书可能跟鲁迅写作《狂人日记》有关，甚至有可能是引发写作动机的触点。对此，百年来中外鲁迅研究像是尚未有人提及吧。还是把严译《群己权界论》中相关的两段话录下吧：

> 总之民德最隆之日，在在皆有不苟同不侪俗之风。而如是之风，又常与其时所出之人才为比例。心德之刚健，节操之坚勇，其见于历史者，皆在自繇最伸之日。

> 惟己意所欲为，而不恤乎众议，将其得罪于俗之深，不仅蒙讥而已，行且以彼为狂人，甚或夺其财产，畀其戚属，使为主之。此固近事，仆所亲见，非无证之言也。吁！可异已。[1]

严复的这二段译文说的是：民众道德最深厚兴盛之际，表现为处处皆有不轻率趋同，不投合世俗的风气，而此风的消长盛衰与其时所出现的人才多少成了比例。社群中往往有一种特立独行者，他心德刚健，节操坚勇，高识远量，乃非常之人。他能见著于历史，往往是在社会最自由的时段。而现今一般的状态却是，他多随自己的意愿行动，而不忧虑众人之议论，不苟同流俗之风气，因此，他深深地得罪于世俗，处境多陷艰难，不仅常被人们讥讽，而且还被称为"狂人"，甚至连个人财产也被剥夺，由亲戚代

---

① 〔英〕约翰·穆勒：《群己权界论》，严复译，商务印书馆1981年版，第73、75页。

管等。

后半段可对照商务白话文版的许宝骙直译的密尔《论自由》："对于稍稍肆意，我重复一句，因为不论何人若多有一点那种肆意，就要蒙受到比贬词还厉害的危险——他们竟处于可能被判定有精神错乱的行为而被夺去财产并交付给他们的亲属的危险境地呢。"[①] 显然，严复的后一段是以意译为主。特别是末句，"此固近事，仆所亲见，非无证之言也"，与约翰·密尔原著的注释有所距离，却被严复写得活灵活现，仿佛是他亲历亲见之事，而且还言之凿凿，有证据可依。这段带有文学性色彩的叙述很有可能给鲁迅留下深刻的印象。

严复是否亲历现已无从考证，但鲁迅却亲历过"狂人"的出现。据周作人回忆，"狂人"的原型是鲁迅的一位表兄弟，一向在西北某地为幕僚，忽然怀疑同事要谋害他，逃到北京躲避。"鲁迅留他住在会馆，清早就来敲窗门，问他为什么这样早，答说今天要去杀了，怎么不早起来，声音十分凄惨。午前带他去看医生，车上看见背枪站岗的巡警，突然出惊，面无人色。据说他那眼神非常可怕，充满了恐怖，阴森森的显出狂人的特色，就是常人临死也所没有的。"[②] 后来鲁迅找到妥当的人护送他回到家乡，治疗一段时间方才痊愈。

周作人接下来的一句话值得注意："因为亲见过'迫害狂'的病人，又加了书本上的知识，所以才能写出这篇来，否则是很不容易下笔的。"这里，"书本上的知识"又指的是什么呢？一般容易理解为医学知识，因为鲁迅自己说过："因为那时是住在北京的会馆里的，要做论文罢，没有参考书，要翻译罢，没有底本，就只好做一点小说模样的东西塞责，这就是《狂人日记》。大约所仰仗的全在先前看过的百来篇外国作品和一点医学上的知识，此外的准备，一点也没有。"[③] 但按周作人笔意好像不止于此，因为周作人1922年也写过一篇《真的疯人日记》，其第一个故事就透露出兄弟俩笔下的"疯人""狂人"与严复译的《群己权界论》关联的信息。

作家的创作是一种奇特的现象，其先前的知识积累多以一种潜意识的形态而深藏，到动笔时有可能非自觉地自然涌现。鲁迅没有提及的原因，

---

① 〔英〕约翰·密尔：《论自由》，许宝骙译，商务印书馆2017年版，第81页。
② 周遐寿：《鲁迅小说里的人物》，人民文学出版社1957年版，第7页。
③ 鲁迅：《我怎么做起小说来》，《鲁迅全集》第4卷，人民文学出版社2005年版，第526页。

不等于就不存在，像上述生活中真实存在的"狂人"表兄弟，肯定是触发创作的素材，但鲁迅也没谈到。所以鲁迅读过的百来篇外国作品、医学知识、狂人表兄弟，以及严复译著《群己权界论》等，均应纳入触发鲁迅创作《狂人日记》动机的考察范围。

第二节 鲁迅与《群己权界论》在观念上的叠合

当然，我们不能仅由"狂人"这一语词上的重叠，就断定触发鲁迅写作《狂人日记》的动机源自严复此译著。但令笔者能做出这一推断的更重要原因，在于《狂人日记》的意旨与《群己权界论》一书的主旨是血脉贯通的。此判断论证如下。

其一，鲁迅的思想观念当时倾向于社会矛盾为"小己受制国人"。

约翰·密尔此书书名，现今白话文译本为《论自由》，严复为何要把它译成《群己权界论》呢？因为严复看到了此书的重心所在：

> 贵族之治，则民对贵族而争自繇；专制之治，则民对君上而争自繇；乃至立宪民主，其所对而争自繇者，非贵族非君上。贵族君上，于此之时，同束于法制之中，固无从以肆虐。故所与争者乃在社会，乃在国群，乃在流俗。穆勒此篇，本为英民说法，故所重者，在小己国群之分界。①

严复认为，自由的内涵在不同的历史阶段，不同的社会政体中，有不同的侧重。贵族奴隶时代，是民对贵族争取自由；封建专制时代，是民对君王争取自由；而到了像当时英国的宪政时代，贵族、君主的权力都受到法律的制约，则转化为民对国群、社会、流俗争取自由了。

约翰·密尔是人类思想史上自由主义的鼻祖，严复译作突出了宪政时代"自由"内涵的特点：

> 盖国，合众民而言之曰国人（函社会国家在内），举一民而言之

---

① 严复：《译凡例》，〔英〕约翰·穆勒：《群己权界论》，严复译，商务印书馆 1981 年版，第 ix 页。

曰小己。今问国人范围小己，小己受制国人，以正道大法言之，彼此权力界限，定于何所？①

国家，在宪政时期的社会结构中存在着双向对立的矛盾体，一方是"群"，即民众、国群；另一方是"己""一民"，具体存在的个别的人。其矛盾主要是在"国群"如何对待"小己"上，尤其是对"小己"中那些特立独行的精英、先觉者。"国群"往往限制、规范"小己"，"小己"受到"国群"钳制。那么，若按正确的规律、法则来说，"国群"与"小己"之间的权力界限规定于何处呢？

约翰·密尔的书中，多处强调"小己"中的精英与"国群"之间的分歧——"所与争者"，即"小己"的特立独行、标奇领异的思想观念，往往会被"社会、国群、流俗"所钳制、迫压，最终落败于由社会意识、群体数量、传统流俗所聚集起来的合力。

约翰·密尔、严复这种"群己权界"的对立，"小己受制国人"的判断，如烙印般深深地刻在早期鲁迅的思想观念上。

早在1908年，鲁迅在《破恶声论》中就对此做出回应：

> 往者迫于仇则呼群为之援助，苦于暴主则呼群为之拨除，今见制于大群，孰有寄之同情与？故民中之有独夫，昉于今日，以独制众者古，而众或反离，以众虐独者今，而不许其抵拒，众昌言自由，而自由之蕉萃孤虚实莫甚焉。人丧其我矣，谁则呼之兴起？②

以往的人们，若遭受到迫压之仇恨，若困苦于暴君之统治，多是呼唤群体为之援助、为之革除之，但现今是有个性的孤独者却受制于大的群体，有谁寄予同情呢？"以独制众"已成古时之态，现今则是"以众虐独"，而且还不许个体抗拒，此时群体倡导的所谓自由，名不副实，自由实则已成焦悴、孤零、空虚的话语而已。个体处于"人丧其我"的境地，有谁能为之挺身而出呼吁之？

写于1919年杂文《寸铁》就更明确了：

---

① 〔英〕约翰·穆勒：《群己权界论》，严复译，商务印书馆1981年版，第3页。
② 鲁迅：《破恶声论》，《鲁迅全集》第8卷，人民文学出版社2005年版，第28页。

先觉的人，历来总被阴险的小人昏庸的群众迫压排挤倾陷放逐杀戮。中国又格外凶。然而酋长终于改了君主。君主终于预备立宪，预备立宪又终于变了共和了。喜欢暗夜的妖怪多，虽然能教暂时黯淡一点，光明却总要来。有如天亮，遮掩不住。想遮掩白费气力的。①

文中有二点与上述严复译作叠合。其一，对社会结构演变的叙述，严复是贵族之治—君王专制—立宪民主，鲁迅是酋长—君主—立宪—共和。其二，严复是"小己受制国人"；鲁迅是"先觉的人"，总是"被阴险的小人昏庸的群众迫压排挤倾陷放逐杀戮"，而且中国格外凶狠。

小说《狂人日记》发表于 1918 年 5 月的《新青年》，3 个月之后，鲁迅紧接着又在《新青年》上发表杂文《我之节烈观》，其二者在时间点上的贴近，让我们有了探得其内在逻辑联系的可行性。《我之节烈观》中有这样一段话：

社会公意，不节烈的女人，既然是下品；他在这社会里，是容不住的。社会上多数古人模模糊糊传下来的道理，实在无理可讲；能用历史和数目的力量，挤死不合意的人。这一类无主名无意识的杀人团里，古来不晓得死了多少人物；节烈的女子，也就死在这里。②

文中所述的节烈妇女是因什么力量迫害至死的呢？一是"古人模模糊糊传下来的道理"，即社会历史中的传统意识（亦即约翰·密尔与严复所说的"社会""流俗"），二是"数目"（即约翰·密尔与严复所说的"国群"）。鲁迅指出，正是由这"历史和数目的力量"构成的"国群"中，深藏着一个"无主名无意识的杀人团"。这个"杀人团"以"社会公意"的名义，逼迫害死"节烈"的女子，以及"不节烈"的，如祥林嫂般的"小己"。在该文的结束部分，鲁迅再一次强调：他们（"小己"）"上了历史和数目的无意识的圈套"，做了无名的牺牲。同样的，《狂人日记》中的"狂人"，虽然是另一类型的特立独行者，但他仍属于被"国群"视为"小己"中"不合意的人"，自然也"上了圈套"，成了"国群"以"社会公意"（历

---

① 鲁迅：《寸铁》，《鲁迅全集》第 8 卷，人民文学出版社 2005 年版，第 111 页。
② 鲁迅：《我之节烈观》，《鲁迅全集》第 1 卷，人民文学出版社 2005 年版，第 129 页。

史和数目）的力量所"排挤倾陷"的对象，他由此迫害而致"狂"。

其二，鲁迅接受"国群"之暴"较专制之武断为尤酷"的判断。

我们不妨再对照下面两段话，一段来自严复译《群己权界论》：

> 民以一身受治于群，凡权之所集，即不可以无限，无间其权之出于一人，抑出于其民之太半也。不然，则太半之豪暴，且无异于专制之一人。……此其为暴于群，常较专制之武断为尤酷。[1]

约翰·密尔和严复都认为，"小己"之民，受统治于"国群"，群则不能把无限权力集于自身，不论是权出于一人，抑或出于群的多数。不然，国群中以多数的名义施行强横与残暴，这与专制的独夫暴君没有什么区别。这种"群暴"甚至比君王专制的独断独行还来得酷烈。

一段来自鲁迅的《文化偏至论》：

> 拾他人之绪余，思鸠大群以抗御，而又飞扬其性，善能攘扰，见异己者兴，必借众以陵寡，托言众治，压制乃尤烈于暴君。……呜呼，古之临民者，一独夫也；由今之道，且顿变而为千万无赖之尤，民不堪命矣，于兴国究何与焉。[2]

鲁迅也认为，拾拣别人次要的思路，如饮毒酒一般，想依赖"国群"善于排除纷扰的长处，用来抵御外侮，从而放纵了它恶的本性。当"国群"发现异己的力量蓬勃兴起，必然会借群体的优势，假称"公意"，借口"众治"，来欺凌少数的异己者，它的压制比单一的暴君还要酷烈。呜呼，过去凌驾于个体之"民"其上的，仅一独裁者而已，现今之道，却变成了千千万万的更加蛮不讲理的流氓无赖，这让个体之"民"无法忍受，活不下去，这对于国家兴盛究竟有何用处呢？

显然，在"国群"与"小己"的对立问题上，鲁迅采纳、沿用了约翰·密尔、严复的说法，甚至连文中的用词都一样："其为暴于群，常较专制之武断为尤酷"（约翰·密尔、严复）——"必借众以陵寡，托言众治，

---

① 〔英〕约翰·穆勒：《群己权界论》，严复译，商务印书馆1981年版，第6页。
② 鲁迅：《文化偏至论》，《鲁迅全集》第1卷，人民文学出版社2005年版，第46—47页。

压制乃尤烈于暴君"（鲁迅）。两者叠合到如此程度，应是鲁迅与严复在学理观念上逻辑关联的确凿之证吧。

1925年在《华盖集·通讯》中，鲁迅更明晰地指出：

> 中国人倘有权力，看见别人奈何他不得，或者有"多数"作他护符的时候，多是凶残横恣，宛然一个暴君。①

此处的以"多数作护符"，指的就是"借众以陵寡"，亦即严复的"太半之豪暴"，不安分、不合意的"小己"，标奇领异的特立独行者，均在他们施暴的范围。

还可把考察的视野扩展至当时的中国思想界。1902年，梁启超曾引述英国哲学家颉德（亦译为基德）的话：

> 今之德国有最占势力之二大思想：一曰麦喀士（笔者注，即马克思）之社会主义，二曰尼志埃（笔者注，即尼采）之个人主义。尼志埃为极端之强权论者，前年以狂疾死。其势力披靡全欧，也称十九世纪末之新宗教。麦喀士谓今日社会之弊在多数之弱者为少数之强者所压伏；尼志埃谓今日社会之弊在少数之优者为多数劣者所钳制。二者皆持之有故，言之成理。②

德国哲学自19世纪康德始，成为世界思想的前导，亦为中国学人所注目。梁启超以十分简明的语言介绍了其两大主潮，即现今社会的弊端，是马克思之社会主义所说的"少数强者压伏多数弱者"，还是尼采之个人主义所说的"多数劣者钳制少数优者"？也就是说，当时摆在中国的思想先觉者面前，有着不同思潮，或曰"强压弱"，或曰"劣制强"，皆可供选择。对此，梁启超认为二者皆持之有理，采取和稀泥态度。但鲁迅就不同了，因为他接受了严复译约翰·密尔《群己权界论》一书的观点，自然倾向于尼采的"劣制优"之说了。

不过，梁启超而后在《多数政治之试验》中并不看好偏向"国群"的

---

① 鲁迅：《通讯》，《鲁迅全集》第3卷，人民文学出版社2005年版，第27页。
② 梁启超：《进化论革命者颉德之学说》，《新民丛报》第18号，1902年10月16日。

"平民政治"，而是提出"中坚阶级"的观念来抵制"劣制优"之误："吾所谓中坚阶级者，非必名门族姓之谓。要之，国中必须有少数优秀名贵之辈，成为无形之一团体，其在社会上，公认为有一种特别资格，而其人又真与国家同休戚者也，以之董率多数国民，夫然后信从者众，而一举手一投足皆足以为轻重。……是故理想上最圆满之多数政治，其实际必归宿于少数主政。"①其"少数优秀名贵之辈"，即是密尔、严复、鲁迅所赞赏的特立独行、标奇领异的精英、先觉者。也就是说，当时中国思想界先驱者们对此曾形成一种共识，他们认为，现代民主政治虽然表面上是多数政治，但实质上存在着被"劣制优"所替代的危险，最理想的还是应该由立志献身于民族独立、国家强盛的少数精英分子，即"中坚阶级"来主导的政治。

但中国的现状又是怎样的呢？在《这个与那个》一文中，鲁迅揭示：

> 中国的人们，遇见带有会使自己不安的朕兆的人物，向来就用两样法：将他压下去，或者将他捧起来。压下去就用旧习惯和旧道德，或者凭官力，所以孤独的精神的战士，虽然为民众战斗，却往往反为这"所为"而灭亡。②

"国群"对"小己"迫害之残酷，一点也不亚于独裁的暴君，"孤独的精神战士"多被旧习惯、旧道德、旧传统，所"迫压排挤倾陷放逐杀戮"。鲁迅的一系列小说，《狂人日记》中的狂人、《药》中的夏瑜、《孤独者》中的魏连殳、《在酒楼上》中的吕纬甫、《长明灯》中的疯子等，均是此"国群"对"小己"之暴，"较专制之武断为尤酷"之形象写照。

其三，鲁迅深悟"国群"暴虐的恐怖之处，在于"束缚心灵"。

那么，"国群"之暴何以会比君王专制之武断来得酷烈呢？严复译文进而阐释之：

> 专制之武断，其过恶常显然可指，独太半之暴，行于无形，所被者周，无所逃虐，而其入于吾之视听言动者最深，其势非束缚心灵，使终为流俗之奴隶不止。③

---

① 梁启超：《多数政治之试验》，《梁启超全集》第5册，北京出版社1999年版，第2599—2600页。
② 鲁迅：《这个与那个》，《鲁迅全集》第3卷，人民文学出版社2005年版，第150页。
③ 〔英〕约翰·穆勒：《群己权界论》，严复译，商务印书馆1981年版，第6页。

　　不妨参照许宝骙的白话译文，或会更为清晰一些："多数的暴虐之可怕……它就是实行一种社会暴虐；而这种社会暴虐比许多种类的政治压迫还可怕，因为它虽不常以极端性的刑罚为后盾，却使人们有更少的逃避办法，这是由于它透入生活细节更深得多，由于它奴役到灵魂本身。"① 请注意最后两句："透入生活细节""奴役到灵魂"，它揭示了"国群"暴虐之所以能超过独夫君王的关键要害。

　　由这段话引发，鲁迅在《忽然想到》一文中曾直接亮出约翰·密尔之名而呼应之：

　　　　约翰弥耳说：专制使人们变成冷嘲。我们却天下太平，连冷嘲也没有。我想：暴君的专制使人们变成冷嘲，愚民的专制使人变成死相。大家渐渐死下去，而自己反以为卫道有效，这才渐近于正经的活人。②

鲁迅这里的"愚民的专制"，指的就是约翰·密尔、严复所说的"太半之暴""多数的暴虐"，即"国群"的暴虐。它之所以能使人变成"死相"，就在于它"束缚心灵""奴役灵魂"，甚至是灵魂已"死"，还以为自己是卫道的活人。当年的梁启超曾撰文，把奴隶分为"身奴"与"心奴"两类，后一类指的就是这种灵魂已被束缚、奴役的国人。这种"心奴"源自愚民政策：

　　　　愚民的发生，是愚民政策的结果，秦始皇已经死了二千多年，看看历史，是没有再用这种政策的了，然而，那效果的遗留，却久远得多么骇人呵！ ③

　　对此，鲁迅的感慨不是没有道理的。因为像严复译文中的"行于无形，所被者周，无所逃虐"，即是《我之节烈观》中的"无主名无意识的杀人团"。"无主名"，即约翰·密尔的"行于无形"，其暴虐之施行，虽是生杀予夺、凶残无忌，但杀人者却无形无踪；"无意识"，即"所被者

---

① 〔英〕约翰·密尔：《论自由》，许宝骙译，商务印书馆 2017 年版，第 5 页。
② 鲁迅：《忽然想到·五》，《鲁迅全集》第 3 卷，人民文学出版社 2005 年版，第 45 页。
③ 鲁迅：《上海所感》，《鲁迅全集》第 7 卷，人民文学出版社 2005 年版，第 433 页。

周""束缚心灵"，它是一个杀人的团体，人数多，具有普遍性，却又是无名状地存在，它深透于习俗、言说、灵魂之中，即相当于西方精神分析学派荣格的"集体无意识"。这种由"历史传统"和"人群数量"两者无形无名地聚合在一起的恐怖的力量，让人无所躲避。它就像鲁迅在《"碰壁"之后》一文中所描述的"墙壁"："中国各处是壁，然而无形，像'鬼打墙'一般，使你随时能'碰'。"①

其四，周作人小说《真的疯人日记》之佐证。

1922 年，周作人写了一篇小说，题为《真的疯人日记》。小说分六个小节，最前也是"编者小序"，说是拾来的日记等。内中写了四个故事：一、最古而且最好的国；二、准仙人的教员；三、种种的集会；四、文学界；最后的为"编者跋"。其仿照鲁迅《狂人日记》的架构十分明显，只是内中四个故事缺乏逻辑联系，各自独立，未形成一篇小说的有机性，也缺少人物的形象性，所以发表后影响不大。

《真的疯人日记》引起笔者关注的是第一个故事："最古而且最好的国"。写的是，东海中，有一世界上最古老，而且是最好的国，它是民君之邦——德谟德斯坡谛恩：

> 在那里各人都有极大的自由，这自由便以自己的自由为界，所以你如没有被人家打倒，尽可以随意打人，至于谩骂自然更是随意了，因为有"学者"以为这是一种习惯，算不得什么。大家因为都尊重自由，所以没有三个人聚在一处不是立刻争论以至殴打的；他们的意见能够一致的只有一件事，便是以为我自己是决不会错的。他们有两句口号，常常带在嘴里的，是"平民"与"国家"……②

按内容与笔调，周作人是在讽刺、挖苦这一国度中的民众。但与本文论旨相关的是，这个故事中出现了关于个人自由与群体关系的问题，如"这自由便以自己的自由为界""平民与国家"等提法。那么，当年的周作人是由何处得到这一观念性的视点呢？正如前述周作人回忆鲁迅创作《狂人日记》的那句话："又加了书本上的知识"，笔者以为是加了包括严复所译的

---

① 鲁迅：《"碰壁"之后》，《鲁迅全集》第 3 卷，人民文学出版社 2005 年版，第 76 页。
② 周作人：《真的疯人日记》，《谈虎集》，河北教育出版社 2002 年版，第 373 页。

《群己权界论》和《天演论》在内"书本上的知识"。

如前述，严复译约翰·密尔《群己权界论》时，已指出全书的主旨："所重者在小己国群之分界"，小己与国群，即周作人所提及"平民与国家"。而小己与国群的关系及分界，便涉及自由问题，严复指出：

> 中文自繇，常含放诞、恣睢、无忌惮诸劣义。然此自是后起附属之诂，与初义无涉。初义但云不为外物拘牵而已，无胜义亦无劣义也。……但自入群而后，我自繇者人亦自繇，使无限制约束，便入强权世界而相冲突。故曰人得自繇，而必以他人之自繇为界。①

他论析道，中文里自由一词，其本义是"不为外物拘牵"，即不以物界的各种诱惑所拘囿、牵累，超然于世间，所以在本源上并无优、劣含义之分，仅为一中性词而已。但由于每一位个体的人，他生活于社会之中，必然要入群，要与他人产生关系，这时如何处置自由这一问题呢？严复回答道："必以他人之自繇为界"，也就是说某一个体的自由范围，是以不影响到另一个体的自由为界的，如果违背这一限度，无所约束，那就不是自由了，而是放纵不羁、横行残暴、无所忌惮，进入强权世界以暴力说话了。

显然，周作人所写的东海民君之邦，这一"最古老最好的国"，正是严复所否定的于自由"无限制约束"，以暴力说话的强权之国度。在周作人的笔下，"这自由便以自己的自由为界"，"我自己是决不会错的"；"尽可以随意的打人"，只要有三个人在一起，即会争吵、殴打开来；两个衣冠楚楚的路人，只因互看一眼，即相互开骂，直到巡捕用警棍敲到脑袋方才止息……一幅幅漫画式的描述，就是严复说的"不以他人之自由为界"的社会群体所常见的种种丑态恶行，也就是他所论及"中文自繇，常含放诞、恣睢、无忌惮诸劣义"的形象写照。

周氏兄弟以小说形式一写"狂人"，一写"疯人"，为何在创作同样题材时，和严复译的《群己权界论》《天演论》等书籍均发生关联呢？这决非巧合，只能说明兄弟俩当时都熟读这二本书，皆有心得。由于鲁迅《狂人日记》在前，周作人只能避开"国群"对"小己"（特别是"孤独的精神战士"）暴虐这一题旨，而选择鲁迅未接触的"无限制约束"的自由个

---

① 严复：《译凡例》，〔英〕约翰·穆勒：《群己权界论》，严复译，商务印书馆1981年版，第vii页。

体作为讽刺、批判的对象。这一史实的再现，也客观地揭开了鲁迅《狂人日记》写作动机的秘密。

第三节 "小己受制国人"的文学形象典型

《狂人日记》中的狂人，在由上述"无主名无意识的杀人团"所构成的"鬼打墙"世道中，"碰"得晕头转向、神经狂乱。是"我"真的"狂"了，还是我被这个世界"狂"了？按照叙事学理论，狂人是叙述者，因为日记是他写的，他是直接讲述这个故事的人，尽管其内心直觉与是非判断是正确的，但他处在这颠倒的世界中，心智的确有所迷乱，日记"语颇错杂无伦次，又多荒唐之言"，其话语凌乱无序、驳杂交混，至少显出心理逻辑上错乱与迷失的一面。

所以，对这部小说的价值判断还是应该从作者鲁迅和拟作者（小说中的"余"）的视角出发，方能切近文本的意旨。这就是，"社会暴虐比许多种类的政治压迫还可怕"，由小人与庸众组成的"国群"，对"先觉者"的暴虐，多是通过"束缚心灵""奴役灵魂"的路径来倾陷、扼杀他的，这种暴虐的后果往往断送了一个民族的生机。这也是严复译约翰·密尔的《群己权界论》一书中重要的命题之一。

狂人是 20 世纪初中国思想界先觉者中的一员，他早在"20 年以前，把古久先生的陈年流水簿子，踹了一脚"，惹得古久先生很不高兴，算是有前科案底。现今，他更是骇世惊时，居然挥剑直指传统与历史：

> 我翻开历史一查，这历史没有年代，歪歪斜斜的每页上都写着"仁义道德"几个字。我横竖睡不着，仔细看了半夜，才从字缝里看出字来，满本都写着两个字是"吃人"！ [①]

到最后，他更加惶恐地发现"四千年来时时吃人的地方，今天才明白，我也在其中混了多年；大哥正管着家务，妹子恰恰死了，他未必不和在饭菜里，暗暗给我们吃。我未必无意之中，不吃了我妹子的几片肉，现在也轮

---

① 鲁迅:《狂人日记》,《鲁迅全集》第 1 卷，人民文学出版社 2005 年版，第 447 页。

到我自己……"。① 这是令人骨寒毛竖、惊心掉胆之论啊！四千年的历史，四千年的传统，凝缩到终极，竟然只剩下"吃人"二字。而且，每个人都是当事者，谁也不能置身事外。

与其说这是狂人内心的呼号，不如说是鲁迅对中国封建传统意识的拷问，是类似于尼采的中国式的"重估一切价值"的呐喊。面对着"鬼打墙"般的无形之壁，面对着绝无窗户、万难破毁的"铁屋子"，鲁迅像当年的堂·吉诃德一样，向着庞大的"风车"，投出致命的一枪，尽管他知道这是"不可为而为之"。因为这些在铁屋子里，人们

> 昏睡入死灭，并不感到就死的悲哀。现在你大嚷起来，惊起了较为清醒的几个人，使这不幸的少数者来受无可挽救的临终的苦楚，你倒以为对得起他们么？②

但毁坏这铁屋的希望毕竟还是有的，《呐喊·自序》中还是透露出这一信息："然而几个人既然起来，你不能说决没有毁坏这铁屋的希望。"

值得注意的是，鲁迅是借助于狂人之口，发出"将来是容不得吃人的人"这一声"呐喊"；他之所以选取狂人的形象，则在于易于抵达被"束缚心灵"、被"奴役灵魂"这一心理深层。正如小说中拟作者"余"，阅过日记后的判断，狂人所患是被"迫害狂"之病，所以，小说得以从狂人的病态心理视角而展开叙述。他看到狗，"赵家的狗，何以看我两眼呢？我怕得有理"。他接触何先生的诊治，认为"这老头子是刽子手扮的！无非借了看脉这名目，揣一揣肥瘠：因这功劳，也分一片肉吃"。他跟大哥对话，看到大门外立着一伙人，"有的是看不出面貌，似乎用布蒙着；有的是仍旧青面獠牙，抿着嘴笑。我认识他们是一伙，都是吃人的人。"他回屋里，全是黑沉沉的，"横梁和椽子都在头上发抖；抖了一会，就大起来，堆在我身上。万分沉重，动弹不得"……这是狂人眼中的世界，颠倒的世界；这是狂人灵魂的惊悚，无尽的噩梦。这些如约翰·密尔所说的"透入生活的细节"的"国群"的暴虐，令其时时魂不附体，寒毛直竖，言行自然也就产生了病态的颠狂一面了。

---

① 鲁迅：《狂人日记》，《鲁迅全集》第1卷，人民文学出版社2005年版，第454页。
② 鲁迅：《呐喊·自序》，《鲁迅全集》第1卷，人民文学出版社2005年版，第441页。

如若狂人仅仅是个真正的神经错乱者，"国群"也就不会把他放在眼里，一般是任其自生自灭罢了。但小说中的"狂人"却又有不狂的一面，他的内心直觉与是非判断却是正确的，甚至闪射出理性的光焰，因为它代表着"将来"：

> 你们可以改了，从真心改起！要晓得将来容不得吃人的人，活在世上。①

他其实是一个具有反封建传统意义上的"孤独的精神的战士"，是中国思想解放的先驱者。周作人也指出："虽然说是狂人的日记，其实思路清澈，有一贯的条理，不是精神病患者所能写得出来的，这里迫害狂的名字原不过是作为一个楔子罢了。"②狂人看到了将来，颠覆了现在！属于"小己"一方狂人的呐喊，让与其对立的另一方"国群"们惊恐万分，自然非置之于死地而不可。

狂人也已明白这一点："他们岂但不肯改，而且早已布置；预备下一个疯子的名目罩上我。将来吃了，不但太平无事，怕还会有人见情。"他们盼望着我"最好是解下腰带，挂在梁上，自己紧紧勒死；他们没有杀人的罪名，又偿了心愿"。他们心态之歹毒，手段之卑劣，已在狂人预料之中，在这一点上他又是清醒的，因此他才免于上当，没有中了如鲁迅所说的"历史和数目的无意识的圈套"，保留了生命。最后苟全于世，"赴某地候补矣"。

现在的问题是，小说中直接迫害狂人的凶犯到底是谁呢？是赵贵翁，是交头接耳的路人，是前面一伙小孩，是街上那个女人，是狼子村的佃户，是陈老五，是何先生，是家里人，是大哥，是赵家那条狗，甚至是传说中的吃死肉不吐骨头"海乙那"？是，又都不是。因为他们没一个直接动手，甚至没一个直接说出口；但却又都是，"他们大家连络，布满了罗网，逼我自戕"。令人奇怪的是，"他们"当中有给知县打枷过的，有给绅士掌过嘴的，也有被衙役霸占了妻子的，也有老子娘被债主逼死的，即多是受尽欺压、处于底层的民众，但他们对于"狂人"的态度，却和知县、

---

① 鲁迅：《狂人日记》，《鲁迅全集》第1卷，人民文学出版社2005年版，第453页。
② 周遐寿：《鲁迅小说里的人物》，人民文学出版社1957年版，第9页。

绅士、衙役、债主们出奇地一致，要置狂人于死地。他们对狂人之恨却胜过直接欺压自己的权势者，那么，他们对狂人的深仇大恨哪来的呢？

约翰·密尔揭示了这一原因：因为他们的灵魂被束缚了，他们的心灵被奴役了。而"国群"是如何做到这一点呢？严复的译文写道，它是借助于"习俗"，即传统，而潜移默化地而形成的。

> 盖习俗移人之力最神，故古人谓服惯为第二性。夫岂仅第二，视为第一者有之矣。惟以习久之成性也，故制为是非，以相程督，每径情遂事，无所犹豫于其间。且人人视其义为固然，于己初无可思，于人亦所共喻，此其蔽所由愈坚，而为终身不解之大惑也。①

约翰·密尔、严复认为，改变人的精神形态，习俗、传统的力量最为神异，所以自古以来都把习惯当为人的第二天性，甚至亦视为第一天性。长久濡染某一习俗，自然习惯，渐成本性，无论是事之是非，情之差异，他都不会左右犹豫。因为大家均认为这一观念意识是天经地义的，所以对自己来说，并无再加思考的必要；对众人而言，是不言而喻的公理。这样的蒙蔽随时间推移，日益牢固，成为终身不解之惑。

鲁迅对这类习俗、传统隐含的"愚民"强力亦有同感：

> 愚民的发生，是愚民政策的结果，秦始皇已经死了二千多年，看看历史，是没有再用这种政策的了，然而，那效果的遗留，却久远得多么骇人呵！②

活动并围绕在狂人周边的那些"阴险的小人""昏庸的群众"，在封建意识的习俗与传统中长久浸淫之后，他们在观念心理上，便视皇权帝制为万古不变之常制，崇三纲五常为亘古传承之名理，正如他们回答狂人的话："这是从来如此"！他们已成习俗与传统的奴隶，他们的心灵已被永久束缚，实质上已经死亡，如鲁迅前所揭示的，"愚民的专制使人变成死相"，却还以为自己是"卫道的活人"。

---

① 〔英〕约翰·穆勒：《群己权界论》，严复译，商务印书馆 1981 年版，第 7 页。
② 鲁迅：《上海所感》，《鲁迅全集》第 7 卷，人民文学出版社 2005 年版，第 433 页。

因此，他们绝不容许狂人这类离经叛道的先知先觉者的存在，绝不允许他把中国历史中"吃人"这一秘不可宣的罪恶大白于天下。在"无主名无意识的杀人团"的成员看来，历史传统和人群数量就是"公理"；"迫压排挤倾陷放逐杀戮"，这就是他们对待狂人这类特立独行先觉者的"正当"手段。由此，你才会理解，鲁迅后来何以会发出"我向来是不惮以最坏的恶意来推测中国人的"[1] 这句哀痛欲绝的话来。

第四节　鲁迅概括《狂人日记》意旨的辨析

现在的问题将回到这一点上：鲁迅在《〈中国新文学大系〉小说二集序》中不是说过《狂人日记》"意在暴露家族制度和礼教的弊害"，你怎么把它析解成意在批判由小人与庸众所组成的"国群"，对"小己"中"孤独的精神的战士"的迫压、暴虐呢？

看来还是得把鲁迅在此文中对创作《狂人日记》的回顾完整地录下：

> 一八三四年顷，俄国的果戈理（N. Gogol）就已经写了《狂人日记》；一八八三年顷，尼采（Fr. Nietzsche）也早借了苏鲁支（Zarathustra）的嘴，说过"你们已经走了从虫豸到人的路，在你们里面还有许多份是虫豸。你们做过猴子，到了现在，人还尤其猴子，无论比那一个猴子"的。……但后起的《狂人日记》意在暴露家族制度和礼教的弊害，却比果戈理的忧愤深广，也不如尼采的超人的渺茫。[2]

这段话，读起来总有那么一点点不畅通的感觉。提及果戈理的《狂人日记》，这是自然的，因为这涉及欧洲大陆文学对鲁迅自我创作的启示；但从尼采的虫豸、猴子、人的进化，到"暴露家族制度和礼教的弊害"，内在的逻辑脉络呢？

按常规理解，"暴露家族制度和礼教的弊害"，典型的应像巴金《家》《春》《秋》一类的作品，而《狂人日记》中有关"家族制度"的森严峻

---

① 鲁迅：《纪念刘和珍君》，《鲁迅全集》第 3 卷，人民文学出版社 2005 年版，第 293 页。
② 鲁迅：《〈中国新文学大系〉小说二集序》，《鲁迅全集》第 6 卷，人民文学出版社 2005 年版，第 246 页。

厉，并未见之展开，狂人还是有其行动的自由，他甚至还可喊出"将来容不得吃人的人，活在世上"这样大逆不道的话语。而要暴露封建礼教的弊害，一般应在小说人物关系所引生的具体事件冲突中展现，如《祝福》《离婚》，但《狂人日记》更多的是主人公的内心独白的记录，况且狂人早在20年前就把古久先生的陈年流水簿子踹了一脚，现在又已看清楚了中国历史的"吃人"本质，达到对此事态认识的极限，封建礼教还能再对他造成什么"弊害"呢？所以，我总觉得鲁迅自己对《狂人日记》意旨概括的这句话有点勉强。

如若从所引的尼采借苏鲁支（现译查拉图斯特拉）的话做逻辑延伸，鲁迅笔锋所指，正是刺向阴险的小人与昏庸的群众组合成的"国群"。1918 年 8 月 20 日，鲁迅给好友许寿裳的信中也谈到《狂人日记》的起因：

> 《狂人日记》实为拙作，又有白话诗署"唐俟"者，亦仆所为。前曾言中国根柢全在道教，此说近颇广行。以此读史，有多种问题可迎刃而解。后以偶阅《通鉴》，仍悟中国人尚是食人民族，因成此篇。此种发见，关系甚大，而知者尚寥寥也。[①]

"偶阅《通鉴》，仍悟中国人是食人民族"，这句话清晰地说明了小说中"狂人"那惊心动魄发见的由来：他翻开历史一查，每页上都写着"仁义道德"几个字；他从字缝里看出字来，满本都写着两个字是"吃人"。因此，我们这一国族的众多人尚是未进化的"虫豸"，其吃人的本性不但未改，而且还铸成了"历史"，化为了"伦理"。"此种发现，关系甚大"，但国人对此却"知者寥寥"。

正如 20 世纪 30 年代初病中的鲁迅与斯诺的一次对话，斯诺问："难道你觉得现在仍然有过去那么多的阿 Q 吗？"鲁迅大笑道："更糟了，他们现在还在管理国家哩。"[②] 鲁迅一样地认为，《狂人日记》中的那些阴险的小人与昏庸的群众，在精神与人格上根本没有向"大写的人"进化成功。

---

① 鲁迅:《致许寿裳》,《鲁迅全集》第 11 卷，人民文学出版社 2005 年版，第 365 页。
② 参阅〔美〕埃德加·斯诺:《斯诺文集》第 1 卷，宋久等译，新华出版社 1984 年版，第 158 页。

这也是小说中狂人对大哥说的话：

> 当初野蛮的人，都吃过一点人。后来因为心思不同，有的不吃人了，一味要好，便变了人，变了真的人。有的却还吃，——也同虫子一样，有的变了鱼鸟猴子，一直变到人。有的不要好，至今还是虫子。这吃人的人比不吃人的人，何等惭愧。怕比虫子的惭愧猴子，还差得很远很远。①

不吃人的人，一味要好，变成"真的人"；还在吃人的人，"在你们里面还有许多份是虫豸"，你们比虫子还虫子，比猴子还猴子。也就是说，这类小人与庸众的身上仍然留存动物性的本能，如动物的嗜血性（"吃人"），动物的盲从性（"从来如此"），动物式的非理性（"备下一个疯子的名目"）等等。在世界已进入现代文明的今天，中国的国民性仍未摆脱"虫豸"的成分，仍停滞于蒙昧的阶段；而小说的结局，主人公"狂人"竟然屈服于此种蒙昧与暴虐，与其妥协，"赴某地候补矣"，这样的忧虑，自然"比果戈理的忧愤深广"了。现实生活中的"狂人"——精神先觉者，其有血有肉的感性形象存在，比起尼采那"超人的渺茫"，当然真实得多。如此推演，是否会显得更为顺理成章一些？

当然，由小人与庸众所组成的"国群"，在实施对"孤独的精神的战士"这一"小己"的迫压与暴虐的过程中，他们并未赤裸裸地直接动手制裁，而是通过"家族制度"与"封建礼教"这一中介环节施行的。正如小说中代表家族权力的"大哥"，内藏吃人礼教的"历史"等，是以一种潜在威势构成对"狂人"的迫害。但不管怎样，小说中"国群"对"小己"（特别是"孤独的精神战士"）暴虐的内在主旨，是不能忽略，或者剔除的，因为这关系到产生《狂人日记》历史语境及创作的理性动因。

20世纪初，严复除了在《群己权界论》中宣扬个体自由的神圣不可侵犯之外，还在《天演论》"导言十四 恕败"的"按语"中强调指出，某一族群若要"保群自存"，则要遵守此一公例："太平公例曰：人得自由，而以他人之自由为界。"②在"论十五 演恶"的"按语"中，他再次重提：

---

① 鲁迅：《狂人日记》，《鲁迅全集》第 1 卷，人民文学出版社 2005 年版，第 452 页。
② 〔英〕赫胥黎：《天演论》，严复译，商务印书馆 1981 年版，第 34 页。

> 故曰任天演自然，则郅治自至也。虽然，曰任自然者，非无所事事之谓也，道在无扰而持公道。其为公之界说曰：各得自由，而以他人之自由为域。①

严复推崇斯宾塞"任天为治"的社会进化观念，认为按"天演"自然的发展，则治理得最好的社会将顺之到来。但严复又吸纳了赫胥黎的"伦理过程"的"人治"原则约束之——任其自然并非无所事事，前提是以不违背"公例""公道"为准。这一"公例""公道"的标准是，各个个体均可获取自由，但这一自由是以不影响、干涉，甚至践踏他人的自由作为界限的。严复甚至把此原则提升至一个族群是否能"自强保种"的高度。

由于《天演论》在中国知识界的普及，这一原则已为当时的思想先驱者所接受，并形成学理共识。但由于中国封建主义历史的深重，20世纪初的社会现状仍是严复所批判的形态，因此由小人、庸众组成的"国群"与"小己"中"孤独的精神的战士"的对峙、冲撞，构成大的历史语境，而"吃人"的意象则是这语境的具体展示与深化。

但近来有一种把艺术混同于生活的解读。研究者耗费精力，不厌其烦地去考证鲁迅与某民族"吃人言说"及"吃人肉"史实的关联，从而推断出鲁迅是由此而得到的一个"母题"。该文的结论是："作为中国现代文学的奠基作，《狂人日记》从主题到形式皆诞生于借鉴与模仿，而这也正是中国文学直到现今仍然绕不开的一条路。"②在其研究中，《狂人日记》几近于抄袭，鲁迅几近于弱智，而且这类"模仿"还是中国文学至今未摆脱的一道阴影。由《狂人日记》延及中国文学，这一问题似乎显得严重起来。

看来，先要弄明白的是，《狂人日记》究竟是文学作品，还是生活实录？小说的本质定性之一是艺术虚构，在文学创作ABC中，这是一种很浅显的道理。"吃人"的意象在小说中的展现，只是一种喻指或一种象征。所以要分清鲁迅的"吃人"，指的是肉体上的吃人，还是精神上的吃人；是动物性的肌体啃嚼（"吃人肉"），还是精神性灵魂吞噬？显然，《狂人日记》中的"吃人"，是象征残暴的"国群"对独异的"小己"的剿灭，包括对自由精神的迫压与暴虐。

---

① 〔英〕赫胥黎：《天演论》，严复译，商务印书馆1981年版，第90页。
② 李冬木：《明治时代"食人"言说与鲁迅的〈狂人日记〉》，《文学评论》2012年第1期。

1918 年 7 月，即《狂人日记》完稿后的 3 个月，鲁迅在给钱玄同的信即提及"吃人"一事：

> 中国国粹、虽然等于放屁，而一群坏种、要刊丛编，却也毫不足怪。该坏种等、不过还想吃人，而竟奉卖过人肉的侦心探龙做祭酒，大有自觉之意。即此一层、已足令敝人刮目相看，而猗欤羞哉、尚在其次也。①

信中"卖过人肉的侦心探龙"指的是 1909 年投靠两江总督端方、出卖革命党人的刘师培，即是鲁迅所说的"以人血染红顶子"的人物。灵魂卑劣、心地残忍的他，却被中国国粹的"坏种"们奉为学术界、文化界的首要人物，可见他们的目的是"还想吃人"。显然，鲁迅这里的"吃人"决非是指"吃人肉"，把喻指、象征性的说法等同于生活实际，这种解读委实荒唐。况且在《狂人日记》文本中，还深藏着鲁迅所体验到的丰富的、独特的中国经验，这些在"模仿"、抄袭说的跟前，则全都化为乌有。

如前述，鲁迅对《狂人日记》曾有自我评说："悟中国人尚是食人民族，因成此篇，此种发现，关系甚大。"此"发现"的意义何以"甚大"呢？若仅是后来所说的"暴露家族制度和礼教的弊害"，恐怕鲁迅不会下此断语。实质上，百多年来，我们都低估了《狂人日记》的意义与价值。在笔者看来，鲁迅喊出中国历史"吃人"，类同于尼采的"上帝死了"，都代表着"一切价值重估"的时代到来，鲁迅所呐喊的正是这批"精神界的战士"奉行的启蒙主义的发端。

20 世纪初的中国，这是一个什么样的年代呢？按鲁迅对钱玄同所做的形象描述："假如一间铁屋子，是绝无窗户而万难破毁的，里面有许多熟睡的人们，不久都要闷死了，然而是从昏睡入死灭，并不感到就死的悲哀。现在你大嚷起来，惊起了较为清醒的几个人，使这不幸的少数者来受无可挽救的临终的苦楚，你倒以为对得起他们么？"鲁迅犹豫了，喊，还是不喊呢？钱玄同鼓励道："然而几个人既然起来，你不能说决没有毁坏这铁屋的希望。"②

于是，鲁迅呐喊了，通过"狂人"之口喊出了概括中国历史的两个

---

① 鲁迅:《致钱玄同》,《鲁迅大全集》第 1 卷, 长江文艺出版社 2011 年版, 第 372 页。
② 鲁迅:《呐喊·自序》,《鲁迅全集》第 1 卷, 人民文学出版社 2005 年版, 第 441 页。

字——"吃人"！这惊世骇俗之论断，如霹雳闪电般把封建社会的意识形态帷幕撕裂开来，传统的伦理纲常，神圣的"子曰诗说"，一下如剥光了衣饰，露出狰狞的一面；还有那些《三坟》《五典》、"百宋千元"、"天球河图"、金人玉佛、祖传丸散、秘制膏丹，一切传统典籍、神功秘诀，全都面临着新的鉴别、取舍。中国的"一切价值重估"的时代，随着鲁迅的这一声呐喊开启了！从思想史的角度着眼，对于中国这一古老的国度来说，其意义并不亚于尼采的"上帝死了"。其开拓出的价值真空，才使"五四"叛逆精神有了施展拳脚的天地。这才是《狂人日记》在中国文学史、思想史上的真正的价值与意义。

那么，鲁迅何以在这问题上旁逸斜出呢？笔者猜测，是否跟鲁迅的哲学观念转换有关？笔者曾在《论厦门时期鲁迅哲学思想的转换》一文中指出：1926 年 11 月 11 日，鲁迅《写在〈坟〉后面》一文；1926 年 11 月 27 日，鲁迅到厦门集美学校做了《聪明人不能做事　世界是属于傻子》演讲，此二者标志着鲁迅哲学思想有了新的转换：从原本的"任个人而排众数"的尼采超人哲学，逐步地移置到"任众数而排个人"的新的哲学基点上来了。[1]

从文中和演讲中可以看出，此前鲁迅所设立的"傻子"喻象，还只包括革命先驱者及为启蒙民智而呐喊的"孤独的精神的战士"的话，那么，在此它已扩展、包容了工农大众，这一为前期鲁迅视之为"庸众"，称之为"众数""愚庸""愚民""无赖""末人"等这一群体了。由于鲁迅对军阀、政客们所把玩的政治失望已极，一度曾陷入厌倦、颓唐；而由孙中山所领导的国民党中新兴的政治力量，引起他的关注。特别是北伐战争的节节胜利，让鲁迅看到以往视之为"庸众"的"农工"起到了决定性的作用，他们最有热血，最能奋斗，最肯牺牲，甘愿为国家的独立自由，而献出自己的生命。

> 那些所谓"傻子"的革命青年和劳动工农，乃正是社会的改造者，是世界的创造者，他们是世界的主人，世界是属于他们所有的。[2]

无数青年和工农以鲜血铸成的革命真实，无数青年和工农以生命换来胜利

---

[1]　参阅本书第十章《厦门：鲁迅哲学思想转换的起点》。

[2]　鲁迅：《聪明人不能做事　世界是属于傻子》，《鲁迅演讲全集》，长江文艺出版社 2007 年版，第 70 页。

情景，构成一股巨大的力量，冲击着鲁迅旧有的哲学和社会学、政治学观念，使他逐步转换到劳动工农是"世界的创造者"这一新的哲学基点上来。而这也符合鲁迅1927年9月在广州《答有恒先生》信中的自述："我离开厦门的时候，思想已经有些改变。"

《〈中国新文学大系〉小说二集序》完稿于1935年3月2日，此时的鲁迅已研读过大量的苏俄文学理论著作，还亲自翻译了卢那察尔斯基的《艺术论》、普列汉诺夫的《艺术论》，马克思主义哲学、美学、文艺学的观念已深植于心内，对底层民众的看法和1926年之前已有了180度的转变。在他的心目中，改变中国命运的重任已落在工农大众的肩上了，此时若再点明《狂人日记》锋芒所向是"小人"及"国群"中的"庸众"，已与时代的需求不符了。笔者以为这是鲁迅曲笔的原因。

百年来中外学界对《狂人日记》解读之多样，数不胜数，张梦阳所著《鲁迅学在中国在东亚》曾对20世纪90年代之前相关的研究做过系统的梳理与评述。对小说意旨的分析，占主导地位的当然还是鲁迅的自述："意在暴露家族制度和礼教的弊害"。此外，具代表性的有欧阳凡海于1942的出版的《鲁迅的书》：《狂人日记》对人类的抗议声充满热狂的感性，主人公是独特方式上中国化的尼采。孙伏园于1951年发表的《五四运动和鲁迅先生的〈狂人日记〉》：它是一篇象征性的或譬喻性作品，"人"既然发现了，自然第一步是不该吃，第二步是不该残杀，第三步是不该奴役了。朱彤1953年出版的《鲁迅作品分析》：从阶级对立关系中，它把旧社会明确划分为吃人者与被吃者，也就是压迫者和被压迫者。徐中玉1954年出版的《鲁迅生平思想及其代表研究》：狂人，不是狂人，是反封建的英勇战士，是一个革命的先知先觉。

严家炎1978年发表的《〈狂人日记〉的思想和艺术》：小说的矛头不仅指向封建礼教，而且要求推翻整个封建制度。狂人在发病前有点民主主义思想，是初步觉醒的封建家庭叛逆者。吴晓东、谢凌岚1989年发表的《民族生存的绝望感——重读〈狂人日记〉》：体现着鲁迅对民族生存的绝望感，预示一种消解，一种现实生存的虚无感。王富仁1992年发表的《〈狂人日记〉细读》：狂人意象包含着疯子和觉醒者的双重意象，有着内在意识中另一个自我，形成峻冷的色彩和高寒风格。[1]

---

[1] 参阅张梦阳：《鲁迅学在中国在东亚》，广东教育出版社2007年版，第231—255页。

　　进入 21 世纪以来，随着文本分析批评方法的兴起，"鲁迅经典重读"之风萌动。具代表性的，有李今 2007 年发表的《文本·历史与主题》：应从《狂人日记》的"小序"出发，来分析其独特的写作规则及叙事功能，可以看出，鲁迅本意是揭示中国民族和制度文化不仅在引申义上，也在本义上"吃人"的真相。李怡 2018 年发表的《作为文学的〈狂人日记〉》：把小说当作社会历史文献，即是将"吃人"视作对中国传统文化性质的理性概括；若当作文学作品，则是作家对人生与世界的直觉性的感受。后者所具有作品真实的"文学性质"，昭示着鲁迅感知和表达人生的最独特的思维的经久不衰的价值。

　　海外鲁迅研究界，特别是日本，对《狂人日记》阐释的域界有所扩展。伊藤虎丸《〈狂人日记〉——"狂人"康复的记录》："如果从反面看的话，那是一个患被害妄想狂的男人被治疗痊愈的过程，也必须看作是作者脱离青年时代，并且获得新的自我的记录。"[1] 此说得到了中国一些评论者，如张新颖、金理等的共鸣、应合及延展。最近，宋明炜发表的《〈狂人日记〉是科幻小说吗？》：科幻小说反直觉的写作，打破了熟悉的文学常规。在科幻的视野中重读《狂人日记》，有助于重新思考写实主义和文学想象之间的关系，重建有关真实的知识。……可谓众说纷纭，不一而足。

　　当然，每一种的解读都有其学理的自洽性与存在的合理性，这里就不妄加评说了。但回归历史语境和原态史实纳入应是进入学术研究的前提，强调这一原则或可避免现今愈演愈烈的"过度阐释"的弊端，这也是本文所应努力的方向。

---

　　[1] 〔日〕伊藤虎丸：《鲁迅、创造社与日本文学》，孙猛等译，北京大学出版社 1995 年版，第 118 页。

第三章　鲁迅"执中"之道与严复译著

【早期的鲁迅在研读严复译著，接受西学的过程中，曾融合培根的"归纳法"和笛卡儿的"演绎法"，以"执中"之道为其学理意识与逻辑判断之主旨。这体现在鲁迅论析科学与人文、创新与复古、物质与精神、众数与个人、功利与审美诸问题中。鲁迅所主张的"执中"之道，多在形上的"理论理性"，即学理意识范畴中使用；而他所批判的"中庸"之道，多与"实用理性"相关联，涉及社会意识形态等问题，二者有所区别。】

鲁迅给人留下的一般印象多半是偏激、执拗，但你可曾想到，早期鲁迅的学理意识与学术判断却并非如此，他在研读严复译著，接受西学的过程中，曾提出过"执中"之道。这一观念在他1907—1908年间发表的《人之历史》《科学史教篇》《文化偏至论》《摩罗诗力说》《破恶声论》等文章中有较为明显的展露。在鲁迅研究中补上这一笔，可还其完整、立体之貌。

第一节　严复与鲁迅在学理上的贯连

鲁迅对他那一时期的学人敬佩的不多，但对严复却颇为赞赏："佩服严又陵究竟是'做'过赫胥黎《天演论》的，的确与众不同：是一个十九世纪末年中国感觉锐敏的人。"[①] 提及他与严复缘分，脑中首先闪出的就是鲁迅《琐记》中所描述的画面，18岁的他在南京矿路学堂读书："一有闲空，

---

① 鲁迅：《热风·随感录二十五》，《鲁迅全集》第1卷，人民文学出版社2005年版，第311页。

就照例吃侉饼，花生米，看《天演论》。"他甚至能背诵书中一些篇章，许寿裳回忆他们在东京留学的日子："有一天，我们谈到《天演论》，鲁迅有好几篇能够背诵，我呢，老实说，也有几篇能背的，于是二人忽然把第一篇《察变》背诵起来了。"①

曹聚仁也谈过：

> 鲁迅也说他的世界观，就是赫胥黎替他开拓出来的。那是从"洋鬼子"一变而为"洋大人"的世代，优胜劣败的自然律太可怕了。②

曹聚仁这句话应该是可信的，早期鲁迅的世界观在质上的拓展，始自赫胥黎。严复—《天演论》—赫胥黎—鲁迅，就这样形成了逻辑与学理上的贯连。

学理，为科学上的原理或法则。严复在《译〈天演论〉自序》中写道：

> 古之人殚毕生之精力，以从事于一学，当其有得，藏之一心，则为理；动之口舌，著之简策，则为词，固皆有其所以得此理之由，亦有其所以载焉以传之故。③

在严复的心目中，学理颇为神圣，它是学者以毕生之精力，殚思极虑于某一学科，潜心所悟而得到的，再以语词为载体而传示于世。

严复认为，学理上最重要的是"名学"，即思维逻辑方法问题，它是"及物穷理之最要途术也"。此"途术"有二：

> 及观西人名学，则见其于格物致知之事，有内籀之术焉，有外籀之术焉。内籀云者，察其曲而知其全者也，执其微以会其通者也。外籀云者，据公理以断众事者也，设定数以逆未然者也。④

---

① 许寿裳：《亡友鲁迅印象记》，《挚友的怀念——许寿裳忆鲁迅》，河北教育出版社 2000 年版，第 6 页。

② 曹聚仁：《中国学术思想史随笔》，生活·读书·新知三联书店 1986 年版，第 353 页。

③ 严复：《译〈天演论〉自序》，〔英〕赫胥黎：《天演论》，严复译，商务印书馆 1981 年版，第 viii 页。

④ 同上。

严复指出，西方的逻辑学，在格物穷理，求得知识方面有两大方法，即 "内籀" 与 "外籀"。而且从根本上看，这两种方法不只是为学之人所独用的，而是世间每个人自生命认知起始，就不由自主地运用之。

其一，"内籀" 方法，严复又称之为 "内导"，"内导者，合异事而观其同，而得其公例"。人在认知时，先要考察个别事物背后之理，把握其微妙之处，从个别的 "异事"，综合、归纳，得出 "同"，即一般之公例，此即英国哲学家培根倡导的 "归纳法"。严复为了使深奥的道理能通晓述之，举以浅白之例：有一小儿，原不知火，手初次接触被烫，足再次接触又被烫，如此再三，于是他就得出 "火能烫人" 之 "公例"。

其二，"外籀" 方法，严复又称之为 "外导"，根据公理推演，以判断众多个别案例。如从上述已得出的 "火能烫人" 之 "公例"，去验证之，人果然烫伤，印证次数愈多，此 "公例" 之理愈坚确。"其所以举火伤物者，即是外导术"，亦即法国哲学家笛卡儿所倡导的 "演绎法"，即 "设定数以逆未然"，从一般之公理，演绎、推导得出个别。[1]

严复还以此思维逻辑来反观中国的古籍经典："考道之士，以其所得于彼者，反以证诸吾古人之所传，乃澄湛精莹，如寐初觉，其亲切有味，较之觇毕为学者，万万有加焉。此真治异国语言文字者之至乐也。" 研究异国思想文化若求有所得者，可用这归纳与演绎二法作为导引，来反观、反证本国的古籍经典，定会有豁然涣释、秀溢目前、如梦初醒之感。例如，严复以此两种西方逻辑来分析《易》与《春秋》，幡然悟觉：

> 今夫六艺之于中国也，所谓日月经天，江河行地者尔。而仲尼之于六艺也，《易》《春秋》最严。司马迁曰："《易》本隐而之显，《春秋》推见至隐。" 此天下至精之言也。始吾以谓本隐之显者，观《象》《系辞》以定吉凶而已；推见至隐者，诛意褒贬而已。……迁所谓本隐之显者，外籀也；所谓推见至隐者，内籀也，其言若诏之矣。[2]

中国最精要的两本典籍——《易》《春秋》，若从西方的 "名学"，即逻辑学的视角考察，其新义立显。可以看出，司马迁所谓《易》"本隐而之显"，

---

① 此二段引文参阅严复：《西学门径功用》，《精读严复》，鹭江出版社 2007 年版，第 281 页。

② 严复：《译〈天演论〉自序》，〔英〕赫胥黎：《天演论》，严复译，商务印书馆 1981 年版，第 viii、ix 页。

则是"外籀",即笛卡儿的演绎法,由既定之"公理"推演出世间的吉凶等事象;而《春秋》"推见至隐者",则是"内籀",即培根的归纳法,由具体的事象及经验,归纳出相应的规律法则来。

不管是"内籀",还是"外籀","二者即物穷理之最要涂术也,而后人不知广而用之者,未尝事其事,则亦未尝咨其术而已矣"。[①]要格物致知,二种思维方法都是重要的,可惜国人未曾尝试过这种思维逻辑方法矣。严复这种活用西学,并得出全新结论的实践,可说是首开中外思维原理的比较方法,对中国思想界是一场巨大的冲击,不可能不影响到此时正敞开胸襟、接纳新知的鲁迅。严译《天演论》出版于 1898 年,9 年之后,在日本留学的青年鲁迅陆续写下了《科学史教篇》《文化偏至论》等以文言文为载体的论文,其间明显地留下了严复译作的思维轨迹,严复译作的学理精义渗透在鲁迅论著的深层。

在《科学史教篇》中,鲁迅亦论及培根(培庚)的归纳("内籀")与笛卡儿(特嘉尔)的演绎("外籀")这二种思维逻辑方法:

> 顾培庚之时,学风至异,得一二琐末之事实,辄视为大法之前因,培庚思矫其俗,势自不得不斥前古悬拟夸大之风,而一偏于内籀,则其不崇外籀之事,固非得以矣。……所述理董自然见象者凡二法:初由经验而入公论,次更由公论而入新经验。[②]

鲁迅论析道,17 世纪之前的经院哲学有"悬拟夸大"之弊端,种种"假相""悬拟"存在,甚至是以"琐末之事实"为"前因"做出判断,其结论往往先于经验而存在,因此不能认识真理。培根为纠正这一思维方法上的流"俗",提出认识起源于经验的归纳(内籀)之说:从自然具象之事物寻得深藏的原理,只有二种方法,先由经验归纳出原理,再由原理演绎至新经验,这是培根的归纳法。

鲁迅继续论述道:

> 后斯人几三十年,有特嘉尔(R. Descartes 1596—1650)生于法,

---

① 严复:《译〈天演论〉自序》,〔英〕赫胥黎:《天演论》,严复译,商务印书馆 1981 年版,第 ix 页。

② 鲁迅:《科学史教篇》,《鲁迅全集》第 1 卷,人民文学出版社 2005 年版,第 31 页。

以数学名，近世哲学之基，亦赖以立。尝屹然扇尊疑之大潮，信真理之有在，于是专心一志，求基础于意识，觅方术于数理。……故其哲理，盖全本外籀而成，扩而用之，即以驭科学，所谓由因入果，非自果导因。①

而后，法国数学家笛卡儿出现，确立 "我思故我在" 的哲学原理。他推崇人的理性，以此为根据作为推理的基点，运用演绎求索真理，从而煽动、引发 "怀疑论" 之大潮，清算了经院哲学与神学的谬误。他以人的自我意识为基点，以数理逻辑为方法。也就是说，笛卡儿哲学的唯理论是以一种演绎法（外籀）来驾驭、导控科学，以与生自来的不证自明的 "天赋观念" 为原点，"由因入果"，演绎、推导至个别、具体的结果。

显然，鲁迅对培根（培庚）和笛卡儿（特嘉尔）的评述，对经验归纳和原理演绎这人类两大逻辑思维方法的把握，很大成分是来自严复的译著，甚至连所用的核心词汇，如 "内籀" "外籀" 等都沿用了严复的 "定名"。严复在寻索恰当的中文词汇，来为西文概念 "定名" 的过程上是颇费心机的，他在《译例言》中谈道：

> 新理踵出，名目纷繁，索之中文，渺不可得，即有牵合，终嫌参差。译者遇此，独有自具衡量，即义定名。……此以见定名之难，虽欲避生吞活剥之诮，有不可得者矣。他如物竞、天择、储能、效实诸名，皆由我始。一名之立，旬月踟蹰，我罪我知，是在明哲。②

可见他在翻译中 "定名" 之难。鲁迅对此印象深刻，在 30 多年后的《"题未定" 草》一文中，仍未忘却严复当年之语，颇有同感地引用了上文："严又陵说，'一名之立，旬月踟蹰'，是他的经验之谈，的的确确的。"③

但鲁迅对归纳、演绎这两种思维逻辑方法的遵从又与严复略有不同。严复虽然认为西方学运之昌明，得益于逻辑学甚多，但他受法国孔德实证哲学影响较大，重视认知者的实践经验，对客观外物的判定须经考察、检验、证实，如此反复再三，方可万汇归一，确立原理。

---

① 鲁迅：《科学史教篇》，《鲁迅全集》第 1 卷，人民文学出版社 2005 年版，第 31—32 页。
② 严复：《译例言》，〔英〕赫胥黎：《天演论》，严复译，商务印书馆 1981 年版，第 xii 页。
③ 鲁迅：《"题未定" 草》，《鲁迅全集》第 6 卷，人民文学出版社 2005 年版，第 362 页。

同时，作为向西方窃火的思想先行者，按鲁迅所说，"是一个十九世纪末年中国感觉锐敏的人"，严复还自觉地担负起革新中国传统"经学思维"方法的职责。

> 夫外籀之术，自是思辨范围。但若纯向思辨中讨生活，便是将古人所已得之理，如一桶水倾向这桶，倾来倾去，总是这水，何外有新智识来？①

中国传统经学之"外籀"——演绎法，即从"子曰""诗云"之"公例大法"出发，进行推导的论析方法，多是以"已得之理"作为前提，再行推演，其所衍生的知识，仅如一桶倒来倒去的水而已，无创新之义。而且如若前提有误，其演绎所得更成误中之误。他认为旧有那种纯粹"思辨"的方法，其弊病与陈腐呈露无遗。因此，以科学体系代替经学体系，以新的科学思维摧毁旧的经学思维，也就势在必行了。

所以，在归纳、演绎这两种方法中，严复更偏向于培根的经验论与归纳法，他认为西方，

> 二百年学运昌明，则又不得不以柏庚氏之摧陷廓清之功为称首。学问之士，倡其新理，事功之士，窃之为术，而大有功焉。故曰：民智者，富强之原。此悬诸日月不刊之论也。②

西方科学技术突飞猛进这二百年，培根之功绩排在首位。所以严复认定，在"名学"，即逻辑学中，培根的经验归纳法是更重要的科学方法。

鲁迅就不同了，他看到若偏执于经验归纳一方，势必存在不足之处："偏倚培庚之内籀，惟于过重经验"，也会产生学理上的不平衡。正确的态度与方法应该是：

> 若其执中，则偏于培庚之内籀者固非，而笃于特嘉尔之外籀者，亦不云是。二术俱用，真理始昭，而科学之有今日，亦实以有会二术

---

① 〔英〕耶方斯：《名学浅说》，严复译，商务印书馆1981年版，第65页。
② 严复：《原强修订稿》，《严复文选》，上海远东出版社1996年版，第31页。

而为之者故。①

他主张，不管是归纳或者演绎，二种方法都有其偏颇和优越之处，只有二术俱用，二者互补，方可使真理显明，这是科学发展至今所证实的。鲁迅列举了格里累阿、哈维、波义耳（波尔）、牛顿（奈端）等科学家，指出他们"皆偏内籀不如培庚，守外籀不如特嘉尔，卓然独立，居中道而经营者也"。② 他们成功之原因就在于持"执中"之道，"居中道"而寻取研究的路向。

许寿裳曾谈到，鲁迅"当初学矿，后来学医，对于说明科学，如地质学，矿物学，化学，物理学，生理学，解剖学，病理学，细菌学，自然是根底很厚。不但此也，他对规范科学也研究极深。他在医学校里不是伦理学的成绩得了最优等吗？"因此鲁迅对于善恶是非之辨是把握得十分精准的，这在《狂人日记》《补天》的写作中都有呈现。"对于规范素有修养，明白了真善美的价值判断，……鲁迅有了这种修养，所以无论在谈话上或写作上，他都不肯形容过火，也不肯捏造新奇。处处以事实做根据，而又加以价值的判断，并不仅仅以文艺技巧见长而已。"③ 从科学规范的修养方面也阐释了鲁迅"执中"之道形成的原因。

当然，鲁迅并不静止地看待"执中"这一原则，归纳抑或演绎仅是运作的方法而已，在具体的实践过程中，它们仍是以动态的方式而变化的。对此，鲁迅亦以辩证的观点看到思维对立双方之间的相互联系，以及在冲突中向着更高层面的演进。

> 由是观之，可知人间教育诸科，每不即于中道，甲张则乙弛，乙盛则甲衰，迭代往来，无有纪极。……世事反复，时势迁流，终乃屹然更兴，蒸蒸以至今日。所谓世界不直进，常曲折如螺旋，大波小波，起伏万状，进退久之而达水裔，盖诚言哉。④

----

① 鲁迅:《科学史教篇》,《鲁迅全集》第 1 卷，人民文学出版社 2005 年版，第 32 页。
② 同上。
③ 许寿裳:《回忆鲁迅》,《挚友的怀念——许寿裳忆鲁迅》，河北教育出版社 2000 年版，第 111 页。
④ 鲁迅:《科学史教篇》,《鲁迅全集》第 1 卷，人民文学出版社 2005 年版，第 28 页。

可以看到，在鲁迅眼中，"中道"与"分立"，如人类历史上的宗教与科学、知识与道德、科学与美艺等科类的对立，及其之间的撞击，完全是正常的现象。甲张乙弛，乙盛甲衰，就像水流之大波小涌，此起彼伏，但最终仍汇入宽广水域，蔚为大观。

所以，鲁迅的"执中"的观念是奠立在辩证思维的基础上，它的确立与导向，更多地在鲁迅的学理意识中呈示出来。

第二节　鲁迅在学理上的"执中"之道

"执中"之道的确立，对立双方的"二术俱用"，方可昭示真理。由此出发，在早期鲁迅著作中看似矛盾的一系列主张，像科学与人文、创新与复古、物质与精神、众数与个人、功利与审美等问题，从这一角度楔入，就有可能得到较为准确、合理的解答。

一、科学——人文，互不偏倚

在《科学史教篇》中，鲁迅一方面高度肯定、颂扬了科学之伟绩："故科学者，神圣之光，照世界者也，可以遏末流而生感动"，把科学提高至人类社会的"本根之要"的地位；另一方面，他在文章结尾却以反向思维为收结，提醒人们不要陷入"唯科学主义"之偏误：

> 顾犹有不可忽者，为当防社会入于偏，日趋而之一极，精神渐失，则破灭亦随之。盖使举世惟知识之崇，人生必大归于枯寂，如是既久，则美上之感情漓，明敏之思想失，所谓科学，亦同趣于无有矣。[①]

20世纪初，唯知识之崇、唯科学是从的社会趋向，形成了主潮，这引起鲁迅的警觉：若偏颇地崇奉之，势必致使人的精神丧失、生命枯寂、美感浅薄、思想呆滞。所以，人类世界需要科学认知与人文精神并行不悖，鲁迅举例：我们不仅需要物理学家牛顿（奈端），还需要诗人莎士比亚（狭

---

① 鲁迅：《科学史教篇》，《鲁迅全集》第 1 卷，人民文学出版社 2005 年版，第 35 页。

斯丕尔）；不仅要有科学家波尔，还要有画家拉斐尔（洛菲芬）；既然有哲学家康德，必然会有音乐家贝多芬（培得诃芬）；既然有生物学家达尔文，也必然会有文人嘉来勒。

这一切的目的在于"致人性于全，不使之偏倚"，这是"今日文明"的要义。鲁迅在倡导科学的同时，反向关注人文，为的是使人性完整、全面地发展。他之所以能摒弃"非此即彼"的独断思维方式，显然来自上述所确立的"执中"的学理意识。（详见本书第九章《鲁迅的价值取向：科学与人文》）

二、取今——复古，翕合无间

在《文化偏至论》中，鲁迅提出"立人"之要旨，达其标准之"人"应该是这样的：

> 明哲之士，必洞达世界之大势，权衡校量，去其偏颇，得其神明，施之国中，翕合无间。外之既不后于世界之思潮，内之仍弗失固有之血脉，取今复古，别立新宗，人生意义，致之深邃，则国人之自觉至，个性张，沙聚之邦，由是转为人国。人国既建，乃始雄厉无前，屹然独见于天下。①

这是青年鲁迅在 1907 年面对着衰败得如"沙聚之邦"的中国而写下救国之策。但他在精英、明哲之士对古今中外资源的选择上，强调要"权衡校量，去其偏颇"，在"取今"与"复古"这双向对立中，牢记"执中"之要则。

"取今"，即汲取外来新的知识，以"不后于世界之思潮"；"复古"，即传承内在传统的精华，以"弗失固有之血脉"。对二者均要"得其神明"，从学理的最高层面吸收之，如此二者融合，立下"新宗"，确立新的人生价值追求，方能使国人理性自觉、个性张扬，方能达到"立人"之标准。

在文化思潮趋于改革更新的 20 世纪初，"取今"，易为人们所接纳；那么"复古"，对旧有的文化资源，又该如何处置呢？在《摩罗诗力说》中，鲁迅指出：

---

① 鲁迅：《文化偏至论》，《鲁迅全集》第 1 卷，人民文学出版社 2005 年版，第 57 页。

> 夫国民发展，功虽有在于怀古，然其怀也，思理朗然，如鉴明镜，时时上征，时时反顾，时时进光明之长途，时时念辉煌之旧有，故其新者日新，而其古亦不死。[1]

若论一个国家、民族的发展，对其历史的怀念与继承这一功绩是不能割离的。但这种怀念与继承，在思想观念上必须十分明晰清朗，就像以镜为鉴，在时时向上升腾之际，仍时时返顾历史的教训；在时时向光明前程进发之时，仍时时怀念旧有文化之辉煌。只有做到这样，创新的就会日日更新，而古老的旧有也会继续延长。

鲁迅这观念一直坚持到他的晚年，1932 年，他在为一个青年作者的诗学论著写下"题记"，称其著作："纵观古今，横览欧亚，撷华夏之古言，取英美之新说，探其本源，明其族类，解纷挈领，粲然可观，盖犹识玄冬于瓶水，悟新秋于坠梧，而后治诗学者，庶几由此省探索之劳已。"[2]认为其最值得称道之处，就是融汇古今，贯通欧亚。

1934 年 6 月他为鼓励中国新兴的木刻艺术的发展，写下《〈木刻纪程〉小引》："采用外国的良规，加以发挥，使我们的作品更加丰满是一条路；择取中国的遗产，融合新机，使将来的作品别开生面也是一条路。"[3]取中国遗产，融外来新机，说的是一样的意思。

"取今"与"复古"融合，"更新"与"旧有"共存，鲁迅的这种主张高瞩周览，陈义甚高，在建构中华现代文化体系上乃是经典之论。对于此说，其后继者承续再三，发扬光大，最突出莫过于宗白华了。他在论及中国文化时写道："一方面保存中国文化中不可磨灭的伟大庄严的精神，发挥而重光之，一方面吸收西方新文化的菁华，渗合融化，在这东西两种文化总汇基础之上建造一种更高尚、更灿烂的新精神文化，作为世界未来文化的模范，免去现在东西两方文化的缺点、偏处。"[4]几乎是以白话文语汇对鲁迅文言文之论的阐释。

---

① 鲁迅：《摩罗诗力说》，《鲁迅全集》第 1 卷，人民文学出版社 2005 年版，第 67 页。
② 鲁迅：《题记一篇》，《鲁迅全集》第 8 卷，人民文学出版社 2005 年版，第 370 页。
③ 鲁迅：《〈木刻纪程〉小引》，《鲁迅全集》第 6 卷，人民文学出版社 2005 年版，第 50 页。
④ 《宗白华全集》第 1 卷，安徽教育出版社 1994 年版，第 102 页。

三、物质——灵明，个人——众数，调整纠偏

《文化偏至论》一文批判了十九世纪末叶以来人类文明的两大偏至："物质也，众数也，其道偏至。"鲁迅何以能揭示出"唯物质主义"和"托言众治"这两个偏至，并提出"掊物质而张灵明，任个人而排众数"的对策呢？原因也在于他牢牢地把握住"执中"这一学理准绳。

第一个"偏至"——唯物质主义。鲁迅揭示其恶果："人惟客观之物质世界是趋，而主观之内面精神，乃舍置不之一省。重其外，放其内，取其质，遗其神，林林众生，物欲来蔽，社会憔悴，进步以停，于是一切诈伪罪恶，蔑弗乘之而萌，使性灵之光，愈益就于黯淡。"[①]19 世纪，诞生了蒸汽机等的科技发明，创造了大量的物质财富，但对物质的占有与享受，激起人类与生俱来的私欲——"唯物质主义"，使人类发展的航向偏离了正道。"物欲"遮蔽了"灵明"，外"质"取代了内"神"，人的旨趣平庸，罪恶滋生，社会憔悴，进步停滞，"唯物极端"，就是"杀精神生活"。

第二个偏至——"托言众治"。鲁迅指出，法国大革命后，"扫荡门第，平一尊卑，政治之权，主以百姓，平等自由之念，社会民主之思，弥漫于人心。……同是者是，独是者非，以多数临天下而暴独特"。[②]革命之举，使平等自由的观念，社会民主的思想，得以普及高扬；它荡平出身门第之高下，拉齐身份尊卑之差异，同时把国家政治决策之大权，交由凡庸百姓来主导。但正由于此，处于少数地位的有独特思想的精英人士，就被多数的平庸的民众所压制，甚至被欺暴、剿灭，形成"以多数临天下而暴独特"的局面，这样，社会精神随之衰败，社会秩序因之崩毁，国家离沦亡也就不久了。

对此两大偏至，鲁迅大声发出质疑：

> 理若极于众庶矣，而众庶果足以极是非之端也耶？……事若尽于物质矣，而物质果足尽人生之本也耶？平意思之，必不然矣。[③]

---

① 鲁迅：《文化偏至论》，《鲁迅全集》第 1 卷，人民文学出版社 2005 年版，第 54 页。
② 同上注，第 49 页。
③ 同上注，第 49—50 页。

国家的大政方略、社会的法令条规，若尽由平庸的民众来定夺，他们果真能断定大是大非吗？世间万事万物、人生价值意义，若均由物质主义来限定，它果真能达到本源始点吗？平心静气地思考之，必定不是如此矣。

于是，从"执中"之道出发，鲁迅提出自己的方略：以"任个人"来调整"众数"，以"张灵明"来平衡"物质"。

个人，即精英、先觉之士等，鲁迅标示了哪些人呢？有斯蒂纳（斯契纳尔）、叔本华（勖宾霍尔）、克尔凯廓尔（契开迦尔）、易卜生（伊勃生）、尼采（尼怯）等，他们气宇品性，卓尔不群，主我扬己，守护真理，不阿世媚俗，不见容于人群，追求的是个性之尊严，人类之价值。鲁迅认为，唯此类超人出，社会与国家方可避免陷入"众数"治理那种凡庸、愚昧的泥淖。

灵明，即新的人文精神，鲁迅推崇当时兴起的"新神思"一宗，它崇奉主观心灵，张扬意志力量，以带有浪漫主义色彩的精神追求与物质主义相互抗衡，鲁迅甚至把它比喻成在当今物欲横流时代，能救赎精神的"诺亚方舟"。这一思潮鲁迅列出四派：黑格尔（黑该尔）的理想"主智"派，卢梭、沙弗斯伯利（息孚支培黎）的情感"罗曼"派，席勒（希籁）的"知感圆满"派，叔本华、尼采、易卜生的本体"意力"派。鲁迅认为，"新神思"一派的宗旨，是 20 世纪"新思想之朕兆，亦新生活之先驱"，它必能挽"唯物质主义"之狂澜，发扬人类精神生活之光耀，建构 20 世纪之文明。

鲁迅紧紧把握住学理意识上"执中"之道，为扭转"物质也，众数也，其道偏至"之误，鲜明而锐利地提出"掊物质而张灵明，任个人而排众数"这两大旨向，在这新思潮动荡起伏的 20 世纪初，把稳了精神的航向："内部之生活强，则人生之意义亦愈邃，个人尊严之旨趣亦愈明，二十世纪之新精神，殆将立狂风怒浪之间，恃意力以辟生路者也。"[①] 如此，方能"立人"，中国方能"转为人国"。

四、审美——功利，不用之用

在文学功能说中，审美与功利是相向的一对矛盾。在中国，"文以载道"的传统久矣，曹丕的《典论·论文》甚至把文学抬升到"经国之大业，

---

① 鲁迅：《文化偏至论》，《鲁迅全集》第 1 卷，人民文学出版社 2005 年版，第 57 页。

不朽之盛事"的高度，文学与国运兴衰联系在一起，其功利作用已到了极致。但到了近代，法国的卢梭高扬人类的感性情感，使它与认知理性、伦理道德分庭抗礼；而后德国的康德由卢梭延展，确立了人之精神的知、情、意三分法，为近现代美学开拓出独立的界域，文学艺术的审美一维得以高扬。这一弱化文学和政治功利、道德准则之间的关系，强调文学艺术审美自律的趋势，也在 20 世纪初进入了中国的思想界和文化界。

在中国，鲁迅和王国维可能是最早感应到这一美学动向的先觉者。1908 年，他所写的《摩罗诗力说》一文中，有这样的表述：

> 由纯文学上言之，则以一切美术之本质，皆在使观听之人，为之兴感怡悦。文章为美术之一，质当亦然，与个人暨邦国之存，无所系属，实利离尽，究理弗存。[①]

鲁迅认为，文学类别中最高一级应是较为纯粹地摆脱了功利需求的"纯文学"，它在本质上隶属于美学，它的作用在于使接受者，即"观听之人"因其美之魅力而感物寄兴、娱悦动情。它和曹丕所谓"经国大业"之功利，或某种深奥之事理，无所关系。

在评及雪莱对大自然之爱时，鲁迅同时批评一些缺乏美感者：

> 特缘受染有异，所感斯殊，故目睛夺于实利，则欲驱天然为之得金资；智力集于科学，则思制天然而见其法则；若至下者，乃自春徂冬，于两间崇高伟大美妙之见象，绝无所感应于心，自堕神智于深渊，寿虽百年，而迄不知光明为何物，又奚解所谓卧天然之怀，作婴儿之笑矣。[②]

由于人们文化素养不同，对大自然所产生的感应势必互有差异。一个人的眼睛若只为实利所吸引，他所想的就是如何驱使自然为其获取金银财富；如若智力集聚于科学研究，他所想的就是如何控制自然而求索规律法则。至于更低一层次的人，从春至冬，季节转换间的种种崇高、伟大、美妙的

---

① 鲁迅：《摩罗诗力说》，《鲁迅全集》第 1 卷，人民文学出版社 2005 年版，第 73 页。
② 同上注，第 88 页。

景象，均视而不见，毫无感应，其精神智力像是自堕于深渊，即使能活上百年，他却不知超然之光为何物？又怎能悟解到投入大自然怀抱，露出婴儿微笑之纯美？这里，鲁迅对何为美感，审美与功利的区别，做出了形象的解说：文学艺术之审美与物质追求、科学认知截然不同，它是"卧天然之怀，作婴儿之笑"，是纯粹而超然的。

但现在问题是，《摩罗诗力说》一文的总体旨向是呼唤诗与文学的抗争精神，即文学的社会功利作用。鲁迅在文中同时也极力肯定诗歌触发人心的功能：

> 盖诗人者，撄人心者也。……惟有而未能言，诗人为之语，则握拨一弹，心弦立应，其声澈于灵府，令有情皆举其首，如睹晓日，益为之美伟强力高尚发扬，而污浊之平和，以之将破。平和之破，人道蒸也。①

鲁迅写道，人们心中都有诗意，却未能说出，而诗人代为表达，这就像握琴一弹，众人心弦立时震响，其声如清流溢于心灵，使感应者举首如同望见朝阳，这样便打破了存纳污浊的平庸的社会状态，而使壮美、雄强之伟力，高尚之道德情操在人间得到张扬。

这在《摩罗诗力说》第一节，介绍拜伦、普希金等八位"摩罗"诗人时同样提及："立意在反抗，指归在动作，而为世所不甚愉悦者悉入之，……动吭一呼，闻者兴起，争天拒俗，而精神复深感后世人，绵延至于无已。"② 这些"摩罗""恶魔"诗人大都为凡俗之世人所不太喜欢的，他们的特点在于以反抗为宗旨，行动为目的，高声呐喊，让听到的人感奋而起，与天地凡俗抗争，其精神将感动后人，永久流传。显然，对诗介入社会现实斗争的功用亦已强化到极点。

在鲁迅的同一篇文章中，以诗为代表的文学，一方面是纯美的，它超越了现实功利或深奥事理；另一方面却又是旗帜、长剑，它立意反抗，争天拒俗，深深介入现实的斗争。那么，鲁迅是如何解决这一明显的对立矛盾呢？还是回到本文的题旨，鲁迅仍是以"执中"之道来化解之。

---

① 鲁迅：《摩罗诗力说》，《鲁迅全集》第 1 卷，人民文学出版社 2005 年版，第 70 页。
② 同上注，第 68 页。

鲁迅设立了一个重要的命题——"文章不用之用"。

> 文章不用之用，其在斯乎？约翰穆黎曰，近世文明，无不以科学为术，合理为神，功利为鹄。大势如是，而文章之用益神。所以者何？以能涵养吾人之神思耳。涵养人之神思，即文章之职与用也。①

对此，他这样解说：人生一般处于两间之中，或活动于"现实之区"，或神驰于"理想之域"，若偏于一方，都会感到不满足。英国哲学家约翰·密尔论及，近代的文明是以科学为方法，维系生存这一功利目的，并同时实现精神畅达、理想飞扬，而文章即是起到涵养人之"神思"的作用。因此，文学直接的表现是"不用"的，与维持人的温饱生存的利害无关；但它却能对人的精神起作用，使人感受到美的陶冶，使身心愉悦，精神振奋，畅游于理想的界域，以更充沛的精力投入对现实改造的实践，在间接上产生作用。这就是文学的"不用之用"，文学的功利性与审美性的矛盾，就这样在"执中"间达到平衡。

周作人的一段回忆接触到鲁迅对文学选择"不用之用"定性的缘由：

> 梁任公的《论小说与群治之关系》当初读了的确很有影响，虽然对于小说的性质与种类后来意见稍稍改变，大抵由科学或政治的小说渐转到更纯粹的文艺作品上去了。不过这只是不看重文学之直接的教训作用，本意还没有什么变更，即仍主张以文学来感化社会，振兴民族精神，用后来的熟语来说，可以说是属于为人生的艺术这一派的。②

鲁迅的文学观念先是受到梁启超强调文学的社会教育功用观念的影响，"欲新一国之民，不可不先新一国之小说"，要更新国民的精神，先要利用小说这类艺术进行启蒙；而后他又受到了卢梭、康德、尼采等西方浪漫主义思潮的启示，注意到文艺的另一极向——审美纯粹性，"意见稍稍改变"，但这"只是不看重文学之直接的教训作用"，即认为文艺首先呈示出

---

① 鲁迅：《摩罗诗力说》，《鲁迅全集》第1卷，人民文学出版社2005年版，第73页。
② 周作人：《关于鲁迅之二》，《关于鲁迅》，止庵编，新疆人民出版社1997年版，第523页。

来的应该是形式审美的"不用",但"感化社会,振兴民族精神"的"功用"仍潜伏于其内里,鲁迅文学观念仍是"为人生的艺术","本意"、根底不变。

文章"不用之用"的观念也体现在鲁迅有关美的论述中,1913 年他为教育部撰写《拟播布美术意见书》:

> 美术诚谛,固在发扬真美,以娱人情,比其见利致用,乃不期之成果。①

美之真正的意义,在于发扬"用思理以美化天物"之要质,从而娱乐人情;至于功利效用,则是间接的"不期"之成果。

这一观念甚至延续到鲁迅的后期思想。例如,尽管他批评过曹丕的文章关联邦国大业的高度功利性的主张,但他也不忽视曹丕追求"诗赋欲丽"的另一面:"曹丕的一个时代可说是'文学的自觉时代',或如近代所说是为艺术而艺术(Art for Arts Sake)的一派。所以曹丕做的诗赋很好,更因他以'气'为主,故于华丽以外,加上壮大。归纳起来,汉末,魏初的文章,可说是'清峻,通脱,华丽,壮大'。"②

1928 年鲁迅在《文艺与革命》一文中写道:

> 我以为一切文艺固是宣传,而一切宣传却并非全是文艺,这正如一切花皆有色(我将白也算作色),而颜色未必都是花一样。③

其意为,假设带有功利性的宣传像颜色一样,那么文艺作品逃脱不掉,它确是一种"宣传",就像是花之有"颜色",是包含着宣传的作用;但这不等于说凡有颜色之物都是文艺作品,因为文艺是具有特殊的审美价值的"花",是一种独特存在物,有别于其他"有颜色"之物,所以后者并不全是"花"。在当时一些人把文学的政治功利性抬高到无以复加的时候,鲁迅坚持了"艺术首先是艺术"的审美原则,坚持了文学"不用之用"的

---

① 鲁迅:《拟播布美术意见书》,《鲁迅全集》第 8 卷,人民文学出版社 2005 年版,第 52 页。
② 鲁迅:《魏晋风度及文章与药及酒之关系》,《鲁迅全集》第 3 卷,人民文学出版社 2005 年版,第 526 页。
③ 鲁迅:《文艺与革命》,《鲁迅全集》第 4 卷,人民文学出版社 2005 年版,第 85 页。

律令。

1935 年，在鲁迅逝世的前一年，他在给木刻家唐英伟的信中仍然坚执于这一观点：

> 人是进化的长索子上的一个环，木刻和其他的艺术也一样，它在这长路上尽着环子的任务，助成奋斗，向上，美化的诸种行动。[1]

这和鲁迅《写在〈坟〉后面》中"以为一切事物，在转变中，是总有多少中间物的。……在进化的链子上，一切都是中间物"[2]这句话，意思是一致的。来自进化论的观念，给鲁迅的影响是极为深刻的，直至晚年仍然没有完全卸脱。他把宇宙的进化、人生的进程看成一条长链，人的每一个体，事物的每一类型既有自身独立存在的价值，像艺术的"美化"是它首要完成的；但艺术又是历史前进这一"长索"上的一个环节，是要服从于"奋斗，向上"，即改造社会、提升精神这一人类社会发展的终极目的。由此，艺术既有着自身"美化"之"不用"，又有着"不用之用"的"环子的任务"，这便是它的地位。

第三节 "执中"之道与"中庸"方略

行文至此，必须着重指出的是，此处所论的鲁迅"执中"之道，并非儒家折中调和的"中庸"处世方略，因为儒学之"中庸"是鲁迅一生所竭力批判的对象。本文所论及"执中"之道，侧重于学理意识上的把握，即看到学理上相对抽象论题中对峙双方的强弱优劣，注意其双向之间的互动共容，做到互不偏废，使事理正道而行。

而对于社会实践界域，特别是中国封建伦理中的"中庸"之道，鲁迅则深恶痛绝之。1925 年答徐炳旭来信的《通讯》：

> 惰性表现的形式不一，而最普通的，第一就是听天任命，第二就

---

① 鲁迅：《350629 致唐英伟》，《鲁迅全集》第 13 卷，人民文学出版社 2005 年版，第 494 页。
② 鲁迅：《写在〈坟〉后面》，《鲁迅全集》第 1 卷，人民文学出版社 2005 年版，第 301 页。

是中庸。我以为这两种态度的根柢，怕不可仅以惰性了之，其实是卑怯。遇见强者，不敢反抗，便以"中庸"这些话来粉饰，聊以自慰。①

揭出了儒教貌似公允的"中庸"内质，其实为卑怯。但他们如若获取得权力，则是另一形态了："看见别人奈何他不得，或者有'多数'作他护符的时候，多是凶残横恣，宛然一个暴君，做事并不中庸；待到满口'中庸'时，乃是势力已失，早非'中庸'不可的时候了。"②活脱脱的一副色厉内荏、奸滑无耻的嘴脸。

在中国，儒教的"中庸"理念开初与治国相连。《论语·尧曰篇》："尧曰：'咨！尔舜！天之历数在尔躬，允执其中。四海困穷，天禄永终。'"③尧让位给舜时叮嘱他，需诚实地保持执中之道，不能对平民百姓超于限度地盘剥掠取，若天下百姓都陷于困苦贫穷，你的禄位也就终止了。

而后此理念则由治国理政，慢慢地延展到修身处世、权谋计策等，如《论语·雍也》："子曰：中庸之为德也，其至矣乎！民鲜久矣。"李泽厚评述道："庸，用也。'中庸'者，实用理性也，它着重在平常的生活实践中建立起人间正道和不朽理则，此'人道'，亦'天道'。虽平常，却乃'道'之所在。"④因此，在中国的"执中"之道，多与实用理性相连，形而上的纯学理意味不浓。到了封建社会晚期，则变成了圆滑、骑墙、折中、伪善，不置可否，不偏不倚的代名词，而这正是鲁迅所着力抨击的形态。

1924年，鲁迅在和钱玄同争论有人给当年两广总督叶名琛在英法联军进攻广州时的态度，所作的"不战，不和，不守；不死，不降，不走"对联。指出钱玄同评叶名琛"执中"之语有偏误："夫近乎'持中'的态度大概有二：一者'非彼即此'，二者'可彼可此'也。前者是无主意，不盲从，不附势，或者别有独特的见解；但境遇是很危险的，所以叶名琛终至于败亡，虽然他不过是无主意。后者则是'骑墙'，或是极巧妙的'随风倒'了，然而在中国最得法，所以中国人的'持中'大概是这个。"若按

---

① 鲁迅：《通讯》，《鲁迅全集》第3卷，人民文学出版社2005年版，第27页。
② 同上。
③ 杨伯峻：《论语译注》，中华书局1980年版，第207页。
④ 李泽厚：《论语今读》，生活·读书·新知三联书店2004年版，第186页。

后者之意，此对联则应改为："似战，似和，似守；似死，似降，似走。"[①]
叶名琛之"不"字，是"无主意"；而"似"字，则是"骑墙"之状了。
一字之易，便活脱脱地勾勒出所谓"中庸"者嘴脸。

1925 年底，鲁迅在《这个与那个》一文中揭示了国人怯懦、卑怯的本
性来源：

> 中国人不但"不为戎首""不为祸始"，甚至于"不为福先"。所
> 以凡事都不容易有改革；前驱和闯将，大抵是谁也怕得做。然而人性
> 岂真能如道家所说的那样恬淡；欲得的却多。既然不敢径取，就只好
> 用阴谋和手段。从此，人们也就日见其卑怯了，既是"不为最先"，
> 自然也不敢"不耻最后"，所以虽是一大堆群众，略见危机，便"纷
> 纷作鸟兽散"了。如果偶有几个不肯退转，因而受害的，公论家便异
> 口同声，称之曰傻子。对于"锲而不舍"的人们也一样。[②]

凡事取"中庸"之道，深深地潜入我们民族性格，所以前驱、闯将、"不
肯退转"者、"锲而不舍"者，均成了庸众眼中的"傻子"，这是我们国民
性中最为可耻之痛。

同是这篇文章，鲁迅还揭开了另一类所谓"革命家"的嘴脸：

> 他是保守派么？据说：并不然的。他正是革命家。惟独他有公
> 平，正当，稳健，圆满，平和，毫无流弊的改革法；现下正在研究室
> 里研究着哩，——只是还没有研究好。[③]

他以革命家的身份出现，口头上赞同改革，却以"研究"二字拖延、敷衍，
致使改革不了了之，无疾而终。他手腕诡秘、心机狡诈之处，正是释放出
公平、正当、稳健、圆满、平和这类"中庸"的烟幕，遮人眼目而暗中
施行。

1926 年初，鲁迅在与陈源等论争时进一步揭开这批人无耻的"假脸"：

---

① 鲁迅:《我来说"持中"的真相》,《鲁迅全集》第 7 卷, 人民文学出版社 2005 年版, 第
58 页。

② 鲁迅:《这个与那个》,《鲁迅全集》第 3 卷, 人民文学出版社 2005 年版, 第 152 页。

③ 同上注, 第 153 页。

"我又知道人们怎样地用了公理正义的美名，正人君子的徽号，温良敦厚的假脸，流言公论的武器，吞吐曲折的文字，行私利己，使无刀无笔的弱者不得喘息。倘使我没有这笔，也就是被欺侮到赴诉无门的一个；我觉悟了，所以要常用，尤其是用于使麒麟皮下露出马脚。"①他们援引中庸之美名，打出所谓公理正义、正人君子、温良敦厚的旗号，其实质则是逼压、施虐于他人。

而在《论"费厄泼赖"应该缓行》，鲁迅矛头所向的，是那种虽然是狗，却又像猫，折中，公允，是调和、平正之状可掬的叭儿狗，但这只是它们的一面；因为它们以所谓的"中庸之道"，来掩护类似于辛亥革命中落水，后又爬上岸咬死革命党人的凶残的"落水狗"们。在《无声的中国》，鲁迅用开窗不允许，若喊拆屋顶，他们就会调和，愿意开窗作为喻，揭穿了主张"中庸"、折中者的虚伪与卑怯的内质。类似的文章还有《由中国女人的脚，推定中国人之非中庸，又由此推定孔夫子有胃病》《灯下漫笔》等。

处世之"中庸"，还表现为"毫无定见"之圆滑。在反驳"非革命的急进革命论者"对叶永蓁小说《小小十年》的指责时，鲁迅揭示他们：

> 要驳互助说时用争存说，驳争存说时用互助说；反对和平论时用阶级斗争说，反对斗争时就主张人类之爱。论敌是唯心论者呢，他的立场是唯物论，待到和唯物论者相辩难，他却又化为唯心论者了。要之，是用英尺来量俄里，又用法尺来量密达，而发见无一相合的人。因为别的一切，无一相合，于是永远觉得自己是"允执厥中"，永远得到自己满足。②

他们圆滑如泥鳅、转身即变色，"随时拿了各种各派的理论来做武器的人，都可以称之为流氓"。③这样的"流氓论者"亦是社会处世中以"中庸"为护符的一种类型。

因此，早期鲁迅所主张的"执中"之道，多在形上的"理论理性"，

---

① 鲁迅：《我还不能"带住"》，《鲁迅全集》第3卷，人民文学出版社2005年版，第260页。

② 鲁迅：《非革命的急进革命论者》，《鲁迅全集》第4卷，人民文学出版社2005年版，第233页。

③ 鲁迅：《上海文艺之一瞥》，《鲁迅全集》第4卷，人民文学出版社2005年版，第304页。

即纯学理意识范畴中使用；而他所批判的"中庸"之道，多与"实用理性"相关联，涉及社会意识形态等问题。

当然，鲁迅为文也有过"偏面的深刻"，如写《斯巴达克魂》《摩罗诗力说》等时段，偏激的情绪喷涌而出。他也认为："平和为物，不见于人间。其强谓之平和者，不过战事方已或未始之时，外状若宁，暗流仍伏，时劫一会，动作始矣。……故杀机之防，与有生偕；平和之名，等于无有。"[①]在人世间，平和或平衡只是暂时、阶段性的，只不过是战争方停或尚未开始而已，其外在形态像是安宁，而内里则是暗流汹涌，若一撞击，战事立起。所以杀机的萌起，是永久存在的；而所谓的平衡，实则无有。所以他才会在《摩罗诗力说》中，呼唤"立意在反抗，指归在动作"的摩罗诗人；才会在《斯巴达之魂》中，疾呼吾国青年"掷笔而起"，以斯巴达勇士为楷模，捐躯报国。

1934 年底，他在《〈集外集〉序言》中还回忆说："尤其是那一篇《斯巴达之魂》，现在看起来，自己也不免耳朵发热。但这是当时的风气，要激昂慷慨，顿挫抑扬，才能发称为好文章，我还记得'被发大叫，抱书独行，无泪可挥，大风灭烛'是大家传诵的警句。"[②]虽有悔其少作之意，但也客观地记录下当年特定的氛围，少年意气，以身许国，激昂慷慨，挥斥方遒，岂有不偏激之理？

而在行文逻辑上，鲁迅按题旨也会各有偏重，如《摩罗诗力说》则偏于归纳，他分别评述西方拜伦、雪莱、普希金、莱蒙托夫、密茨凯维支、斯洛瓦茨基、克拉辛斯基、裴多菲等八位诗人，归结出"摩罗"精神："立意在反抗，指归在动作"，以雄厉壮美之声，唤醒民众，以抛洒热血之举，激励国人。"故其平生，亦甚神肖，大都执兵流血，如角剑之士，转辗于众之目前，使抱战栗与愉快而观其鏖扑"，[③]诗之美与剑之锋达到完美的统一。

《我之节烈观》则偏于演绎，从"节烈"这一主旨出发，不断演绎推导，先是考据了节烈一词的内涵，再——发问。发起攻击的第一波是：其一，不节烈的女子如何害了国家？其二，何以救世的责任，全要女子承

---

① 鲁迅：《摩罗诗力说》，《鲁迅全集》第 1 卷，人民文学出版社 2005 年版，第 68 页。
② 鲁迅：《〈集外集〉序言》，《鲁迅全集》第 7 卷，人民文学出版社 2005 年版，第 4 页。
③ 鲁迅：《摩罗诗力说》，《鲁迅全集》第 1 卷，人民文学出版社 2005 年版，第 102 页。

担？其三，表彰节烈之后，有何效果？攻击的第二波是：如果以 20 世纪新的观念为标准来衡量，又可再问，其一，节烈是否合乎道德？其二，实施多妻主义的男子，为何不必节烈？攻击的第三波是，其一，节烈难么？很难。其二，节烈苦么？很苦。因而结论是："节烈这事是：极难，极苦，不愿身受，然而不利自他，无益社会国家，于人生将来又毫无意义的行为，现在已经失了存在的生命和价值。"[①] 按照学理逻辑层层推进，批判之波接连而来，持续荡击，笔力雄奇，力透纸背，所批对象应声而倒，而历史也证明了这一点。

但在学理的总体意识上，早期的鲁迅把握"执中"之道仍是主调。

---

① 鲁迅：《我之节烈观》，《鲁迅全集》第 1 卷，人民文学出版社 2005 年版，第 129 页。

第二编 鲁迅与卢梭

第四章　鲁迅研究需从尼采推进至卢梭

【国内外对鲁迅早期思想研究的疏漏是，止于尼采，不再推进至卢梭。卢梭对于中国文化思想界的影响，一点也不亚于尼采。卢梭从认知理性与道德意志的一统天下中，开拓出情感独立的界域，着力追求人的民主与自由；但他的《社会契约论》，却由于理想式的"公意"，被群体的"众意"所淹没，成了"庸众"专制的发端。鲁迅的"掊物质而张灵明"，是跟随卢梭对唯物质主义、唯科学主义的批判；而"任个人而排众数"，则是借助尼采"超人"观念对卢梭"公意"说的质疑，对"借众以陵寡"的庸众式民主政治的调整。】

第一节　卢梭对中国思想界的影响

20世纪前后的中国，在与西方激烈的冲突之后，开始中外交流。国门初开，有识之士引入了西方近代思想界的双璧——卢梭与尼采的学说，其光耀夺目，闪射一方，对国人的影响，以振聋发聩一词形容之，一点也不为过。有学者甚至提出："卢梭在近代中国的影响力，据说只有马克思可与之相比。"[①]

对尼采与中国现当代文化思想关系的考察与阐释，自不待言，由郜元宝编纂百年来国人对其接受与研究的成果——《尼采在中国》一书，即可见之。但卢梭像似没有这么幸运了，即使是陈思和主编的"世纪的回

---

① 刘小枫：《〈卢梭注疏集〉出版说明》，〔美〕普拉特纳等：《卢梭的自然状态》，尚新建、余灵灵译，华夏出版社2008年版，第3页。

响·外来思潮卷"丛书，收录了杜威、罗素、泰戈尔、易卜生、克鲁泡特金、尼采、弗洛伊德、白璧德、达尔文、托尔斯泰等 10 人"在中国"，也不见卢梭的身影。

再延及鲁迅研究界，新时期以来，自乐黛云 1980 年发表《尼采与中国现代文学》起，论鲁迅与尼采的文章，连篇累牍，但相比之下，论及鲁迅与卢梭，却寥寥无几，浅尝辄止。对鲁迅早期思想的形成，学界似乎只愿追溯至尼采，却不愿承认鲁迅的思想资源有部分是来自更早的卢梭，这就造成鲁迅研究中一些谜题难以解答的困境。例如，汪晖就提出："一个显著的例子就是被称为伟大的民主主义者的鲁迅，恰恰又发表过激烈抨击西方民主政治和法国大革命及其自由平等原则的言论。"[1] 他敏锐地看到了鲁迅精神结构中的这一矛盾，却难以理清，原因就在于未能从卢梭的哲学、政治学视角予以深入开掘。

卢梭对于东方及中国文化思想界的影响，一点也不亚于尼采。陈独秀论述近代文明的三大要义，卢梭的"人权论"排第一：

> 近代文明之特征，最足以变古之道，而使人心社会划然一新者，厥有三事：一曰人权说，一曰生物进化论，一曰社会主义，是也。

使近代人心、社会焕然一新的学说，人权说位列第一，而天赋人权、人生而自由之说，就来自卢梭的《民约论》（即《社会契约论》）。陈独秀继续写道：奠立在《民约论》基础上而产生的法国《人权宣言》一经刊布，"欧罗巴之人心，若梦之觉，若醉之醒，晓然于人权之可贵，群起而抗其君主，仆其贵族，列国宪章，赖以成立"。[2] 是卢梭之学说把欧洲人从睡梦中唤醒，知道了"人是生而自由的"，知道了个人之权利的可贵，竞相奋然而起，反抗封建君主、贵族的统治，推翻了封建专制政体，而新立的国家宪法规章亦在此基点而确立。

岂止是欧洲，晚清学者黄遵宪曾回忆道：

> 仆初抵日本，所与游者多旧学，多安井息轩之门，明治十二三年

---

①　汪晖：《反抗绝望——鲁迅及其文学世界》，河北教育出版社 2000 年版，第 4 页。
②　陈独秀：《法兰西人与近世文明》，《陈独秀文选》，上海远东出版社 1994 年版，第 8、9 页。

> 间，民权之说极盛，初闻颇惊怪，既而取卢梭、孟德斯鸠之说读之，心志为之一变，以谓太平世必在民主，然无一人可与言也。①

可见卢梭的《民约论》在东方日本，及居留日本的中国人士中也激起了巨大的思想波澜。

1903 年，"自比法国卢梭"的邹容写下了《革命军》，它是晚清民主革命志士驱逐满族、光复华夏的宣言书。文中高扬卢梭精神：

> 夫卢梭诸大哲之微言大义，为起死回生之灵药，返魂还魄之宝方。金丹换骨，刀圭奏效，法美文明之胚胎，皆基于是。我祖国今日病矣，死矣，岂不欲食灵药投宝方而生乎？苟其欲之，则吾请执卢梭诸大哲之宝幡，以招展于我神州土。不宁惟是，而况又有大儿华盛顿于前，小儿拿破轮于后，为吾同胞革命独立之表木。②

邹容把卢梭之学说称之为疗救中国，使之起死回生、返魂还魄的灵药宝方，是神州大地、华夏同胞的革命独立大旗与标志。

此书一出，如闪电，劈向二千多年的封建专制；如号角，吹响惊天动地的民主革命的序曲。该书销量竟达百万余册，卢梭在中国也因之声名大震，许多人发表文章，甚至都署名为"卢梭之徒""卢梭魂"之类；国内思想先驱者多如痴如醉地追随卢梭，如柳亚子曾改名柳人权，1905 年写小说《卢梭魂》，要做"中国的卢梭"等。因此，鲁迅在 1925 年的《杂忆》写道：

> 倘说影响，则别的千言万语，大概都抵不过浅近直截的"革命军马前卒"邹容所做的《革命军》。③

对这位年方 20 岁，即为革命死于狱中的英雄给予高度的评价。

20 世纪初，梁启超在日本创办的《新民丛报》，其第 3 号登有蒋智由《卢骚》一诗：

---

① 黄遵宪：《黄遵宪集》，吴振清等编校整理，天津人民出版社 2003 年版，第 491 页。
② 邹容：《革命军》，罗炳良主编，华夏出版社 2002 年版，第 10 页。
③ 鲁迅：《杂忆》，《鲁迅全集》第 1 卷，人民文学出版社 2005 年版，第 234 页。

世人皆曰杀，法国一卢骚。民约倡新义，君威扫旧骄。力填平等路，血灌自由苗。文字收功日，全球革命潮。①

其意为，卢梭不为传统社会、习俗所容，世人均欲杀之而后快；他倡导天赋人权的新的学说，颠覆封建君王的威权，一扫贵族骄纵之风；民众为之而奋起，以生命与鲜血为平等开路，为自由育苗；他的文字成功见效之际，全球必将涌起革命的大潮。此诗概括力极强，短短的一首五言，就把民约、平等、自由、革命等重要概念全都囊括在内。许寿裳回忆他和鲁迅在东京求学时，佩服的名人有严复、林纾，在"严、林二人之外，有蒋智由，也是一位负盛名的维新人物而且主张革命的。他居东颇久，我和鲁迅时常同往请教的，尤其在章先生上海入狱的时候"。②时往请教蒋智由，鲁迅应该会从他那里听到有关卢梭的评述。

《新民丛报》1902 年 9 月号，梁启超亲自撰写了《卢梭学案》一文，全面而详细地介绍、评述了卢梭的学说，称其为：

达识先觉，出其万斛血泪，为世界众生开无前之利益。千百年后，读其书、想其丰采，一世之人，为膜拜赞叹，香花祝而神明视。③

对其功绩，推崇备至；对其影响，赞叹有加。视其为神明，夸其"以只手为政治学界开一新天地，何其伟也"。

但值得注意的是，梁启超在肯定卢梭的功绩之时，也锐利地指出其学说存在"前后不相容"的弊端：

夫卢氏之倡民约也，其初以人人意识之自由为主，及其论民约之条项，反注重邦国而不复顾各人。……既已举各人而纳于邦国中，则吞吐之而消融之矣，何缘复得其所已失耶。《民约论》全书中此段最

---

① 陈铁民选注：《近代诗百首》，人民文学出版社 1982 年版，第 122 页。

② 许寿裳：《亡友鲁迅印象记》，《挚友的怀念——许寿裳忆鲁迅》，河北教育出版社 2000 年版，第 7 页。

③ 贾植芳、陈思和主编：《中外文学关系史资料汇编（1898—1937）》上册，广西师范大学出版社 2004 年版，第 5 页。

为瑕疵矣。①

他揭示卢梭学说以个人自由为始，到最后却变成"反注重邦国而不复顾各人"，以国之群体压制了个人，这一重大偏误正是卢梭政治理想存在着难以解脱的矛盾之处。

罗素在《西方哲学史》也是这样评述卢梭的：

> 他是浪漫主义运动之父，是从人的情感来推断人类范围以外的事实这派思想体系的创造者，还是那种与传统君主专制相反的伪民主独裁的政治哲学的发明人。②

在人类思想史上，卢梭从认知理性与道德意志的一统天下中，开拓出情感独立的界域，但以追求个人的民主、自由为发端的他，最终却成了"伪民主独裁的政治哲学的发明人"，走向自身的反面，历史开的这一玩笑也太大了吧。

原因在于卢梭的《社会契约论》，这本被法国大革命领袖奉为圣经，却由于理想式的"公意"，被庸众们的"众意"所淹没，所替代，造成以"自由"为始，"专制"为果的畸变。"公意"与"众意"是卢梭《社会契约论》中的两个概念。卢梭从自然状态中的人是自由、平等这一基点出发，原本想为社会也创造出一个能够替换自然形态的意志力量，即谋求设置一个兼具普遍主义与个人主义的"公意"来管理、统治社会；但"自我保存"，即"私意"却是人的天性，那么由众多的个人利益者组合的社会，如何才能使"公意"真正达到公正呢？因此，与"公意"构成对立矛盾的另一方，即是由个人"私意"所聚合而成的"众意"。

张奚若的《社约论考》有一简明的阐释：

> 卢梭于此，立公意与众意之别。前者以公利公益为怀，为人人同有之意；后者以私利私益为怀，为彼此不同之意。一为私意之差，一为私意之和。（如以算式表之将如下：甲之意 = a + b + c，乙

---

① 贾植芳、陈思和主编：《中外文学关系史资料汇编（1898—1937）》上册，广西师范大学出版社 2004 年版，第 10 页。

② 〔英〕罗素：《西方哲学史》下卷，马元德译，商务印书馆 1986 年版，第 225 页。

之意 $=a+d+e$，丙之意 $=a+x+y$。公意 $=a$，即各私意之差；众意 $=a+b+c+d+e+x+y$，即各私意之和。①

按其表述，公意舍甲乙丙三者相异之处，取其精要的共同点；而众意仅是毫无选择的混合，偏误与祸端亦即藏于内矣。

卢梭面临的困境是，他的"公意"说带有乌托邦的性质，甚至有点超然"神"授的意味，当它进入社会政治实践的制度化运作，即具体操作层面的时候，往往被置身于现场、事件中的普通民众的"众意"所否决、舍弃，乃至更换。庸众们多是抽空"公意"的具体内涵，掺入个人私意，如鲁迅在《文化偏至论》中所揭示："势利之念昌狂于中，则是非之辨为之昧"，② 当个体利欲熏心之际，是非黑白当然因之蒙昧。如此"庸众"，以其个人私意混合、凡庸之见拼凑之"众意"，以"托言众治"、"同是者是，独是者非"的惯例，取代了卢梭的"公意"，内中乌托邦的理想性已完全变质。当由此类"混合式个人私意"来主导国家、群体的政务时，其后果将是十分可怕的，最明显的是社会秩序的崩溃，法国大革命的社会状况即可证之。

而这正是尼采抨击卢梭的要害所在。罗素在论述尼采思想时，曾按其思路这样写道："真正的美德，不是为人人所有的，而始终应当是贵族少数者的特色"，因为只有超人、精英才能导引社会的正确动向。他按尼采的口吻强调之："高等人必须对庶民开战，抵制时代的民主倾向，因为四面八方都是些庸碌之辈携起手来，图谋当主人。"他引尼采原话："一切纵容、软化、和把'民众'或'妇女'举在前面的事情，都对普选制——也就是'劣'民统治——起有利的作用。"最后一句更是一语中的："引人入邪道的是卢梭。"③

卢梭就是这样以正反两面共存的哲人形象，进入 20 世纪前后的中国思想界，像前述的梁启超、尼采的观点不可能不影响到鲁迅，因此，他对卢梭采取了既接纳，亦摒弃的态度。

---

① 张奚若:《社约论考》,《百年卢梭——卢梭在中国》,吉林出版集团有限责任公司 2009 年版，第 110 页。

② 鲁迅:《文化偏至论》,《鲁迅全集》第 1 卷，人民文学出版社 2005 年版，第 47 页。

③ 〔英〕罗素:《西方哲学史》下卷，马元德译，商务印书馆 1986 年版，第 314 页。

第二节　鲁迅与卢梭之关联

《新民丛报》由梁启超 1902 年 2 月创办于日本横滨，巧的是，鲁迅同年 4 月也留学到了日本，亦是从横滨上岸，再转东京，先是在弘文书院补习日文。他对于梁启超创办的这张在中国思想界，特别是在中国留日学生中影响巨大的报纸不能不注意到。查周作人《旧日记里的鲁迅》，1903 年（癸卯）"十二月：晴。晚韵仙遣人送日本初五日函来，云西园于四日启行，托寄衣物，目录列后。函中述弘文散学事，监督姚某亦以私事被剪发逃去，可笑。《清议报》合订本八册《新小说》第三期一册《新民丛报》二册……"① 或许，在鲁迅寄给周作人这二册的《新民丛报》中便有梁启超《卢梭学案》一文。

所以鲁迅注目于卢梭的时间已经很久，对他亦颇有研究。在 2005 年版的《鲁迅全集》中，鲁迅直接明文提及卢梭的约有 7 处以上。

1907 年《文化偏至论》："若罗曼暨尚古一派，则息乎支培黎（Shaftesbury）承卢骚（J. Rousseau）之后，尚容情感之要求，特必与情操相统一调和，始合其理想人格。"② 息乎支培黎现译为沙弗斯伯利（1671—1713），但卢梭（1712—1778）是在他逝世前一年才出生的，所以鲁迅这里说"息乎支培黎承卢骚之后"是否有误？沙弗斯伯利是英国重要的伦理学家，他执着于古典主义的和谐、平衡的美的原则，强调道德与艺术相似，善与美的一致。但更重要的是，他提出人的自然情感存在的合理性，强调人的"自爱情感"与"社会情感"（道德感）之间的平衡，如此方可为理想的人格。③ 所以，应该是他的"情感说"对后来者的卢梭有所启示，而非他承接卢梭，鲁迅此处叙述可能有误。但鲁迅评他和卢梭"容情感之要求""与情操相统一调和"等，则是正确的。沙弗斯伯利的主要贡献是在伦理学方面，却也为鲁迅所关注，可见鲁迅阅读视野之开阔。

1908 年《破恶声论》："志士英雄，非不祥也，顾蒙帼面而不能白心，

---

① 周作人、周建人：《书里人生——兄弟忆鲁迅（二）》，河北教育出版社 2000 年版，第 122 页。

② 鲁迅：《文化偏至论》，《鲁迅全集》第 1 卷，人民文学出版社 2005 年版，第 55 页。

③ 参阅《简明伦理学辞典》，四川省社会科学院出版社 1985 年版，第 201 页。

则神气恶浊，每感人而令之病。奥古斯丁也，托尔斯泰也，约翰卢骚也，伟哉其自忏之书，心声之洋溢者也。"①卢骚他们三人都著有《忏悔录》，坦荡地亮出纯洁、透亮之心；相比之下，那些以布巾蒙面，隐藏内心肮脏的，却让人感到恶浊。

1925 年《再论雷峰塔的倒掉》："卢梭，斯谛纳尔，尼采，托尔斯泰，伊孛生等辈，若用勃兰兑斯的话来说，乃是'轨道破坏者'。其实他们不单是破坏，而且是扫除，是大呼猛进，将碍脚的旧轨道不论整条或碎片，一扫而空。"②卢梭主张"天赋人权"，施蒂纳主张"自我"为本体，尼采主张"强力意志"，托尔斯泰主张人道主义，易卜生主张对虚伪道德的反叛，他们开创出种种新的意识观念，所以是传统观念、旧有社会运行轨道的破坏者，他们是新世界到来的开拓者。

1928 年的《卢梭和胃口》："做过《民约论》的卢梭，自从他还未死掉的时候起，便受人们的责备和迫害，直到现在，责备终于没有完。连在和'民约'没有什么关系的中华民国，也难免这一幕了。"③起因是师从白璧德的梁实秋从美国留学回来，他遵循老师新人文主义的理性节制情感的信条等，对浪漫主义始祖卢梭发起攻击，他率先在女子教育问题上责难卢梭，鲁迅予以尖锐的反驳，并用美国小说家阿通·辛克莱之语肯定了卢梭在历史总体倾向上的进步意义。

1928 年的《头》：梁实秋"攻击卢骚，理由之二，则在'卢骚个人不道德的行为，已然成为一般浪漫文人行为之标类的代表，对于卢骚的道德的攻击，可以说即是给一般浪漫的人的行为的攻击'"。④梁实秋把对卢梭的批评，扩大到中国知识界一些信奉浪漫主义的人上来。鲁迅结合当时的社会政治惨状，以"借头示众"之喻，暗示其发难背景之复杂。

1928 年《〈奔流〉编校后记·七》，谈及苏联李沃夫－罗加切夫斯基以托尔斯泰对比卢梭的一篇论文时，鲁迅引普列汉诺夫的评论纠正之："现今开始以托尔斯泰来比卢梭了，然而这样的比较，不过得到否定底的结论。卢梭是辩证论者（十八世纪少数的辩证论者之一人），而托尔斯泰则到死为止，是道地的形而上学者（十九世纪的典型底形而上学者的一人）。敢

---

① 鲁迅：《破恶声论》，《鲁迅全集》第 8 卷，人民文学出版社 2005 年版，第 29 页。
② 鲁迅：《再论雷峰塔的倒掉》，《鲁迅全集》第 1 卷，人民文学出版社 2005 年版，第 202 页。
③ 鲁迅：《卢梭和胃口》，《鲁迅全集》第 3 卷，人民文学出版社 2005 年版，第 576 页。
④ 鲁迅：《头》，《鲁迅全集》第 4 卷，人民文学出版社 2005 年版，第 92 页。

于将托尔斯泰和卢梭并列者，是没有读过那有名的《人类不平等起原论》或读而不懂的人所做的事。"①

卢梭的辩证法是和马克思主义一脉相连的，恩格斯在《反杜林论》中这样评述：

> 我们在卢梭那里不仅已经可以看到那种和马克思《资本论》中所遵循的完全相同的思想进程，而且还在他的详细叙述中可以看到马克思所使用的整整一系列辩证的说法：按本性说是对抗的、包含着矛盾的过程，每个极端向它的反面的转化，最后，作为整个过程的核心的否定的否定。因此，如果说在1754年卢梭还不能说黑格尔行话，那末，无论如何他在黑格尔诞生前十六年就已经深深地被黑格尔瘟疫、矛盾辩证法、逻各斯学说、神学逻辑等等所侵蚀。②

在辩证法这一演进的过程中，卢梭—黑格尔—马克思是前后相承的。而托尔斯泰人道主义的博爱、"不抵抗主义"等，则是建立在他所信奉的"永恒的宗教真理"的基点上，所以鲁迅赞同普列汉诺夫所主张的两人的不可比性。同时，他也顺手巧妙地回击了冯乃超、郭沫若对自己"根本不懂唯物史观"的中伤。

1930年《"硬译"与"文学阶级性"》，鲁迅反驳梁实秋文学超阶级论："但梁先生自有消除斗争的办法，以为如卢梭所说：'资产是文明的基础'，'所以攻击资产制度，即是反抗文明'，……我想，卢梭去今虽已百五十年，但当不至于以为过去未来的文明，都以资产为基础。（但倘说以经济关系为基础，那自然是对的。）希腊印度，都有文明，而繁盛时俱非在资产社会，他大概是知道的；倘不知道，那也是他的错误。"③

卢梭是认为文明社会的形成与私有财产的积累、确立有关，但他同时指责人类不平等的起源也来自私有财产：

> 总而言之，一方面是竞争和倾轧，另一方面是利害冲突，人人都

---

① 鲁迅：《〈奔流〉编校后记》，《鲁迅全集》第7卷，人民文学出版社2005年版，第182页。
② 〔德〕恩格斯：《反杜林论》，《马克思恩格斯选集》第3卷，人民出版社1972年版，第180页。
③ 鲁迅：《"硬译"与"文学的阶级性"》，《鲁迅全集》第4卷，人民文学出版社2005年版，第206页。

时时隐藏着损人利己之心。这一切灾祸，都是私有财产的第一个后果，同时也是新产生的不平等的必然产物。①

但卢梭并没有把文明的产生限定在资本主义社会，即鲁迅特地点出的"资产社会"。梁实秋的"资产""财产"，仅一字之差，但在社会学、经济学的体系中却有着不同的内涵，此纰漏被鲁迅揪住，只能算他倒霉。

由此看来，在明面的文字上，鲁迅细论卢梭确是不太多，但这并不等于鲁迅思想的内理没有卢梭因子的潜伏。略举一例，像《文化偏至论》中，论及法兰西大革命，评其因"同是者是，独是者非"，即所谓"公意"这一伪民主思潮泛滥，它蔑视了个人特性，致使"先觉""明哲"灭绝，以至于伧俗横行、全民沦于"凡庸"。能揭出这一弊端，做出精到的判断，显然是对卢梭《社会契约论》及其所引发的社会政治实践，有着较深的了解与研究，否则，断难做出上述简明扼要的评判。

在"公意"与自由的问题上，鲁迅当时还受到严复所译约翰·穆勒《群己权界论》的影响。严复在该书"译凡例"明确表示不赞同卢梭的观点：

> 卢梭《民约》，其开宗明义，谓"斯民生而自繇"，此语大为后贤所呵，亦谓初生小儿，法同禽兽，生死饥饱，权非己操，断断乎不得以自繇论也。②

他点明卢梭之说遭到贤哲的斥责，因为约翰·穆勒强调，个人的自由须"以他人之自繇为界"。这就和卢梭所追寻的绝对民主、所谓的"公意"有关，庸众式的"众意"、民主若成了社会的主流价值，将导致"政治之权，主以百姓"，使持有独特见解的英哲之士为庸众所淹没，到时还能奢谈什么自由、民主？长此以往，终将使一个国家、民族的真正的具有创新性的文化精神，停滞荒废，颓然崩塌。

总体看来，鲁迅对卢梭有赞赏，也有保留；有推崇，也有贬抑；亦即接纳与摒弃共在。接纳的相对明显，摒弃的需加分析，如他结合当时中国

---

① 〔法〕卢梭：《论人类不平等的起源和基础》，李常山译，商务印书馆 1997 年版，第 125 页。
② 〔英〕约翰·穆勒：《群己权界论》，严复译，商务印书馆 1981 年版，第 viii 页。

特殊的国情，以尼采的"超人"学说来调整卢梭的"公意"理论的偏颇，显出其超凡卓识的一面；又如，卢梭跟随柏拉图，斥责作家、诗人是一堆糟蹋国家粮食的游手好闲者，鲁迅却肯定诗人"撄人心"，动吭一呼，闻者兴起，"美伟强力高尚发扬"。

在这一问题上，笔者甚至感到鲁迅有点类似于严复在翻译《天演论》时，从"唯我所需"出发，对赫胥黎和斯宾塞两者理论的择取、舍弃，以及糅合的意味。因为"在鲁迅去国赴日本以前，并不是如他所自谦的'一无所能'的，他那时已经接受了赫胥黎、斯宾塞、孟德斯鸠的思想，而且对于嚣俄、小仲马的小说戏曲有所体会，已经比一般维新志士高了一着了"。[①]

1907 年，鲁迅发表《文化偏至论》，内有一名言：

> 掊物质而张灵明，任个人而排众数。[②]

学界一般均认可为鲁迅早期思想的核心，但似乎还没有人进一步指出，前一句是承接自卢梭相关的观念，后一句是鲁迅以尼采对卢梭的质疑。具体而言，前一句侧重于如何看待科学发展与人类物质财富的创造问题，是鲁迅跟随卢梭，对唯物质主义、唯科学主义的批判；后一句侧重于如何理解人类社会政治的组构的问题，是鲁迅借助尼采"超人"观念，对卢梭"公意"说的质疑，对他所引发的"借众以陵寡"的庸众式民主政治的调整。

也就是说，鲁迅之所以在这篇文章中批评 20 世纪初的人类社会："物质也，众数也，其道偏至"，"杀之以物质而囿之以多数"，在"物质主义"和"托言众治"这两大偏至的歧路上走得过远，若从学理上分析之，则和他接纳、摒弃，即扬弃卢梭思想有所关联。

---

① 曹聚仁：《鲁迅评传》，东方出版中心 1999 年版，第 29 页。
② 鲁迅：《文化偏至论》，《鲁迅全集》第 1 卷，人民文学出版社 2005 年版，第 47 页。

第五章　鲁迅对卢梭的接纳
——"掊物质而张灵明"

【卢梭《论科学与艺术》一文，揭示出科学与艺术的增进给文明带来的不只是正值增长，它反而使人类私欲膨胀、道德堕落，是一种负值效应；鲁迅的"掊物质而张灵明"，是跟随卢梭对唯物质主义、唯科学主义的批判。鲁迅认为，要做到"张灵明"，使"心声"洋溢、"内曜"清明，则需敞开胸襟、解剖自己；精神上不忘"形上之需求"；并顺应自然，尊重儿童天性发展。鲁迅指出，卢梭、尼采等开拓新路、破除旧轨，扫荡精神上清规戒律，是推进人类社会发展的真的勇士，属于进步力量，他们将拓展出人类历史的新纪元。】

第一节　"掊物质"
——反击唯物质主义

在人类思想发展史上，卢梭是一开疆拓土、拔新领异的人物。在他之前，刚从中世纪神学樊篱中解脱出来的欧洲，经文艺复兴洗礼，承自然科学发展，掀起了一场启蒙运动，知识、理性、个体自由、道德自决等一系列具有原则性意义的观念得以确立与高扬。由理性与科学领进的人类及社会，不断地从自然形态向更高一级的文明形态提升，历史将循序进步的这种乐观主义情绪弥漫着整体思想界。

这时，卢梭以一位人类主流思想的狙击手姿态出现了。1750年他应法国第戎学院征文，撰写了《论科学与艺术》一文，指出科学与艺术的发展不是给人类以恩泽，而是使人类私欲膨胀、道德堕落。他写道：

> 有一个古老的传说从埃及流传到希腊，说是科学的创造神是一个与人类安宁为敌的神。……天文学诞生于迷信；辩论术诞生于野心、仇恨、谄媚和谎言；几何学诞生于贪婪；物理学诞生于虚荣的好奇心；一切，甚至道德本身，都诞生于人类的骄傲。因此科学与艺术的诞生乃是出于我们的罪恶。①

科学的新的发明、艺术的美的创造，即由人这一物类所创造出的文明，原本是人类引以自豪，超越他类物种，从而傲视环宇的标志所在，但在现今卢梭的笔下，却成了"异化"的现象，成了被指控的"罪恶"。因为科学发明创造的物质财富，助长了奢侈之风，诱发了人类的贪欲；艺术虚构的形象，腐蚀了公民的社会道德，美化了现实的丑恶。人类文明建构的乐观性、进取性的信念，在卢梭这里遭遇到第一次强有力的阻击。

"卢梭之出现，使人们意识到，历史进步是由文明的正值增长与文明的负值效应两条对抗线交织而成。前一条线导向人类乐观的建设性行为，后一条线导向人类悲观的批判性行为甚或是破坏性行为。"②文明的正值增长中所内含的负值效应被卢梭以一种矫枉过正的语言公开地暴露出来，人类第一次看清了自身两难的境地。"我们似乎有理由将卢梭称为：把负数概念引入历史的第一人。"③卢梭的这一解构性的批判，亦是对人类发展进程中"现代性"的反思，由他所引发的西方浪漫主义思潮，即是以其"审美现代性"对"历史现代性"的批判与制衡。

在 20 世纪初的中国思想界，民族救亡、国民启蒙确是首要任务；但与此同时，一批"先觉"之士也悟及由卢梭所引发的科技理性与人文精神对峙的问题。也就是说，摆在当年中国思想先行者面前的有两大要务，一是民族性、政治性的救亡、启蒙的现实问题，一是全球性、人类总体性的物质与精神对峙的哲学问题。像 1907 年王国维在"可爱者不可信，可信者不可爱"④之间的困惑；像 1919 年留美的陈寅恪与吴宓的对话：

---

① 〔法〕卢梭：《论科学与艺术》，何兆武译，商务印书馆 1959 年版，第 16 页。
② 朱学勤：《道德理想国的覆灭》，上海三联书店 1994 年版，第 275 页。
③ 同上注，第 31 页。
④ 王国维：《自序二》，《王国维论学集》，中国社会科学出版社 1997 年版，第 410 页。

今人误谓中国过重虚理，专谋以功利机械之事输入，而不图精神之救药，势必至人欲横流、道义沦丧。[①]

直至 1923 年在国内全面爆发的那场"科学与玄学大论战"，都是科技理性与人文精神对立这一全球性的哲学问题，在中国知识分子先觉者的思想上焦虑的体现。

称鲁迅为中国现代思想界的先驱者一点也不过分，因为在科技与人文对峙问题的思考上，他比陈寅恪与吴宓早了 12 年，比同时期的王国维思理更为清晰。由此，我们也才理解鲁迅在 1923 年那场激烈的"科玄论战"中为何一言不发，因为"曾经沧海难为水"了。

那么，1907 年的鲁迅是如何论析这一问题的呢？在《文化偏至论》中，他明确地提出，近代以来的人类文化思想界存在着两大"偏至"，即"物质也，众数也，其道偏至"。对于前一个"偏至"——唯物质主义，他揭示其恶果：

递夫十九世纪后叶，而其弊果益昭，诸凡事物，无不质化，灵明日以亏蚀，旨趣流于平庸，人惟客观之物质世界是趋，而主观之内面精神，乃舍置不之一省。重其外，放其内，取其质，遗其神，林林众生，物欲来蔽，社会憔悴，进步以停，于是一切诈伪罪恶，蔑弗乘之而萌，使性灵之光，愈益就于黯淡；十九世纪文明一面之通弊，盖如此矣。[②]

19 世纪，由于蒸汽机等的科学技术发明，人类进入"蒸汽机时代"，世界进入第一次工业革命时期。科技为人类创造了前所未有的财富，但物质财富的占有与享受，激发了私欲，正如鲁迅所揭示的："人惟客观之物质世界是趋。"这种"唯物质主义"的偏误，给人类的生存带来了巨大的恶果："物欲"遮蔽了"灵明"，外"质"取代了内"神"，人的旨趣平庸，罪恶滋生，社会憔悴，进步停滞，这是 19 世纪的社会弊病根源。"唯物极端"，就是"杀精神生活"。由此鲁迅发出了"掊物质而张灵明"高昂的呼声，

① 吴宓:《吴宓日记》第 2 册，生活·读书·新知三联书店 1998 年版，第 101 页。
② 鲁迅:《文化偏至论》,《鲁迅全集》第 1 卷，人民文学出版社 2005 年版，第 54 页。

其内涵即是击破唯物质主义，张扬人文精神。

　　鲁迅所描述的这种状况，与卢梭当年之醒觉相似："当生活日益舒适、工艺日臻完美、奢侈开始流行的时候，真正的勇敢就会削弱，尚武的德行就会消失；而这些仍然是科学和艺术在暗中起作用的结果。"① 卢梭还认为，"如果科学的教养对于战斗品质有害，那末它对于道德品质就更加有害了"。② 其结果是：

　　　　这种世态炎凉又是伴随着怎样一长串的罪恶啊！又是以多么诚恳的友情、多么真诚的尊敬、多么深厚的信心为代价啊！疑虑，猜忌，恐怖，冷酷，戒惧，仇恨与奸诈永远会隐藏在礼义的那种虚伪的面幕下边，隐藏在被我们夸耀为我们时代文明的根据的那种文质彬彬的背后。③

文中，卢梭论述的因果逻辑是明晰的，由"科学"进步代替了许多原有的人工劳作，产生了"闲逸"；进而由闲逸、虚荣产生了"奢侈"，即通常所说的"物欲横流"；当物欲无法抑制，成了主导趋势时，各类邪恶行为（终极为战争）就爆发了，人类的道德也就彻底沦落、毁坏了。

　　两相对照，可以看出鲁迅于卢梭思想在脉理上的延续。这也展露在他同年所写的《科学史教篇》中：

　　　　顾犹有不可忽者，为当防社会入于偏，日趋而之一极，精神渐失，则破灭亦随之。盖使举世惟知识之崇，人生必大归于枯寂，如是既久，则美上之感情漓，明敏之思想失，所谓科学，亦同趣于无有矣。④

鲁迅看到了，若单向地、偏颇地崇奉知识及科学，势必致使人的精神丧失、生命枯寂、美感浅薄、思想呆滞。因为技术思维的单向、片面的隘化，人与自然势必日渐疏离，加之"物欲"无限度地急剧膨胀，人类社会

---

① 〔法〕卢梭：《论科学与艺术》，何兆武译，商务印书馆 1959 年版，第 22 页。

② 同上注，第 24 页。

③ 同上注，第 6 页。

④ 鲁迅：《科学史教篇》，《鲁迅全集》第 1 卷，人民文学出版社 2005 年版，第 35 页。

就像卢梭所说的那样，在精神及道德上"堕落"了！这也就是今天我们所一再谈到的，人类"神性"和生存"诗性"的沦落、丧失。人生若是陷入这一境地，那么你所尊崇的科学又有什么用吗？鲁迅是警觉的，他的思考、主张完全跟上了卢梭，跟上了现代世界的哲学主潮。

恩格斯在《反杜林论》中曾评述过卢梭这一观念，他指出：人类比动物优越的特性是，有"趋于完善化的能力，即往前发展的能力；而这种能力就成了不平等的原因。因此，卢梭把不平等的产生看做一种进步。但是这种进步是对抗性的，它同时又是一种退步"。[1]在人类历史进程中，人这一族类的本质有着不断创造、不断发展、不断完善的内驱力，他随着对自然规律的把握和运用，创造了物质的繁荣，促进了文明的发展，但同时也造成社会不同阶层对物质财富占有的不均衡现象，这样"不平等"的社会矛盾就产生了，"它同时又是一种退步"。所以，人这一族类的"完善化"与其"类的没落"是两相对立，却又互为一体的。只有站在这样的哲学高度上，把鲁迅《科学史教篇》《文化偏至论》等，纳入人文精神与科技理性对峙的巨大的世界性的历史语境中来考察，我们才有可能真正地读懂它。

第二节　"张灵明"
——"心声"洋溢、"内曜"清明

如果说"掊物质"之一端，鲁迅侧重于在《文化偏至论》一文中加以剖析；那么"张灵明"之一端，则侧重于在《破恶声论》一文中论析。

一、"张灵明"的前提：解剖自己

《破恶声论》开篇，鲁迅即沉痛地写出20世纪初中国思想界衰败的现状："本根剥丧，神气旁皇"，"寂漠为政，天地闭矣"，这个国家已从根柢上丧乱衰败，国民神情惶恐不安，而政局荒寂冷落，天地昏暗闭塞。但鲁迅并未失去希望——"吾未绝大冀于方来"，因为他期盼着能有"知者"出现——"则思聆知者之心声而相观其内曜"。

---

[1]　〔德〕恩格斯:《反杜林论》,《马克思恩格斯选集》第3卷，人民出版社1972年版，第179页。

此处之"知者",即和鲁迅在它处所提及的"明哲""先觉""精神界之战士"等有着大致相同的内涵,只是鲁迅加上两个具体前提:"心声""内曜",并解释道:"内曜者,破黮暗者也,心声者,离伪诈者也。""内曜",即人之内心光亮明彻,破除暗影;"心声",即人之心襟坦荡纯正,远离伪诈。如若国民中有此等人出现,就像春月唤醒百草萌动的雷霆轰响,就像驱赶夜幕消逝的东方曙光闪射,鲁迅用如此抒情的笔调,呼唤着他心目中的先觉者、先驱者。

那么,在人类思想史上,有谁能列入鲁迅之法眼呢?

> 奥古斯丁也,托尔斯泰也,约翰卢骚也,伟哉其自忏之书,心声之洋溢者也。[①]

原因在于他们三人都著有自传性的《忏悔录》,即对自我进行了深刻的反省与解剖,故鲁迅赞之"伟哉"!鲁迅认为,无论一个人如何高谈阔论,"岸然曰善国善天下",他倒愿意先听他敞开胸襟,"白心"透亮,荡涤秽恶,而不羞于人,这样方可使民众"清明"醒悟,才能包容特异之士,让天才涌现。如此之后,"人生之意义庶几明,而个性亦不至于沉沦于浊水乎"。[②]

为何在 20 世纪初,"白心"透亮,"心声"洋溢,显得如此重要呢?当年,信奉"启蒙主义"的鲁迅,首先面对的就是国人"不敢正视"现实的"瞒和骗",因此"求真"是攻破封建意识形态堡垒的第一个缺口。鲁迅以犀利的笔锋揭示:"中国人的不敢正视各方面,用瞒和骗,造出奇妙的逃路来,而自以为正路。在这路上,就证明着国民性的怯弱,懒惰,而又巧滑。"他所塑造的阿 Q 形象及其"造出奇妙逃路"的"精神胜利法",不正代表着此类"巧滑"的典型吗?而像中国戏曲、小说中,才子佳人相遇倾慕,私订终身,挥泪别离,而后状元及第,奉旨成婚套路,鲁迅称之为"团圆"主义的,不也正是来自这种虚假的骗局吗?所以,鲁迅呼吁:

---

① 鲁迅:《破恶声论》,《鲁迅全集》第 8 卷,人民文学出版社 2005 年版,第 25 页。
② 同上注,第 29 页。

　　我们的作家取下假面，真诚地，深入地，大胆地看取人生并且写出他的血和肉来的时候早到了；早就应该有一片崭新的文场，早就应该有几个凶猛的闯将！①

　　卢梭，因写下世称为"灵魂自白书"的《忏悔录》，则有幸地和奥古斯丁、托尔斯泰一道，成为鲁迅所冀盼这种"凶猛的闯将"的典范，因为他们内心光亮明彻，破除暗影；心襟坦荡纯正，远离伪诈。法国大革命领导者罗伯斯庇尔曾这样地颂扬之："您的《忏悔录》可敬可佩，那是一颗最纯净的灵魂最真诚勇敢的袒露，与其说它是艺术的典范，不如说它是道德的楷模，它将垂诸永远。"②

　　"白心"透亮，"心声"洋溢，即"灵魂自白"这一信条，也促使鲁迅形成其文学创作的最重要的特色之一——"解剖自己"。他在《摩罗诗力说》中提出，要作为一个真正的诗人，

　　　　意者欲扬宗邦之真大，首在审己，亦必知人，比较既周，爰生自觉。自觉之声发，每响必中于人心，清晰昭明，不同凡响。③

　　"审己"，这是作为导引民众前行的"摩罗"式诗人、"闯将"式作家这些精英们的首要前提。只有先审己，而后才能周全地看待他人，方才可能达到真正的自觉，即"白心透亮"。由此所发之声，才会"清晰昭明，不同凡响"，才会直抵民众之内心深处。

　　沉浸在启蒙救赎的冀盼中的鲁迅，不只把投枪向罪恶的外界掷去，更是用匕首向内剖开自我。在《写在〈坟〉后面》，鲁迅写道：

　　　　我的确时时解剖别人，然而更多的是更无情面地解剖我自己，发表一点，酷爱温暖的人物已经觉得冷酷了，如果全露出我的血肉来，末路正不知要到怎样。④

---

① 鲁迅：《论睁了眼看》，《鲁迅全集》第 1 卷，人民文学出版社 2005 年版，第 254—255 页。
② 转引自朱学勤：《道德理想国的覆灭》，上海三联书店 1994 年版，第 167 页。
③ 鲁迅：《摩罗诗力说》，《鲁迅全集》第 1 卷，人民文学出版社 2005 年版，第 67 页。
④ 鲁迅：《写在〈坟〉后面》，《鲁迅全集》第 1 卷，人民文学出版社 2005 年版，第 300 页。

一年之后，还在广州的鲁迅在《答有恒先生》的信中再次提及："我知道我自己，我解剖自己并不比解剖别人留情面。"[①]信中，他把中国比成历来排着吃人的筵宴，而我自己也帮助排筵宴；筵席上有一种用活虾腌制的"醉虾"，而我就是做这醉虾的帮手。我就是这"吃人者"的帮手、帮凶，也是"吃人者"中的一员！所以他才会在《狂人日记》的结尾如此沉痛地反问："我未必无意之中，不吃了我妹子的几片肉"！

所以，他才会在《野草·墓碣文》中，勾画出如此惨烈的场景：

> 有一游魂，化为长蛇，口有毒牙。不以啮人，自啮其身，终以殒颠。……抉心自食，欲知本味。创痛酷烈，本味何能知？……痛定之后，徐徐食之。然其心已陈旧，本味又何由知？[②]

他知道自我解剖之痛楚，有如口长毒牙的长蛇自啮其身；他知道自我解剖之艰难，此举有如自裂胸腹，抉心自食。人间还能有什么酷刑超过于此？但鲁迅经受住了这场鲜血淋漓、创痛酷烈的考验，这也是他能成为世界性经典作家的根本原因之一。

1926 年，在为韦丛芜所译《穷人》而作的《〈穷人〉小引》中，鲁迅以学理性的形式来论析"自我解剖"，其"灵魂自白"得更为透彻。他称陀思妥耶夫斯基为"残酷的天才""人的灵魂的伟大审问者"，是一种"在高的意义上的写实主义"，他抓住陀氏创作最精要之处——穿掘灵魂深处，拷问人的灵魂。非但如此，陀思妥耶夫斯基

> 早将自己也加以精神底苦刑了，从年青时候起，一直拷问到死灭。凡是人的灵魂的伟大的审问者，同时也一定是伟大的犯人。审问者在堂上举劾着他的恶，犯人在阶下陈述他自己的善；审问者在灵魂中揭发污秽，犯人在所揭发的污秽中阐明那埋藏的光耀。这样，就显示出灵魂的深。[③]

也就是说，作家既是他人的灵魂审问者，同时自身也是一位被审问者；因

---

① 鲁迅：《答有恒先生》，《鲁迅全集》第 3 卷，人民文学出版社 2005 年版，第 477 页。

② 鲁迅：《墓碣文》，《鲁迅全集》第 2 卷，人民文学出版社 2005 年版，第 207 页。

③ 鲁迅：《〈穷人〉小引》，《鲁迅全集》第 7 卷，人民文学出版社 2005 年版，第 106 页。

为他在拷问作品中人物的灵魂时，也在拷问自身的灵魂。陀氏作品所写的，多为恶与善、污秽与光耀这对立的双方，在矛盾中的冲突、扬弃与升华。在此过程，不只是作品人物，而且作家自身也处在指控与争辩的对立及对话中。作家的身份被进一步深化了，作家不仅是对外在客观的人事物态做出审美理解与价值判断，而且还须掘进到自我的灵魂深处，对自我也同时予以拷问与解剖，这才算是完成自身的职责。

不妨回眸卢梭，他在《忏悔录》开篇即写道："我要将一个人赤裸裸地展现在世人的面前，而这个人就是我。"他将手持此书，站在至高无上的上帝面前宣称：

> 我坦诚相见，我不讳言——粗鄙与卑下，也不掩饰高贵与善良。你可以清清楚楚地看到我裸露的灵魂，上帝啊！就让我的同胞众生都围聚在我身边，倾听我的忏悔罢。让他们为我的堕落而感叹，为我的邪行而羞愧；让他们每个人也在你的宝座面前坦诚相见，看是否有人敢说："我比他更好。"①

休谟对此曾加以评说："这人不仅被剥掉了衣服，而且被剥掉了皮肤。"卢梭不回避自己的种种丑行，敢以赤裸的灵魂与他人相见，这种勇气与坦诚感召着一代又一代真的"猛士"。

"解剖自己""拷问自己的灵魂"，从鲁迅的作品及评论中，难道我们还不能看到作为"灵魂自白书"的卢梭《忏悔录》所投射的精神之影吗？而在鲁迅看来，一个人、一位作家，只有像卢梭、奥古斯丁和托尔斯泰等那样，真正做到"白心"透亮，"心声"洋溢，他才能担负起张扬"灵明"的重责。

二、"灵明"的内涵："形上之需求"

那么，鲁迅笔下的"灵明"一词的内涵是什么呢？《破恶声论》对此有所论及：

> 夫人在两间，若知识混沌，思虑简陋，斯无论已；倘其不安物质

---

① 〔法〕卢梭：《忏悔录》，盛华东译，华文出版社2003年版，第5—6页。

之生活，则自必有形上之需求。①

就是说，如若人尚处于与物质自然混沌一体的状态，他定无"一己"的，即通常说的主体自觉意识；但只要他稍有超越动物性那纯物质性、纯生理性需求的念头，稍有更进一步的自我意识与思考，就会产生精神性的追求——"形上之需求"，这是人这一族类所特有的，亦即"灵明"。鲁迅举例，像古印度民众，见暴风骤雨、电闪雷鸣，以为雷神与敌争斗，顿生虔诚、崇敬之念头；犹太民众，观察宇宙自然，觉得不可思议，则寻求与神沟通，其宗教由此而萌生。对无限时空的敬畏，对神秘的超自然力的信仰，必然引发超越性的思考，即"形上之需求"。《易·系辞上》曰："形而上者谓之道，形而下者谓之器。"②鲁迅在这里已把"灵明"上升至追寻中国古典哲学终极"道"的高度。

20世纪初的中国思想界，"唯科学主义"思潮盛行，但其间有不少鲁迅称之为"伪士"者。他们虽"奉科学为圭臬"，以科学为世间万物之准则，但只是"稍耳物质之说"，所获知识并未周全，像其所得的物理、化学，只是一堆"杂说"，不仅浅陋，而多谬误。他们侈谈科学，"自白其愚"，如质疑中华民族的精神图腾——"神龙"；如托言兴办新学，占据祠庙，毁坏佛像；如借口"迷信"，禁止农村民俗庆典、赛会活动等……鲁迅称此类为"恶声"，在文中呵斥之："伪士当去，迷信可存！"

但这不等于鲁迅赞同今天所说的盲目崇拜式的"迷信"，因为鲁迅是在哲学高度上使用该词的：

> 向上之民，欲离是有限相对之现世，以趣无限绝对之至上者也。人心必有所冯依，非信无以立，宗教之作，不可已矣。③

个体的生命是有限的、短暂的、相对的，而宇宙的时空间则是无限的、永恒的、绝对的，一个有探索、追寻意识的人，决不可能不想超越有限的生存现状而趋于无限的神性界域。生存于天地之间的人，心灵必须有所依凭，信仰必须有所确立，因此宗教意识的产生是不可避免的。而从另一视

---

① 鲁迅：《破恶声论》，《鲁迅全集》第8卷，人民文学出版社2005年版，第29页。
② 任继愈编：《中国哲学史》第一册，人民出版社1963年版，第206页。
③ 鲁迅：《破恶声论》，《鲁迅全集》第8卷，人民文学出版社2005年版，第29页。

点来看，宗教正是哲学产生的前提。

回望卢梭，他虽然抛弃基督教关于人的原罪论，置身于世俗社会去寻求道德的解脱，但他从未卸脱对宗教的信仰。在致伏尔泰的信中他写道：

> 形而上学的一切玄妙都不会让我有片刻怀疑灵魂的不朽或是存在着一位仁慈的上帝。我感觉到它、我相信它、我想要它、我盼着它，只要一息尚存我就要捍卫它。①

他相信灵魂的不灭，相信善恶分明的上帝的存在。当然他信的不是主张教义来自上帝宣告的"启示宗教"，而是从自然中领悟神迹的"自然宗教"，是一"自然神论者"。因此，他对自然本体或大自然的存在，都抱着一种敬畏、亲和、融入的态度："我一向很喜欢水，常常会对着它沉思遐想。每逢天气清朗的日子，早上一起来我就会跑到山上去呼吸新鲜空气，并眺望远近的湖光山色，这时候总会让人感到大自然的神奇奥妙，并在静默中领悟与天地合而为一的境界。"②

1919 年的吴宓日记曾记下他读法国大革命史的感受："近读史至法国大革命事，愈见其与吾国之革命前后情形相类。陈君寅恪谓西洋各国中，以法人与吾国人，性习为最相近。其政治风俗之陈迹，亦多与我同者。"③在尊重万物，与物一体这一点上，鲁迅和法人卢梭可称同调。鲁迅认同中国民众"普崇万物为文化本根，敬天礼地"的所谓"迷信"观念。他写道，在中国传统文化中，

> 虽一卉木竹石，视之均函有神閟性灵，玄义在中，不同凡品，其所崇爱之溥博，世未见有其匹也。④

中国人由"天人合一"观念出发，尊崇万物，敬奉天地，周遍广远，世所无匹，他们视一花一木，一沙一石，皆有性灵、生气，皆有奥秘、玄义，这观念虽是神秘的，也是泛美学化的，它与道家玄学、禅宗美学有着源流

---

① 〔德〕恩斯特·卡西勒：《卢梭问题》，王春华译，译林出版社 2009 年版，第 62 页。
② 〔法〕卢梭：《忏悔录》，盛华东译，华文出版社 2003 年版，第 445 页。
③ 吴宓：《吴宓日记》第 2 册，生活·读书·新知三联书店 1998 年版，第 58 页。
④ 鲁迅：《破恶声论》，《鲁迅全集》第 8 卷，人民文学出版社 2005 年版，第 29—30 页。

的关系。禅宗名偈: "青青翠竹, 尽是法身, 郁郁黄花, 无非般若", 内蕴的就是万物皆为终极性的真如佛性所显现的义理, 其根柢亦隐伏着 "自然神论" 的观念。

有趣的是, 鲁迅在《破恶声论》中赞同岁末农闲时民俗庆典活动的文字, 居然和卢梭的信徒亨利·梭罗, 即著名的《瓦尔登湖》一书的作者如出一辙。鲁迅在反击 "伪者" 谬说赛会耗费财帛时写道:

> 农人耕稼, 岁几无休时, 递得余闲, 则有报赛, 举酒自劳, 洁牲酬神, 精神体质, 两愉悦也。①

农民耕作, 一年四季几无休息之时, 现难得岁末农闲之际, 便筹办赛会等民俗活动, 宰牲祭神, 举酒庆贺, 以消除疲劳, 愉悦心神, 有何不可?

梭罗则是这样说的:

> 农事曾经是一种神圣的艺术, 但我们匆促而杂乱, 我们的目标只是大田园和大丰收。我们没有节庆的日子, 没有仪式, 没有行列了, 连耕牛大会及感恩节也不例外, 农民本来是用这种形式来表示他这职业的神圣意味的, 或者是用来追溯农事的神圣起源的。②

梭罗从导师爱默生那里继承了卢梭的浪漫主义思想, 尊奉自然之神, 是绿色生态意识的创始者。他认为农村的民俗风情、节庆仪式就是对赐予我们面包、谷米, 哺育我们成长的天地人神的祭拜祝祷, 让人们不要忘记大自然的恩赐。对 "自然之神" 的崇奉, 梭罗与鲁迅几近于同道。

从 "形上之需求" 到 "迷信可存", 再到祭拜 "自然之神" 等, 我们可以看到鲁迅的 "灵明" 一词内涵之丰富, 它贯通了从哲学观念精神到具体物质实践的各个层面。

三、灵明之源点: 滋养儿童天性

卢梭有一部举世闻名的关于儿童教育的著作——《爱弥儿》, 法国理

---

① 鲁迅:《破恶声论》,《鲁迅全集》第 8 卷, 人民文学出版社 2005 年版, 第 31 页。
② 〔美〕亨利·梭罗:《瓦尔登湖》, 徐迟译, 吉林人民出版社 1997 年版, 第 156 页。

论家勒赛克尔曾扼要地评述之：

> 这种儿童教育是以这样的原则为基础的：应该发展儿童的个性，尊重自然给予儿童的善良的禀赋，使他远离一切成见，远离一切不是以理性为基础的传统；总之，应该把他培养成一个能够独立判断的人。①

一句话，尊重儿童的自然的天性和善良的本性，使他们远离异化的社会而自由地发展。鲁迅读过此书的中译本，在《卢梭和胃口》一文中就谈到商务印书馆 1923 年出版的《爱弥尔》一书。②

在《爱弥儿》开篇，卢梭这样写道：

> 出自造物主之手的东西，都是好的，而一到了人的手里，就全变坏了。他要强使一种土地滋生另一种土地上的东西，强使一种树木结出另一种树木的果实；……他不愿意事物天然的那个样子，甚至对人也是如此，必须把人像练马场的马那样加以训练；必须把人像花园中的树木那样，照他喜爱的样子弄得歪歪扭扭。③

卢梭认为所谓文明社会的人，在自然改造法则与社会教育法则方面从一开始就错了。他们与大自然为敌，与自然规律对立，所作所为均是把正常的世界颠倒过来，使好的变坏，美的变丑，善的变恶。特别是在儿童的教育方面，背悖儿童天性，把所谓的文明知识、社会规范强加给他们，硬要把他们像园中的花木那样被修剪得歪歪扭扭，畸形成长。

卢梭的顺应自然、发展儿童个性的教育观念，在他身后，对法国乃至西方世界起到巨大的影响，奠立了西方教育的基本原则。对此，鲁迅在《文化偏至论》中也肯定地指出：

> 盖自法朗西大革命以来，平等自由，为凡事首，继而普通教育及

---

① 〔法〕勒赛克尔：《让·雅克·卢梭》，见〔法〕卢梭：《论人类不平等的起源和基础》，李常山译，商务印书馆 1962 年版，第 16 页。

② 鲁迅：《卢梭与胃口》，《鲁迅全集》第 3 卷，人民文学出版社 2005 年版，第 576 页。

③ 〔法〕卢梭：《爱弥儿》上卷，李平沤译，商务印书馆 1978 年版，第 5 页。

> 国民教育，无不基是以遍施。久浴文化，则渐悟人类之尊严；既知自
> 我，则顿识个性之价值。①

在鲁迅的著作中，关于儿童教育的观念多与卢梭遥相契合、共鸣和应。
1919 年 10 月《我们现在怎样做父亲》一文，鲁迅即已提出，已从封建伦
理纲常中觉醒过来的父母，应将"天性的爱"扩张、醇化，做到教育儿童
符合以下三原则：第一，是理解。要知道孩子的世界，与成人截然不同，
所以一切设施应以孩子为本位。第二，是指导。长者的定位应是指导者、
协商者，与儿童平等相处，而不该是居高临下的命令者。第三，是解放。
父母视子女应是"即我非我之人"。即我，所以有义务教育孩子；非我，
孩子是独立的，要从"伦常"中解放出来。② 显然，此三原则之渊源应是
来自卢梭的教育理念。

　　写于 1919 年 9 月的杂文《自言自语·七　我的兄弟》③ 与写于 1925 年
的小说《风筝》，鲁迅谈及同一件事：少年时期对小兄弟的"精神的虐
杀"。家中的一个小兄弟十分喜爱风筝，由于家穷买不起，他只好偷偷地
拾来枯竹，躲在后园的小屋里，剥开做成竹骨，正要蒙上皮纸时，被我发
现了。我当时不喜欢放风筝，认为这是"没出息孩子的玩艺"，便伸手折
断了蝴蝶形风筝的一支翅骨，又将风轮掷在地下，踏扁了，留下"绝望"
的他，扬长而去。而后，到了中年的鲁迅，偶然中

> 看了一本外国的讲论儿童的书，才知道游戏是儿童最正当的行
> 为，玩具是儿童的天使。于是二十年来毫不忆及的幼小时候对于精神
> 的虐杀的这一幕，忽地在眼前展开，而我的心也仿佛同时变了铅块，
> 很重很重的堕下去了。④

20 年前不经意的一件兄弟间玩乐的小事，忽而为儿童教育理论唤醒，于是
鲁迅陷入深深的自责中，认为这是对弟弟的"精神虐杀"，心如铅块重坠。

---

① 鲁迅：《文化偏至论》，《鲁迅全集》第 1 卷，人民文学出版社 2005 年版，第 51 页。
② 鲁迅：《我们现在怎样做父亲》，《鲁迅全集》第 1 卷，人民文学出版社 2005 年版，第
140 页。
③ 鲁迅：《自言自语》，《鲁迅全集》第 8 卷，人民文学出版社 2005 年版，第 119 页。
④ 鲁迅：《风筝》，《鲁迅全集》第 2 卷，人民文学出版社 2005 年版，第 188 页。

那么，在当时这本"讲儿童的书"，应是卢梭的《爱弥尔》吧。

而后，在《二十四孝图》《看图识字》等文章里，鲁迅仍延续了卢梭的教育理念。像《二十四孝图》这类儿童读物，不但"使孩子的世界中，没有一丝乐趣"，而且书中的"卧冰求鲤""郭巨埋儿"这些极度违背人性的做法，令儿童陷入深深的恐惧之中，非但起不了教育作用，而是在摧残儿童美好的心灵与善良的天性。[①] 直至 1934 年，鲁迅离世的前二年，鲁迅仍在《看图识字》一文中谈到：成年人若踏入久已忘却的孩子的世界，就会跟着孩子想到月亮怎么会跟着人走，星星究竟是怎么嵌在天空中？想飞上天空，想潜入蚁穴……孩子是可以敬服的，但我们却总把他们当蠢才去教，结果孩子长大了，真成了和我们一样的蠢才。[②]

不违背儿童独特天性，不扼杀儿童善良本性，在教育中尊重儿童，顺应自然，营造乐趣，滋养心灵。鲁迅在这些文章中传递了他的儿童教育观念，其间与卢梭的血脉承续关系十分明显。因为只有保留有一颗纯真的童心、一颗"赤子之心"的成年人，他就易于达到"白心"透亮、"心声"洋溢的境界，他也才能担负起张扬"灵明"的重任，这也可算是鲁迅从育人，到"立人"的内在逻辑吧。

第三节　追随卢梭，开拓自由之路

在鲁迅著作中，直接对卢梭做出明确、肯定性评价的，除了《破恶声论》之外，还有《卢梭和胃口》。该文是针对梁实秋诋毁卢梭而予以反击的，随后还展开了一场论战。当时，郁达夫也忍受不了，与鲁迅并肩联手，一道出击，维护卢梭学说在人类思想发展史上的重大意义。在这场论战中，鲁迅发表的有关文章是：《卢梭和胃口》《头》《文学和出汗》《文艺和革命》《拟豫言》等；郁达夫发表的有关文章是：《卢骚传》《卢骚的思想和他的创作》《翻译说明就算答辩》《关于卢骚》《文人手淫——戏效某郎体》等；梁实秋发表的有关文章是：《卢梭论女子教育》《关于卢骚——答郁达夫先生》，及《时事新报》1928 年 2 月 5 日"书报春秋栏"中驳郁达

---

① 鲁迅：《二十四孝图》，《鲁迅全集》第 2 卷，人民文学出版社 2005 年版，第 258 页。

② 鲁迅：《看图识字》，《鲁迅全集》第 6 卷，人民文学出版社 2005 年版，第 36 页。

夫一文等。

论战的起因是，留美归国不久的梁实秋 1926 年底在《晨报副刊》上发表《卢梭论女子教育》一文，隔年，此文经修改后又登载于 1927 年 11 月出版的《复旦旬刊》上。梁实秋认为："卢梭论教育，无一是处，惟其论女子教育，的确精当。"因为卢梭论女子教育是"根据于男女的性质与体格的差别而来"。卢梭论教育竟然"无一是处"，其横加指责之意咄咄逼人。见此，鲁迅随即发表《卢梭与胃口》一文，义正辞严地予以反驳。论战虽由卢梭关于女子教育的问题而引起，其深层却是世界范围内激进主义与保守主义思潮的冲突。

对此，鲁迅在开篇即指出：

> 做过《民约论》的卢梭，自从他还未死掉的时候起，便受人们的责备和迫害，直到现在，责备终于没有完。连在和"民约"没有什么关系的中华民国，也难免这一幕了。

寥寥数语，即把历史、国情和自己的态度摆出。可见，鲁迅并不纠缠于所谓的女子教育问题，他直指内里："上海一隅，有二年大谈亚诺德，今年大谈白璧德，恐怕也就是胃口之故罢。"[①] 把这场论争纳入带有复古趋势的"新人文主义"与激进主义思潮论争的宏大背景中去。

白璧德是梁实秋在哈佛大学留学时的导师，他创立了"新人文主义"学说，远承西方苏格拉底、柏拉图及中国孔子、印度释迦摩尼的理念，近接英国安诺德等之遗绪，向传统古典文化寻求恒定的价值标准；他强调规则与纪律，提倡理智节制欲念，以建构健康的常态的人性与社会。因此，以培根为代表的征服自然的物质功利主义和以卢梭为代表的放纵情感的浪漫主义，成为他主要的双向抨击对象，特别是对于卢梭，他著有《卢梭与浪漫主义》一书，视卢梭为现代社会道德的破坏力量。作为白璧德忠实弟子的梁实秋自然禀承师说，也在中国对卢梭发难了。

显然，对于急待启蒙、企盼革新的 20 世纪 30 年代的中国来说，梁实秋及学衡派诸君所宣扬的新人文主义思潮是不合时宜的，甚至有点逆历史潮流而动的意味。因此，鲁迅引用了美国文学家辛克来儿（Upton Sinclair）

[①] 鲁迅：《卢梭和胃口》，《鲁迅全集》第 3 卷，人民文学出版社 2005 年版，第 576—578 页。

著作中的话：

> 无论在那一个卢梭的批评家，都有首先应该解决的唯一的问题。为什么你和他吵闹的？要为他的到达点的那自由，平等，调协开路么？还是因为畏惧卢梭所发向世界上的新思想和新感情的激流呢？[①]

卢梭"天赋人权"之学说，否定了封建专制体制，奠立近代文明的思想基础。现今，是随着卢梭"开路"呢？还是"畏惧卢梭"而剿灭之呢？这一选择，体现了全球思想界在顺历史潮流或逆历史潮流而动时的两种倾向。鲁迅一针见血的发问，直抵论题的内里，锐利而透彻。

鲁迅一贯认定，卢梭属于开拓新路，推动人类社会前进的进步力量。鲁迅写于1903年的《斯巴达之魂》，以诗一般的语言赞颂了以血肉之躯阻挡波斯军入侵的斯巴达壮士，以期鼓舞国人之士气。而据何兆武译注："厚斯巴达而薄雅典的见解，是卢梭在本书开始提出的，到18世纪末法国大革命时期这种见解获得了广泛的流传。"[②] 其间的联系现虽已无法实证，但至少说明鲁迅的精神与卢梭有着血脉上的贯通。

1925年，他在《再论雷峰塔的倒掉》一文中，再次把卢梭并列于托尔斯泰等人：

> 卢梭，斯谛纳尔，尼采，托尔斯泰，伊孛生等辈，若用勃兰兑斯的话来说，乃是"轨道破坏者"。其实他们不单是破坏，而且是扫除，是大呼猛进，将碍脚的旧轨道不论整条或碎片，一扫而空。[③]

他们是推进人类社会发展的真的勇士，破除旧轨，勇猛前进，扫荡精神上一切清规戒律，拓展出人类历史的新纪元。

1928年，鲁迅针对一些作家缺乏真正的革命的勇气，畏惧残酷的斗争，却又想投机革命的状况，在《文艺和革命》一文中提出批评。他指出，中国往往是先有革命取胜之后，才有作家捧出什么革命文学、民众文学；而"外国是革命军兴以前，就有被迫出国的卢梭，流放极边的珂罗连

---

① 鲁迅：《卢梭和胃口》，《鲁迅全集》第3卷，人民文学出版社2005年版，第578页。
② 参见〔法〕卢梭：《论科学与艺术》，何兆武译，商务印书馆1959年版，第10页，注5。
③ 鲁迅：《再论雷峰塔的倒掉》，《鲁迅全集》第1卷，人民文学出版社2005年版，第202页。

珂……"①，肯定了卢梭学说引领法国大革命的积极作用。

卢梭在人类思想发展史上的地位是不容置疑的，即使对他持有偏见的英国哲学家罗素，在所撰写的《西方哲学史》卷三"近代哲学"部分，其第二篇则题为"从卢梭到现代"，囊括了从康德、黑格尔，到马克思、杜威等近现代哲学大师的评述。他在第十九章是这样评说的："他是浪漫主义运动之父，是从人的情感来推断人类范围以外的事实这派思想体系的创始者。"② 卢梭以他创立的社会"公意"之说，颠覆了传统的君主专制，奠立了现代民主思想的基础；卢梭以他高扬的情感之维，与认知理性、伦理道德分庭抗礼，为近现代美学开拓出独立的界域。在人类思想发展史上，卢梭的地位是无可替代的。

可惜以往学界没有从这一高度上，看到这场论争所具有的世界性的进步与倒退两种意识形态抗衡的意义，看到这场论争所蕴含的新兴的文学思潮对偏于复古思潮阻击的内质，而是胶着于鲁迅和梁实秋关于"出汗、阶级性、文学"这一相对狭小的论题，从而造成学界研究者对中国现代文学史这一段历史真实的忽略及"缺席"。

---

① 鲁迅：《文艺和革命》，《鲁迅全集》第 3 卷，人民文学出版社 2005 年版，第 583 页。
② 〔英〕罗素：《西方哲学史》下卷，马元德译，商务印书馆 1986 年版，第 225 页。

第六章　鲁迅对卢梭的摒弃
——"任个人而排众数"

【鲁迅的"任个人而排众数",是借助尼采"超人"观念对卢梭"公意"说的质疑,对"借众以陵寡"的庸众式民主政治的调整。鲁迅发现,淹没卢梭乌托邦式"公意"的愚庸类"众意",即英语中的 mob(乌合之众)之"长技",亦即约翰·密尔所揭示的"多数的暴虐"。在中国则表现为"无主名无意识的杀人团",它在外,构筑成"铁屋子";在内,转化为"国民性"。20世纪初的中国的"先觉者"及一些不安分者,多因此而陷入悲剧性的结局,鲁迅对此深感痛切,并外化为相应的小说、杂文及论文等。】

1926 年底之前,鲁迅思想中"任个人而排众数"的方略占据了很大的成分,其实质上是借助尼采"超人"观念,对卢梭"公意"说的替代,对"借众以陵寡"的庸众式民主政治的调整,以寻求人类社会政治的合理组构。

"众数"与"个人",是鲁迅前期思想中极其重要的一组矛盾对立的概念。在鲁迅著作中,"众数"一词又表述为:"众庶""愚庸""凡庸""愚民""庸众""无赖""小人""末人"等;"个人"一词又表述为:"英哲""志士""明哲""知者""先觉""大士""天才""性解""超人""雄桀""独特者""英特之士""意力之人""精神界之战士"等。

第一节　愚庸"众意"淹没理想"公意"

罗素在《西方哲学史》中，既肯定卢梭在人类思想史、哲学史上具有开拓者的重要地位，同时却又认定他为"伪民主独裁的政治哲学的发明人"：

> 从卢梭时代以来，自认为是改革家的人向来分为两派，即追随他的人和追随洛克的人。有时两派是合作的，许多人便看不出其中有任何不相容的地方。但是逐渐他们的不相容日益明显起来了。在现时，希特勒是卢梭的一个结果；罗斯福和丘吉尔是洛克的结果。①

"希特勒是卢梭的一个结果"，当然，罗素这一极端性的指责决非一生追求自由、平等的卢梭的本意。但罗素何以会对卢梭做出肯定中的否定、赞扬中的贬抑，而且力度还不小呢？其原因在于卢梭所构想的兼及群体与个人的"公意"，在社会政治实践中，往往被充满个人私欲的"众意"所左右、所吞没，造成社会精英被庸众群体所压制，乃至剿灭，从而使极权主义者利用"乌合之众"偏执的情绪而篡夺政权。

由卢梭思想所引发的 1789 年法国大革命即是范例之一，鲁迅在《文化偏至论》中对其有一段精到的评述：革命

> 大起于法朗西，扫荡门第，平一尊卑，政治之权，主以百姓，平等自由之念，社会民主之思，弥漫于人心。流风至今，则凡社会政治经济上一切权利，义必悉公诸众人，而风俗习惯道德宗教趣味好尚言语暨其他为作，俱欲去上下贤不肖之闲，以大归乎无差别。同是者是，独是者非，以多数临天下而暴独特者，实十九世纪大潮之一派，且曼衍入今而未有既者。②

---

① 〔英〕罗素：《西方哲学史》下卷，马元德译，商务印书馆 1986 年版，第 225 页。
② 鲁迅：《文化偏至论》，《鲁迅全集》第 1 卷，人民文学出版社 2005 年版，第 49 页。

说是鲁迅的目光如炬，有着强大的历史透视力，于此段文字即可见之，虽然此时的他只有 26 岁。对于众说纷纭的法兰西大革命，鲁迅一下就抓住了症结所在：革命虽荡平门户高低、身份尊卑之差异，顿开自由、平等、民主之风气，但其后果却出现"政治之权，主以百姓""同是者是，独是者非""以多数临天下而暴独特"的弊端，并延续至今未有结束。文中，"同是者"即以多数为名的"众意"，以其来压制、凌暴"独是者"，甚至铲除、消灭之，当有独特思想的精英人士消失时，社会就沦落至"伧俗""凡庸"之层面，社会秩序也就随之崩溃。

在论及法兰西革命发生之前，鲁迅简要地梳理了西方历史的进程：罗马统一欧洲以来，教皇的权力显赫，制御全欧，教会以神学桎梏人心，使思想自由断绝，一些聪明英特之士，虽怀有新理新见，却束于教令而不敢言。至马丁·路德宗教改革，创立新教，认为宗教的根源在于信仰，而不在于神权，他主张以牧师来传达神意，以祈祷来洗涤灵魂。这一宗教改革，虽然"颠覆法皇"的权势，约束教会的权力，却助长了封建君主的威权，"其力乃张，以一意孤临万民"，又引发了英、美的反君权的革命，最后引爆了震惊西方世界的法兰西大革命。但法国大革命最终又走向了"借众以陵寡，托言众治，压制乃尤烈于暴君"的歧途，"众意"凌驾于上，威逼"独是者"，那些持独特意志与思想的精英人士，最终逃脱不出被压制、凌暴的悲剧命运。[1]

鲁迅对此有着亲身的体验，他曾多次遇上这类"公意"的围攻。像1926 年，社会上"有些讲'公理'的"，说他的杂感没有一看的价值。鲁迅予以反诘：

> 我的话倘会合于讲"公理"者的胃口，我不也成了"公理维持会"的会员了么？我不也成了他，和其余的一切会员了么？我的话不就等于他们的话了么？许多人和许多话不就等于一个人和一番话了么？公理是只有一个的。然而听说这早被他们拿去了，所以我已经一无所有。[2]

---

① 参见鲁迅：《文化偏至论》，《鲁迅全集》第 1 卷，人民文学出版社 2005 年版，第 48—49 页。

② 鲁迅：《新的蔷薇》，《鲁迅全集》第 3 卷，人民文学出版社 2005 年版，第 308 页。

社会上所谓的"公理",貌似多数的民主,实则是以虚幻的抽象的"公意"来剥夺"个体"的话语权,压制像鲁迅这样"孤独的精神战士",使社会陷于同一的死寂。

因此,从历史的角度,从实施的层面,卢梭的"众意"确无可取。鲁迅在《文化偏至论》中为此发问:

> 教权庞大,则覆之假手于帝王,比大权尽集一人,则又颠之以众庶。理若极于众庶矣,而众庶果足以极是非之端也耶?①

从教皇到帝王,再从帝王到"众庶",此"众庶"(亦即众数、众意)果真能把握好"公理"吗?"政治之权,主以百姓",以庸众为主体的"百姓"果真能公正地管理好社会吗?非也!鲁迅接着举出西方历史上数个悲剧性事件证之。

"梭格拉第也,而众希腊人鸩之",苏格拉底为伟大的古希腊思想家,他一生追求真理、正义与善,却被他所在的城邦——号称民主政治的源头雅典法庭判处死刑,被迫饮下毒汁而亡。

"耶稣基督也,而众犹太人磔之",耶稣为犹太"人之子",亦是"神之子",却被他的同胞出卖,在"众庶"的围观、敌视中,钉死于十字架上。而后世议之,仅以"顾其时""从众志"一语而结,却未能深究"众志"所为的正与误。

再有一例,古罗马布鲁多刺杀了恺撒,昭告市民,历数其罪,民众皆赞颂之;而当恺撒好友安东尼指着血衣立誓复仇时,"众意"又倒向了他,把布鲁多逐出国门。民众时而群推布鲁多为爱国伟人,时而又驱逐他离国。赞誉布鲁多的是"众数",驱逐他的也是"众数",瞬息之间,变易反复。

如此之"众数",如此之"众意",能让人信赖吗?鲁迅的结论是:

> 故是非不可公于众,公之则果不诚;政事不可公于众,公之则治不郅。②

---

① 鲁迅:《文化偏至论》,《鲁迅全集》第1卷,人民文学出版社2005年版,第49页。
② 同上注,第53页。

社会中人事之是是非非，不能由"众意"判定；国家的政治事务，更不能由"众意"裁决。鲁迅和梁启超一样，对卢梭《社会契约论》给人类社会历史发展留下乌托邦式"公意说"的这个漏洞，警觉万分，尤其害怕其流弊渗入到将要转型的中国社会的政治结构中去。

第二节　愚庸"众意"与先觉者悲剧
——《狂人日记》《祝福》《孤独者》之解读

卢梭所宣扬的乌托邦式"公意"，在政治实践中往往被愚庸"众意"所替代，鲁迅对其所造成的危害感受颇深，前期生命经验很大部分为其所占据。他借"反社会民主之倾向"的易卜生之口揭示：

> 睹近世人生，每托平等之名，实乃愈趋于恶浊，庸凡凉薄，日益以深，顽愚之道行，伪诈之势逞，而气宇品性，卓尔不群之士，乃反穷于草莽，辱于泥涂，个性之尊严，人类之价值，将咸归于无有，则常为慷慨激昂而不能自己也。①

近世人生，每每依托所谓"平等""众意"之名号来裁决是非，致使社会风气日趋恶浊，平庸浅薄之念日益加深，那顽劣愚昧之道、伪假欺诈之势，日渐得逞而盛行；与之相反，那些气宇不凡、品性高洁的英哲、志士，却穷困潦倒于草莽之间，受辱被制于泥泞之地，其个性的尊严、人类的价值，化归于乌有，即使慷慨激昂地奋起疾呼，也无能为力，无济于事。

因此，"任个人而排众数"的方略，在前期鲁迅思想中占有十分重要的地位，而且深潜在他小说人物形象、论文、杂文中。鲁迅企盼着以此文学性启蒙，来改变国民精神中"借众以陵寡"这一偏误。对鲁迅作品，若能以此为视角审视，以此为主线探寻，定然会有豁然开朗之感，对许多作品亦将会有与学界既定判断不同的、新的解读。

---

① 鲁迅：《文化偏至论》，《鲁迅全集》第 1 卷，人民文学出版社 2005 年版，第 53 页。

一、"社会公意"（众意）——"无主名无意识的杀人团"

1918 年 5 月，鲁迅在《新青年》上发表"显示'文学革命'实绩"的第一篇小说《狂人日记》；3 个月之后，鲁迅又在其上发表了投入"文学革命"后的第一篇杂文《我之节烈观》。值得注意的是，鲁迅在论说关于妇女节烈问题时，提出一个重要的、唯鲁迅所特有的概念——"无主名无意识的杀人团"。

> 照这样说，不节烈便不苦么？答道，也很苦。社会公意，不节烈的女人，既然是下品；他在这社会里，是容不住的。社会上多数古人模模糊糊传下来的道理，实在无理可讲；能用历史和数目的力量，挤死不合意的人。这一类无主名无意识的杀人团里，古来不晓得死了多少人物；节烈的女子，也就死在这里。①

文中所述的或守节、或自尽的节烈妇女，以及因不节烈而列为下品的，迫害她们的恶之力到底在哪里呢？像鲁迅后来笔下的祥林嫂，逼她走向绝路的主谋、元凶，到底是谁呢？却看也看不到，摸也摸不着。

笔者曾在一篇文章中提出，鲁迅和陈独秀、胡适等中国知识界的精神先驱们一样，都一起向中国封建专制社会，向中国传统意识形态，发起攻击，全力批判，但在思想深度上却让人感到只有鲁迅才最为锐利透彻，这是什么原因呢？笔者认为，鲁迅的目光之所以具有独特的历史穿透力，原因之一在于他发现了深藏在中国封建传统和现实社会"庸众"中的一种令人恐怖的"集体无意识"——"无主名无意识的杀人团"。

它时时在凶残地杀人，但杀人者却不见其身影，也不留下踪迹，即无名称，无形状；它又是"无意识"的，即无理性、非自觉。你能说出《狂人日记》中迫害狂人的是谁吗？你能说出《孤独者》中挤死魏连殳的是谁吗？说不出来。鲁迅进而揭开了它的内质：它之所以能如此杀人，依循的是无理可讲的"道理"：由历史传统和人群数量这两者"迷迷糊糊"聚合在一起的力量。正如鲁迅揭示的，中国历史之所以"每页上都写着'仁义道德'几个字"，而字缝里都写着"吃人"两个字，亦根由于此。

---

① 鲁迅：《我之节烈观》，《鲁迅全集》第 1 卷，人民文学出版社 2005 年版，第 129 页。

在这段引文中，有二个词切不可忽略，这就是"社会公意"与"无意识"。显然，它们是外来语，来自西方政治学、心理学的特定用语。前者是卢梭政治学说中重要概念，后者是精神分析学者弗洛伊德理论基点。"别求新声于异邦"，鲁迅理论视野之开阔由此可见。弗氏理论与论题关系不大，暂不展开。如前所述，卢梭所追寻的能兼具普遍主义与个人主义，能平等、合理地管理公众社会的力量是"公意"，但它在政治实践中，往往被代表个人利益的"私意""众意"所左右，所淹没。若按鲁迅此文的文本语境考察，文中有两处所用的"公意"，应是"众意"，估计鲁迅当时面对着理论意识较为贫弱的中国民众，可能是不想再细分两者，免得造成混乱。

鲁迅看到了卢梭《社会契约论》中的"公意"导致庸众们"众数"专制的畸变，同时又融入他那从破落世家挣扎而出的艰难人生体验，在浑厚的"中国经验"的基础上，化解外来的学说，铸造了他那独特的锐利的历史透视力，得出了"借众以陵寡，托言众治，压制乃尤烈于暴君"的结论。其思路与他之前的英国思想家约翰·密尔的《论自由》，及同一时期的法国思想家古斯塔夫·勒庞的《乌合之众》趋于一致。（鲁迅在《热风·随感录三十八》就使用过 mob，即"乌合之众"这一英语单词。）

密尔的《论自由》一书，早在 1903 年（光绪二十九年）就由严复译为穆勒著《群己权界论》介绍到中国。密尔此书是对卢梭《社会契约论》所引发的欧洲政体中"管治权力"与"公民自由"（严复译为"国群"与"小己"）之间矛盾的思考。鲁迅读过此书，因为他在《华盖集·忽然想到》一文中提及：

> 约翰弥耳说：专制使人们变成冷嘲。我们却天下太平，连冷嘲也没有。我想：暴君的专制使人们变为冷嘲，愚民的专制使人们变成死相。①

另还在《摩罗诗力说》《小杂感》《〈疯姑娘〉译者附记》等文中也提及密尔，说明对其论著颇为熟悉。（密尔一名，鲁迅曾分别译为穆黎、弥耳及弥尔）《文化偏至论》中的"以多数临天下而暴独特者"和在《破恶声论》

① 鲁迅：《忽然想到》，《鲁迅全集》第 3 卷，人民文学出版社 2005 年版，第 45 页。

中"以众虐独者"等的提法，和约翰·密尔的"多数的暴虐"是一样的。

值得重视的是，密尔在该书的"引论"中写道："在今天的政治思想中，一般已把'多数的暴虐'这一点列入社会所须警防的诸种灾祸之内了。"

> 多数的暴虐……比许多种类的政治压迫还可怕，因为它虽不常以极端性的刑罚为后盾，却使人们有更少的逃避办法，这是由于它透入生活细节更深得多，由于它奴役到灵魂本身。①

他揭示了"多数的暴虐"——"众意"，何以"杀了人"却又能隐身为"无主名""无意识"的缘由，因为它深深地"透入生活细节"，甚至"奴役到灵魂"。

撰写《乌合之众》的古斯塔夫·勒庞也指出：

> 当今世界的主要特征之一就是，个体的意识行为已被群体的无意识行为所取代。……无意识所发挥的作用是非常巨大的，而理性所发挥的作用是非常小的。无意识就像是一种不为人所知的力量。②

无意识的"众意"已在社会生活习俗上铸成，已渗透民众灵魂而左右之。

现无法证实鲁迅看过勒庞《乌合之众》这本书没有，但他看过他的《民族进化的心理定律》一书，他在《热风·随感录三十八》一文中写道：

> 法国 G. Le Bon 著《民族进化的心理》中，说及此事道（原文已忘，今但举其大意）——"我们一举一动，虽似自主，其实多受死鬼的牵制。将我们一代的人，和先前几百代的鬼比较起来，数目上就万不能敌了。"③

勒庞主张，种族为一超越时间之永久之物，其死者数量较之生者更为众

---

① 〔英〕约翰·密尔：《论自由》，许宝骙译，商务印书馆 1959 年版，第 5 页。
② 〔法〕古斯塔夫·勒庞：《乌合之众》，赵丽慧译，中国妇女出版社 2017 年版，第 1、4 页。
③ 鲁迅：《热风·随感录三十八》，《鲁迅全集》第 1 卷，人民文学出版社 2005 年版，第 329 页。

多，于是那逝去的便构成了范围巨大的无意识势力及思想传统，而这一重担则由生者所时时担负着。

在《这个与那个》一文中，鲁迅也写道：

> 但我并不说古来如此，现在遂无可为，劝人们对于"过去"生敬畏心，以为它已经铸定了我们的运命。Le Bon 先生说，死人之力比生人大，诚然也有一理的，然而人类究竟进化着。①

这都说明，鲁迅看到了历史传统的沉重，它如重轭般压在生者的肩上。这一观念，鲁迅在《我之节烈观中》则用更明晰的话语传示之："无主名无意识的杀人团"以"历史传统"与"人群数量"构成"圈套"，来"挤死不合意的人"。这也是鲁迅在 1926 年前许多文学作品所致力剖析的主要命题。

与"无主名无意识的杀人团"相似的还有一些概念，如《这样的战士》中的"无物之阵"："他走进无物之阵，所遇见的都对他一式点头。他知道这点头就是敌人的武器，是杀人不见血的武器，许多战士都在此灭亡，正如炮弹一般，使猛士无所用其力。"②

如《杂感》中的"暗器"："死于敌手的锋刃，不足悲苦；死于不知何来的暗器，却是悲苦。但最悲苦的是死于慈母或爱人误进的毒药，战友乱发的流弹，病菌的并无恶意的侵入，不是我自己制定的死刑。"③

如《长城》中的"长城"："我总觉得周围有长城围绕。这长城的构成材料，是旧有的古砖和补添的新砖。两种东西联为一气造成了城壁，将人们包围。"④

如《"碰壁"之后》中的"墙壁"："中国各处是壁，然而无形，像'鬼打墙'一般，使你随时能'碰'。"⑤

笔者觉得，这些若能和"无主名无意识的杀人团"这一概念构成有机联系，形成整体的解读语境，对鲁迅相关作品的理解将有可能进一步深化。

---

① 鲁迅：《这个与那个》，《鲁迅全集》第 3 卷，人民文学出版社 2005 年版，第 149 页。
② 鲁迅：《这样的战士》，《鲁迅全集》第 2 卷，人民文学出版社 2005 年版，第 219 页。
③ 鲁迅：《杂感》，《鲁迅全集》第 3 卷，人民文学出版社 2005 年版，第 51 页。
④ 鲁迅：《长城》，《鲁迅全集》第 3 卷，人民文学出版社 2005 年版，第 61 页。
⑤ 鲁迅：《"碰壁"之后》，《鲁迅全集》第 3 卷，人民文学出版社 2005 年版，第 77 页。

二、"无主名无意识的杀人团"造成先觉者及弱者的悲剧

1. 愚庸类"众数"之残忍

鲁迅看出，由愚庸类"众数"所构成的"无主名无意识的杀人团"，是以"历史传统"和"人群数量"为隐形武器，来迫害精英、志士及弱者。对此社会现状，鲁迅深恶痛绝，以杂文猛批之。

1919 年 1 月，《热风·随感录四十一》，鲁迅写道：人猿同源的学说，现在大约无可疑义了，但是

> 何以从前的古猴子，不都努力变人，却到现在还留着子孙，变把戏给人看。还是那时竟没有一匹想站起来学说人话呢？还是虽然有了几匹，却终被猴子社会攻击他标新立异，都咬死了；所以终于不能进化呢？[①]

他以动物群体暗示人类社会中，以数量占上风的"庸众"们咬死"特异者"之狠劲，告知人性改革、进化之难。这和 1935 年 3 月鲁迅在《且介亭杂文二集·〈中国新文学大系〉小说二集序》回顾《狂人日记》的创作初衷可以互证。鲁迅文中引尼采的话表明当时他对庸众的看法："一八八三年顷，尼采（Fr. Nietzsche）也早借了苏鲁支（Zarathustra）的嘴，说过'你们已经走了从虫豸到人的路，在你们里面还有许多份是虫豸。你们做过猴子，到了现在，人还尤其猴子，无论比那一个猴子'的。"[②] 尽管人已从猴子进化而来了，但还是摆脱不了深藏于内心的动物的虐杀本性，"古性伏中，时复显露，于是有嗜杀戮侵略之事"，尤其是 20 世纪初的国人中的庸众，有的嗜杀本性比猴子更甚。

1919 年 8 月，《寸铁》："先觉的人，历来总被阴险的小人昏庸的群众迫压排挤倾陷放逐杀戮。中国又格外凶。"[③] 在鲁迅的心目中，一方是先觉者、志士，另一方是小人、庸众，双方构成了一个对立的社会结构体，这一对立矛盾在弃旧图新、寻求历史转折的 20 世纪初的中国尤为突出，它

---

① 鲁迅：《热风·随感录四十一》，《鲁迅全集》第 1 卷，人民文学出版社 2005 年版，第 341 页。

② 鲁迅：《〈中国新文学大系〉小说二集序》，《鲁迅全集》第 6 卷，人民文学出版社 2005 年版，第 246 页。

③ 鲁迅：《寸铁》，《鲁迅全集》第 8 卷，人民文学出版社 2005 年版，第 111 页。

在鲁迅而后塑造的文学形象中一再呈示出来。

1919 年 11 月，《暴君的臣民》："暴君治下的臣民，大抵比暴君更暴；暴君的暴政，时常还不能餍足暴君治下臣民的欲望。……暴君的臣民，只愿暴政暴在他人的头上，他却看着高兴，拿'残酷'做娱乐，拿'他人的苦'做赏玩，做慰安"，以满足他们"渴血的欲望"。[①] 庸众们之所以"借众以陵寡"，压制精英，扼杀先觉，拿他人的痛苦做赏玩，原因竟在内心之"渴血"，其残忍、卑劣，无以言表。这也类似于尼采所贬斥的"奴才道德"的一种表现。

1927 年 9 月，《答有恒先生》一信谈到：我先前"攻击社会"，之所以尚能"偷生"的原因，是"因为他们大多数不识字，不知道，并且我的话也无效力，如一箭之入大海。否则，几条杂感，就可以送命的。民众的罚恶之心，并不下于学者和军阀"。[②] 该年"4·12"杀戮的"恐怖"，是鲁迅"从来没有经验过"的，他从现实的血腥中更看清庸众们的凶残的嘴脸，再次唤醒鲁迅对占数量多数的"民众"的警觉。

1934 年 6 月，《论秦理斋夫人事》：秦理斋为《申报》馆译员，病逝，其妻带 3 个子女在沪读书、过活，因理斋之父严逼他们回到家乡，激成寡母孤儿们服毒自尽惨剧。而其妻弟的挽联居然仍是"妻殉夫，子殉母"此类颂扬封建伦理的殉葬之语。对此腐朽的传统意识之延续，鲁迅实在无法忍受，在文末充满激愤地写道："倘使对于黑暗的主力，不置一辞，不发一矢，而但向'弱者'唠叨不已，则纵使他如何义形于色，我也不能不说——我真也忍不住了——他其实乃是杀人者的帮凶而已。"[③] 把其妻弟划入了"无主名无意识的杀人团"之列。

2．鲁迅小说中精神先觉者及弱者的悲剧

在《这个与那个》一文中，鲁迅揭示：

> 中国的人们，遇见带有会使自己不安的朕兆的人物，向来就用两样法：将他压下去，或者将他捧起来。压下去就用旧习惯和旧道德，或者凭官力，所以孤独的精神的战士，虽为民众战斗，却往往反为这

---

① 鲁迅：《暴君的臣民》，《鲁迅全集》第 1 卷，人民文学出版社 2005 年版，第 384 页。
② 鲁迅：《答有恒先生》，《鲁迅全集》第 3 卷，人民文学出版社 2005 年版，第 477 页。
③ 鲁迅：《论秦理斋夫人事》，《鲁迅全集》第 5 卷，人民文学出版社 2005 年版，第 509 页。

"所为"而灭亡。到这样，他们这才安心了。①

此段文字写于 1925 年，鲁迅像是为自己此前所创作的"孤独的精神的战士"系列，即那一长串的文学形象，指出了贴近原意的审视角度，为狂人、夏瑜、魏连殳、吕纬甫和《长明灯》中的疯子等人物意义做出归结与解说；当然，也还可以扩延到有"不安的朕兆"的弱者，如祥林嫂、子君、爱姑等，压制的手段就是"用旧习惯和旧道德"，乃至"官力"。

（1）《狂人日记》

鲁迅介入"文学革命"后的第一篇小说是《狂人日记》，小说中，到底谁是迫害狂人的凶犯呢？是赵贵翁，是交头接耳的路人，是街上那个女人，是佃户，是何先生，是家里人，是大哥，甚至是赵家那头狗？都不是，他们没一个直接动手，甚至没一个直接说出口。但却又都是，"他们大家连络，布满了罗网，逼我自戕。……最好是解下腰带，挂在梁上，自己紧紧勒死"。那么，"他们"是谁呢？他们当中有给知县打枷过的，有给绅士掌过嘴的，也有被衙役霸占了妻子的，也有老子娘被债主逼死的，即多是受尽欺压、处于底层的民众，但他们对于"狂人"的态度，却和知县、绅士、衙役、债主们出奇的一致，要置狂人于死地。他们哪来的深仇大恨，会像乌眼鸡一样恨不得把狂人啄死？

原因就在于狂人"把古久先生的陈年流水簿子，踹了一脚"，因为他"从字缝里看出字来，满本都写着两个字是'吃人'！"狂人发现了历史中秘不可宣的罪恶，触犯了不可亵渎的"历史传统"，属于头号"不安的朕兆的人物"。在那些数量占多数且留存动物性杀欲的"众人"，即"庸众"们的眼中，理当该杀！"压下去就用旧习惯和旧道德"，"这是从来如此"，对于"无主名无意识的杀人团"的成员来说，历史传统和人群数量就是"公理"！

若从思想史的视角楔入，笔者认为，鲁迅通过"狂人"之口喊出中国历史就是"吃人"两个字，实际上即类同尼采"上帝死了"的呼号，开启了中国式的"一切价值重估"的时代。它标志着旧有的封建社会价值观念崩溃，新的启蒙时代的来临，而这才是《狂人日记》真正的价值与意义所在。

---

① 鲁迅：《这个与那个》，《鲁迅全集》第 3 卷，人民文学出版社 2005 年版，第 150 页。

（附：对《狂人日记》的详细解读，请阅本书第二章《〈狂人日记〉写作动机与〈群己权界论〉》。）

（2）《祝福》

《祝福》中的祥林嫂又是谁杀的呢？也找不到。鲁四老爷是不待见她，骂她是"一个谬种"，但他并未插手此事。是卖她的婆婆、是劫持她的卫家山人吗？好像也不是，她虽是被迫跟了贺老六，倘若无病无灾，小日子尚可过得下去。给她致命一击的是四婶那句话："你放着罢，祥林嫂！"这也只是极为普通的日常生活用语而已，但就是这句话最后击溃了她。

祥林嫂并不是一个懦弱的农家妇女，她未屈服于传统的封建伦理，而是勇于抗争。祥林死了，她没殉夫，偷跑到鲁镇做佣人，破了"夫权"；婆婆把她卖给贺老六，她以死抗争，"一头撞在香案角上"，鲜血直流，破了"族权"。所以祥林嫂不应该像过去解读的那样，过分地强调"我真傻……我们的阿毛"那种唠唠叨叨、失魂落魄的一面，先前的她也是一位果敢、刚烈的女子，也应属于鲁迅所说的"不安的朕兆的人物"之列。

鲁迅在为日本三笠书房所出的《陀思妥夫斯基全集》写下的简评，曾涉及相关的话题：

> 不过作为中国的读者的我，却还不能熟悉陀思妥夫斯基式的忍从——对于横逆之来的真正的忍从。在中国，没有俄国的基督。在中国，君临的是"礼"，不是神。百分之百的忍从，在未嫁就死了定婚的丈夫，坚苦的一直硬活到八十岁的所谓节妇身上，也许偶然可以发见罢，但在一般的人们，却没有。……因为压迫者指为被压迫者的不德之一的这虚伪，对于同类，是恶，而对于压迫者，却是道德的。[①]

鲁迅认为，在中国没有西方宗教的神，只有宗法制度下的"礼"。底层国人对"礼"的真正"忍从"，像所谓的"节妇"只是偶然的；而像祥林嫂一类的"不德"却是常见的。但这种"不德"反而是有道德的，因为对"不德"的指责，是压迫者强加给被压迫者，所以像祥林嫂对夫权、族权的抗争是对的，符合道德。

但鲁迅遗憾的是，祥林嫂到了冥漠无形的"神权"这一关，却闯不过

---

① 鲁迅：《陀思妥夫斯基的事》，《鲁迅全集》第6卷，人民文学出版社2005年版，第426页。

去了。因为柳妈告诉她，一女嫁二夫，将来到了阴司会被阎罗王锯成两半；为此，要到土地庙捐门槛作替身，给千人踏、万人跨，就可赎罪。她支取了所有积存的工钱，捐了十二元鹰洋，回来时，她自以为赎了罪，和众人一样了，"神气很舒畅，眼光也分外有神"。但祭祀时，四婶的一句话彻底打掉了她的幻梦，她依然连接触酒杯、筷子的资格也没有。"她像是受了炮烙似的缩手，脸色同时变得灰黑"，失神地站着。她的最后一根精神支柱也被抽掉了，彻底地崩溃了，终于在鲁镇迎旧历新年的"祝福"仪俗的喧闹声中死去了。她悲惨的一生，所得到的竟是鲁四老爷这样的一句话："不早不迟，偏偏要在这时候，——这就可见是一个谬种！"连作为神的"祭品"都不够格。

此"神权"力量之所以恐怖，就在于它——"旧习惯和旧道德"采用了另一种的制"压"方式，即前述约翰·密尔所揭示的"多数的暴虐"。它的特点在于，不只是公开地施虐，而是"奴役到灵魂本身"，给人的心灵以无血痕、"无主名无意识"的杀戮。鲁迅所创造的祥林嫂这一不朽的文学典型形象，印证了密尔的政治社会学的判断。

（3）《孤独者》

如果说上述悲剧中的人物，如狂人、祥林嫂本人还没有发现"无主名无意识的杀人团"的存在的话，那么《孤独者》中的魏连殳则已察觉到了。因为他在给申飞的信中明确地写道：

> 愿意我活几天的，自己就活不下去。这人已被敌人诱杀了。谁杀的呢？谁也不知道。……我已经躬行我先前所憎恶，所反对的一切，拒斥我先前所崇仰，所主张的一切了。我已经真的失败，——然而我胜利了。①

此时此刻的他，已分裂成两个人，一是"自己"，能清醒地看着魏连殳"这人"被诱杀，正逐步走向堕落过程，所以"自己就活不下去"；甚至到了死亡降临之后，"自己"还要"冷笑着这可笑的死尸"。一是"这人"，他原只不过一个在世俗社会中的特立独行者，却被解除教职，逐出圈子，沦落到售卖藏书、度日艰难的地步；他原是一个旧传统、旧势力的异

---

① 鲁迅：《孤独者》，《鲁迅全集》第 2 卷，人民文学出版社 2005 年版，第 103 页。

端悖逆者，最后却做了地方军阀杜师长的顾问，与其同流合污，获得先前"自己"所憎恶，所鄙夷的荣华、权势。

但与狂人病愈之后仍赴外地"候补为官"的妥协不同，与祥林嫂至死仍陷于对"杀人团"的神权恐惧不同，魏连殳形象可贵之处是自始至终是清醒的。他"自己"明白"魏连殳"是一步一步地"被敌人诱杀了"，却无可奈何、无力挽回。由此，你才能理解，他在祖母的大殓之后，何以会忽然地"流下泪来了，接着就失声，立刻又变成长嚎，像一匹受伤的狼，当深夜在旷野中嗥叫，惨伤里夹杂着愤怒和悲哀"；何以他会在盖上棺盖之时，"冷笑"已经死亡了的"魏连殳"这人。他信中"诱杀"一词，还透露出最后以自戕生命、混迹浊流的方式来终结生存，是他在百般无奈中方才选择了"以毒攻毒"这一极端性做法。这和学界现今一些评魏连殳为自甘堕落、自我放逐的断语，有着本质上的不同。

魏连殳在给申飞的信中追问过："谁杀的呢？谁也不知道。"他找不到具体的敌人，因为这种"旧习惯和旧道德"，即由"历史传统"和"人群数量"聚合而成的"无主名无意识的杀人团"，确实太庞大，太酷虐了，它溟濛无形，却又无处不在；它杀人无痕，却又尸身累累。这种无以名状的恐怖力量，在外，构筑成鲁迅在《呐喊·自序》中所说的"铁屋子"；在内，它"奴役到灵魂"，转化成庸众们的"国民性"。这才是鲁迅在透视中国历史、观察中国社会时的深刻和伟大之处。

在这跟前，冯骥才、王朔他们对鲁迅的贬损，显得何等无力；而把"国民性"的内涵减缩到"斯密思讨论的面子问题是鲁迅与阿Q所共同关心的"[①]的刘禾，则更显出其浅薄，以及唯理主义的先验命题预设在演绎上的僵硬。

与《狂人日记》《祝福》《孤独者》相似的小说，还有《在酒楼上》《范爱农》《伤逝》《离婚》等，如若从"无主名无意识的杀人团"的视角介入，均可将获得新的解读。

至于《阿Q正传》，也有着与此视角相关之处。阿Q是可进入弱者形象的系列，但他是这一系列中的另类。笔者曾单独在《越界的庸众与阿Q的悲剧》一文中做了这样的论析：鲁迅对于阿Q不是"怒其不争"，而是"惧怕其争"。在20世纪20年代初期，鲁迅冀盼的是从根本上摆脱物

---

① 刘禾：《跨语际实践》，生活·读书·新知三联书店2002年版，第102页。

欲、兽欲，在精神上彻底觉醒的革命先驱者，如《药》中的夏瑜、写《革命军》的邹容等，而非以权力、金钱、女人为"革命"目的的阿Q式的人物。鲁迅对于中国革命中的游民文化意识与民粹主义倾向，是持批判、否定态度，他惧怕"阿Q似的革命党"这类游民、民粹的沉渣泛起，借着革命的大潮起来争夺权力与地盘，因为他们根本不可能成为推进中国发展的健康的力量。①

第三节 "任个人"与"中国亦以立"
——《药》《复仇（其二）》《铸剑》之解读

这一时期鲁迅的社会政治追求比较明确：以"呐喊"为主调，呼吁"立人"，进而立国。《文化偏至论》就传示了这一意旨："是故将生存两间，角逐列国是务，其首在立人，人立而后凡事举；若其道术，乃必尊个性而张精神。"② 一个国家若要在生死存亡中获救，在列国竞争中取胜，其最重要的任务在于"立人"，人立之后，万事皆兴；要实施这一方略，必须尊重人之个性，张扬人之精神。

那么，欲立之人必须具备何种精神品格呢？鲁迅在《破恶声论》列出标准：

> 故今之所贵所望，在有不和众嚣，独具我见之士，……烛幽暗以天光，发国人之内曜，人各有己，不随风波，而中国亦以立。③

这里，"独具我见"列为首要的前提。他不附和庸众喧嚣，不随意跟风逐流，有独立个性，有独特见地，能以光明照亮幽暗，引发国人内心之光，善美刚健，勇拓新路，这才是鲁迅心目中的"个人"，亦即志士、精神界之战士。在此国势衰微、民气凋落之际，只有这样的"精神界先驱者"，才能拯救国家与民族于危亡之中。显然，这里有着尼采"超人"形象的浓重投影。

---

① 参阅本书第十三章《〈阿Q正传〉新论——越界的庸众与阿Q的悲剧》。
② 鲁迅：《文化偏至论》，《鲁迅全集》第1卷，人民文学出版社2005年版，第58页。
③ 鲁迅：《破恶声论》，《鲁迅全集》第8卷，人民文学出版社2005年版，第27页。

一、给庸众、"末人"画像

欲"立人"，需先看看未立之人，即"末人"、庸众们是什么样子呢？鲁迅勾勒出一幅又一幅的漫画：

《娜拉走后怎样》："群众，——尤其是中国的，——永远是戏剧的看客。牺牲上场，如果显得慷慨，他们就看了悲壮剧；如果显得觳觫，他们就看了滑稽剧。北京的羊肉铺前常有几个人张着嘴看剥羊，仿佛颇愉快，人的牺牲能给与他们的益处，也不过如此。"[①] 这是常到血腥的场合寻找"愉快"的麻木不仁、群蚁附膻式的庸众。

《示众》："巡警，手里牵着绳头，绳的那头就拴在别一个穿蓝布大衫上罩白背心的男人的臂膊上"，"刹时间，也就围满了大半圈的看客"。有秃头的老头子、抱着孩子的老妈子、小学生、工人似的粗人、长子、胖脸、车夫，"有一个瘦子竟至于连嘴都张得很大，像一条死鲈鱼"。但这时，另一个地方又传来喝彩声，众人"都知道该有什么事情起来了，一切头便全数回转去"。[②] 这是凑热闹、随大流、跟风向的愚昧无知、百无聊赖式的庸众。

《忽然想到·七》："中国人但对于羊显凶兽相，而对于凶兽则显羊相，所以即使显着凶兽相，也还是卑怯的国民。"[③] 这是为人处世耍两面三刀、奸诈狡黠式的庸众。

《即小见大》："北京大学的反对讲义收费风潮，芒硝火焰似的起来，又芒硝火焰似的消灭了，其间就是开除了一个学生冯省三。"[④] 其他学生呢？鲁迅为此愤慨不已，直至 1925 年 5 月给许广平的信中还提及："提起牺牲，就使我记起前两三年被北大开除的冯省三。他是闹讲义风潮之一人，后来讲义费撤去了，却没有一个同学再提起他。我那时曾在《晨报副刊》上做过一则杂感，意思是牺牲为群众祈福，祀了神道之后，群众就分了他的肉，散胙。"[⑤] 只要不危及自身，对他人为公共诉求所做出的牺牲则漠然处之，甚而还分吃了他的"肉"，这是过河拆桥、背信弃义式的庸众。

---

① 鲁迅：《娜拉走后怎样》，《鲁迅全集》第 1 卷，人民文学出版社 2005 年版，第 170 页。
② 鲁迅：《示众》，《鲁迅全集》第 2 卷，人民文学出版社 2005 年版，第 70—75 页。
③ 鲁迅：《忽然想到》，《鲁迅全集》第 3 卷，人民文学出版社 2005 年版，第 64 页。
④ 鲁迅：《即小见大》，《鲁迅全集》第 1 卷，人民文学出版社 2005 年版，第 429 页。
⑤ 鲁迅：《致许广平》，《鲁迅全集》第 11 卷，人民文学出版社 2005 年版，第 491 页。

《热风·随感录三十八》更是入木三分地剖析了此类庸众们卑劣的心理："'合群的自大'，'爱国的自大'，是党同伐异，是对少数天才宣战；……他们自己毫无特别才能，可以夸示于人，所以把这国拿来做个影子；他们把国里的习惯制度抬得很高，赞美的了不得；他们的国粹，既然这样有荣光，他们自然也有荣光了！"身为庸众，当然无才无能，却又嫉贤妒能，只能依附于群、国、传统礼制等"国粹"之下，求得罩于身上"群""国"的庇护，从而获得"自大"和"荣光"。他们日常风光、霸道，但"倘若遇见攻击，他们也不必自去应战，因为这种蹲在影子里张目摇舌的人，数目极多，只须用（mob）的长技，一阵乱嚷，便可制胜。"①（mob即英语"乌合之众"，此单词之引用，亦可见鲁迅对于庸众问题的思考有着相应的西方理论为背景。）这是外强中干、猥琐鬼祟式的庸众。

二、文学形象——具有尼采"强力意志"的"个人"

鲁迅根据当时特殊的国情，认为这类庸众的存在是中国最大的积弊，也是我们民族的难以起飞的重负，所以必须有另一类人物出现，来瓦解之，来冲决之。于是，他选择了尼采具有独立精神的"超人"形象，用来调整卢梭的庸众"众意"之弊；而尼采"强力意志"的输入，更是医治麻木、怯弱、懒惰、巧滑这类"国民性"的良方。

他是这样介绍尼采的：

> 若夫尼佉，斯个人主义之至雄桀者矣，希望所寄，惟在大士天才；而以愚民为本位，则恶之不殊蛇蝎。意盖谓治任多数，则社会元气，一旦可臟，不若用庸众为牺牲，以冀一二天才出世，递天才出而社会之活动亦以萌，即所谓超人之说，尝震惊欧洲之思想界者也。②

尼采之"超人"学说，恰好调整了卢梭乌托邦"公意"所引发的庸众之弊。因为若"治任多数"，放任以愚民之"众意"来治理社会，即"政治之权，主以百姓"，此方略之恶不亚于蛇蝎之毒，社会元气将立时堕落。因此，现今之要务，即是舍弃庸众，冀望天才，让具有强力意志的精英，让具有

---

① 鲁迅：《热风·随感录三十八》，《鲁迅全集》第1卷，人民文学出版社2005年版，第327页。

② 鲁迅：《文化偏至论》，《鲁迅全集》第1卷，人民文学出版社2005年版，第53页。

充沛活力的超人，来引领社会思潮，来拯救衰亡中的中国。

对于鲁迅与尼采关系的研究，学界相关论文之多可谓指不胜屈。1933年，瞿秋白即指出："鲁迅当时的思想基础，是尼采的'重个人非物质'的学说。"[①]1939年王元化发表《鲁迅与尼采》长文；改革开放以来，自1980年乐黛云发表《尼采与中国现代文学》、1982年钱碧湘发表《鲁迅与尼采哲学》之后，这一课题的研究以"蜂起"一词形容，亦不过分，其中，澳大利亚张钊贻还出版有《鲁迅：中国"温和"的尼采》一书。他们的研究考证细密，见解新颖，若再重复，便有续貂之嫌，故只沿着本文既有的视角，就鲁迅所创造的文学形象来发掘些以往研究未曾论及之处。

如前述，鲁迅此时观念的核心是"任个人而排众数"，个人与众数、英哲与愚庸的对峙，形成了一个独特的社会张力结构。因此，他的文学作品中也多出现一些"两极对立"的人物形象，围绕着这些人物则是浓重的悲剧性氛围，志士、英哲往往都在庸众"多数的暴虐"中毁灭，而"精神界先驱者"在毁灭后则有着道义的感召与精神的升华。

（1）《药》

小说《药》即是，孙伏园曾亲自听过鲁迅讲述该小说创作时的动机、背景：

> 《药》描写群众的愚昧和革命者悲哀；或者说，因群众的愚昧而来的革命者的悲哀；更直捷说，革命者为愚昧的群众奋斗而牺牲了，愚昧的群众并不知道这牺牲为的是谁，却还要因了愚昧的见解，以为这牺牲可以享用，增加群众中的某一私人的福利。[②]

鲁迅讲得够清楚了，写的就是庸众的愚昧与志士的悲哀之间的对立，小说艺术力量的产生就蕴藏在这"两极对立"的张力结构之中。

在《摩罗诗力说》的结束部分，鲁迅总结了拜伦、雪莱、裴多菲等"摩罗"诗人，他们在改革社会、推进历史中的重大功绩，由之感慨道：

> 故其平生，亦其神肖，大都执兵流血，如角剑之士，转辗于众之

① 瞿秋白：《〈鲁迅杂感选集〉序言》，《红色光环下的鲁迅》，河北教育出版社2000年版，第11页。
② 孙伏园等：《鲁迅先生二三事》，河北教育出版社2000年版，第53页。

目前，使抱战栗与愉快而观其鏖扑。故无流血于众之目前者，其群祸矣；虽有而众不之视，或且进而杀之，斯其为群，乃愈益祸而不可救也！ ①

其意为，这些摩罗诗人十分相似，大都像拜伦那样长剑在手、血染征袍，而辗转于世人面前，让他们或为之战栗，或为之兴悦。如若没有这些"雄桀""英特之士"的流血奋斗，那群体的灾祸就将来临；但是，虽有他们在前抛洒热血，群众却漠然视之，甚至还加入杀戮者之列，那么这样的群体，更是积重难返，不可救药了！这和鲁迅跟孙伏园关于《药》的对话，意思完全一致。有谁还能比作者的自述更为贴近原作意旨吗？可不知何因，我们不少人在明知鲁迅本人已讲明创作动机之后，还是硬要把它拉扯到这样一个"高度"——鲁迅写《药》的目的是为着揭露辛亥革命没有发动群众的"不彻底性"。

1919 年的鲁迅，并没有从"是非不可公于众，公之则果不诚；政事不可公于众，公之则治不郅"②，即误以"治任多数"，这一批判卢梭"公意"的理念中解脱，仍坚持有关社群之间的是非判断、有关国族命运的政治大事，切不可交给庸众来裁决，否则根本无法达到完善、诚信的治理。因此，此时的鲁迅不可能有发动群众、呼唤群众奋起革命的心态，他只是在诊断病状，揭出病苦，引起疗救的注意，以改造"国民性"，进而"立人""立国"。他关于《药》的创作动机及意旨的自述，按照他对卢梭"公意"说的警觉与批判这一思维脉络，完全顺理成章。

一方是"庸众的愚昧"，像买人血馒头给儿子治痨病的华老栓、华大妈，像茶馆里嘲笑夏瑜，说他"疯了"的花白胡子、驼背五少爷、二十多岁的人，当然还包括以出卖志士的鲜血、生命来"增加私人的福利"的夏三爷、康大叔、红眼睛阿义等。

另一方是"志士的悲哀"，关在牢狱里的夏瑜"劝牢头造反"，说"这大清的天下是我们大家的"，他所得到的只是"这是人话么""疯话，简直是发了疯了"的回应，只能无奈地发出"阿义可怜"这一悲哀的感慨。夏瑜的清醒，愈加衬托出民众的愚庸，他如若知道自身为民众所洒的热血，

---

① 鲁迅：《摩罗诗力说》，《鲁迅全集》第 1 卷，人民文学出版社 2005 年版，第 102 页。
② 鲁迅：《文化偏至论》，《鲁迅全集》第 1 卷，人民文学出版社 2005 年版，第 53 页。

居然成了愚民治病之"药"，黄泉之下，尚能安息否？

正如周作人所评说的："没有一点光与空气，到处是愚与恶，而愚与恶又复厉害到可笑的程度。……《药》里稍露出一点的情热，这是对于死者的，而死者又已是做了'药'了，此外就再也没有东西可以寄托希望与感情。"①为民众的未来和希望献身，而庸众们却吞噬其血肉，如此双向撞击的冲力，如此凄惨酷烈的结局，就是《药》这篇小说所特有悲剧审美力量之所在，当然，夏瑜作为革命先驱者的人格和道义也在悲剧性的氛围中升华。

（2）《复仇（其二）》

同样，耶稣受难也是鲁迅心目中挥之不去的一个意象。1927年《"意表之外"》一文，他就提及："我又不学耶稣，何苦替别人来背十字架呢？"②此为反语。他不仅在论文、杂文中提及，而且《野草》中以《复仇（其二）》专章叙写之。

文中的人物也是"两极对立"，英哲、大士（耶稣）与庸众、愚民（以色列人，包括兵丁、路人、祭司长、文士，甚至同钉上十字架的强盗等）。耶稣是肩负着救赎世人使命的肉身的神的儿子，但是这个降生在马棚里出身低微的他，不被以色列人所认可，他们不相信他会成为引领民族前行的弥赛亚、基督，当然像大祭司等则是出于宗教权力的掌控，由嫉妒而陷害他，最终虐杀了他。庸众类的以色列人辱骂他，唾弃他，戏弄他，抽打他，最后敲击钉子穿透他的掌心、脚背，钉杀在十字架上。这就是鲁迅创作此文的宗教历史背景。

学界对此文已有不少解读的文章，但似乎有"过度阐释"之嫌。其实，如若扣紧"个人"与"众数"、"英哲"与"庸众"这"两极对立"的主线，其旨意就不难破译，它和《药》类似，写的也是"庸众的愚昧"与"志士的悲哀"。和夏瑜相似，在耶稣的眼中，"四面都是敌意，可悲悯的，可咒诅的"，两个文本只是人物与环境不同而已。当然，鲁迅文学形象的塑造决不会重复，铸造此文本个性有两大独特之处，值得抉出。

其一，"复调"的笔法。如前述，鲁迅在评陀思妥耶夫斯基时论及："凡是人的灵魂的伟大的审问者，同时也一定是伟大的犯人。"说的是作家

① 周作人：《关于鲁迅》，《关于鲁迅》，止庵编，新疆人民出版社1997年版，第519页。
② 鲁迅：《"意表之外"》，《鲁迅全集》第3卷，人民文学出版社2005年版，第518页。

在拷问作品中人物的灵魂时，其实也在拷问自身的灵魂。这一创作上"复调"的笔法在《复仇（其二）》中较为明显，只是倒了过来，强调了对庸众的灵魂的拷问：耶稣"要分明地玩味以色列人怎样对付他们的神之子"，要"较永久地悲悯他们的前途，然而仇恨他们的现在"。他"玩味"庸众们恩将仇报的愚昧，他"悲悯"愚民们麻木不仁的偷安，他从钉杀了"人之子"的人们身上，嗅到嗜血的非人的动物本性。所以，我们在阅读此文之际，脑中往往会闪现出受难的耶稣、观看自身受难的耶稣和作者鲁迅三重形象的复加与叠合。

其二，通往"强力意志"的受虐过程。在《复仇（其二）》中，鲁迅也并未停止耶稣对"自身灵魂"的拷问，但这是一场痛苦的、暴虐的拷问："丁丁地响，钉尖从脚背穿透，钉碎了一块骨，痛楚也透到心髓中"，他在忍受着这种最为惨烈的肉体上的痛苦，因为只有这样，他才能达到具有"强力意志"的巅峰。

罗素曾这样评述过尼采的强力意志：

> 尼采的伦理思想不是通常任何意义的自我放纵的伦理思想；他信仰斯巴达式的纪律，为了重大目标既有加给人痛苦的能力也有忍受痛苦的度量。他赞赏意志的力量甚于一切。他说："我按照一个意志所能作出的抵抗的量和它所能忍受的痛苦与折磨的量来检验它的力量。"[1]

也就是说，对于尼采来说，忍受痛苦与折磨是检测强力意志度量的一种标准，是强力意志的形成与展示的一种不可或缺的方式。面对痛苦，征服痛苦，在痛苦的袭来和磨炼中，感受意志的强劲，享受生命的丰盈，这就是酒神精神与悲剧英雄的意义所在。

尼采在《快乐的科学》也说过，一棵参天大树的长成，需要经历过恶劣气候，需要暴风骤雨的考验，所以强力意志的获得，

> 它也可以是苦难深重者、挣扎者、受刑者的那种施虐意志，这种人想把他最个人、最特殊、最狭隘的东西，把他对于痛苦的实际上的过敏，变成一种有约束力的法则和强制，他把他的形象，他的受刑的

---

① 〔英〕罗素：《西方哲学史》下卷，马元德译，商务印书馆 1976 年版，第 315 页。

形象，刻印、挤压、烙烫在万物上面，仿佛以此向万物报复。①

鲁迅是否读过尼采的这段话，现今已无法实证了，但除了这段话，我们还能找出第二处能如此贴切、精确地解读《复仇（其二）》的话语吗？

笔者甚至感到鲁迅在本文中是用耶稣受难过程的文学形象性描述，来传达尼采的经由受虐、忍受痛苦、超越痛苦，方能达到新的精神境界的理论。也正基于此，我们才能理解鲁迅文中所写到的：当"碎骨的大痛楚透到心髓了"时，耶稣却能"即沉酣于大欢喜和大悲悯中"这句话的含义了，因为他已在受虐的过程中铸成了"强力意志"，并且用自身的血肉为选民赎罪、完成大爱。耶稣，这一"精神界先驱者"的带有宗教性、哲学性的结局意绪，不也正是鲁迅在这一时期的心境与心声吗？

（3）《铸剑》

"神之子"耶稣 3 天以后虽然"复活"了，但他作为"人之子"却被钉杀了；志士夏瑜虽然死后的坟上多出一个花圈，但他却是在悲哀与无助中被杀戮，难道鲁迅笔下的尼采式的"雄桀"只能有这样令人惋惜的结局吗？不，还有一个以同归于尽的壮烈行径而扬名的胜利者，这就是《铸剑》中的宴之敖者。

宴之敖者的出现是在小说情节发展的关键点，此时眉间尺行径暴露，暴君四处抓捕，为父复仇的计划面临失败，他来了。他，黑色的人，黑须黑眼睛，瘦得如铁，声如鸱鸮，一位行踪神秘、桀骜不驯、洞穿世事、刚烈坚毅的豪侠出现在我们面前。也许是灵魂上的相通，眉间尺对此初识之人，即以命相托，自刎给头、给剑。他则以变戏法诱骗暴君成功，用雄剑把王之头劈落于鼎，此时鼎中两头死战，当他看到眉间尺之头被王咬住项窝，失声叫痛之际，则面不改色、从从容容地以剑自刎其首，加入鼎中助战，终咬得王头眼歪鼻塌，满脸鳞伤地死去，而他和眉间尺的头沿鼎壁游了一匝，四目相视，微微一笑，仰面向天，沉下鼎底。豪侠之举，复仇终成！

对于《铸剑》，以往学界的解读多为"赞扬古代人民反抗暴虐的大无畏牺牲精神"；后来又有"复仇者与暴君的头骨混在一起，同被展览，复

---

① 〔德〕尼采：《快乐的科学》，《悲剧的诞生》，周国平译，生活·读书·新知三联书店 1986 年版，第 255 页。

仇的神圣也被消解为无"，鲁迅是以怀疑的眼光认为复仇无效之说。前者的评说没错，但过于一般化，属于到处可贴的标签式评断，缺少小说《铸剑》的特有个性；后者则是否有点偏离鲁迅太远了一些？

1907 年，鲁迅在《文化偏至论》中指出，在政治法理、社会事权方面应采取"任个人而排众数"的原则，同年所写的《摩罗诗力说》则具体描述了达到他心目中标准的"个人"形神状貌，以"立意在反抗，指归在动作"，即具有尼采"强力意志"的"摩罗诗人"，作为此类"个人"的表征。摩罗一语，来自印度，为佛教传说中的魔鬼。摩罗诗人的首位代表则是英国诗人拜伦，《摩罗诗力说》一共九节，从第四节起写了八位诗人，但拜伦一人，独占二节，足见鲁迅对他的崇仰。

《摩罗诗力说》中有一人物形象很值得注意，鲁迅在文中两次提及，这就是拜伦《海盗》一诗中的英雄康拉德，笔者发现，他和《铸剑》中的宴之敖者几可叠合。他"于世已无一切眷爱，遗一切道德，惟以强大之意志，为贼渠魁，……往虽有神，而康拉德早弃之，神亦已弃康拉德矣"。[1]他遗弃一切道德，亦弃神而立，神自然业已弃他；这与宴之敖者回答眉间尺"仗义，同情，那些东西，先前曾经干净过，现在却都成了放鬼债的资本。我心里全没有你所谓的那些"一样，都揭开了旧神学、旧道德虚伪的假象，弃之如敝屣，这是尼采"重估一切价值"精神的体现。

像拜伦仗剑走希腊、为异国捐躯一样，康拉德"孤舟利剑，所向悉如其意"；宴之敖者则四海为家，行侠仗义，他俩完全成为凛然孤立于世外的高人。问之康拉德的定命，"在鞘中，一旦外辉，彗且失色而已"，他们如同剑在鞘中，倘若剑一出鞘，连彗星都因之失色，正如鲁迅《铸剑》所描述："窗外的星月和屋里的松明似乎都骤然失了光辉，惟有青光充塞宇内。"世间最为凶狠的王之头，即在此青光中堕落。"一剑之力，即其权利"，这是尼采"强力意志"的最鲜明的展示。

鲁迅在评述波兰诗人密茨凯维支时，又引康拉德之歌：

> 吾神已寂，歌在坟墓中矣。惟吾灵神，已嗅血腥，一嗷而起，有如血蝠，欲人血也。渴血渴血，复仇复仇！仇吾屠伯！天意如是，固

---

[1] 鲁迅：《摩罗诗力说》，《鲁迅全集》第 1 卷，人民文学出版社 2005 年版，第 77 页。

报矣；即不如是，亦报尔！　①

我的神灵已经死寂，我的歌声已沉入坟，但我的灵魂已嗅到血腥气味，就像血蝠一嚓而起，要吸吮人血。渴血，渴血，复仇，复仇，我要向屠夫般的暴君复仇！

这不就是《铸剑》中，宴之敖者捧起眉间尺自刎后的头颅，接吻两次，冷冷尖笑后所唱的歌吗？

> 哈哈爱兮爱乎爱乎！／爱青剑兮一个仇人自屠。／夥颐连翩兮多少一夫。／一夫爱青剑兮呜呼不孤。／头换头兮两个仇人自屠。／一夫则无兮爱乎呜呼！

他在受眉间尺以命相托之重任，"向王城扬长地走去"时，早已做好以"两个仇人自屠"之头去换取暴君之头的准备。

在炭火烧旺、沸水滚滚的金鼎前，他留下了悲壮的绝唱：

> 彼用百头颅，千头颅兮用万头颅！／我用一头颅兮而无万夫。／爱一头颅兮血乎呜呼！／血乎呜呼兮呜呼阿呼，／阿呼呜呼兮呜呼呜呼！

1936 年 3 月，鲁迅在给日本友人增田涉的信中曾写道：《铸剑》"里面的歌，意思都不明显，因为是奇怪的人和头颅唱出来的歌，我们这种普通人是难以理解的"。②歌的内容确是隐晦，引发了学界考证不休。但宴之敖者之歌，如若把它和康拉德之歌两相印证，其内涵不就显露而出吗？渴血，复仇，以血换血，以头换头，向着万夫所指的暴君复仇，就是其主调；也是他抱着必死之决心，英勇赴义前的心神的写照。

《铸剑》中，宴之敖者对眉间尺说："聪明的孩子，告诉你罢。你还不知道么，我怎么地善于报仇。你的就是我的；他也就是我。我的魂灵上是有这么多的，人我所加的伤，我已经憎恶了我自己！"这近乎鲁迅那时的心声。《铸剑》写于 1926 年 10 月，从"呐喊"至此，鲁迅承受了太多"人

---

① 鲁迅：《摩罗诗力说》，《鲁迅全集》第 1 卷，人民文学出版社 2005 年版，第 97 页。
② 鲁迅：《致增田涉》，《鲁迅全集》第 14 卷，人民文学出版社 2005 年版，第 386 页。

我所加的伤",负载了太多的"复仇"之重任:"3·18惨案"至今不到7个月,血"还洋溢在我的周围";在隔月所写的《范爱农》一文中,他为这位徐锡麟烈士的弟子、充满革命激情的留日学生,却在辛亥革命之后无处谋生、穷困落魄、溺水致死而深为自责;《在论"费厄泼赖"应该缓行》中,他为那些被"落水狗"上岸所咬死的革命党人而痛心;在《复仇》与《复仇(二)》中,他直面那些"无聊"的看客,麻木的庸众,嗜血的"末人";他为狂人的"狂",为夏瑜之"血",为魏连殳之"死",要讨回一个公道。这个复仇的大任,终由宴之敖者的"最后的一剑"完成了。

胡风曾记述过鲁迅先生在逝世前,一次看普希金小说改编成的电影《杜勃洛夫斯基》的往事。谈及影片结束处杜勃洛夫斯基开了复仇的一枪,先生说:"是呀,我当初不晓得为什么那样地觉得满意,后来想了一想,发现了那最后的一枪大有关系。如果没有那一枪,恐怕要不舒服的,可见恶有恶报的办法有时候也非用不可。"胡风对此评论道:

> 在先生的作品里面,没有一次轻视过敌人底力量,没有一次暗示过便宜的胜利,先生的思想力底伟大反而是由于作品里的人物底牺牲而启示了黑暗底真相,底残酷,养成了对于那样无比的憎恨和战斗的热意。①

宴之敖者那最后的一剑虽是自刎,却是助力眉间尺战胜暴君的最后一击,类似于鲁迅所赞同的施行"恶有恶报"办法的"最后的一枪",也是暗含着"先生的思想力底伟大"。

宴之敖者即是鲁迅心目中所冀盼的英雄:

> 中国一向就少有失败的英雄,少有韧性的反抗,少有敢单身鏖战的武人,少有敢抚哭叛徒的吊客;见胜兆则纷纷聚集,见败兆则纷纷逃亡。②

他像是失败了,因他最终也挥剑自刎;但他胜利了,因他砍下暴君之首。

---

① 胡风:《悲痛的告别》,《如果现在他还活着》,河北教育出版社2000年版,第3页。
② 鲁迅:《这个与那个》,《鲁迅全集》第3卷,人民文学出版社2005年版,第152页。

他就是韧性的、敢单身鏖战的、敢抚哭叛徒的"少有失败的英雄"！宴之敖者实质就是拥抱苦难，迎接毁灭，在痛苦与死亡中享受生命的尼采式的"悲剧英雄"，他是鲁迅小说系列中唯一的"在失败中成功"的形象典型。

因此，宴之敖者、康拉德、拜伦、尼采、鲁迅实则已融为一体，"铸剑"实则铸人——"立人"，一个"争天拒俗"的"摩罗"，一个具有"强力意志"的"个人"，挺立在世人跟前。"人立而后凡事举"，"沙聚之邦，由是转为人国。人国既建，乃始雄厉无前，屹然独见于天下"，这是鲁迅当年的冀望。

第三编　鲁迅与尼采

第七章　鲁迅与"力"

【鲁迅前期的"力"之观念，是以尼采"强力意志"为核心，前承达尔文、斯宾塞，后延及对弗洛伊德、柏格森等的理解。鲁迅钟情尼采哲学的原因是，其一，"意力派"将成为新世纪的哲学主潮；其二，"意力派"摧毁偶像，与"五四精神"合拍；其三，尼采之"力"与达尔文进化论同源。中国的现状，落入《摩罗诗力说》中"古国衰败史"的魔圈，从汉唐时期的雄健阔大变为晚清的孱弱萎琐，原因在于中国传统的腐朽力量的绞杀，以及封建统治者阴毒权术的奴化。为使古国浴火重生，鲁迅求助于尼采的强力意志，呼唤"精神界的战士"的诞生；求取生命本体的勃发与飞扬；坚执于深沉韧性的战斗。1930 年前后，鲁迅接受了马克思主义的哲学与美学，逐步疏离、告别了尼采哲学。】

鲁迅的《摩罗诗力说》读过几遍，忽然冒出一个疑惑：按内容来说，该文题目实际应为《摩罗诗说》，何以在其间特地加上一个"力"字呢？这里是否透露出鲁迅的为文旨意，以及当年的思想动向呢？此"力"字的嵌入，仿佛就像中国古典诗中的"诗眼"一样，闪射出鲁迅这段思想的亮点。

第一节　"力"之溯源

鲁迅前期的"力"之观念，是以尼采"强力意志"为核心，前承达尔文、斯宾塞，后延及对弗洛伊德、柏格森等的理解。

据李林荣的统计，"鲁迅笔涉尼采的文字总篇目数就是 54（含 1 篇日译）"①，由此看来，尼采应是鲁迅最为关注的一位西方哲学家。孙伏园在《鲁迅先生逝世五周年杂感二则》中提及：

> 从前刘半农先生赠给鲁迅先生一副联语，是"托尼学说，魏晋文章"。当时的朋友都认为这副联语很恰当，鲁迅先生自己也不加反对。所谓"托尼学说"，"托"是指托尔斯泰，"尼"是指尼采。……鲁迅先生在学生时代，很受托尼二家学说的影响。

也就是说，此联语得到了鲁迅的认可。孙伏园还谈到，鲁迅先生特别喜欢尼采的文章："例如萨拉图斯脱拉语录，说是文字的刚劲，读起来有金石声，而他的学说的精髓，则在鼓励人类的生活、思想、文化日渐向上，不长久停顿在琐屑的、卑鄙的、只注意于物质的生活之中。"②

周作人也谈到鲁迅在日本留学时对尼采的喜爱："鲁迅学了德文，可是对于德国文学没有什么兴趣。……这里尼采可以算是一个例外，《察拉图斯式拉如是说》一册多年保存在他书橱里，到了 1920 年左右，他还把那一篇译出，发表在《新潮》杂志上面。他常称述尼采的一句话道：'你看见车子要倒了，不要去扶它，还是去推它一把吧。'这话不知道是否在'察拉图斯式拉'里，还是在别的书里，想起来确也有理，假如应用于旧社会、旧秩序上面。"③

1925 年左右，鲁迅处于人生低谷——"两间余一卒，荷戟独彷徨"，前路渺茫难寻，精神极度困顿，但是

> 我的"彷徨"并不用许多时，因为那时还有一点读过尼采的《Zarathustra》的余波，从我这里只要能挤出——虽然不过是挤出——文章来，就挤了去罢，从我这里只要能做出一点"炸药"来，就拿去做了罢，于是也就决定，还是照旧投稿了——虽然对于意外的被利用，心里也耿耿了好几天。④

---

① 李林荣：《鲁迅"尼采"的踪迹及意蕴》，《山东社会科学》2013 年第 8 期。

② 孙伏园：《鲁迅先生逝世五周年杂感二则》，《鲁迅先生二三事》，河北教育出版社 2000 年版，第 75 页。

③ 周作人：《鲁迅在东京》，《关于鲁迅》，止庵编，新疆人民出版社 1997 年版，第 169 页。

④ 鲁迅：《我和〈语丝〉的始终》，《鲁迅全集》第 4 卷，人民文学出版社 2005 年版，第 172 页。

是尼采的著作使他振奋而起，走出"彷徨"，尼采的理论成为他的精神支撑点之一。

巴人曾考察过鲁迅思想发展过程："在初期——即在辛亥革命前后——鲁迅先生是个个性解放的倡导者；而鲁迅先生的主张个性解放，是承受尼采的部分的哲学思想的。这思想又和他那感受于中国农村社会里潜存着的庄老的哲学，并在他旧学传统中对于庄老哲学的濡染因而养成的那爱自由的精神，相融合的。"① 至1988年，唐弢做出了更明晰的论断："20世纪初期在日本寻求真理的青年鲁迅，把尼采看作19世纪文明的批判人，'掊物质而张灵明，任个人而排众数'，借'超人'学说阐明自己的主张，认为重要的是'立人'，'人立而后凡事举'，'沙聚之邦，由是转为人国'。不言而喻，尼采的学说鼓舞了鲁迅的理想，这就决不是偶然的事情。"②

那么，是什么原因让前期的鲁迅如此钟情于尼采的哲学呢？寻求这一答案亦是对这种"力"的溯源。在《文化偏至论》《摩罗诗力说》和《破恶声论》等几篇前期的文章中，或可找到一些踪迹。

其一，"意力派"将成为新世纪的哲学主潮。

在《文化偏至论》中，鲁迅批评20世纪之交的世界，其思想文化存在着两大"偏至"，一是"唯物质主义"，一是"治任多数"。对于前者，鲁迅认为，人类之于物质文明：

> 崇奉逾度，倾向偏趋，外此诸端，悉弃置而不顾，则按其究竟，必将缘偏颇之恶因，失文明之神旨，先以消耗，终以灭亡，历世精神，不百年而具尽矣。

鲁迅这里用语相当严峻，若过度崇奉物质主义，偏于趋同物欲享受，凡事仅取其"质"，却遗其神，弃人类之文明而不顾，舍族类之精神而不理；那么，"一切诈伪罪恶，蔑弗乘之而萌，使性灵之光，愈益就于黯淡"，③世间所有的欺诈、罪恶都将萌生，它将使性灵暗淡，旨趣平庸，社会憔悴，

---

① 巴人：《鲁迅的创作方法》，《吃人与礼教》，李长之、艾芜等著，河北教育出版社2000年版，第106页。

② 唐弢：《一个应该大写的文学主体——鲁迅》，《反抗绝望——鲁迅及其文学世界》，汪晖著，河北教育出版社2000年版，第8页。

③ 鲁迅：《文化偏至论》，《鲁迅全集》第1卷，人民文学出版社2005年版，第54页。

进步以停，人类历世所积累下来的精神文明或将在百年内终结。

但历史的运行总会做出自身的调适，此时，"新神思宗"出现了：

> 时乃有新神思宗徒出，或崇奉主观，或张皇意力，匡纠流俗，厉如电霆，使天下群伦，为闻声而摇荡。

他们崇奉主观，张扬"意力"，这一新观念如闪电雷霆般劈向旧有的精神形态，震惊世俗之人。鲁迅甚至把此"主观与意力主义"之兴，比喻为"功有伟于洪水之有方舟"，哲学上"新神思宗"的兴起，如诺亚方舟一样，将起到拯救人类之功用。

因为他们"以自有之主观世界为至高之标准"，"独往来于自心之天地"，"任主观之善恶为判断"，内心世界与主观判断提升到了最高的地位。这样，就有可能使一味趋向于外在物质世界的人，逐渐转为"趣内，渊思冥想之风作，自省抒情之意苏，去现实物质与自然之樊，以就其本有心灵之域"。① 当一个人知悉精神现象实为人类生活之极颠，其个人人格将得到极大的张扬。

鲁迅进而把"新神思宗"分为四派：以黑格尔为代表的"主智派"，以沙弗斯伯利、卢梭为代表的"罗曼暨尚古派"，以席勒为代表的"知感圆满派"，以叔本华、尼采、易卜生所代表的"意力派"。四派中，鲁迅尤其推崇尼采等的"意力派"，因为前三派仍有"具足调协"，即调和之倾向，"决不能得之今世"，无法满足改变今日世界的要求。

对于"意力派"，鲁迅做了这样的分析：生活在现实中的一般人，往往轻信他人之言，随波逐流，莫知所往，"惟有刚毅不挠，虽遇外物而弗为移，始足作社会桢干。排斥万难，黾勉上征，人类尊严，于此攸赖，则具有绝大意力之士贵耳"。只有性格刚毅不屈，不轻易为外物他者而更动的人，方可作为社会的梁柱；只有他们排除万难，勇猛奋进，人类的尊严方有依靠，所以具有超强的、充盈的"意力"之士是十分可贵的。鲁迅归结道：

> 内部之生活强，则人生之意义亦愈邃，个人尊严之旨趣亦愈明，

① 鲁迅：《文化偏至论》，《鲁迅全集》第 1 卷，人民文学出版社 2005 年版，第 54、55 页。

二十世纪之新精神，殆将立狂风怒浪之间，恃意力以辟生路者也。①

以尼采为代表的"意力派"，在鲁迅的心目中，成了为二十世纪新精神开辟生路的最重要的力量。

其二，"意力派"摧毁偶像、冲决旧规，与"五四精神"合拍。

如果说卢梭在人类的认知理性的范畴，割划出情感及审美的界域；那么尼采则是在人类的伦理道德的范畴，割划出个体意志及感性自由的界域。他那"上帝死了"的一声吼叫，彻底摧毁了旧有的宗教信仰和伦理法规。其摧毁旧时偶像，重估一切价值，与中国"五四"时期前后反封建的精神取向高度合拍，鲁迅通过"狂人"之口喊出中国历史就是"吃人"两个字，实际上即类同于尼采的这一呼号。它像闪电一样劈向封建传统伦理纲常的壁垒，也可以说，这句话是中国式文化思想界的"上帝死了"！当中国的传统价值观念崩溃，由此出现的价值真空，才是"五四"叛逆精神施展拳脚的天地。而这正是鲁迅注目于尼采之关键所在。

鲁迅是这样向国人介绍尼采的：

德人尼怯（Fr. Nietzsche）氏，则假察罗图斯德罗（Zarathustra）之言曰，吾行太远，孑然失其侣，返而观夫今之世，文明之邦国矣，斑斓之社会矣。特其为社会也，无确固之崇信；众庶之于知识也，无作始之性质。邦国如是，奚能淹留？吾见放于父母之邦矣！聊可望者，独苗裔耳。

尼采借查拉图斯特拉之口说，我走得太远了，失掉伙伴，孑然一身，回观现今之世，表面看起来是文明之邦国，斑斓之社会，但它并无明确固定的信仰，民众对于知识亦无创新的追求。这样的国家，岂能羁留？所以自我放逐于祖国之外啊！唯有可希望的，只剩下子孙后代了。鲁迅对此，给了这样的评价："此其深思遐瞩，见近世文明之伪与偏，又无望于今之人，不得已而念来叶者也。"② 这是尼采的深思远望，他发现近代文明中存在着伪诈与偏误，可又对现今之人失望至极，故才不得已而寄希望于子孙后代。

---

① 鲁迅：《文化偏至论》，《鲁迅全集》第 1 卷，人民文学出版社 2005 年版，第 56、57 页。
② 同上注，第 50 页。

鲁迅对尼采叛逆精神的赞扬见于言中。

在鲁迅心目中，尼采的价值就在于他对旧传统、旧偶像的叛逆与毁坏：

> 不论中外，诚然都有偶像。但外国是破坏偶像的人多；那影响所及，便成功了宗教改革，法国革命。旧像愈摧破，人类便愈进步；所以现在才有比利时的义战，与人道的光明。那达尔文易卜生托尔斯泰尼采诸人，便都是近来偶像破坏的大人物。[①]

只有摧毁旧的偶像，人类才会发展进步，而尼采就是这改革、革命大军的引领者之一。

尼采不仅于外在毁坏世间之旧偶像，而且还于内在颠覆了传统的伦理规则及价值判断。像社会伦理的基本原则——善恶之分，他就来个 180 度的颠倒。鲁迅在评拜伦《凯因》（Cain）一诗时论及：

> 尼怯意谓强胜弱故，弱者乃字其所为曰恶，故恶实强之代名；此则以恶为弱之冤谥。故尼怯欲自强，而并颂强者；此则亦欲自强，而力抗强者，好恶至不同，特图强则一而已。[②]

拜伦《凯因》诗中有一魔鬼叫卢希飞勒，原为上帝的天使长，后因违抗命令，被逐出天国，堕入地狱成魔。他不服此身份，辩之说：这是神胜了我的缘故，就叫我恶魔；如果是我胜了，就可叫神为恶，善恶可以易位。

这就是说，善恶的价值标准并不是固定不变的。"恶"，可以像尼采所说的，是弱者给强者取名的；也可以像拜伦所说的，是强者施加于弱者的，它随着双方力量对比、情势转换而变化。但他们二者在追求力的强大这一点上是一致的。所以人要自强，或成为强者，或力抗强者，而不必在所谓善恶的概念上纠缠。尼采、拜伦此说，把亘古以来人类道德伦理上的衡定的标准，特别是宗教教义上的评判给动摇了，"恶"甚至也可成为推动社会前进的力量。这，就是鲁迅把拜伦、雪莱一类诗人列为摩罗诗人，

---

① 鲁迅:《热风·随感录四十六》,《鲁迅全集》第 1 卷, 人民文学出版社 2005 年版, 第 348 页。

② 鲁迅:《摩罗诗力说》,《鲁迅全集》第 1 卷, 人民文学出版社 2005 年版, 第 80 页。

即"恶魔诗人",并力加弘扬的缘故。

鲁迅多次在文章中称道:

> 卢梭,斯谛纳尔,尼采,托尔斯泰,伊孛生等辈,若用勃兰兑斯的话来说,乃是"轨道破坏者"。其实他们不单是破坏,而且是扫除,是大呼猛进,将碍脚的旧轨道不论整条或碎片,一扫而空……中国很少这一类人,即使有之,也会被大众的唾沫淹死。[1]

旧的"轨道",即旧的伦理戒律、旧的体制法规、旧的传统习俗等,凡是阻碍社会历史前进的,在"大呼猛进"的"力"的跟前一扫而空,而 20 世纪的新路则随之而开辟。

在这样的基点上,我们就不难理解前述周作人关于"扶不扶车"的故事了。1918 年,鲁迅在《渡河与引路》中也论及此事:"耶稣说,见车要翻了,扶他一下。Nietzsche 说,见车要翻了,推他一下。我自然是赞成耶稣的话;但以为倘若不愿你扶,便不必硬扶,听他罢了。……硬扶比抬更为费力,更难见效。翻后再抬,比将翻便扶,于他们更为有益。"[2]基督耶稣来到世间就是要拯救他的子民,见人类社会或某一国家这架"车"要翻了,自然要去匡扶它;但尼采却反其道而行之——偏是推它一下,加快它的翻倒的速度,这看起来是"恶"。但鲁迅认为,若执政者欢迎你去帮助,你可去扶;若不愿你扶,那就不必,"翻后再抬"起来,效果更佳,如此,"恶"似可转化为正向的善。

尼采的叛逆精神已深深注入鲁迅的血脉,其扫荡"旧轨"的豪勇之"力"更为鲁迅所承接:"苟有阻碍这前途者,无论是古是今,是人是鬼,是《三坟》《五典》,百宋千元,天球河图,金人玉佛,祖传丸散,秘制膏丹,全都踏倒他。"[3]鲁迅投入"五四"反封建斗争的刚毅之力与尼采的"强力意志"密不可分。

其三,尼采之"力"与达尔文进化论同源。

不知大家注意到没有,鲁迅论及尼采学说之源时,是推导至达尔文进化论的:

---

[1] 鲁迅:《再论雷峰塔的倒掉》,《鲁迅全集》第 1 卷,人民文学出版社 2005 年版,第 202 页。
[2] 鲁迅:《渡河与引路》,《鲁迅全集》第 7 卷,人民文学出版社 2005 年版,第 38 页。
[3] 鲁迅:《忽然想到六》,《鲁迅全集》第 3 卷,人民文学出版社 2005 年版,第 47 页。

> 尼怯氏，则刺取达尔文进化之说，掊击景教，别说超人。虽云据
> 科学为根，而宗教与幻想之臭味不脱，则其张主，特为易信仰，而非
> 灭信仰昭然矣。[①]

鲁迅指出，尼采学说乃选取自达尔文进化学说，辨清了他们之间的渊源关系；他还看出尼采学说虽来自进化之科学理论，但其内里仍留有宗教信仰与浪漫幻想的痕迹。

那么，尼采与达尔文之间，是什么使他们沟通呢？是"力"！尼采认为：

> 力的世界不会忍受弱化，因为，否则它会在无限时间中变弱和走
> 向毁灭。力的世界也不会忍受停滞，因为，否则它就会停滞，且生命
> 的时钟也会停滞。所以，力的世界绝不会进入平衡状态，绝不会有一
> 刻停滞，它的力和运动每时每刻都一样大小。[②]

力，其运行不能弱化，不能停滞，否则生命与世界也就毁灭了。

上面这段话鲁迅是否读过，无法考证，但从他《摩罗诗力说》的一段文字，可看出其间脉理之贯通：

> 星气既凝，人类既出而后，无时无物，不禀杀机，进化或可停，
> 而生物不能返本。使拂逆其前征，势即入于苓落，世界之内，实例至
> 多，一览古国，悉其信证。若诚能渐致人间，使归于禽虫卉木原生
> 物，复由渐即于无情，则宇宙自大，有情已去，一切虚无，宁非至
> 净。而不幸进化如飞矢，非堕落不止，非著物不止，祈逆飞而归弦，
> 为理势所无有。此人世所以可悲，而摩罗宗之为至伟也。人得是力，
> 乃以发生，乃以曼衍，乃以上征，乃至于人所能至之极点。[③]

其意为，自星云凝聚为星体始，地球上的生命体（包括人这一族类）出现，万物无时无刻不在彼此竞争、相互绞杀，物竞天择这一宇宙"进化之力"决不可能停息，如若背离，即陷入凋零衰败之境地，各大古国的历史可为

---

① 鲁迅:《破恶声论》,《鲁迅全集》第 8 卷, 人民文学出版社 2005 年版, 第 31 页。
② 〔德〕尼采:《尼采遗稿选》, 虞龙发译, 上海译文出版社 2005 年版, 第 63 页。
③ 鲁迅:《摩罗诗力说》,《鲁迅全集》第 1 卷, 人民文学出版社 2005 年版, 第 69—70 页。

实证。如果能使自然与社会的所有生物，再逐步回到无生命的状态，那么就剩下自大、虚无、至净的宇宙了。但不幸的是，进化的规律如箭离弦，其力道，其强势，不到堕落之刻，不到触物之际，是不会停止的。因此，对于处在悲观氛围中的世人，不必惧怕传说中"摩罗"（魔鬼）一派，而要崇尚这类"雄桀伟美者"，因为他们的"立意在反抗，指归在动作"，人类由他们身上可得到雄健强伟之"力"。人的"强力"由此而生，并渐之延展，促人奋行，从而上升到所能达到的最高境界。《摩罗诗力说》全文充溢着就是这种"立意在反抗"的"摩罗"精神，激荡着从达尔文到斯宾塞，再到尼采的"天行"式的亘久之"力"。

而且从鲁迅的生理气质上我们也可强烈地感受到这种生命之力。他在挚友许寿裳的笔下的形象是这样的："鲁迅的身材并不见高，额角开展，颧骨微高，双目澄清如水精，其光炯炯而带着幽郁，一望而知为悲悯善感的人。两臂矫健，时时屏气曲举，自己用手抚摩着；脚步轻快而有力，一望而知为神经质的人。……总之，他的举动言笑，几乎没有一件不显露着仁爱和刚强。这些特质，充满在他的生命中，也洋溢在他的作品上，以成为伟大的作家，勇敢的斗士——中华民族的魂。"[1]从目光，从臂膀，从脚步，从精神及其外化的作品中，无不令人感应到刚强雄健的生命力度。

此"力"还由另一渠道——严复所译的《天演论》传递给鲁迅。鲁迅熟读《天演论》，不能不受到他有关宇宙、生物进化中"力"的学理影响：

> 西学之最为切实而执其例可御蕃变者，名，数，质，力四者之学是已。……大宇之内，质力相推，非质无以见力，非力无以呈质。凡力皆乾也，凡质皆坤也。[2]

力学为四学之一，乾坤为"质力相推"而构成。而严复还以"力"解"乾"，"天行健，君子以自强不息"，天行之力，永不止息，人应效法之，自强奋起，永远行进。

同时，鲁迅在日本又师承章太炎，也会受到老师关于世界看法的影响：

---

① 许寿裳：《亡友鲁迅印象记》，《挚友的怀念——许寿裳忆鲁迅》，河北教育出版社 2000 年版，第 10 页。
② 严复：《译〈天演论〉自序》，〔英〕赫胥黎：《天演论》，严复译，商务印书馆 1981 年版，第 ix 页。

> 盖凡物之初，只有阿屯，而其中万殊，各原质皆有欲恶去就，欲就为爱力、吸力，恶去为离心力、驱力，有此故诸原质不能不散为各体，而散后又不能不相和合。①

章太炎从物质的原子论起，其理论虽偏重于精神、意志，乃至信仰、欲念，并带有历史循环论的色彩，但对于世间万物之演变、进化，仍注目于现象之后"阿屯"（原子）运行之"力"，如"欲"之爱力、吸力，"恶"之离心力、驱力等。因此，"物苟有志，强力以与天地竞，此古今万物之所以变"，②世间万物之进化，在于以"强力"与天地争，在"力"的重视上，一点也不亚于严复。

两位师者之说，不可能不影响到鲁迅，他以明确笃定的口吻道：

> 盖世所谓生，仅力学的现象而已。动植诸物，与人类同，无不能诠解以自然之律。③

力学，这一自然之律贯通了动物、植物、人类，即自然与社会的生命演进。鲁迅举自然界现象为例："厉风过窍，骄阳薄河，受其力者，则咸起损益变易，物性然也。至于有生，应乃愈著，阳气方动，元驹贲焉，杪秋之至，鸣虫默焉，蠕飞蠕动，无不以外缘而异其情状者，则以生理然也。"④像劲风穿过洞穴，骄阳迫近水面，受此力的影响，便会产生损害增益的变化。至于有生命之物，应合更为显著，阳气方动，蚂蚁就出来奔走，晚秋一到，鸣叫之虫就静默无声，有的则低飞蠕动，万物没有不是按宇宙外力而变动它的情态状况，这是自然、生理的规律啊。

鲁迅再延至人类社会："自然之力，既听命于人间，发纵指挥，如使其马，束以器械而用之；交通贸迁，利于前时，虽高山大川，无足沮核。"⑤人类逐步掌握了客观规律，能驾驭"自然之力"，并以机械器物而掌控之，在交通、贸易、迁徙等方面得到了巨大的便利。显然，他这种对进

---

① 章太炎：《菌说》，《革故鼎新的哲理——章太炎文选》，上海远东出版社1996年版，第37页。
② 章太炎：《原变》，《革故鼎新的哲理——章太炎文选》，上海远东出版社1996年版，第70页。
③ 鲁迅：《人之历史》，《鲁迅全集》第1卷，人民文学出版社2005年版，第12页。
④ 鲁迅：《破恶声论》，《鲁迅全集》第8卷，人民文学出版社2005年版，第25页。
⑤ 鲁迅：《科学史教篇》，《鲁迅全集》第1卷，人民文学出版社2005年版，第25页。

化演变之"力"的看法，更接近于严复所认同的斯宾塞的"天行"说。鲁迅曾说过："有些力气的时候看看达尔文赫胥黎的书"，[①]说明他知晓赫胥黎在进化论发展过程中的承前启后的地位，从而接受了严复所概括的斯宾塞"天行"学说，认可宇宙中恒久运行的"力"的存在，并以此展开对世界、生命以及社会的解读。

严复《译〈天演论〉自序》：

> 斯宾塞尔者，以天演自然言化，著书造论，贯天地人而一理之，此亦晚近之绝作也。其为天演说曰："翕以聚质，辟以出力"，始简易而终杂糅。[②]

斯宾塞是英国实证主义哲学的代表，他认为，在宇宙现象后面有一种力的"实在"的恒久存在。生命由气状聚力合而为质，由具质之物逸出力而散，所以生命体从根本上看，只是力的运动演化出来的现象，这是动植物直到人类生命均所依循的客观自然规律，这也是鲁迅的"盖世所谓生，仅力学的现象而已"的理论源点之一。

立足于"力"这一基点，鲁迅在"新神思宗"各派中偏爱尼采，因为尼采所代表的"意力派"与鲁迅所接受的进化论，实为同根同脉。鲁迅进而指出：

> 尼佉（Fr. Nietzsche）不恶野人，谓中有新力，言亦确凿不可移。盖文明之朕，固孕于蛮荒，野人犷獉其形，而隐曜即伏于内。文明如华，蛮野如蕾，文明如实，蛮野如华，上征在是，希望亦在是。[③]

尼采不厌恶原始人，他所强调的"新力"，即一种武勇刚健的"强力意志"，可在原始人群中获取。文明之征兆，隐伏于蛮荒之中，如果文明是花，那么蛮野则是花蕾；如果文明是果实，那么蛮野则是花蕾。人类的上升，文明的新生，希望就在于此生命之"力"。

回望世纪之交的中国，国力衰败，内忧外患，救亡图存的现实需求驱

---

① 鲁迅：《有趣的消息》，《鲁迅全集》第 3 卷，人民文学出版社 2005 年版，第 212 页。
② 严复：《译〈天演论〉自序》，〔英〕赫胥黎：《天演论》，严复译，商务印书馆 1981 年版，第 ix 页。
③ 鲁迅：《摩罗诗力说》，《鲁迅全集》第 1 卷，人民文学出版社 2005 年版，第 66 页。

使着思想先驱者们奋然而起，寻求拯救国家民族的良策。像严复即翻译多种西方现代思想经典，窃来火种，持举烛炬，唤醒国人于蒙昧之中。他在译《天演论》之际，曾在斯宾塞与赫胥黎之间徘徊，但为着"自强保种"，拯救古国文明，则更倾向于前者。在这一侧向上，鲁迅接过严复推崇的达尔文、斯宾塞"天行"之力，再糅合尼采的"强力意志"，构成了他特有的"力"之主张。

第二节 "力"之衰微

鲁迅是入世的，他的目标是：

> 国人之自觉至，个性张，沙聚之邦，由是转为人国。人国既建，乃始雄厉无前，屹然独见于天下，更何有于肤浅凡庸之事物哉？①

这一救亡图强的宏愿伴随着他的一生，直至生命的终结。要使散沙般的中国转为"人国"，屹立于世界各民族之林，那么，"立国"则需先"立人"，而"立人"则需先"启蒙"，挣脱"肤浅凡庸"，达到精神自觉与个性飞扬，这是早期鲁迅规划的救亡路线图。

因此，先要让国人清楚地看到国家衰败的现状。在鲁迅的笔下，这"沙聚之邦"已无任何的凝聚力了，在侵略成性的外力跟前，稍一碰触即溃不成军。甲午海战之惨败、《辛丑条约》之屈辱，让鲁迅刻骨铭心："他国执势力平均之说，群起夺地，倏忽瓜分，灭国之祸，惟我自速"，②列强环伺，执势侵凌，国土任凭其宰割、瓜分，此时此际，痛心疾首的他盼望着国人中有豪杰之士，奋袂而起。

鲁迅选择以史为鉴，《摩罗诗力说》开篇说的就是古国衰败史：

> 人有读古国文化史者，循代而下，至于卷末，必凄以有所觉，如脱春温而入于秋肃，勾萌绝联，枯槁在前，吾无以名，姑谓之萧条而止。

---

① 鲁迅：《文化偏至论》，《鲁迅全集》第 1 卷，人民文学出版社 2005 年版，第 57 页。
② 鲁迅：《中国地质略论》，《鲁迅全集》第 8 卷，人民文学出版社 2005 年版，第 19 页。

若读古国文化史，依循时代往下，直到末页，必有凄凉之感，像从温煦的春日掉入萧瑟的寒秋，草木萌动绝迹，眼前一片枯槁，我只能以萧条一词称之吧。何以如此呢？鲁迅回答道，与文化兴衰有关："递文事式微，则种人之运命亦尽，群生辍响，荣华收光。"①若退化至文化衰败，有识之士停止发声，昔日的繁华荣耀烟消火灭，那这一民族的命运也就绝尽了。

所以今天陷于衰微、弱小的民族，要向外寻求"新声"，要高扬"立意在反抗，指归在动作"的"摩罗诗人"的精神。虽然《摩罗诗力说》一文，是从文学、诗的角度来谈国民精神的启蒙与唤起，所强调的是"文化"的力量。但内中仍是以达尔文、斯宾塞的物竞天择、"力"的进化与退化为脉理，如若忽略之，对该文的解读定然未能透彻。像文中对屈原的评价，鲁迅独具只眼，出言惊挺，认为《离骚》《天问》："多芳菲凄恻之音，而反抗挑战，则终其篇未能见，感动后世，为力非强。"②屈原面对邪恶之势态，抗争之力偏弱，所以对后辈的影响在这一方面有所欠缺。

中国的现状，也落入这一"古国衰败史"的魔圈。鲁迅的目光先投向中国汉唐，再回到晚清：

> 汉唐虽然也有边患，但魄力究竟雄大，人民具有不至于为异族奴隶的自信心，或者竟毫未想到，凡取用外来事物的时候，就如将彼俘来一样，自由驱使，绝不介怀。一到衰弊陵夷之际，神经可就衰弱过敏了，每遇外国东西，便觉得仿佛彼来俘我一样，推拒，惶恐，退缩，逃避，抖成一团，又必想一篇道理来掩饰，而国粹遂成为屏王和屏奴的宝贝。③

汉唐时期的雄健阔大、自信沉稳，这气派令人何等自豪、振奋；时至今日，唯余下屏弱萎琐、魂丧魄落的衰败，国势国力的退化让鲁迅痛心疾首。

鲁迅此判断有其业师章太炎之说的投影：

> 中国自宋以后，有退化而无进化，善亦愈退，恶亦愈退，此亦可

---

① 鲁迅：《摩罗诗力说》，《鲁迅全集》第 1 卷，人民文学出版社 2005 年版，第 65 页。
② 同上注，第 71 页。
③ 鲁迅：《看镜有感》，《鲁迅全集》第 1 卷，人民文学出版社 2005 年版，第 209 页。

为反比例也。……唐世风烈，稍近战国矣，急科名、趋利禄者日多，而高洁者亦因以愈多。……自宋以后，渐益退化，至满洲为甚。

这段话出自章太炎的《俱分进化论》。他从佛学出发，主张"善亦进化，恶亦进化"，反之"善亦退化，恶亦退化"。他不无痛心地指出：中国至满清，"朝有谀佞，而乏奸雄；野有穿窬，而鲜大盗；士有败行，而无邪执；官有两可，而少顽嚚。方略不足以济其奸，威信不足以和其众，此亦恶之退化也"。[①]此时的中国，莫谈进化了，甚至连"退化之恶"都够不上，像奸雄、大盗这样虽为恶者，却具雄奇之气的人物都见不到了，几乎都成了"屠王和屠奴"，如此，岂不令人顿足长叹！

鲁迅颇有乃师之风，目力亦透视历史：因为"历史上都写着中国的灵魂，指示着将来的命运"。他自汉唐而下："试将记五代，南宋，明末的事情的，和现今的状况一比较，就当惊心动魄于何其相似之甚，仿佛时间的流逝，独与我们中国无关，现在的中华民国也还是五代，是宋末，是明季。以明末例现在，则中国的情形还可以更腐败，更破烂，更凶酷，更残虐。"[②]

可能鲁迅感到，单用腐败、破烂、凶酷、残虐这些词汇过于抽象了，他就更具象地写出国民退化之惨烈：

中国的社会里，吃人，劫掠，残杀，人身卖买，生殖器崇拜，灵学，一夫多妻，凡有所谓国粹，没一件不与蛮人的文化（？）恰合。拖大辫，吸鸦片，也正与土人的奇形怪状的编发及吃印度麻一样。至于缠足，更要算在土人的装饰法中，第一等的新发明了。[③]

中国社会中的丑陋百态一一列出，令人触目惊心，而像女性缠足这种极端恶俗之"发明"甚至远超过土著部族。

那么，正经的发明呢？"外国用火药制造子弹御敌，中国却用它做爆竹敬神；外国用罗盘针航海，中国却用它看风水；外国用鸦片医病，中国

---

①　章太炎：《俱分进化论》，《革故鼎新的哲理——章太炎文选》，上海远东出版社 1996 年版，第 155 页。

②　鲁迅：《忽然想到》，《鲁迅全集》第 3 卷，人民文学出版社 2005 年版，第 17 页。

③　鲁迅：《热风·随感录四十二》，《鲁迅全集》第 1 卷，人民文学出版社 2005 年版，第 343 页。

却拿来当饭吃。"① 国人似乎生就一种逆反的处事风格，不是向国族强盛、民众勇武的方向推进，而是沉溺于玄虚的幻梦，或是自我遏制，自我摧残，长此以往，这样的国民必然是卑怯的、懦弱的，国力衰败亦是必然的结局。

鲁迅曾引宋人杂记中一段谐谑之语："譬如问金人有箭，宋有什么？则答道，'有锁子甲'。又问金有四太子，宋有何人？则答道，'有岳少保'。临末问，金人有狼牙棒（打人脑袋的武器），宋有什么？却答道，'有天灵盖'！"鲁迅不禁感慨地说："自宋以来，我们终于只有天灵盖而已，现在又发现了一种'民气'，更加玄虚飘渺了。"② 在外来强敌的跟前，我们只剩下"天灵盖"等候着锋利的狼牙棒来敲击了，国力之衰朽，民性之孱弱，已到无以复加的地步了。

中国自汉唐之魄力转为宋明乃至清、民国之衰败，其间缘由何在呢？按鲁迅所论，约有以下两点。

其一，中国传统的腐朽力量的绞杀。
鲁迅的解剖刀直指要害：

> 中国之治，理想在不撄，而意异于前说。有人撄人，或有人得撄者，为帝大禁，其意在保位，使子孙王千万世，无有底止，故性解（Genius）之出，必竭全力死之；有人撄我，或有能撄人者，为民大禁，其意在安生，宁蜷伏堕落而恶进取，故性解之出，亦必竭全力死之。③

这里，"撄"，即触发；"性解"，指天才、英哲。中国数千年封建专制之所以能延续至今，很重要的一条措施，即是禁止"撄"人，禁止"天才"（而后鲁迅表述为"思想界的前驱者""精神界的战士"等）去触发新意、启蒙民众，如若违禁，"必竭全力死之"，从精神和肉体上消灭之，从而达到"保位"、传"子孙王千万世"的目的。

而社会上的民众为着"安生"，宁可苟且偷生、"蜷伏堕落"，他们厌恶进取，对革新者一样地采取扼杀之方式。这样，从上到下，便达到了

① 鲁迅：《收的利弊》，《鲁迅全集》第5卷，人民文学出版社2005年版，第18页。
② 鲁迅：《补白》，《鲁迅全集》第3卷，人民文学出版社2005年版，第107页。
③ 鲁迅：《摩罗诗力说》，《鲁迅全集》第1卷，人民文学出版社2005年版，第70页。

全社会之"不撄"。其目的就是强制所有的精神意识的东西不得"异于前说","汉朝以后，言论的机关，都被'业儒'的垄断了。宋元以来，尤其利害。我们几乎看不见一部非业儒的书，听不到一句非士人的话。除了和尚道士，奉旨可以说话的以外，其余'异端'的声音，决不能出他卧房一步"。①正由于此，圣意古训方可与世长存，如伦理上三纲五常的亘古不变，学理上经学古训的规范演绎。

鲁迅以切身的感受为例：

> 别人我不论，若是自己，则曾经看过许多旧书，是的确的，为了教书，至今也还在看。因此耳濡目染，影响到所做的白话上，常不免流露出它的字句，体格来。但自己却正苦于背了这些古老的鬼魂，摆脱不开，时常感到一种使人气闷的沉重。②

这"古老的鬼魂"渗透至每一个中国人的精神深处，如"铁屋子"般笼罩着你，如"鬼打墙"般囚禁着你，即使如鲁迅这样的觉醒者，也仍然摆脱不开，沉重地气闷。

其小说《在酒楼上》的吕纬甫，即是被这一传统"鬼魂"所绞杀的一员。青年时期的吕纬甫敏捷精悍，眼中常闪出射人的光芒，他充满了生命的活力与叛逆的精神，和"我"同到城隍庙里去拔神像的胡子，连日议论改革中国的方法甚至到打了起来；但十年之后，他却脸庞消瘦、精神颓唐，授业所教的竟然是《诗经》《孟子》《女儿经》这类霉腐的书，而这次回乡竟是为夭折的小弟迁坟此种无聊的事。他感叹自己就像一只蜂子或蝇子一样，停在一个地方，给什么来一吓，即刻飞去了，但飞了一个小圈子，便又回来停在原地点，既可笑又可怜。改革的企求，更新的期盼，青春的向往，生命的力度，在传统力量的肆虐下，通通萎缩了，消失得影迹全无。这一代知识分子悲观的心态，鲁迅曾借《伤逝》中涓生之口道出："有时，仿佛看见那生路就像一条灰白的长蛇，自己蜿蜒地向我奔来，我等着，等着，看看临近，但忽然便消失在黑暗里了。"

鲁迅把这传统的腐朽的力量分为有形与无形两种。有形的：

---

① 鲁迅：《我之节烈观》，《鲁迅全集》第1卷，人民文学出版社2005年版，第127页。
② 鲁迅：《写在〈坟〉后面》，《鲁迅全集》第1卷，人民文学出版社2005年版，第301页。

> 有一种人，从幼到壮，居然也毫不为奇的过去了；从壮到老，便有点古怪；从老到死，却更奇想天开，要占尽了少年的道路，吸尽了少年的空气。少年在这时候，只能先行萎黄，且待将来老了，神经血管一切变质以后，再来活动。[①]

这种人的行径就是当时上层中国人的常态，像民国初的前清遗老遗少，年轻时无所作为，中年时便有点变态，到老年时就肆意横行，虐害少年，占尽少年发展的道路，甚至吸尽少年赖以为生的空气，逼其委顿枯黄。吕纬甫的血性与勇力，就是被这类人吸尽挤干，神经血管变质，像一根即将干枯的小草，"在密雪的纯白而不定的罗网里"晃动。

无形的，即是中国社会中存在的一种"无主名无意识的杀人团"——

> 社会上多数古人模模糊糊传下来的道理，实在无理可讲；能用历史和数目的力量，挤死不合意的人。这一类无主名无意识的杀人团里，古来不晓得死了多少人物。[②]

鲁迅是较早接触西方哲学的，在1918年他就使用了"无意识"这一哲学用语，这里的内涵类似于荣格的"集体无意识"，即偏重于某一族类在一定历史阶段中以潜意识、超越个体的形态积淀与弥散的社会经验。

在中国社会中，封建传统的三纲五常这类陈规，会以一种强大的无意识力量，以一种深潜的隐性动机，在各个个体身上复活、呈现。它的展现方式是"历史"和"数目"，像《狂人日记》中的"从来如此"，就是古史传下不可更动的法理；像《我之节烈观》中的"社会公意"，就是"无主名"的所谓大众不可更改的裁决。

那些"不合意"的、想革新的，不管是狂人、夏瑜、吕纬甫、魏连殳，还是祥林嫂、子君、爱姑，全都陷入这"无主名无意识的杀人团"的魔障之中，逐一被其绞杀。"朽腐的名教，僵死的语言，侮蔑尽现在，这都是'现在的屠杀者'。杀了'现在'，也便杀了'将来'。——将来是子孙的时代。"[③] 将来已然被杀，那么，这个国家，这个民族还能有生气吗？还能有

---

① 鲁迅：《热风·随感录四十九》，《鲁迅全集》第1卷，人民文学出版社2005年版，第354页。
② 鲁迅：《我之节烈观》，《鲁迅全集》第1卷，人民文学出版社2005年版，第129页。
③ 鲁迅：《现在的屠杀者》，《鲁迅全集》第1卷，人民文学出版社2005年版，第366页。

活力吗？

其二，封建统治者阴毒权术的奴化。

鲁迅在《春末闲谈》中谈到自然界中的一种动物——细腰蜂，它是一种很残忍的凶手，经常衔了小青虫回到窠穴，用毒针向虫子神经一螫，使它处于不死不活的麻痹状态，并在它身上生下蜂卵，到小蜂孵化出来时，作为食料的青虫还和被捕当日一样新鲜。因为“尼采先生说过，大毒使人死，小毒是使人舒服的”。[①]

由此，鲁迅之笔一转，从自然到了社会，那些“圣君，贤臣，圣贤，圣贤之徒”们一直在寻求这种类似细腰蜂的“麻痹术”，因为民众“要服从作威就须不活，要贡献玉食就须不死；要被治就须不活，要供养治人者又须不死”。“圣君”对治下的国人：

> 求其能运动，无知觉，该在知觉神经中枢，加以完全的麻醉的。但知觉一失，运动也就随之失却主宰，不能贡献玉食，恭请上自“极峰”下至“特殊智识阶级”的赏收享用了。[②]

是死、是活，这都在他们的选择之中。而这些圣君、贤臣理想所要的，就是让民众处于“不死不活”“麻痹”状态中，既能为统治者纳贡，又表现出麻木与驯良。这种“青虫”类似于鲁迅在另外文章中写到的“醉虾”：“中国的筵席上有一种‘醉虾’，虾越鲜活，吃的人便越高兴，越畅快。”[③]虾被麻醉了，却又是鲜活的，都是中国这一“吃人筵席”上被吃人者享用的美味的食品了。

而历代封建统治者所推崇的尊孔读经，就是这使人麻痹的毒针、使人沉醉的毒酒。鲁迅曾入木三分地揭示：

> 我看不见读经之徒的良心怎样，但我觉得他们大抵是聪明人，而这聪明，就是从读经和古文得来的。我们这曾经文明过而后来奉迎过蒙古人满洲人大驾了的国度里，古书实在太多，倘不是笨牛，读一点就可以知道，怎样敷衍，偷生，献媚，弄权，自私，然而能够假借大

---

① 鲁迅：《新的世故》，《鲁迅全集》第8卷，人民文学出版社2005年版，第185页。
② 鲁迅：《春末杂谈》，《鲁迅全集》第1卷，人民文学出版社2005年版，第215、216页。
③ 鲁迅：《答有恒先生》，《鲁迅全集》第3卷，人民文学出版社2005年版，第474页。

义，窃取美名。再进一步，并可以悟出中国人是健忘的，无论怎样言行不符，名实不副，前后矛盾，撒谎造谣，蝇营狗苟，都不要紧，经过若干时候，自然被忘得干干净净；只要留下一点卫道模样的文字，将来仍不失为"正人君子"。①

人类最恶劣、最肮脏的品行，就是通过这经书一滴一滴地注入我们民族的中枢神经里，使其成为不死不活的，处于麻痹状态的群体。

这样的群体必然奴性十足，不过孱弱奴性的养成还是得有一定的权术与手段。鲁迅就说过发生在自己身上的一件故事，1915 年袁世凯篡权称帝，各省纷纷起义，护国讨袁，因战乱，中国银行和交通银行依令停止纸钞兑现，当时鲁迅手中还有三四十元"中交票"，这下几成赤贫。但后来又听说黑市可折价换到七折左右现银，便非常高兴，全去换了，沉垫垫地坠在怀中，如同生命的斤两。由此，鲁迅忽然悟及："我们极容易变成奴隶，而且变了之后，还万分喜欢。"因为，假设一种暴力将人不当人，而且还不及牛马；待到人们羡慕牛马，发生"乱离人，不及太平犬"的叹息的时候，再给他牛马的待遇，人们则要心悦诚服，恭颂太平盛世了。所以，

> 中国人向来就没有争到过"人"的价格，至多不过是奴隶，到现在还如此，然而下于奴隶的时候，却是数见不鲜的。②

奴性就此养成而传递下来了，或许这也是一种"集体无意识"吧。

至于还有一些人，"从奴隶生活中寻出'美'来，赞叹，抚摩，陶醉，那可简直是万劫不复的奴才了，他使自己和别人永远安住于这生活"。③这种人，类似于鲁迅笔下挂着小铃铛的领头羊："这样的山羊我只见过一回，确是走在一群胡羊的前面，脖子上还挂着一个小铃铎，作为智识阶级的徽章。通常，领的赶的却多是牧人，胡羊们便成了一长串，挨挨挤挤，浩浩荡荡，凝着柔顺有余的眼色，跟定他匆匆地竞奔它们的前程。"④它领着一长串胡羊，柔顺地挨着挤着，浩浩荡荡地竞奔向被屠宰的场所。当时的国

---

① 鲁迅：《十四年的"读经"》，《鲁迅全集》第 3 卷，人民文学出版社 2005 年版，第 138 页。
② 鲁迅：《灯下漫笔》，《鲁迅全集》第 1 卷，人民文学出版社 2005 年版，第 223、224 页。
③ 鲁迅：《漫与》，《鲁迅全集》第 4 卷，人民文学出版社 2005 年版，第 604 页。
④ 鲁迅：《一点比喻》，《鲁迅全集》第 3 卷，人民文学出版社 2005 年版，第 232 页。

人，就像由这类领头羊、胡羊组成的奴性的群体，还能有奋然惊醒、恢复活力的希望吗？

第三节 "力"之飞扬

"求古源尽者将求方来之泉，将求新源。嗟我昆弟，新生之作，新泉之涌于渊深，其非远矣。"[①] 这是鲁迅在《摩罗诗力说》一文开篇引尼采之语作为引言，其意为，寻求古老源泉已至竭尽的人，将再求索新的源头。我的兄弟们，新的生命兴起振作，新的源泉已从深渊中喷涌而出，这时刻即将到来啊！

那么，这新源是什么呢？是以尼采为代表的"意力派"，是尼采的强力意志。尼采对力与世界的关系有段极其精彩的描述：

> 世界就是：一种巨大无匹的力量，无始无终；一种常住不变的力量，永不变大变小，永不消耗，只是流转易形，而总量不变；……是一种无所不在的力量，或各种力量浪潮的会演，亦多亦一，此起彼伏；一个奔腾泛滥的力量海洋，永远在流转易形，永远在迴流，无穷岁月的迴流，以各种形态潮汐相间，从最简单的涌向最复杂的，从最静的、最硬的、最冷的涌向最烫的、最野的、最自相矛盾的，然后再从丰盛回到简单，从矛盾的纠缠回到单一的愉悦，在这种万化如一、千古不移的状态中肯定自己，祝福自己是永远必定回来的东西，是一种不知满足、不知厌倦、不知疲劳的迁化——：也就是我的这个永远在自我创造、永远在自我摧毁的酒仙世界。[②]

这是一段以文学形象传达的哲学理念，如果能从尼采那排山倒海般具体、生动的感性意象的淹没中探出头来，如果能从尼采那静的、硬的、冷的、烫的、野的语言对肌体不间断的撞击中抽身而出，冷静地回视一下，尼采这里强调的就是，世界由一种巨大的恒久的力所生成，它流转易形、起伏

---

① 鲁迅：《摩罗诗力说》，《鲁迅全集》第 1 卷，人民文学出版社 2005 年版，第 65 页。
② 〔德〕尼采：《权力意志》第 696 节，《西方现代资产阶级哲学论著选辑》，洪谦主编，商务印书馆 1964 年版，第 23 页。

交替、回旋往复、永不止息，而在此世界中的人的生命，也要随着这力永远创造、永远更新。所以，强力意志是一种发自生命自身的内在冲动，是生命在丰盈饱和状态下迸发出的一种创造力，它在行动与创造中肯定生命的存在，肯定生命的价值与意义。

正如鲁迅所指出，"尼怯氏，则剌取达尔文进化之说"，择取达尔文的宇宙万物进化的原力，即从物竞天择、适者生存的"天行"之力，到斯宾塞的"力的恒久性"，最终铸造出了尼采的"强力意志"。那么，早期的鲁迅接受了尼采的"强力意志"，在精神上、著作上是怎样地呈现出来呢？以下拟从力的呼唤、力的飞扬、力的坚韧三个侧向展开论析。

其一，力的呼唤。

1908 年，鲁迅发表了《摩罗诗力说》，面对着国势萧条、精神枯槁的现状，他高声疾呼：

> 今索诸中国，为精神界之战士者安在？有作至诚之声，致吾人于善美刚健者乎？有作温煦之声，援吾人出于荒寒者乎？家国荒矣，而赋最末哀歌，以诉天下贻后人之耶利米，且未之有也。①

家国已荒败到如此地步，居然连像犹太灭国前唱出最后哀歌的祭司耶利米这样的人都没有。今天的中国，至善完美、刚健有力的"精神界之战士"何在呢？他企盼着有像拜伦一类的"立意在反抗，指归在动作"的，具有强力意志的"摩罗诗人"在中国诞生，他们动吭一呼，听者奋起，激昂抗争，使"沙聚之邦"转变为雄厉无前的"人国"，屹立于世界民族之林。

不过，中国的"耶利米"也不是绝对没有，只是太稀缺了。在鲁迅的心目中，像其笔下小说《药》中，说出"大清的天下是我们大家的"的夏瑜就是。还有就是邹容：

> 倘说影响，则别的千言万语，大概都抵不过浅近直截的"革命军马前卒"邹容所做的《革命军》。②

---

① 鲁迅：《摩罗诗力说》，《鲁迅全集》第 1 卷，人民文学出版社 2005 年版，第 102 页。
② 鲁迅：《杂忆》，《鲁迅全集》第 1 卷，人民文学出版社 2005 年版，第 234 页。

革命是天演之公例，革命是世界之公理，革命是存亡之要义，革命是由野蛮而进文明，革命是除奴隶而为主人，四万万同胞要奋起革命！邹容以热血撰写的《革命军》被视为中国的"人权宣言"，一时洛阳纸贵，先后翻印 20 余版，印数达 110 万册。邹容的革命疾呼振聋发聩、举国震惊，引爆了之后的辛亥起义。所以鲁迅对这位年方 20 岁，即为革命死于狱中的英雄念念不忘。

为此，鲁迅寄希望于青年。他为北大二十七周年纪念写的文章，强调指出："第一，北大是常为新的，改进的运动的先锋，要使中国向着好的，往上的道路走。……第二，北大是常与黑暗势力抗战的，即使只有自己。"①1927 年 3 月，他为中山大学开学致语："中山大学与革命的关系，大概就等于许多书。但不是死书：他须有奋发革命的精神，增加革命的才绪，坚固革命的魄力的力量。……这平静的空气，必须为革命的精神所弥漫；这精神则如日光，永永放射，无远弗到。"②北大、中大的价值与意义，不仅在于授业解惑、探求学术，在当时更重要的是须以革命的强力引领中国的改进。

鲁迅曾把中国的"国魂"分为官魂、匪魂、民魂三种，他认为其中

惟有民魂是值得宝贵的，惟有他发扬起来，中国才有真进步。③

这民魂源自民族的"自信力"："我们从古以来，就有埋头苦干的人，有拼命硬干的人，有为民请命的人，有舍身求法的人，……虽是等于为帝王将相作家谱的所谓'正史'，也往往掩不住他们的光辉，这就是中国的脊梁。……自信力的有无，状元宰相的文章是不足为据的，要自己去看地底下。"④这是深藏在民众底层的一种雄厚的强力，只有这强力的唤起，中国才可能真正地进步。

如若有一种真理性的理念的召唤，他们更会：

---

① 鲁迅：《我观北大》，《鲁迅全集》第 3 卷，人民文学出版社 2005 年版，第 168 页。
② 鲁迅：《中山大学开学致语》，《鲁迅全集》第 8 卷，人民文学出版社 2005 年版，第 194 页。
③ 鲁迅：《学界的三魂》，《鲁迅全集》第 3 卷，人民文学出版社 2005 年版，第 222 页。
④ 鲁迅：《中国人失掉自信力了吗》，《鲁迅全集》第 6 卷，人民文学出版社 2005 年版，第 122 页。

> 因为所信的主义，牺牲了别的一切，用骨肉碰钝了锋刃，血液浇灭了烟焰。在刀光火色衰微中，看出一种薄明的天色，便是新世纪的曙光。[①]

在这舍生忘死、骁勇无比之伟力跟前，何种障碍能挡得去路？而新世纪的曙光就会在这奋力拼搏中升起。

尽管眼前是一片衰败、腐朽，前路又是那样的崎岖而迷茫，但是鲁迅看到了，"地火在地下运行，奔突；熔岩一旦喷出，将烧尽一切野草，以及乔木，于是并且无可朽腐。但我坦然，欣然。我将大笑，我将歌唱"。[②]地火运行，烈焰奔突，自然与社会内部积聚的改革更新的强力是压抑不了的，它将如熔岩般喷突而出，我们的民族将会浴火重生，这是鲁迅的强力呼唤。

其二，力的飞扬。

以狄奥尼索斯为名"酒神精神"是尼采哲学的核心要义之一。他认为，酒神之醉的最原始形式是性冲动的醉，而"意志之醉，一种积聚的、高涨的意志的醉。——醉的本质是力的提高和充溢之感"。[③]力的高涨、充溢不仅是生理的，它更是一种意志的沉醉形态。

> 酒神祭之作为一种满溢的生命感和力量感，在其中连痛苦也起着兴奋剂（Stimulans）的作用，它的心理学给了我理解悲剧情感的钥匙，这种情感既被亚里士多德误解了，更被我们的悲观主义者误解了。悲剧永不能替叔本华意义上的所谓希腊悲观主义证明什么，相反是对它的决定性的否定和抗议。肯定生命，哪怕是在它最异样最艰难的问题上，生命意志在其最高类型的牺牲中，为自身的不可穷竭而欢欣鼓舞——我称这为酒神精神。[④]

在尼采的观念中，悲剧之美不是经典式的亚里士多德的灵魂"净化"，也不是叔本华悲观主义的意志寂灭。悲剧是酒神精神的展现，它要把内在

---

① 鲁迅：《热风·随感录五十九"圣武"》，《鲁迅全集》第 1 卷，人民文学出版社 2005 年版，第 373 页。

② 鲁迅：《野草·题辞》，《鲁迅全集》第 2 卷，人民文学出版社 2005 年版，第 163 页。

③ 〔德〕尼采：《悲剧的诞生》，周国平译，生活·读书·新知三联书店 1986 年版，第 319 页。

④ 同上注，第 334 页。

的、充溢的、高涨的生命意志之力弘扬于外，即使行动的过程充满了痛苦与折磨，甚至其最终结果是死亡，这是一种最高类型的牺牲。但正是在这悲剧性的痛苦、毁灭与牺牲中，生命本体享受到意志的强劲、人生的丰盈，达到一种勃发与飞扬的最高境界，也就实现了人生的价值与意义。

鲁迅较早的作品是 1903 年的《斯巴达之魂》，写的就是尼采所论及的生命意志最高类型的一次悲剧性的牺牲。当年，斯巴达国王亲率 300 勇士扼守温泉关，与数万波斯侵略军展开殊死搏斗，最后全部壮烈战死。这是一场悲剧，但斯巴达勇士们生命意志之力却由此悲剧而升华、飞扬。"迄今读史，犹懔懔有生气也！"

> 刀碎矣！镞尽矣！壮士歼矣！王战死矣！……巍巍乎温泉门之峡，地球不灭，则终存此斯巴达武士之魂！①

这是鲁迅给斯巴达勇士们的最高的评价与赞美。此文的写作背景是沙俄帝国主义欲取东三省归入其版图，中国留日学生组织了拒俄义勇队，故鲁迅在文中疾呼吾国青年"掷笔而起"，张扬生命伟力，以斯巴达勇士为楷模，捐躯报国。许寿裳评说道："一九○三年他二十三岁所作的《斯巴达之魂》（《集外集》），便是借了异国士女的义勇来唤起中华垂死的国魂。"②

英国诗人拜伦也是鲁迅所赞颂的尼采式的强力英雄，其地位不亚于"夏瑜"与邹容，1907 年他所写的《摩罗诗力说》介绍八大"恶魔诗人"，全文九节，拜伦就占了二节半。"裴伦既喜拿破仑之毁世界，亦爱华盛顿之争自由，既心仪海贼之横行，亦孤援希腊之独立，压制反抗，兼以一人矣。虽然，自由在是，人道亦在是。"③尼采的毁坏——建造的开创性的勇力，在拜伦身上展现得淋漓尽致。鲁迅在文中论及拜伦诗作《海贼》主人公康拉德：

> 于世已无一切眷爱，遗一切道德，惟以强大之意志，为贼渠魁，领其从者，建大邦于海上。孤舟利剑，所向悉如其意。独家有爱妻，

---

① 鲁迅：《斯巴达之魂》，《鲁迅全集》第 7 卷，人民文学出版社 2005 年版，第 9、12 页。
② 许寿裳：《我所认识的鲁迅》，《挚友的怀念——许寿裳忆鲁迅》，河北教育出版社 2000 年版，第 69 页。
③ 鲁迅：《摩罗诗力说》，《鲁迅全集》第 1 卷，人民文学出版社 2005 年版，第 81 页。

> 他更无有；往虽有神，而康拉德早弃之，神亦已弃康拉德矣。故一剑之力，即其权利，国家之法度，社会之道德，视之蔑如。[①]

康拉德无家室之累绊，无眷爱之情牵；他抛弃神，神亦抛弃他；他遗弃道德，道德亦加恶他。他孤舟利剑，只以强大的意志，只以一剑之力，建功于海上，让生命飞扬于大海波涛之上。

鲁迅笔下之康拉德形象不禁令人想起另一个人物，即《铸剑》中的宴之敖者，他冷峻孤傲，身着黑衣，黑须黑眼，瘦得如铁，声音好像鸱鸮。他也像康拉德一样蔑视陈旧的道德伦理，一句话就颠覆了眉间尺旧有的观念：

> 仗义，同情，那些东西，先前曾经干净过，现在却都成了放鬼债的资本。我的心里全没有你所谓的那些。[②]

那些所谓善的东西变成了重压的"鬼债"，传统价值标准颠倒过来，心底旧有的条规卸脱了，眉间尺瞬间笃信，毅然自刎，以头相许，尼采的"价值重估"在此又闪射出它的光华。康拉德一剑走天下，其剑一旦出鞘，连长空的彗星都黯然失色；而宴之敖者亮剑，闪电般青色剑光一过，世间最凶残的王之头就落在鼎里了。"一剑之力，即其权利"，这是尼采"强力意志"的最鲜明的展示；宴之敖者实质就是拥抱苦难，迎接毁灭，在痛苦与死亡中享受生命的尼采式的"悲剧英雄"。在此时刻，尼采、拜伦、康拉德、鲁迅、宴之敖者，实则五位一体矣！

鲁迅写生命力飞扬最精彩的一篇文章是《复仇》，可惜它却让一些研究者们困惑不已，尤其是开篇头两段文字更是让人理不出头绪："人的皮肤之厚，大概不到半分，鲜红的热血，就循着那后面，在比密密层层地爬在墙壁上的槐蚕更其密的血管里奔流，散出温热。于是各以这温热互相蛊惑，煽动，牵引，拼命地希求偎倚，接吻，拥抱，以得到生命的沉酣的大欢喜。但倘若用一柄尖锐的利刃，只一击，穿透这桃红色的，菲薄的皮肤，将见那鲜红的热血激箭似的以所有温热直接灌溉杀戮者；其次，则给

---

① 鲁迅：《摩罗诗力说》，《鲁迅全集》第 1 卷，人民文学出版社 2005 年版，第 77 页。
② 鲁迅：《铸剑》，《鲁迅全集》第 2 卷，人民文学出版社 2005 年版，第 440 页。

以冰冷的呼吸，示以淡白的嘴唇，使之人性茫然，得到生命的飞扬的极致的大欢喜；而其自身，则永远沉浸于生命的飞扬的极致的大欢喜中。"①

在给郑振铎的信中，鲁迅说过，《复仇》是写一男一女裸身持刀对立于旷野上，却无动作，这让无聊的看客格外失望，只好散去。那他何以要旁逸斜出写出那两段文字呢？《野草》时期是鲁迅创作技艺最为成熟的阶段，他不可能犯此低级错误。合理解释的原因，可能只有从哲学理念的角度去寻索了。尼采的生命哲学视生命与死亡是自然演变的流程，它是互合一体的：

> 我们有必要不断地让自身的一些东西死去，以便其他的东西活下来。像人生与不断的死亡并肩地走在一起一样：人类必须经常蜕皮。

尼采认为生命是"永恒轮回"的：你或将要死去，灵魂和肉体都要消亡和消逝，但是，"生你的起因之力将会轮回，必将再创一个你。你是尘埃中的微粒，你属于万物轮回所依赖的起因。假如有一天你再生，那不会是一次新的生命或更好的生命或相似的生命，而是与你相同的生命，就像你现在的存在，大小都一样"。② 人的生命就像沙漏一样，流完之后就倒转，回返原样，所以死亡与新生根本不值得大惊小怪。

鲁迅对此说之感悟颇深，死即是生，生即是死，"该二人或相爱，或相杀，还是照所欲而行的为是"。不管是相爱或相恨，拥抱或杀戮，倘若因"复仇"而利刃出击，杀戮者将接受的是死者之热血灌溉，其人性在死亡跟前茫然而至生命飞扬之极致；而死者自身亦是永远沉浸在生命飞扬的极致，杀与被杀的两人都沉醉于死亡到来的"大欢喜"之中。而这正是尼采"酒神精神"的典型写照，生命个体的毁灭，在尼采看来是与宇宙本体的融合，达到宇宙大我新的创造的欢欣。这两段浓墨重彩地叙写热血、血脉、生命、搏击和死亡，不过是鲁迅以文字雕刻出一座生命力饱涨到即将迸裂的塑像，让人们去领略、悟解生命哲学之美及其意义。至于使围观的无聊的"看客"无戏可看，更加无聊地散去，"此亦不过愤激之谈"③ 而已，似乎不应当作为解读全文的唯一主线，此文本存在着平行的双线结构。

---

① 鲁迅:《复仇》,《鲁迅全集》第 2 卷，人民文学出版社 2005 年版，第 176 页。
② 〔德〕尼采:《尼采遗稿选》，虞龙发译，上海译文出版社 2005 年版，第 46、87 页。
③ 鲁迅:《复仇》注释（1），《鲁迅全集》第 2 卷，人民文学出版社 2005 年版，第 177 页。

在《鲁迅全集》中，这种生命强力的勃发与飞扬的文字，不断地呈现在我们的面前：

> 还是站在沙漠上，看看飞沙走石，乐则大笑，悲则大叫，愤则大骂，即使被沙砾打得遍身粗糙，头破血流，而时时抚摩自己的凝血，觉得若有花纹，也未必不及跟着中国的文士们去陪莎士比亚吃黄油面包之有趣。①

文坛战地的环境是恶劣的，也可能会拼搏得头破血流、遍体鳞伤，但嬉笑怒骂，快意平生矣。因为，

> 生命是我自己的东西，所以我不妨大步走去，向着我自以为可以走去的路，即使前面是深渊，荆棘，狭谷，火坑，都由我自己负责。②

他就像《野草》中的"过客"，决不回头："回到那里去，就没一处没有名目，没一处没有地主，没一处没有驱逐和牢笼，没一处没有皮面的笑容，没一处没有眶外的眼泪。我憎恶他们，我不回转去！"③斩钉截铁的口吻，充溢着生命的力度。

由此，他赞叹烈士白莽的诗集《孩儿塔》："这《孩儿塔》的出世并非要和现在一般的诗人争一日之长，是有别一种意义在。这是东方的微光，是林中的响箭，是冬末的萌芽，是进军的第一步，是对于前驱者的爱的大纛，也是对于摧残者的憎的丰碑。一切所谓圆熟简练，静穆幽远之作，都无须来作比方，因为这诗属于别一世界。"④由此，鲁迅称赏肖洛霍夫的《静静的顿河》："一种充满着原始力的新文学生长起来了，这种文学，它的浩大就如俄国的大原野，它的清新与不羁则如苏联的新青年。"⑤这两篇已是鲁迅20世纪30年代的文章了，新的哲学理念和文学观念，已开始取代达尔文的进化论和尼采的强力意志论，但对生命的行动与创造的肯定，

---

① 鲁迅：《华盖集·题记》，《鲁迅全集》第3卷，人民文学出版社2005年版，第4页。
② 鲁迅：《北京通信》，《鲁迅全集》第3卷，人民文学出版社2005年版，第54页。
③ 鲁迅：《过客》，《鲁迅全集》第2卷，人民文学出版社2005年版，第196页。
④ 鲁迅：《白莽作〈孩儿塔〉序》，《鲁迅全集》第6卷，人民文学出版社2005年版，第512页。
⑤ 鲁迅：《〈静静的顿河〉后记》，《鲁迅全集》第7卷，人民文学出版社2005年版，第378页。

对充溢、飞扬的生命力的赞颂，仍是鲁迅所倾心追求的。

其三，力的坚韧。

尼采主张，要达到生命存在的最高境界，需经历、体验过痛苦的考验与精神的折磨，因为只有逆境才会激发人的意志力，增强生命感，才能真正地享受生命。鲁迅在接受这一强力意志理论时，混合了自身独特的生活经验与生存体验，形成了有异于尼采的个人特色，这就是"韧性"二字。他提倡"壕堑战"，反对像《三国演义》中许褚那样赤膊上阵，认为"无需乎震骇一时的牺牲，不如深沉的韧性的战斗"。① 他曾深以为憾的是："中国一向就少有失败的英雄，少有韧性的反抗，少有敢单身鏖战的武人，少有敢抚哭叛徒的吊客。"② 对于精英来说，韧性也是一种行动时的撑持，一种不可或缺的心力，因为即使是强力意志充溢，当它缺少坚韧之际，也会戛然断裂。

读过鲁迅的，应该都不会忘却他的这样一段话：

> 即使因为我罪孽深重，革命文学的第一步，必须拿我来开刀，我也敢于咬着牙关忍受。杀不掉，我就退进野草里，自己舐尽了伤口的血痕，决不烦别人傅药。③

强忍伤痛，咬紧牙关，退至荒野草丛，舐净自身血痕，这是何等沉毅刚勇之人方有之语呵。

他铸造出这样一种人物——"无泪的人"："现今的人们还以眼泪赠答，并且以这为最上的赠品，因为他此外一无所有。无泪的人则以血赠答，但又各各拒绝别人的血。……杀了无泪的人，一定连血也不见。爱人不觉他被杀之惨，仇人也终于得不到杀他之乐：这是他的报恩和复仇。"④ "无泪的人"即使被杀，连血也不让人见到，不管是爱人或是仇人。这等决绝的口吻，只有从那百折不挠、铁肠石心的英哲之口方能听到。

因为鲁迅一生经历过了太多亲友、战友的死亡，像秋瑾之赴义，像范

---

① 鲁迅：《娜拉走后怎样》，《鲁迅全集》第 1 卷，人民文学出版社 2005 年版，第 171 页。
② 鲁迅：《这个与那个》，《鲁迅全集》第 3 卷，人民文学出版社 2005 年版，第 152 页。
③ 鲁迅：《答杨邨人先生公开信的公开信》，《鲁迅全集》第 4 卷，人民文学出版社 2005 年版，第 645 页。
④ 鲁迅：《杂感》，《鲁迅全集》第 3 卷，人民文学出版社 2005 年版，第 51 页。

爱农之沦亡，像倒在军警枪口下的刘和珍们，像血染龙华的左联五烈士，像情同手足的瞿秋白的遇难……血，

> 层层淤积起来，将我埋得不能呼吸，我只能用这样的笔墨，写几句文章，算是从泥土中挖一个小孔，自己延口残喘，这是怎样的世界呢。夜正长，路也正长，我不如忘却，不说的好罢。但我知道，即使不是我，将来总会有记起他们，再说他们的时候的。①

承受着难以承受的淤积的血的重压，鲁迅没有消沉，没有屈服，他在抗争，做韧性的抗争，因为"真的猛士，敢于直面惨淡的人生，敢于正视淋漓的鲜血。……苟活者在淡红的血色中，会依稀看见微茫的希望；真的猛士，将更奋然而前行"。②他正是这一奋力前行的猛士：

> 叛逆的猛士出于人间；他屹立着，洞见一切已改和现有的废墟和荒坟，记得一切深广和久远的苦痛，正视一切重叠淤积的凝血，深知一切已死，方生，将生和未生。③

特殊的历史境遇铸造了特殊的人物典型，可以说鲁迅承受苦难和死亡的强力意志，一点也不亚于尼采，甚至超过了他。

在这样的基点上，人们方可理解他何以会对托尔斯泰小说中的一朵小花念念不忘："野蓟经了几乎致命的摧折，还要开一朵小花，……草木在旱干的沙漠中间，拼命伸长他的根，吸取深地中的水泉，来造成碧绿的林莽，自然是为了自己的'生'的，然而使疲劳枯渴的旅人，一见就怡然觉得遇到了暂时息肩之所，这是如何的可以感激，而且可以悲哀的事！？"④拼尽全力，在恶劣的环境中坚韧地生存下来，还带给他人以一丝的慰藉，此间的感慨难以言尽，所以鲁迅才用了感叹号之后，再加上一个问号。

由此，人们方可理解《秋夜》中那两棵著名的枣树："最直最长的几枝，却已默默地铁似的直刺着奇怪而高的天空，使天空闪闪地鬼睐眼；直

---

① 鲁迅：《为了忘却的纪念》，《鲁迅全集》第 4 卷，人民文学出版社 2005 年版，第 502 页。

② 鲁迅：《记念刘和珍君》，《鲁迅全集》第 3 卷，人民文学出版社 2005 年版，第 290、294 页。

③ 鲁迅：《淡淡的血痕中》，《鲁迅全集》第 2 卷，人民文学出版社 2005 年版，第 226 页。

④ 鲁迅：《一觉》，《鲁迅全集》第 2 卷，人民文学出版社 2005 年版，第 229 页。

刺着天空中圆满的月亮，使月亮窘得发白。……仍然默默地铁似的直刺着奇怪而高的天空，一意要制他的死命，不管他各式各样地睞着许多蛊惑的眼睛。"为什么鲁迅要连续采用"重叠"的笔法呢？"墙外有两株树，一株是枣树，还有一株也是枣树"，"默默地铁似的直刺着奇怪而高的天空，……默默地铁似的直刺着奇怪而高的天空"，[①]这已不仅是写作笔法问题了，而是以此笔法传示出韧性的生命力和坚韧的抗击力。

然而，最令人为之震撼的莫过于《颓败线的颤动》一文了。一位多年来备受屈辱，忍辱负重，以出卖肉体养活儿女的妇人，年老时却被子孙蔑视与侮辱，自我放逐于郊野。这虽是文学性的梦中之梦，但决非虚幻的想象，研究者们多解读为对人性中"以怨报德"的负向伦理的批判，并扩展至鲁迅对一些忘恩负义者的抨击，这些均十分中肯、到位。

但令人心神为震颤的是鲁迅笔下的老妇形象："她赤身露体地，石像似的站在荒野的中央，于一刹那间照见过往的一切：饥饿，苦痛，惊异，羞辱，欢欣，于是发抖；害苦，委屈，带累，于是痉挛；杀，于是平静。……又于一刹那间将一切并合：眷恋与决绝，爱抚与复仇，养育与歼除，祝福与咒诅……。她于是举两手尽量向天，口唇间漏出人与兽的，非人间所有，所以无词的言语。"这是怎样的一座母亲雕像啊，颓败而干瘪，像一枚被榨干的柠檬，她像是罗丹刻刀下的欧米哀尔。罗丹之于鲁迅并不陌生，在《〈奔流〉编校后记》，鲁迅写道："要讲罗丹的艺术，必须看罗丹的作品，……罗丹的雕刻，虽曾震动了一时，但和中国却并不发生什么关系地过去了。"[②]对艺术形象的内在感悟，不能不使人产生她是鲁迅笔下中国版的"欧米哀尔"的联想。

尼采拒绝丑：

没有什么比衰退的人更丑了，——审美判断的领域就此被限定了。——从生理学上看，一切丑都使人衰弱悲苦。它使人想起颓败、危险和软弱无能；在它旁边，人确实丧失了力量。……每种枯竭、沉重、衰老、疲惫的征兆，每种身不由己，不论痉挛或瘫痪，特别是解体和腐烂的气味、颜色、形状，哪怕最终减弱为一个记号——这一切

---

① 鲁迅：《秋夜》，《鲁迅全集》第 2 卷，人民文学出版社 2005 年版，第 167、166 页。

② 鲁迅：《〈奔流〉编校后记》，《鲁迅全集》第 7 卷，人民文学出版社 2005 年版，第 174、175 页。

引起同样的反应，都引起"丑"这个价值判断。①

但鲁迅与罗丹却不畏惧丑，而是创造艺术上的"丑"来拯救美。罗丹通过欧米哀尔那畸形、丑陋的形体，传递了对生命衰朽的惋惜和悲哀；鲁迅却通过老妇人这一颓败形象，表现了生命的不屈与坚韧的抗争之力，这是鲁迅对尼采美学的超越。

文章的结束部分更是让人惊叹：

> 当她说出无词的言语时，她那伟大如石像，然而已经荒废的，颓败的身躯的全面都颤动了。这颤动点点如鱼鳞，每一鳞都起伏如沸水在烈火上；空中也即刻一同振颤，仿佛暴风雨中的荒海的波涛。……惟有颤动，辐射若太阳光，使空中的波涛立刻回旋，如遭飓风，汹涌奔腾于无边的荒野。②

至此，人们方读懂了鲁迅命名此文题目的用意，"颤动"才是文眼所在。当老妇人咬钉嚼铁般说出那"无词的言语"时，天空大地皆为之颤动了。这颤动，掀起排山倒海之伟力；这颤动，辐射长空骄阳夺目之光焰。

但匪夷所思的是，这"颤动"却是由一具颓败、荒废的老妇人躯体所发出，所以上述那种"以怨报德"之类的解读，显然缩减了文本的内涵。如若从"力的哲学"视角考察，则可看到，那被压抑的"韧性"生命中，即使是弱小、颓败的，也能爆发出非常态化的强力，它是不可思议的，也是无坚不摧的。她是另一类型的"悲剧英雄"，是鲁迅式的"绝望的抗战"的形象，或许这是鲁迅超越尼采，在作品中发出的"复调"之声吧。

第四节 "力"之调整

鲁迅承认，社会的发展跟自然界一样，其后有一股亘久运行之力在推进，但他不像斯宾塞、严复那样，对此社会发展持乐观主义态度。严

---

① 〔德〕尼采：《偶像的黄昏》，《悲剧的诞生》，周国平译，生活·读书·新知三联书店1986年版，第322页。

② 鲁迅：《颓败线的颤动》，《鲁迅全集》第2卷，人民文学出版社2005年版，第211页。

复说：

> 斯宾塞所谓民群任天演之自然，则必日进善不日趋恶，而郅治必有时而臻。①

国民群体只需按天演法则自然地"任天为治"，即放任自流，就会每天向善进化，而不会趋向于恶，一段时日之后，必然可以发展、演变达到"郅治"——完善的社会。鲁迅不这么认为，他更多地接受业师章太炎的"善进化，恶也进化"的观念，对影响社会发展的"力"做出具体的分析与选择。

1924 年，杭州西湖边上雷峰塔倒掉，鲁迅写了《论雷峰塔的倒掉》《再论雷峰塔的倒掉》两篇杂文，在后一篇论文中，他论析了影响中国社会运行的三种"轨道破坏者"。第一种是"奴才式的破坏"，像杭州雷峰塔之倒掉，是因为乡下人迷信那塔砖放在家中可逢凶化吉，凡事平安，所以这个挖，那个也挖，久了塔就倒了。推而视之，龙门石窟那肢体不全的石佛，图书馆里插图被撕的书籍等，均属此类，人数既多，创伤自然极大，却不知破坏者是谁？其结果留下的只是一片瓦砾。第二种是"寇盗式的破坏"，像乱华的"五胡"、入侵的蒙古满人这些外寇，像杀人如草的张献忠这些内寇，他们彻底摧毁了原有的社会结构，留下的是满目疮痍、惨绝人寰的一片焦土。第三种是"革新的破坏者"，像卢梭、施蒂纳、尼采、托尔斯泰、易卜生等，他们内心有理想的光，他们"大呼猛进，将碍脚的旧轨道不论整条或碎片，一扫而空，并非想挖一块废铁古砖挟回家去，预备卖给旧货店"。②前两种的"力"是毁灭性的，有私欲，是恶的，所以国人应留心自己不要堕入；而后一种的"力"才是建设性的，出公心，是善的，值得我们追求。

对于尼采的"权力意志"，到了 20 世纪 30 年代，鲁迅不再像以前那样地全力推崇了，口风一转，提及时颇有些调侃的意味。像《拿来主义》："尼采就自诩过他是太阳，光热无穷，只是给与，不想取得。然而尼采究

---

① 〔英〕赫胥黎：《天演论》，严复译，商务印书馆 1981 年版，第 89 页。
② 鲁迅：《再论雷峰塔的倒掉》，《鲁迅全集》第 1 卷，人民文学出版社 2005 年版，第 201—205 页。

竟不是太阳，他发了疯。"①像《祝〈涛声〉》："中国是农业国，而麦子却要向美国定购，独有出卖小孩，只要几百钱一斤，则古文明国中的文艺家，当然只有卖血，尼采说过：'我爱血写的书'呀。"②尼采自夸为太阳却发了疯，尼采偏爱"血写的书"等，这跟20年代的崇奉像是换了一个基调。

比较集中论及尼采的缺陷，是以下二段。一是：

> 在这里听到了尼采声，正是狂飙社的进军的鼓角。尼采教人们准备着"超人"的出现，倘不出现，那准备便是空虚。但尼采却自有其下场之法的：发狂和死。否则，就不免安于空虚，或者反抗这空虚，即使在孤独中毫无"末人"的希求温暖之心，也不过蔑视一切权威，收缩而为虚无主义者。③

这里，主要批评尼采学说的"渺茫"，他的强力意志的体现者，即为"超人"，但超人如若不出现，剩下的只有发狂、死，只有空虚以及由空虚而收缩的虚无主义了，所以尼采之路能否走得通，还是个疑问。

二是，忠厚老实的读者会遇到这类文章：

> 古里古怪的诗和尼采式的短句，以及几年前的所谓未来派的作品。这些大概是用怪字面，生句子，没意思的硬连起来的，还加上好几行很长的点线。作者本来就是乱写，自己也不知道什么意思。但认真的读者却以为里面有着深意，用心的来研究它，结果是到底莫名其妙，只好怪自己浅薄。④

这里，是批评尼采写作风格上的"古怪"，跟其后的"未来派"有些相似，甚至有的本来就是"乱写"，贬抑之意十分明显。这和孙伏园所回忆的，先生说尼采的"文字的刚劲，读起来有金石声"，二者有天壤之别。

---

① 鲁迅：《拿来主义》，《鲁迅全集》第6卷，人民文学出版社2005年版，第39页。
② 鲁迅：《祝〈涛声〉》，《鲁迅全集》第4卷，人民文学出版社2005年版，第575页。
③ 鲁迅：《〈中国新文学大系〉小说二集序》，《鲁迅全集》第6卷，人民文学出版社2005年版，第262页。
④ 鲁迅：《"寻开心"》，《鲁迅全集》第6卷，人民文学出版社2005年版，第279页。

其实鲁迅对尼采的疏离，在 1926 年冬天的厦门就露出萌端，隔年，他在《答有恒先生》的信中说到，离开厦门的时候思想就有些改变。而后，他在 1929 年翻译了卢那察尔斯基的《艺术论》和普列汉诺夫的《艺术论》等，接受了马克思主义理论，把"任个人而排众数"这一推崇精英、超人的尼采哲学颠倒过来，转换到把希望寄托于工农大众的"任众数而排个人"的哲学基点上来，告别尼采正是这一思想演变的必然趋导。①

尼采"力的学说"之衍传为弗洛伊德和柏格森。弗洛伊德的精神分析学说与文艺有关的是，作家、艺术家的创作动机来自本能欲望之力（包括性本能的"力比多"、饥饿本能、杀欲本能、趋乐避苦本能）的转移与升华。

但鲁迅对弗洛伊德似乎一直不看好，在创作《不周山》时，他自述：

> 首先，是很认真的，虽然也不过取了萧罗特说，来解释创造——人和文学的——的缘起。不记得怎么一来，中途停了笔，去看日报了，不幸正看见谁——现在忘记了名字——的对于汪静之君的《蕙的风》的批评，他说要含泪哀求，请青年不要再写这样的文字。这可怜的阴险使我感到滑稽，当再写小说时，就无论如何，止不住有一个古衣冠的小丈夫，在女娲的两腿之间出现了。②

把封建卫道士直接给安置到女娲赤裸的大腿下，在"两腿之间向上看"，入木三分地揭示出其内心之"淫秽"。鲁迅原想取弗洛伊德学说来写人和文学的起源，却无法抑制笔锋往批判"文学性欲说"（包括禁欲）的一端滑去，这和他坚执于以启蒙为主旨的现实主义文学观不无关联。

岂止于此，他的笔锋还借弗洛伊德刺向更加道貌岸然的一批人：

> 狗们在大道上配合时，常有闲汉拿了木棍痛打；……自从那执拗的奥国学者弗罗特（S. Freud）提倡了精神分析说——Psychoanalysis，听说章士钊先生是译作"心解"的，虽然简古，可是实在难解得很——以来，我们的名人名教授也颇有隐隐约约，检来应用的了，这

---

① 参阅本书第十章《厦门：鲁迅哲学思想转换的起点》。
② 鲁迅：《故事新编·序言》，《鲁迅全集》第 2 卷，人民文学出版社 2005 年版，第 353 页。

些事便不免又要归宿到性欲上去。①

把户外交配挨打的狗和弗洛伊德、章士钊及教授们搅到一块来写，其间褒贬之意，不言自明，不过确也刻薄得过分了点。

至于柏格森的直觉主义、意识流等，鲁迅在翻译厨川白村的《苦闷的象征》的引言中写道：

> 作者据伯格森一流的哲学，以进行不息的生命力为人类生活的根本，又从弗罗特一流的科学，寻出生命力的根柢来，即用以解释文艺——尤其是文学。然与旧说又小有不同，伯格森以未来为不可测，作者则以诗人为先知，弗罗特归生命力的根柢于性欲，作者则云即其力的突进和跳跃。②

"引言"写于1924年底，此时鲁迅尚未疏离尼采，所以论及弗洛伊德、柏格森时还比较客观、冷静，只是指出厨川白村一书异于他们之处，肯定其创新的价值，但从中不难看出鲁迅对从尼采到弗洛伊德、柏格森这一生命力学说体系的熟悉程度。

尼采的"强力意志"学说在20世纪40年代的中国还掀起一个高潮，由林同济、陈铨、雷海宗、贺麟等人所组成的"战国策派"，再一次汲取尼采的"力"，企望以此唤起民众，振奋斗志，以骁勇强悍之力投入抗日战场，来获取民族解放战争的胜利，或许这是鲁迅思想的余波吧。

---

① 鲁迅：《狗·猫·鼠》，《鲁迅全集》第2卷，人民文学出版社2005年版，第240页。
② 鲁迅：《〈苦闷的象征〉引言》，《鲁迅全集》第10卷，人民文学出版社2005年版，第257页。

第八章　鲁迅对尼采哲学浪漫主义的承接

【鲁迅对冯雪峰说过，他早期趋近于浪漫主义；郭沫若也论及鲁迅与尼采在浪漫精神上的关联；李长之则直接点出尼采、拜伦的浪漫精神为鲁迅早期思想之渊源。从鲁迅把浪漫主义划分为"主智"派、"罗曼"派、"知感圆满"派、"意力"派四种；从他对诗意人生的思考与追寻；对"纯文学"及"文章不用之用"观点的确立；对诗性存在和"诗撄人心"的推崇等，可以看出，鲁迅早期在一定程度上承接了尼采的哲学浪漫主义，形成相对完整的美学观念。】

郭沫若在《鲁迅与王国维》一文中论及，王国维和鲁迅

两位都曾经经历过一段浪漫主义的时期。王国维喜欢德国浪漫派的哲学和文艺，鲁迅也喜欢尼采，尼采根本就是一位浪漫派。鲁迅的早年译著都浓厚地带着浪漫派的风味。这层我们不要忽略。①

郭沫若的断言，在早期鲁迅和尼采及浪漫主义之间画上了连接号。

郭沫若的判断，可从鲁迅和冯雪峰在 1929 年的一次对话中得到证实，鲁迅说：

那时候（指一九〇七年前后），相信精神革命，主张解放个性，简直是浪漫主义，也还是进化论的思想。主张反抗，主张民族革命，注重被压迫民族的文学作品和同情弱小者的反抗的文学作品之介绍，

---

① 郭沫若:《沫若文集》第 12 卷，人民文学出版社 1959 年版，第 542 页。

也还是叫人警惕自然淘汰，主张生存斗争的意思。[①]

而李长之在《〈热风〉以前之鲁迅》一文中，更明确地写道："生物学、尼采、摆伦（按：即拜伦），是这时候他精神上的粮食。我说他这时是带一种浓重的浪漫色彩，因为他抑物质而崇精神，排社会而崇个人，天才。……鲁迅一则说'其根柢在人'，再则说'非物质'，三则说'重个人'，所以我说他是带一种浓重的浪漫思想，推崇天才，不信任群愚，这也恰恰是浪漫思想下的见地。"[②]

不妨回望当年的鲁迅：他标举个体的存在价值，主张"立国"首在"立人"；慨叹古国之萧条，呼唤"精神界之战士"的崛起；重估中国封建传统文化的价值，喊出中国历史就是"吃人"两字；"立意在反抗，指归在动作"，毁坏那死寂的"铁屋子"；批判唯物质主义，批判愚庸的国民性，警惕国群在竞争中遭至淘汰……西方浪漫主义者的革新、反叛精神在他身上得以强劲地弘扬。

但鲁迅早期的浪漫主义美学观念具体在哪些方面呈示出来呢？以往学界似乎并未具体展开论析，上述李长之的话也只是纲要性的文字。又如，赵瑞蕻先生论定：《摩罗诗力说》"是我国第一部倡导浪漫主义的纲领性的文献"，但他在论述时更多的是停留在鲁迅介绍、倡导西方浪漫主义这一层面上："以《摩罗诗力说》一文作为起点，青年的鲁迅在中国近现代文学史上揭示了新的一页。他倡导浪漫主义运动，喊出新的心声，……鲁迅早年像普罗米修斯一样从西方输送进来的革命浪漫主义的火焰就旺盛地明丽地燃烧起来了。"[③]而鲁迅自身具体确立了浪漫主义的哪些美学观念却语焉不详。

汪晖曾别开生面地指出："人的独自性作为一种内在尺度构成了鲁迅浪漫主义文学思想的根本依据。否定老子，批评屈原，对'人生之闷机'的非理性启悟，反对'诗与道德合'的观念，上抗天帝、下压众生的独立人格，'人生不可知，社会不可恃，则对天物之不伪，遂寄之无限之温情'的心态，'如狂涛如厉风，举一切伪饰陋习，悉与荡涤，瞻前顾后，素所

---

① 冯雪峰：《冯雪峰忆鲁迅》，河北教育出版社 2001 年版，第 20 页。

② 李长之：《鲁迅批判》，北京出版社 2003 年版，176—177 页。

③ 赵瑞蕻：《鲁迅〈摩罗诗力说〉注释·今译·解说》，天津人民出版社 1982 年版，第 3、298 页。

不知'的无畏追求……鲁迅的浪漫主义精神与其说是文学性的，不如说是哲学性的。"①虽然神思通脱，但近乎论纲式的文句仍嫌过于言简意赅。

更重要的是，鲁迅对尼采、拜伦等浪漫美学观念的接受，及其之间的血脉交连、贯通汇融的具体情状，学界至今仍未做过认真的考察、比照。因此，对鲁迅早期的浪漫主义美学观念展开具体的、细密的论析，仍是必要的学术任务。

第一节　浪漫主义"四派"之划分

鲁迅对于西方浪漫主义思潮并不陌生，而是有着相对系统的完整的观念。他根据"知见"与"情操"这一对立的心理质素的偏倚程度，划分为四派——"主智"派、"罗曼"派、"知感圆满"派、"意力"派。

在《文化偏至论》一文中，鲁迅批判了当时全球性的"物质主义"之偏至。他指出，针对"唯物极端，且杀精神生活"的现象，近代世界思想界出现了奉行主观主义的"新神思"派。其特点有二：

> 一谓惟以主观为准则，用律诸物；一谓视主观之心灵界，当较客观之物质界为尤尊。……以自有之主观世界为至高之标准而已。②

鲁迅的归纳颇为精到。新神思派的特点，一是以主体衡量万物，从主体角度出发来把握客体世界，以主体精神界所先验设定的法则、律令，来判断、规范客体世界。其二，视主观心灵为尊贵，主观精神世界，即心灵界是第一位的，它凌驾于客观世界之上，即人的主观世界的判断为最高标准。因此，哲学、美学的任务不再是寻求客体之本质及规律，而是去探索博大深邃的精神界域的奥秘，即鲁迅所说的"渊思冥想""自省抒情"，由"骛外"而转"内趣"。

在此基点上，鲁迅把西方浪漫主义主义思潮分为四派。有必要指出，西方的浪漫主义是一种跨学科的概念，它不仅在美学、文学的界域中使

---

① 汪晖：《汪晖自选集》，广西师范大学出版社1997年版，第141页。
② 鲁迅：《文化偏至论》，《鲁迅全集》第1卷，人民文学出版社2005年版，第54页。

用，而且更多是在哲学，乃至政治学、社会学等范畴中运用。朱光潜说过："德国古典哲学本身就是哲学领域里的浪漫运动，它成为文艺领域里的浪漫运动的理论基础。"① 因此，鲁迅这里是在泛哲学、美学范畴内来论述西方浪漫主义思潮的。

第一，"主智"派。鲁迅以黑该尔（黑格尔）为代表，其特点是：

> 聪明睿智，能移客观之大世界于主观之中者。如是思维，迨黑该尔（F. Hegel）出而达其极。②

黑格尔不满康德关于"物自体"与"现象界"的二元对立，而把整个客体世界纳入先验的客观唯心主义的"绝对理念"中去，在绝对理念的演化、运动中，派生出逻辑世界、自然世界、精神世界，即鲁迅所说的整个"客观之大世界"。他以无所不包的主观思维体系解决了思维与存在的统一性，并强化了思维内在的辩证法，在客观上发展精神的无所不及的力量，所以鲁迅称他为"聪明睿智"，把主观性思维推向终点，"达其极"。

第二，"罗曼"派。鲁迅称之为"罗曼暨尚古一派"，代表人物为卢骚（J. Rousseau）与息孚支培黎（Shaftesbury），其特点是：

> 尚容情感之要求，特必与情操相统一调和，始合其理想人格。③

沙弗斯伯利是英国重要的伦理学家，他提出人的自然情感存在的合理性，强调只有人的"自爱情感"与"社会情感"（道德感）取得平衡，方可为理想的人格。他的"情感说"启示了后来者卢梭。

在人类思想史上，卢梭首先发现了由科学和文化所建构的人类文明，在其正值增长的进程中，也产生了巨大的负值效应，即人的异化问题，从而揭示了出物质文明与生存神性之间的尖锐矛盾。为消解这一异化对立，他主张最重要的是返回原古的生活形态、恢复"人的自然情感"，通过主观情感中的爱、灵性、想象等途径，构建美好的情操，完善合理的人格，取得诗意的生存，从而趋近神性的完美，对德国浪漫哲学的兴起产生巨大

---

① 朱光潜：《西方美学史》下卷，人民文学出版社 1979 年版，第 723 页。
② 鲁迅：《文化偏至论》，《鲁迅全集》第 1 卷，人民文学出版社 2005 年版，第 55 页。
③ 同上。

的影响。

第三，"知感圆满"派。鲁迅以希籟（Fr. Schiller）为代表，其特点是：

> 必知感两性，圆满无间，然后谓之全人。①

席勒强调通过审美教育达到人的美的自由境界。在美育进程中，他指出"迫向绝对真实"的人的感性冲动，必须和趋向理性的、知性的形式冲动统一、调和起来，即鲁迅说的"圆满无间"，从而在"活的形象"的游戏冲动中，超越异化现实和异化的人性，从而形成全面发展的自由、完美的人，也就是鲁迅说的"全人"。

第四，"意力"派。鲁迅以勘宾霍尔（A. Schopenhauer）、尼佉（Fr. Nietzsche）、易勃生（Henriklbsen）为代表。对于第四派，鲁迅特地指出：

> 至十九世纪垂终，则理想为之一变。明哲之士，反省于内面者深，因以知古人所设具足调协之人，决不能得之今世；惟有意力轶众，所当希求，能于情意一端，处现实之世，而有勇猛奋斗之才，虽屡踣屡僵，终得现其理想；其为人格，如是焉耳。②

到十九世纪末，世界性的热点思潮开始转换，像卢梭、席勒这一类崇奉主客合一、知感圆满，追求和谐"调协"的古典美学，其影响力逐步消退；代之者则是叔本华、尼采、易卜生等，他们转向了高扬内在精神界的意志、强化"勇猛奋斗"的意志力。

论其特点，叔本华是"内省诸己，豁然贯通，因曰意力为世界之本体"，把康德的"物自体"改造成"主观意志"，把"现象界"转换成意志的表象，正如鲁迅所说的"意力为世界之本体"，即意志成为世界之本源，但他走向了悲观主义的意志寂灭论。尼采进而抛弃了叔本华的悲观主义，强化生命存在中的"强力意志"，主张由生命力充盈的超人，来导引人类寻求生命存在的价值与意义。而易卜生"则以更革为生命，多力善斗，即近万众不惬之强者也"，其剧作所塑造的人物，多是在现实社会中以变革

---

① 鲁迅：《文化偏至论》，《鲁迅全集》第1卷，人民文学出版社2005年版，第55页。
② 同上注，第55—56页。

为其生命，即使悖逆众多世人，仍是意力高扬、毫无畏惧的强者。

从鲁迅对上述四个流派具体特点的论析与划分之中，我们可以得出二点。

其一，鲁迅对美学、文学浪漫主义的把握是建基于哲学浪漫主义基础上的。

可以看出，鲁迅在行文中对西方浪漫主义思潮的把握与理解是相当到位的。其文辞极为简约，往往几个词汇便能抉出要义，十分警辟透彻。因此，学界以往那种对鲁迅浪漫主义倾向仅做浮光掠影式的描述，是很难把握其精髓的。也就是说，我们不能孤立地仅从文学的范畴来看待鲁迅对浪漫主义的有关论述，而应注意到其根柢所隐伏的哲学思考。在鲁迅论及美学、文学的浪漫主义要质时，诸如诗意人生、灵性、直觉、象征、契合自然、宗教信仰、神话等，必须注意到其哲学，特别是尼采哲学、美学的背景。

其二，对此四派，鲁迅着力推崇的是尼采为代表的"意力"派。

鲁迅从哲学思潮的视角论析了黑格尔、卢梭、席勒、尼采的要义，从论述中可以明显看出，其认同的程度有所差别。显然，他所着力推崇的是"以改革而胎，反抗为本"的尼采的意力派；而对以卢梭为代表的"罗曼尚古"派的关注，相对弱一些；至于黑格尔的"主智"派、席勒的"知感圆满"派，则更次之。

像《摩罗诗力说》一文就是引尼采之语为自己文章的题记，已经呈示出鲁迅对尼采的偏重与厚爱。其内里也就包含着以尼采思想，作为自己所欲探求的新的源泉的趋向。鲁迅何以做出如此厚此薄彼的选择呢？因为

> 中国在今，内密既发，四邻竞集而迫拶，情状自不能无所变迁。夫安弱守雌，笃于旧习，固无以争存于天下。第所以匡救之者，缪而失正，则虽日易故常，哭泣叫号不已，于忧患又何补矣？[1]

今日中国，内在精神既已有所苏醒，但西方各国列强竞相聚集、群起而逼迫，此情状自然不能无所变更。但我们却仍是安弱守雌、固守旧习，当然无法与他们竞争而立于世界。但所赖以自救的思想资源，却是错误的、不

---

[1]　鲁迅:《文化偏至论》,《鲁迅全集》第 1 卷, 人民文学出版社 2005 年版, 第 57 页。

正确的，虽然表面上也对旧规有所变易，人们也对国势衰微也痛哭号叫不止，但对于亡国灭种的忧患来说，又有何补益呢？对此，鲁迅企盼"明哲之士"出现，选择新的学说，"去其偏颇，得其神明"，以启蒙国人，以求"立国"。

在此情势下，鲁迅寻得这样的拯救途径：

> 是故将生存两间，角逐列国是务，其首在立人，人立而后凡事举；若其道术，乃必尊个性而张精神。[①]

中国首先需要的是"尊个性"，即弘扬个体意志，鼓励"独创之力"，做到"立人"；是要"张精神"，即振奋民族精神，使"沙聚之邦"，转为"人国"，方能"角逐列国"。因此，要"刻意求意力之人，冀倚为将来之柱石"。这样，以尼采为代表的"意力"派就自然成为首选的对象。

鲁迅还从历史发展的趋势，来肯定对"意力"派的选择。他指出，强调个性独立，强化个人意志，必然使得：

> 内部之生活强，则人生之意义亦愈邃，个人尊严之旨趣亦愈明，二十世纪之新精神，殆将立狂风怒浪之间，恃意力以辟生路者也。[②]

从 19 世纪"杀之以物质""囿之以多数"的"文化偏至"，到 20 世纪新精神的确立，鲁迅认为只有依恃于尼采为代表的"意力"派，才能在狂风怒浪间辟出一条生路，才能在中国完成"立人""立国"，再"角逐列国"的任务。

若从中国思想史角度看，可以说当年鲁迅对尼采的崇奉是"近代中国'尚力'思潮"的开端之一。这一"尚力"思潮，在 20 世纪初的代表人物还有严复、康有为、梁启超、蔡锷、吴虞、李大钊、郭沫若等，发展至四十年代，演化成以雷海宗、林同济、陈铨等为代表的"战国策派"，并达到了最高点。[③]

陈铨当年曾这样概述过尼采的政治思想：

---

① 鲁迅：《文化偏至论》，《鲁迅全集》第 1 卷，人民文学出版社 2005 年版，第 58 页。
② 同上注，第 57 页。
③ 参阅江沛：《战国策派思潮研究》一书中魏宏运"序 4"，天津人民出版社 2001 年版。

他看清欧洲文化的弱点，他理想一个进步，强壮，健康，充满生命的新世界。为了实现这一个新世界，尼采不惜对一切的传统观念挑战，要重新估定一切价值。①

这段话若用之于 1926 年之前的鲁迅，只要把"欧洲"换成"中国"，尼采换成鲁迅，完全合拍，甚至没有丝毫不妥帖之处。

第二节　诗意人生的追寻

在 20 世纪初的中国文化思想界，最早做出诗意人生的思考与追寻的，当数鲁迅的浪漫主义美学。但这一观念的闪光，被鲁迅其后强大的现实主义创作实践所遮掩，所以未能引起学界应有的关注。鲁迅关于诗意人生的思考，来自 19 世纪末、20 世纪初世界范围内科学主义思潮与人文精神之间的撞击，还来自尼采为抗衡科技理性的压制，所倡导的人生诗化、人生艺术化，以及生活的审美化。

鲁迅是一位坚定的人文主义者，《科学史教篇》一文，他肯定科学技术创造物质财富的功绩，同时更赞美科学以"神圣之光"普照世界。科技力量的创新，推动了人类历史的发展。但到了 19 世纪，科学一词的概念内涵产生了很大的变化：以数理逻辑为基础的科学认知，无限制地扩张自身的领域，从客观自然的"物界"，披覆至主观意志的"心界"，即从认识论扩张至价值论，从而僭越、取代了后者，在世界范围内形成一股"科学万能"的唯科学主义思潮。

尼采在《悲剧的诞生》中写道：古希腊悲剧作为人文精神象征，但是

古老悲剧被辩证的知识冲动和科学乐观主义冲动挤出了它的轨道，那么，从这一事实可以推知，在理论世界观与悲剧世界观之间存在着永恒的斗争。只有当科学精神被引导到了它的界限，它所自命的普遍有效性被这界限证明业已破产，然后才能指望悲剧的再生。②

---

①　温儒敏、丁晓萍编：《时代之波——战国策派文化论著辑要》，中国广播电视出版社 1995 年版，第 259 页。
②　〔德〕尼采：《悲剧的诞生》，周国平译，生活·读书·新知三联书店 1986 年版，第 73 页。

尼采这里所使用的"理论世界观"与"悲剧世界观"这一对立的概念，指的即是科技理性与人文精神的冲突，即而后归纳为历史现代性与审美现代性这一对立的矛盾。尼采认为，其二者之间的矛盾与冲突是永恒的，只有当科学的乐观主义所创造的"日神"式的外观幻觉到了极限，破灭之后，只有当世界与人生露出可怕、狰狞的真相之后，"酒神"精神所内含的悲剧的力量才会凸显出来，人们在代表悲剧精神的个体的不屈抗争中，在他的壮烈的毁灭中，得到形而上的慰藉与解脱，感觉到世界生命意志的丰盈和不可战胜，产生了高度的审美快感，从而再度肯定人生。

　　在"唯科学主义"盛行的今天，古希腊那种悲剧式审美世界观被"挤出"了正常的运行轨道，人们陷于物质的泥淖而不能自拔。为此，鲁迅发出了"掊物质而张灵明"的呼吁。"张灵明"即是弘扬人的精神意志，像尼采一样强化审美的人生，这里就包括鲁迅对文学艺术的定位：

> 　　文章之于人生，其为用决不次于衣食，宫室，宗教，道德。盖缘人在两间，必有时自觉以勤劬，有时丧我而惝恍，时必致力于善生，时必并忘其善生之事而入于醇乐，时或活动于现实之区，时或神驰于理想之域；苟致力于其偏，是谓之不具足。[①]

文学艺术所创造的审美人生，其作用不亚于衣食住行、宗教道德。其缘由在于人处于现实与美感之间，有时辛勤劳累，有时飘然忘我；有时为生存而劳作，有时却忘乎所以，沉醉于欢乐；有时活于现实生活，有时神驰理想疆域；如若有所偏执，人生就不完善了。可以看出，鲁迅对人生的诗意生存是相当重视的，把它与功利性劳作、伦理宗教并列，只有其间达到平衡，人生方显圆满。

　　鲁迅强调，人的诗意生存能独立于日常生活、宗教伦理的范畴之外，原因在于文学艺术有其特殊性质，即具有科学认知所不可替代的形象性与直觉性。

> 　　盖世界大文，无不能启人生之閟机，而直语其事实法则，为科学所不能言者。所谓閟机，即人生之诚理是已。此为诚理，微妙幽玄，

---

① 　鲁迅：《摩罗诗力说》，《鲁迅全集》第 1 卷，人民文学出版社 2005 年版，第 73 页。

> 不能假口于学子。如热带人未见冰前，为之语冰，虽喻以物理生理二
> 学，而不知水之能凝，冰之为冷如故；惟直示以冰，使之触之，则虽
> 不言质力二性，而冰之为物，昭然在前，将直解无所凝沮。惟文章亦
> 然，虽缕判条分，理密不如学术，而人生诚理，直笼其辞句中，使闻
> 其声者，灵府朗然，与人生即会。①

凡是世界上伟大的文学作品，均能启示人生之奥秘，直达事物的内质与规
律，这是科学认知所做不到的。因为人生的真谛是很微妙、深奥的，科学
的逻辑推理往往难于奏效。这就像和处于热带未见过冰的人说冰，虽然可
用物理学、生理学知识加以说明，但他们还是无法知道水能凝结，冰是寒
冷的。只有当冰这一具体物象明明白白地放置在面前，可触可摸时，人们
便可直接了解它而没什么疑惑了。文学也是如此，虽然在条分缕析的逻辑
判断方面，不如科学那么严谨细密，但人生的真理，却以其形象的直接性
由词句传达出来，使人们直接听到其声音，心灵便豁然开朗，立即悟解到
现实人生的真谛。浪漫主义美学所关注的文学形象直觉性，在鲁迅的文学
理论体系中也得到了强化。

尼采哲学浪漫主义追求的要点之一，就是生命本体挣脱科技理性束
缚，回归感性自然。他主张人可在"酒神"的醉境中回归原始的感性存
在，恢复原始的生命形态，文艺之审美即如"醉境"，让审美者趋向于生
命的感性存在。所以文学的"直语"，即是对客体世界的"悟解"，使人们
达到与自然大化浑然一体完美的境界。当然，尼采这是受到卢梭的"回到
自然"的影响。

鲁迅亦重视人的灵气与自然万物冥通：

> 顾瞻百昌，审谛万物，若无不有灵觉妙义焉，此即诗歌也，即美
> 妙也，今世冥通神閟之士之所归也，而中国已于四千载前有之矣；斥
> 此谓之迷，则正信为物将奈何矣。②

若能器重世间生灵，精细审察万物，心灵感通天地神秘之处，便可得之

---

① 鲁迅：《摩罗诗力说》，《鲁迅全集》第 1 卷，人民文学出版社 2005 年版，第 74 页。
② 鲁迅：《破恶声论》，《鲁迅全集》第 8 卷，人民文学出版社 2005 年版，第 30 页。

"灵觉妙义"，即万物万象之生命灵性，有此心念，有此情思，方能有诗。神灵化融于自然，成为诗歌创造的美学前提。

鲁迅对浪漫派这一倾向亦了然于胸，在评述诗人雪莱时，他饱含情感地写道："独慰诗人之心者，则尚有天然在焉。人生不可知，社会不可恃，则对天物之不伪，遂寄之无限之温情。"社会污浊，人心险恶，只有大自然不会伪饰，诗人就把那无限之温情寄托于其间。雪莱自幼小起就亲近自然风物，喜爱密林幽谷、断崖绝壁，早晨眺望朝阳，晚上观看繁星，在山上俯瞰都市，思索人世间的盛衰与悲欢。

> 其神思之澡雪，既至异于常人，则旷观天然，自感神閟，凡万汇之当其前，皆若有情而至可念也。故心弦之动，自与天籁合调，发为抒情之什，品悉至神，莫可方物。①

雪莱高洁的情思异于常人，当他放眼于自然，便自会感悟到其奥秘所在。当宇宙万物呈示在他的面前之际，仿佛皆有情感可恋。所以他在创作时，心弦自然会与天籁合拍，其抒情诗篇犹若神品，无可比拟，这是审美人生的最精妙的写照。

鲁迅还从审美感应与物质欲念、与科学认知相区别的高度，肯定这一浪漫主义情怀：

> 一切人心，孰不如是。特缘受染有异，所感斯殊，故目睛夺于实利，则欲驱天然为之得金资；智力集于科学，则思制天然而见其法则；若至下者，乃自春徂冬，于两间崇高伟大美妙之见象，绝无所感应于心；自堕神智于深渊，寿虽百年，而迄不知光明为何物，又奚解所谓卧天然之怀，作婴儿之笑矣。②

一个人如果眼睛只盯住实际功利，就会驱使自然去获取金钱资产；一个人若把智力集中于科学，就会想控制自然把握其规律；至于更低层次的人，从春天到冬天对天地间崇高、伟大、美妙的种种物象，无所感应，精神才

---

① 鲁迅：《摩罗诗力说》，《鲁迅全集》第 1 卷，人民文学出版社 2005 年版，第 88 页。
② 同上。

智陷于黑暗之深渊之中。他们都无法领略到投身于大自然怀抱,发出婴儿般微笑时的美。

对雪莱的浪漫主义情怀,对他超越功利、回归自然之追求,鲁迅赞叹有加。从中也可看出,鲁迅对科学技术所创造出的城市文明和工业文化有一定质疑,对卢梭、尼采提出"回归人的自然情感"颇为倾慕。由此,你才能更为深刻地理解到鲁迅在冷峻苍劲的创作基调中,何以会出现纯净如天籁般的文字与画面。

如《故乡》中描绘出那一幅神异的图画:"深蓝的天空中挂着一轮金黄的圆月,下面是海边的沙地,都种着一望无际的碧绿的西瓜,其间有一个十一二岁的少年,项带银圈,手捏一柄钢叉,向一匹猹尽力刺去,那猹却将身一扭,反从他的胯下逃走了。"又如《社戏》:"回望戏台在灯火光中,却又如初来未到时候一般,又漂渺得像一座仙山楼阁,满被红霞罩着了,吹到耳边来的又是横笛,很悠扬。"[①] 这美若仙乐般的文字,叹为神境般的画面,能和鲁迅那潜伏于心理深层的早期浪漫主义美学观念没有深切的关联吗?

鲁迅透过启蒙主义所制造的科学和知识的弊障,深刻地揭示了人类另一向度的生存形态——诗意人生的价值与意义,它在作为文学家的鲁迅心目中是神圣至上的,决不亚于启蒙主义的科学理性。强化人的诗意生存与人的价值意义这一人文主义哲学命题,在鲁迅看来,将成为"20 世纪之新精神""20 世纪之文明"的根本所在。人,不能陷于资产阶级文明的现代性,即庸俗的物质功利主义之中;人,不能忘却生存的另一向度——"诗意地栖居于大地上",1907 年的鲁迅就已经悟及这一层面。对诗意人生的思考与追寻,构成鲁迅浪漫主义美学观念中最亮丽的部分。

第三节 "纯文学"及"文章不用之用"

浪漫主义美学源自人们对诗意人生的思考与追寻,它在文学观念上则表现为对文学性质的独特理解及新的倡导。这就是,逐步弱化文学艺术与物质生存、政治现实、伦理道德等功利性的关系,为文学创立了有别于认

---

① 鲁迅:《故乡》《社戏》,《鲁迅全集》第 1 卷,人民文学出版社 2005 年版,第 502、594 页。

识、伦理、政治等的审美内质。对于中国现代文学来说，主要表现为对几千年来封建社会传统的"文以载道"功利性文学观的割裂，创造出具有审美独立性的新文学。

从现代性视角来看，二十世纪初期的中国处于由西方传来的启蒙主义浪潮之中。启蒙运动所推进的历史现代性的成果之一，为"高度的结构歧殊性"。它是由工业化、技术革命、专业化或精密的分工所造成的："在经济发展、技术发展的逼促下，社会的结构自然而然地趋向分殊；教会、政党、工会、学校、学术团体都应运而生，每一种'结构'都扮演其特殊的角色，担负其特殊的功能。"[1] 同样的，人文精神总体也在此近代历史大趋势下走向专业化、精密化的"结构歧殊"，美学及文学艺术各门类和逻辑学、伦理学、政治学等的分离，并走向学科、门类等自身的独立便是其标志。

美学、文学的独立，最终是通过和启蒙主义所共生的浪漫主义思潮才得以完成。因此，文学审美自律性的确立便成为浪漫主义美学的要质。在《摩罗诗力说》中，鲁迅写下一段至今仍让研究者困惑的话：

> 由纯文学上言之，则以一切美术之本质，皆在使视听之人，为之兴感怡悦。文章为美术之一，质当亦然，与个人暨邦国之存，无所系属，实利离尽，究理弗存。[2]

人们之所以感到困惑，因为《摩罗诗力说》的主旨是强化文学之功用：诗要有"摩罗"（恶魔）之气质，"立意在反抗，指归在动作"，诗人要成为"精神界之战士"，要"争天拒俗"地"动吭一呼"，让"闻者兴起"，来拯救衰败、萧条的中国。但这里却逆向提出"文章不用"，作为艺术之一的文学，它并不涉及国家的兴衰存亡，也和个人的利益得失相离。如何来看待鲁迅这一矛盾呢？

鲁迅这一提法，显然与康德《判断力批判》中"鉴赏判断的四个契机"中的第一个契机——审美判断不涉及利害关系有关。学界一般认为，现代性基本观念源自康德，因为他确立了理性至高的地位与主体性原则，在美

---

①　金耀基:《从传统到现代》，中国人民大学出版社 1999 年版，第 102 页。
②　鲁迅:《摩罗诗力说》，《鲁迅全集》第 1 卷，人民文学出版社 2005 年版，第 73 页。

学方面还确立了艺术的审美自律性和自主性。若纳入这一历史语境来考察，那么鲁迅关于纯文学、关于"文章不用之用"观点则有着更深刻的意义，它标志着鲁迅在审美意识方面的觉醒，也标志着中国新文学从封建社会儒家美学的单向社会政治功利要求中挣脱出来，不再把"文以载道"奉为文学的第一要则。

鲁迅上述的提法，和王国维当时的文学观念遥相合拍。王国维说：

> 美之性质，一言以蔽之，曰可爱玩而不可利用者是已。虽物之美者，有时亦足供吾人之利用，但人之视为美时，决不计及其可利用之点。其性质如是，故其价值亦存于美之自身，而不存乎其外。①

他认为，物的存在，虽然有时不能摆脱功用关系，但若进入美学范围，则要割离功用关系，专注于其美之自身价值，专注于美的鉴赏——"爱玩"。1907 年的中国思想文化界，只有鲁迅和王国维达到这一美学高度，他们俩在观念意识上为中国新文学打开了通往审美独立之门。

这也就是说，判断纯文学观念的价值，视点不仅是单一的唯美与功利这一对立的矛盾，还可以从现代性这一角度予以衡量。若从前一个视点出发，纯文学观念有浪漫主义思潮中唯美倾向之嫌；若从后一视点出发，鲁迅关于纯文学观念的建立却是启蒙主义在中国的战斗任务之一，是浪漫主义思潮给予封建主义功利文学观最沉重的一击，是构建中国现代新文学的重要前提。鲁迅当年有可能是从后一种目的出发，从而和呼唤"摩罗"诗人的功利偏向形成一种结构张力，达到美学观念上的平衡。

正是在此基础上，鲁迅早期对诗、艺术的起源是这样论述的：

> 古民神思，接天然之閟宫，冥契万有，与之灵会，道其能道，爰为诗歌。其声度时劫而入人心，不与缄口同绝；且益曼衍，视其种人。②

古时的民众神思飘逸，承接天然寰宇之神宫，冥冥中与万物契应，与神灵

---

① 王国维：《古雅之在美学上之位置》，《王国维论学集》，中国社会科学出版社 1997 年版，第 298 页。

② 鲁迅：《摩罗诗力说》，《鲁迅全集》第 1 卷，人民文学出版社 2005 年版，第 65 页。

融通，通常未能说出的得以畅言，此称为诗。诗之声穿越时代，直达人心，不会在威权闭口时断绝，而是连绵延续，照看、养育着一个民族。

诗、艺术的源点，来自个体的自然"神思"，鲁迅这一艺术起源观的深层有着尼采的印痕。尼采认为艺术最初的萌生与社会生活，甚至作家个人的智力修养都关系不大，它只是一种自然的涌生、原始的回响，有着神授的意味。

> 我们考察了作为艺术力量的酒神及其对立者日神，这些力量无须人间艺术家的中介，从自然界本身迸发出来。它们的艺术冲动首先在自然界里以直接的方式获得满足：一方面，作为梦的形象世界，这一世界的完成同个人的智力水平或艺术修养全然无关；另一方面，作为醉的现实，这一现实同样不重视个人的因素，甚至蓄意毁掉个人，用一种神秘的统一感解脱个人。①

尼采从他的"酒神精神"和"日神精神"的基点出发，艺术一方面是沉湎于外观幻觉的梦的形象世界，另一方面是酣畅奔放的醉的现实，是自然界本身的迸发，是原始力量的回响，所以它和艺术家个人的关系不那么直接，而社会生活更处于其后。因此，一般艺术理论中的社会功利关系、政治道德的诉求，在尼采美的哲学中不是第一性的。艺术的审美独立性、文学的纯粹性，在德国浪漫主义哲学体系中，到尼采这一阶段，被抬升到最高的层面。

尼采的艺术观念十分重视感性生命力的激发与涌现，因为它有着另一种价值与意义。

> 艺术使我们想起动物活力的状态；它一方面是旺盛的肉体活力向形象世界和意愿世界的涌流喷射，另一方面是借助崇高生活的形象和意愿对动物性机能的诱发；它是生命感的高涨，也是生命感的激发。②

艺术的目的在于诱发、激起人类的生命感与生命力，以一种涌流喷射的、

---

① 〔德〕尼采：《悲剧的诞生》，周国平译，生活·读书·新知三联书店1986年版，第6—7页。

② 同上注，第351页。

强大的生命力量，与灾难、痛苦相抗衡，从而产生尊严感与胜利感。这是艺术在酒神精神上的展现，这是尼采心目中"悲剧英雄"诞生的途径。

鲁迅的散文集《野草》中不少篇章就体现了尼采这一观念。《复仇》："一柄尖锐的利刃，只一击，穿透这桃红色的，菲薄的皮肤，将见那鲜红的热血激箭似的以所有温热直接灌溉杀戮者。"《希望》："我的心也曾充满过血腥的歌声：血和铁，火焰和毒，恢复和报仇。"《过客》："倘使我得到了谁的布施，我就要像兀鹰看见死尸一样，在四近徘徊，祝愿她的灭亡。"《死火》："这是死火。有炎炎的形，但毫不摇动，全体冰结，像珊瑚枝；尖端还有凝固的黑烟，疑这才从火宅中出，所以枯焦。"《墓碣文》："有一游魂，化为长蛇，口有毒牙。不以啮人，自啮其身，终以殒颠。"《颓败线的颤动》："她那伟大如石像，然而已经荒废的，颓败的身躯的全面都颤动了。这颤动点点如鱼鳞，每一鳞都起伏如沸水在烈火上。"[①]……这一类的篇章如若纠结于实事实物来解读的话，可能会遇到深文穿凿、索隐附会的尴尬，但如若领悟了尼采的拥抱苦难，迎接毁灭，在痛苦与死亡中享受生命飞扬的观念，从这一独特的具有超越性的美的哲学出发，就有可能贴近鲁迅的灵魂了。所以《野草》，不管在形式上或精神上，与尼采的《查拉图斯特拉如是说》有着血脉相连的关系。在鲁迅的创作中，不管是前期，或是后期，其冷峻犀利、沉毅刚勇的风格，更多的是来自尼采，而像卢梭《新哀洛绮思》那种笔调感伤、情感奔放的浪漫主义意味则明显地疏淡许多。

艺术形而上纯粹意义的确立与人类感性生命力的激发，是尼采艺术观念的两极，他在论说中挣脱了艺术与物质生存、政治现实、伦理道德等功利性的关系，艺术趋向了"纯粹"的一极。所以鲁迅才会写道，艺术的本质在于使视、听的人，在情感、生命感上得到愉悦与兴味，得到审美的感兴，而非直接地与国家兴亡、政治功用、经济实利等相关联。

但在中国当时的特殊的历史语境中，鲁迅首先面临的是救亡强国、启蒙民众的任务，不可能去孤立地提倡"纯文学"。他的"由纯文学上言之"一语，仅是从各种文学观念中设立一种而已，或是进而引出下文：

---

① 鲁迅：《野草》，《鲁迅全集》第 2 卷，人民文学出版社 2005 年版，第 176、181、197、200、207、211 页。

> 严冬永留，春气不至，生其躯壳，死其精神，其人虽生，而人生
> 之道失。文章不用之用，其在斯乎？[①]

人生于世间，如若精神僵滞，丧失了对人的生存价值与意义的追寻，他只是一具躯壳而已，处于"严冬永留，春气不至"的冰封、死寂的状态。提出"文章不用之用"的宗旨，理解文学艺术的审美功能，就是为着扭转这一偏误。鲁迅以英国批评家道覃的比喻为例，当人观看、诵读文学艺术作品时，犹如在大海中游泳，"游泳既已，神质悉移"，这艺术的大海虽然无波起涛飞，也未曾以教训、格言相授，但鉴赏者通过"游泳"这一审美鉴赏活动之后，其元气体力却为之陡增。

因此，文学的特点是"不用之用"，在貌似没有功用追求的形象审美中，间接地导向更高更深远的功用。鲁迅这一提法亦似来自康德的《判断力批判》，为其鉴赏判断的第三契机——审美判断是一种"无目的的合目的性"，即无直接功利目的而有间接的目的性。何以如此呢？鲁迅指出：

> 文章之用益神。所以者何？以能涵养吾人之神思耳。涵养人之神
> 思，即文章之职与用也。[②]

文学艺术是在一种貌似"纯文学"的"兴感怡悦"的无目的的形式美感中，自然地作用于鉴赏者的精神，激发、调整、提高其道德、意志，从而以新的精神形态介入改造客观世界的实践性行为之中，因此又有其间接目的及功利性。

这与西方马克思主义流派的马尔库塞的一段话极为相似：艺术不能直接变革世界，但它可以为变更那些可能变革世界的男人和女人的内驱力做出贡献。鲁迅所归结出的：艺术能"涵养人之神思，即文章之职与用也"，也正是这个意思，推崇纯文学所带来的审美与功利的矛盾也就得到调和了。

鲁迅在1913年所写的《拟播布美术意见书》：

---

① 鲁迅：《摩罗诗力说》，《鲁迅全集》第1卷，人民文学出版社2005年版，第73页。
② 同上注，第74页。

> 美术诚谛，固在发扬真美，以娱人情，比其见利致用，乃不期之成果。①

其意思与前述是完全一致的。文学艺术貌似无直接的功利作用，但通过发扬"真美"，对人"神思"，即精神的涵养，间接地对社会、对人生产生功利之用，此乃"不期""不用"之成果。由此，浪漫主义美学所强化的艺术的审美独立性，也就在这"不用之用"的辩证思维中得到合理的肯定。它标志着中国新文学在观念上开始纳入现代性的审美要素，开始呼应并跟上世界文学的发展趋势。

第四节　诗性存在与"诗撄人心"

在《摩罗诗力说》中，鲁迅论及，世上的人都有一种诗性存在。

> 凡人之心，无不有诗，如诗人作诗，诗不为诗人独有，凡一读其诗，心即会解者，即无不自有诗人之诗。②

鲁迅认为，诗不只是诗人的专利，"不为诗人所独有"，一般民众之内心，皆有诗性之存在。这就如禅宗所言，人人心中皆有佛性，只是未悟觉而已。鲁迅承接了尼采哲学浪漫主义关于人的自然神性的先天设定，首先肯定了每一个人心中无不有诗，仅是在审美接受的程度上有所区别而已。凡心灵能与诗意契合、立时解悟的，在本质上他也就是一个诗人。

人的诗性存在观念是一个逐步显现的过程，自康德、黑格尔始，启蒙主义使人们从宗教神权、非理性、盲目信仰中解脱出来，它在确立理性的神圣地位时，也确立了人的主体性，后者多从自我、个性、灵性、天才、独创性等角度展开论述，这一天才论也融合于同时掀起的浪漫主义思潮中，成为其最重要的内质之一。康德主张："天才就是：一个主体在他的认识诸机能的自由运用里表现着他的天赋才能的典范式的独创性。"③尼采对

---

① 鲁迅：《拟播布美术意见书》，《鲁迅全集》第 8 卷，人民文学出版社 2005 年版，第 52 页。
② 鲁迅：《摩罗诗力说》，《鲁迅全集》第 1 卷，人民文学出版社 2005 年版，第 70 页。
③ 〔德〕康德：《判断力批判》上册，宗白华译，商务印书馆 1964 年版，第 164 页。

康德、黑格尔美学，虽然在善恶的伦理原则上，持批判、否定的态度，但在天赋才能、典范式的独创性等浪漫主义倾向，有的时候还是趋同的。

尼采多次强调，个人不能与他人重复、雷同，人要成为自己，"不管怎样，我们务必要努力成为我们自己——为自己制造律令，创造自己"。[①]这在艺术上就表现为其内在的为科学、伦理学等所不可替代的审美独创性。

所以，尼采心目中的艺术家是这样的：

> 他仿佛在争取人的更高尊严和意义；实际上他是不愿割爱他的艺术的最有效的前提，诸如幻想，神话，含糊，极端，象征意义，高估个人，对于天才身上某种奇迹的信仰；所以，他认为他的创造行为的延续比科学上种种对真理的献身更重要，觉得这种献身也是太单调了。[②]

艺术家、诗人在对真理的认识上，像是比思想家来得薄弱，但他采用了另一种方式——幻想、神话、象征等，克服了科学理性的单调感，把个体的真实情感、深潜的意念，甚至原始的回响，都鲜活地深刻地传示出来，这是出现在天才身上的奇迹，是更高意义上的信仰。

正由于诗人有着尼采所说的对形而上的真理的献身精神，有天才般的创造能力，所以鲁迅才会如此颂扬之：

> 有而未能言，诗人为之语，则握拨一弹，心弦立应，其声沏于灵府，令有情皆举其首，如睹晓日，益为之美伟强力高尚发扬，而污浊之平和，以之将破。平和之破，人道蒸也。[③]

真正意义上的诗人，与一般人是有区别的。鲁迅指出，诗人有别于常人之处就是，他有独特的灵性，能说出常人有所感，有所察，却"未能言"之语，即"言他人所欲言而未能言"，也就是首先说出一种能导引民众，有着先知先觉意味的诗性话语。鲁迅在日本留学时，曾师从章太炎，此处亦

① 〔德〕尼采：《快乐的科学》，余鸿荣译，中国和平出版社1986年版，第225页。
② 〔德〕尼采：《悲剧的诞生》，周国平译，生活·读书·新知三联书店1986年版，第176页。
③ 鲁迅：《摩罗诗力说》，《鲁迅全集》第1卷，人民文学出版社2005年版，第70页。

有其师之意。章太炎在一次演说中谈道："'鹤知夜半，鸡知天明'，夜半天明，本不只是那只鹤、那只鸡所能办得到的，但是得气之先，一声胶胶喔喔的高啼，叫人起来做事，也不是可有可无。"①

鲁迅进而把诗人比喻成西方传说中弹拨弦琴的乐师，握拨一弹，奏者、听者，心弦为之震颤，随之感应，此琴音响彻心灵，使具有审美感应的均能抬起头来，仿佛看到一轮旭日升起，破除日常平俗之凡庸及污浊，向着"美伟强力"之理想境界升腾。

这里，鲁迅关于诗人的灵性及诗的审美效应的论述，颇有浪漫主义天才论与尼采"意力说"的意味。与尼采《查拉图斯特拉如是说》中的一段话，几乎类同：

> 一个人深深震撼颤栗的某种东西，突然以一种不可言说的准确和精细变得可见可闻。人倾听，而并不寻求；人接受，而并不追问谁在给予；一种思想犹如电光突然闪亮，带着必然性，毫不犹豫地获得形式——根本不容我选择。一种喜悦，其巨大的紧张有时通过泪水的汹涌而得舒缓，人此时步态踉跄，时而疾行，时而踟蹰；一种完全的出神状态却又清晰地意识到有无数微妙的震颤和波动流遍全身……②

对诗的审美传达与接受心理的具体而细微的解读，鲁迅与尼采几乎同调。

在关于诗的浪漫主义美学倾向方面，《摩罗诗力说》中有一个概念很值得注意，这就是诗的"撄人心"，鲁迅把它和国之衰亡，以及专制统治这一重大的问题联系起来。

《摩罗诗力说》开篇，写出一种独特的读史心态：当你随着时代迁移读古代国家的文化史时，会感到日渐凄凉；至最后一页时，如从春日的温馨，坠入萧瑟的寒秋，一切生机都枯萎凋零了。这样的国家与民族，有印度、希伯来、伊朗和埃及。而这种从繁华走向消亡的历史，其重要的原因则在于文化的衰落。

> 盖人文之留遗后世者，最有力莫如心声。……递文事式微，则种

---

① 章太炎：《东京留学生欢迎会演说辞》，《革故鼎新的哲理——章太炎文选》，上海远东出版社 1996 年版，第 140 页。

② 〔德〕尼采：《悲剧的诞生》，周国平译，生活·读书·新知三联书店 1986 年版，第 346 页。

> 人之运命亦尽，群生辍响，荣华收光；读史者萧条之感，即以怒起，而此文明史记，亦渐临末页矣。①

在鲁迅心目中，一个民族、国家，其人文精神能流传于后世的，莫过于道出"心声"的语言文学。一旦其文化衰落，那民族的命运也就终止了；民众停止了内心的歌唱与传达，国家便丧失了荣华与光芒，这就让读史者萧条之感顿生，而该国的文明史也就接近末页了。

> 顾瞻人间，新声争起，无不以殊特雄丽之言，自振其精神而绍介其伟美于世界；若渊默而无动者，独前举天竺以下数古国而已。②

环顾世界各国，新的声音争先竟起，无不以其独特、雄健、奇丽的语言，振奋其民族精神，并向世界介绍其伟大而壮美之处；像德国之尼采，英国的莎士比亚，像俄国如潜流般的果戈理等。而沉默无为的，只是前所述的印度等几个古国而已。也就是说，一个国家、民族的兴起或复兴，至关重要的是要有"新声"，要有"殊特雄丽之言"，即新的理论与思想。只有"新声"，才能"撄人心"，才能触动民众心灵，开启民众心智，从而开拓出民族与国家振兴的新路。

在这一世界大势下，中国情况如何呢？鲁迅指出，虽然中国不像印度那四个古国一样，文化命脉中断，这是一件幸事。但是中国在近代，已中途衰落了，处于精神沦亡之际，一旦受新的力量冲击，就会像冰块一样，立刻解体。

这是什么原因呢？鲁迅分析道：

> 中国之治，理想在不撄，而意异于前说。有人撄人，或有人得撄者，为帝大禁，其意在保位，使子孙王千万世，无有底止，故性解（Genius）之出，必竭全力死之；有人撄我，或有能撄人者，为民大禁，其意在安生，宁蜷伏堕落而恶进取，故性解之出，亦必竭全力死之。③

---

① 鲁迅：《摩罗诗力说》，《鲁迅全集》第1卷，人民文学出版社2005年版，第65页。
② 同上注，第66—67页。
③ 同上注，第70页。

"撄"之原意为"触",有触犯,触动等意,这里用为"触动";"性解"即天才,先知先觉者。

鲁迅揭示,中国几千年来的封建专制,其治国之特点是采用"愚民政策",其理想的社会形态在于不去触动民众,使芸芸众生处于浑浑噩噩、愚昧昏瞆的状态之中,这样方有利于专制者的统治。当有先知先觉的天才者起来触动、唤醒民众之时,统治者势必竭尽全力杀死他;但可悲的是,在"黑屋"里关了数千年的中国民众,并不理解先觉者的苦心,反而安于现状,恶于进取,竟与统治者一道剿杀之。对于"撄人心"者的剿杀,对于发出"新声"者的屠戮,如前所述,将导致一个民族、一个国家的衰亡,这是中国最大的悲剧。

鲁迅进一步加以剖析,中国对于"撄人心"者的剿杀,与自身的文化传统有关。像道家:

> 老子书五千言,要在不撄人心;以不撄人心故,则必先自致槁木之心,立无为之治;以无为之为化社会,而世即于太平。[①]

老子之说,宗旨即在于"无为",心如槁木,其无为而为之治,就是反对用"新声"去触动人心。这在以激烈的生存竞争为法则的社会中,只能处于失败的境地。

像儒家,对于

> 中国之诗,舜云言志;而后贤立说,乃云持人性情,三百之旨,无邪所蔽。夫既言志矣,何持之云?强以无邪,即非人志。许自繇于鞭策羁縻之下,殆此事乎?[②]

儒家既说诗是言志的,又强加"无邪"一词约束之,类似这种在鞭笞、羁困下存在的诗,能有自由二字吗?即使是屈原,他的诗作,虽然在投江之前,无所顾忌,放言无惮,但反抗挑战之意,终篇未见,因此,能感动后代的力量不够强大。

---

① 鲁迅:《摩罗诗力说》,《鲁迅全集》第1卷,人民文学出版社2005年版,第69页。
② 同上注,第70页。

由此，鲁迅慨叹曰：

> 试稽自有文字以至今日，凡诗宗词客，能宣彼妙音，传其灵觉，以美善吾人之性情，崇大吾人之思理者，果几何人？上下求索，几无有矣。①

自有文字以来，中国诗界居然找不到真正能遍传神妙之音，令人灵觉悟解，以美善滋养人的性情，推崇廓大人们的思想的作品。鲁迅的判断虽然有些苛求之过，但从"撄人心"、求"新声"的角度，不能不是一种矫枉过正之说。

鲁迅对传统文化的批判，带有"重估一切价值"的倾向，其过激与偏颇，显然来自尼采。尼采在西方哲学史上具有转折点的意义，即其地位奠立在"对一切旧有价值的重估"上。他率先对基督教文化展开猛烈的批判与断然的否定。1882 年，在《快乐的科学》一书中，他让一个疯子宣告："上帝死了！"他在《查拉图斯特拉如是说》中，又借助魔鬼之口说："上帝死了；上帝死于他对人类的同情。"②这一振聋发聩的呼声，彻底颠覆了宗教在人们心目中的神圣感，恢复了人对自身尊严的信念。

另一方面，尼采还认为，基督教的"道德逐步敌视生命"，"道德很不道德"。③因为基督教的原罪意识、禁欲主义、悲悯情怀、自我否定等，弱化了人的生命本能，人生活在不断忏悔的"自贬"中，生活在永久压抑的"自制"中，其生命是苍白的，生命力是羸弱的，总之，基督教文化几乎把世界变成一个大病院。只有彻底摧毁基督教伦理意识，人的生命才能得到健康的发展，人的尊严才能得到高度的张扬，人类社会也才能有了希望与生机。

同样的，置身于"五四"前后这场启蒙运动中的鲁迅，面临着民生凋蔽、国力衰败的现状，为着唤醒蒙昧的、羸弱的国民，为着"首在立人"这一启蒙宗旨，他必定要从旧有的价值体系中挣脱，"别求新声于异邦"，以新的理论意识武装自身，这就决定他必然要向中国传统文化挑战。道家

---

① 鲁迅：《摩罗诗力说》，《鲁迅全集》第 1 卷，人民文学出版社 2005 年版，第 71 页。
② 〔德〕尼采：《论怜恤者》，《查拉图斯特拉如是说》，杨恒达译，译林出版社 2007 年版，第 99 页。
③ 〔德〕尼采：《权力意志》，张念东、凌素心译，海南国际新闻出版中心 1996 年版，第 104、94 页。

无为、"不撄"，心如槁木，无所作为；儒家虚伪，强以"无邪"，"子曰诗云"成了释解的前提。若不重估儒道等旧有学说的价值意义，若不打破它们累叠成的铁屋壁垒，中国的文化革新就无法展开。上述鲁迅从诗的角度，对儒、道两家有关理论的质疑与批判，就是出自这一动机，而其间尼采的影响是不可忽略的。

尼采对浪漫主义有独特的理解，在《快乐的科学》中，他曾论析了"什么是浪漫主义"这一命题。他指出，每种艺术与哲学都是以痛苦与痛苦者为前提的，而痛苦者有两种类型，一是"苦于生命的过剩的痛苦者"，他们需要有酒神艺术，以苦难来磨砺生命意志，甚至让生命在毁灭的过程中来享受生命飞扬的欢畅；一是"苦于生命的贫乏的痛苦者"，他们借艺术来寻求安宁、平静，达到自我解脱，或者迷醉，痉挛，麻痹，疯狂。前者以尼采自身为代表，后者即以叔本华为代表。

也就是说，"生命的过剩"与"生命的贫乏"，成了尼采关于浪漫主义的审美判断的出发点：

> 在考察一切审美价值时，我现在使用这个主要尺度：我在每一个场合均问"这里从事创造的是饥饿还是过剩"。另一种尺度从一开始就好像要自荐——它醒目得多——这就是着眼于创作的动机究竟是对凝固化、永久化的渴望，对存在的渴望，抑或是对破坏、变化、更新、未来、生成的渴望。①

生命力的强盛与贫弱，导引不同的创作动机：对作品在观念上的凝固、永久、存在的追求，或是对其有着破坏、变化、更新、生成的追求。这两种动机可派生出二种美学类型：浪漫悲观主义与酒神悲观主义。

浪漫悲观主义，以有凝固化、永久化，趋于稳定的艺术动机为前导；酒神悲观主义，是对破坏、变化、生成的渴望，可以是过于充沛的、孕育着未来力量的表现，可称之为狄奥尼索斯，即酒神精神，它属于未来，它正在到来。但酒神悲观主义多是失败者、苦难者、挣扎者、受刑者，他把那种承受施虐的意志，把那种对痛苦的过敏，变成一种有约束力的法则与强制，即把他的受刑的形象，刻印、烙烫在叙写的上面，以此来向万物

---

① 〔德〕尼采：《悲剧的诞生》，周国平译，生活·读书·新知三联书店 1986 年版，第 253—254 页。

报复。

上帝死了，而人站起来了。尼采强调，人的站立在于他具有强力意志，而意志生命本体就是丰盈、充实的，它自身处于不断的升腾、勃发之中。因此，弘扬、激发雄健的生命力，是新的哲学、新的伦理学、新的美学的任务。这也就是上述鲁迅指出的：诗人的"撄人心"，可"益为之美伟强力高尚发扬"，诗人在对人生灾难、痛苦的抗争中，能使奇丽、伟大、雄健、强盛的生命力及高尚的精神得以发扬，从而打破污浊的平静沉闷的局面，使人道主义精神蒸腾上升。鲁迅信奉并接受了尼采的"酒神悲观主义"，在西方诗坛众多流派、社团中，选择了以拜伦为代表的"摩罗诗派"，源出于此。

"新声之别，不可究详；至力足以振人，且语之较有深趣者，实莫如摩罗诗派"，其选择的缘由，主要在于此诗派"力足以振人"，即其意志力、生命力的强盛、丰盈，足以振奋人心。"凡立意在反抗，指归在动作，而为世所不甚愉悦者悉入之"，此类被凡俗常人所不喜欢，称之为"撒但"、恶魔的诗人，只要是立志反抗，投入斗争的均予以选入。像拜伦、雪莱、普希金、莱蒙托夫、密茨凯维支、斯洛伐斯基、克拉辛斯基和裴多菲这"摩罗诗派"的八大诗人，充溢着酒神的抗争意识与悲剧精神，他们反抗邪恶，矢志不渝。他们

> 动吭一呼，闻者兴起，争天拒俗，而精神复深感后世人心，绵延至于无已。[1]

只要他们高亢疾呼，听者无不奋起，与天地抗争，拒凡俗庸常，其精神将深深地感动后代人们心灵，永远地流传下去。

鲁迅在理论上对尼采"意力"派的认同与崇奉，超越过对卢梭"罗曼复古"美学的认同，这就导致他在创作上也包含着"新浪漫主义"（现代主义）的倾向，其小说开山之作——《狂人日记》就明显有着现代主义技巧与风格，如内蕴着安特列夫等象征之神秘和精神之冷峻；其散文集《野草》更明显地透露出尼采《查拉图斯特拉如是说》的风神。

---

[1]　鲁迅：《摩罗诗力说》，《鲁迅全集》第 1 卷，人民文学出版社 2005 年版，第 68 页。

韦勒克在《再论浪漫主义》一文中列举了多种西方浪漫主义的概念与界定，最后总结道：

> 无论所有这些研究在方法上和强调的重点上如何不同，它们仍然得出一个令人信服的一致意见：它们都看出了想象、象征、神话和有机的自然观隐含着的实质，并将它视为克服主观和客观、自我和世界、意识和无意识之间分裂的巨大努力的一部分。这就是英国、德国和法国浪漫主义大诗人的最重要的信条。这是一个前后严密一贯的思想和感情的主体部分。[①]

这里，除了想象、象征、神话等我们通常论述的浪漫主义表现方式之外，重要的是提出克服主观与客观、自我和世界、意识与无意识这"三大分裂"的问题，也就是如何强化审美现代性，来克服现代化进程所带来的人文精神异化问题。所以鲁迅对诗意人生的思考与追寻，对"纯文学"及"文章不用之用"观点的肯定，对诗人之灵性与诗之"撄人心"功能的推崇等，以及对潜隐在其内里的尼采浪漫美学思想的接受和化解，均为建构中国现代浪漫主义美学所做出的可贵的努力。

与此同时，我们不能不指出鲁迅在构建中国现代浪漫主义美学时所处的复杂的历史语境。因为20世纪初的中国是一个极为特殊的年代，多重矛盾、多种思想，交错盘缠，糅合一体，须细加甄别。

一方面，拯救民族危亡的政治紧迫感决定了对民众的启蒙任务，而这一任务的实施则需要启蒙主义理性主体的确立。由此，鲁迅才一再呼求"摩罗"诗人，如拜伦这类"精神界的战士"的出现，一再强调"首在立人，人立而后凡事举"，方可"转为人国"。

另一方面，此时西方世界启蒙任务业已完成，以浪漫主义思潮为代表的审美现代性，已开始对启蒙理性予以颠覆与批判。那些对启蒙主义产生质疑的感性自由个体，日渐注重自身的人文精神建构，以此与历史现代性抗衡。在中国现代思想界，鲁迅最早感悟到了这一历史动向，并在《文化偏至论》一文中做出敏锐的反应。

---

① 〔美〕R. 韦勒克：《批评的诸种概念》，丁泓、余徵译，四川文艺出版社1988年版，第212页。

　　因此，中国思想文化界的现状与西方新的思想动向之间存在着错位，这一错位反映在鲁迅早期的美学观念中，如启蒙功利性和纯文学审美自律性的整合，确立启蒙理性主体和维护感性自由主体的共在，构建浪漫主义理论体系和运用现代主义创作技艺的并行等。这一切都需要我们做一番缜密的、慎重的考证、辨析工作，只有这样，才能趋近于特定历史时期的鲁迅的思想及美学观念的真实。

第九章　鲁迅的价值取向：科学与人文

【对于鲁迅早期思想的研究，要纳入他当时所处的历史语境来考察。20世纪初，世界哲学主潮之一是对人文精神与科技理性对峙这一人类困境的思考，鲁迅当时的价值取向是，科学与人文两者共容互助、互不偏倚。鲁迅是一位坚定的启蒙主义者，他肯定科学的进步在人类历史发展上所起的作用。他有审视科学的独特的人文视角，一方面赞美科学"神圣之光"，普照世界；另一方面批判"唯物极端，且杀精神生活"的现状。他赞同"张灵明"的"形上之需求"；肯定神话、图腾及象征；喊出"伪士当去，迷信可存"独特之声等。他的"培物质而张灵明"之说，受到卢梭、尼采的影响，目的是为着人的心志"内曜"，心声畅抒。】

第一节　历史语境及论题缘起

1923年，在中国思想界发生了一场"科学与人生观"论战（亦称"科玄"论战）。郭湛波1936年所著《近五十年中国思想史》一书，把它列为中国现代思想史上三次大论战之一，依次为"孔教"与"文体论战"、"东西文化"论战、"科学与人生观"论战。[①] 而当年"胡适认为这场论战的范围之广，时间之长，参加的人数之多，说明这是中国与西方文化接触30年来的第一次大论战"。[②] 不管是"第一次"，还是"第三次"，都表明了这

---

① 郭湛波:《近五十年中国思想史》，山东人民出版社1997年版，第225—235页。
② 〔美〕郭颖颐:《中国现代思想中的唯科学主义（1900—1950）》，雷颐译，江苏人民出版社1989年版，第112页。

场论战是中国思想史进程中至关重要的一个阶段。此次论战，意义重大，因为"通过这场论战，中国现代哲学的三大思潮：现代新儒学、自由主义、马克思主义，初步展示了未来的发展方向"。[①]

此次论战，影响深远，海内外学者至今仍不间断地就这场论战进行研究。李泽厚指出："这次论战涉及问题颇多，例如科学的社会效果（欧战是否应由科学负责）、物质文明与精神文明（如何定义此二者及二者之关系）、科学与价值（二者有无关系或何种关系）、科学与哲学（二者如何限定、二者的来源、异同、范围）、传统与现代等等。"而且，对其中一些命题的探索甚至会延伸到 21 世纪，像"当代世界哲学中的科学主义与人本主义的分途也展示出这一点"。[②]

当年，这场论战在中国思想界掀起了轩然大波，牵动了现代中国许多思想领袖及精英人物，像胡适、吴稚晖、丁文江、陈独秀、瞿秋白、梁启超、张君劢、张东荪等，均介入其中，展开交锋。而且论战也波及文学界，除孙伏园、瞿菊农直接投身于论战中之外，像闻一多、宗白华、郭沫若、成仿吾、徐志摩、茅盾、郑振铎等，在他们的文章中均有所涉及。但令人惊讶的是，在此之前，写过《文化偏至论》《破恶声论》等与此次论战内容密切相关文章的鲁迅，却对这场论战保持了沉默。其中的原因究竟是什么呢？学界似乎未有人追索。

这样便导致两个偏误的产生：其一，在对这场"科玄"论战及其前因、余波进行学术研究时，忽略了鲁迅。像论析中国科学主义思潮最重要的著作、美国郭颖颐《中国现代思想中的唯科学主义》一书，就未涉及鲁迅；李泽厚《中国现代思想史论》一书在"二十年代科玄论战"专节中，作为酝酿期的重要线索的鲁迅有关文章也未进入其视野。

其二，由于未能把鲁迅早期思想及有关文章，纳入科技理性与人文精神对峙这一宏大的世界性的历史语境中来考察，就有可能产生误读与误解的现象。

最为明显的是《鲁迅全集》1981 年版关于《科学史教篇》《文化偏至论》等文章的注解。例如："《科学史教篇》则论述了西方科学思潮的演变，

---

① 张利民：《重版引言》，《科学与人生观》，张君劢、丁文江等著，山东人民出版社 1997 年版，第 1 页。

② 李泽厚：《中国现代思想史论》，人民出版社 1979 年版，第 53 页。

指出科学的发展和人类生产事业的相互关系，说明科学在改造自然、推动社会进步和丰富人类生活等方面所起的作用。"①肯定科学的功用，这是对的，但这仅是鲁迅思想的一个向度。

在本篇中，鲁迅更深层的思考是在科学与人文之间如何"不使之偏倚"，否则

> 举世惟知识之崇，人生必大归于枯寂，如是既久，则美上之感情漓，明敏之思想失，所谓科学，亦同趣于无有矣。②

即若单向地推崇知识与科学，将使人生枯寂、美感浅薄，科学亦无用矣。该文篇末这一点睛之笔，注解者无论如何也是不该忽略的；至于把这一人文主义向度的思考断定为"唯心主义的"，则是失之偏颇。

另一篇注解的偏颇就十分明显了：

> 在《文化偏至论》中，作者……"掊物质而张灵明，任个人而排众数"，这种提法，既表现出小资产阶级的急进的民主主义的政治特征，同时也表明，正是在社会存在和社会意识的关系，群众和个人的关系这两个有关社会生活的根本问题上，作者当时没有得到科学的解决。③

这一对鲁迅的批评可谓"深刻"了。既然鲁迅当时连"社会存在和社会意识的关系"，即哲学本体论上物质与精神关系的根本问题都未得到解决，那么他在中国思想史、文化史上的地位就该大打折扣了。这种误读与误解明显来自僵滞的意识形态的局限，它把社会存在和社会意识绝对地割裂开来，孤立地看待，并绝对地限定社会存在为第一性，社会意识为第二性，前者对后者起着决定性作用，从而得出这一轻率的判断。

马克思在《1844年经济学—哲学手稿》中指出："应当避免重新把'社会'作为抽象物同个人对立起来。个人是社会的存在物。因此，他的生活表现——即使他不直接采取集体的、同其他人共同完成的生活表现这种形

---

① 《鲁迅全集》第1卷，人民文学出版社1981版，第18页。
② 鲁迅：《科学史教篇》，《鲁迅全集》第1卷，人民文学出版社2005年版，第35页。
③ 《鲁迅全集》第1卷，人民文学出版社1981版，第18页。

式——是社会生活的表现和确证。……可见，思维和存在虽然是彼此有别的，但是同时二者又处于统一之中。"① 马克思反对把个人和社会、思维与存在、精神与物质作为两种抽象概念，人为地对立起来的做法，他甚至认为不是生活在群体中的个人，也可是社会生活的表现和确证，其二者"处于统一之中"。这对纠正我们关于"社会存在"与"社会意识"两相对立的那种僵滞的思维形式有着极大的启示意义。上述的批评不仅像鲁迅所说的那样："解剖刀既不中腠理，子弹所击之处，也不是致命伤"，② 甚至注释者连自己枪上准星都未调好，就胡乱开枪，于今仅留"硬伤"而已。

若进而析之，这种轻率的、错误的判断之产生，还因为它脱离了当时世界哲学发展的主潮，即对人文精神与科技理性对峙的人类困境的思考。恩格斯曾指出：人类比其他兽类优越的特性是，他有

> 趋于完善化的能力，即往前发展的能力；而这种能力就成了不平等的原因。因此，卢梭把不平等的产生看做一种进步。但是这种进步是对抗性的，它同时又是一种退步。③

即在历史进程中，随着人类在大自然中取得生存能力的提高，亦即科技能力的提升，物质财富得以积累，物欲的追求得到满足；但科技力量上的进步，却带来了文明的退步与堕落，这就造成鲁迅所批评的"物质"与"灵明"的矛盾。也就是卢梭所说的"个人完善化"与"类的没落"这一"对抗性"的双方，它们两相对立，却又互为一体。

回顾人类历史的发展进程，或物欲之横流，或精神之光耀，或二者兼容、融合，若能"人性于全，不使之偏倚"，才是鲁迅所希冀的。因此，注解者似乎应该冷静一点，最好能回到科学与人文两者矛盾对峙、却又互动共容这一基点上，回到 20 世纪初的历史语境、哲学思潮中去进行思考，方能得到鲁迅所说的"掊物质而张灵明"之真谛。

那么，鲁迅何以不介入"科玄"论战呢？现有解答的最大可能性是：对于鲁迅自身来说，已无此必要，该说的他都说过了。因为关于科学及

---

① 〔德〕马克思：《1844 年经济学—哲学手稿》，刘丕坤译，人民出版社 1979 年版，第 76 页。
② 鲁迅：《"硬译"与"文学阶级性"》，《鲁迅全集》第 4 卷，人民文学出版社 2005 年版，第 213 页。
③ 〔德〕恩格斯：《反杜林论》，《马克思恩格斯选集》第 3 卷，人民出版社 1972 年版，第 179 页。

科学与人文关系的问题，早期的鲁迅发表过一系列论文，比较重要的有：1903 年《中国地质略论》《说鈤》，1907 年《人之历史》《科学史教篇》《文化偏至论》，1908 年《破恶声论》。

他对科学与人文关系的总体判断与价值选择，可以用《科学史教篇》的结束部分概述之：

> 故人群所当希冀要求者，不惟奈端（牛顿——笔者注，下同）已也，亦希诗人如狭斯丕尔（莎士比亚）；不惟波尔，亦希画师如洛菲罗（拉斐尔）；既有康德，亦必有乐人如培得诃芬（贝多芬）；既有达尔文，亦必有文人如嘉来勒。凡此者，皆所以致人性于全，不使之偏倚，因以见今日之文明者也。嗟夫，彼人文史实之所垂示，固如是已！①

牛顿与莎士比亚比肩，康德与贝多芬并重，即科学与人文"不使之偏倚"，这就是鲁迅的价值取向，亦是鲁迅在哲学思想方面思考的闪光。鲁迅在才识上超前之处，就呈示于此。当科学万能、科学至上的"科学主义"思潮，刚在中国思想文化界萌端，即能揭示出它的"偏倚"之处，及其将带来的种种弊端，并提出应对的方略。这说明鲁迅之观物取事，在当时就能力戒"非此即彼"的独断思维方式，而多能从二律背反的双向角度着眼，得出较为客观的结论。不可否认，在这一点上，他超出了后来科学与"玄学"论争的双方。因此，学界一些论者紧紧揪住鲁迅的"掊物质而张灵明，任个人而排众数"这句话内含的对立性不放，而忽略了鲁迅对二者统一性的期盼，其自身显然已经陷入了"偏倚"的境地。

鲁迅这组文章有一思想核心，即《科学史教篇》的科学与人文之间应共生互容、互不偏倚，其最终指向是《文化偏至论》的"首在立人，人立而后凡事举"。② 循此宗旨，综观各篇，鲁迅所展开的论析，具有相当严密的逻辑性。这就是，欲立人，先需启蒙；而精神启蒙，必须从两个方面入手，即《破恶声论》中论及的"内曜"与"心声"：

---

① 鲁迅：《科学史教篇》，《鲁迅全集》第 1 卷，人民文学出版社 2005 年版，第 35 页。
② 鲁迅：《文化偏至论》，《鲁迅全集》第 1 卷，人民文学出版社 2005 年版，第 58 页。

　　　　吾未绝大冀于方来，则思聆知者之心声而相观其内曜。内曜者，
　　破黮暗者也；心声者，离伪诈者也。[①]

"内曜"，即人之内心光亮明彻，通明洞悉；"心声"，即人之心襟坦荡
纯正，远离伪诈。前者目的在于"去偏"，如去《文化偏至论》中"物
质""众数"这两大"偏至"；后者目的在于"离伪"，如离《破恶声论》
中"伪士"发出的所谓"国民"说、"世界人"说这两种"恶声"。前者侧
重于认知，有认识论的意义；后者侧重于伦理，有价值论的意义。

　　要达到第一方面的要求，则要"掊物质而张灵明，任个人而排众数"，
这里便包含了鲁迅论及的"以科学为宗教""尚物质而疾天才""形上之
求""神思""神话""迷信""宗教"等问题；要达到第二方面的要求，则
要"自忏""白心"，包含有"伪士当去，迷信可存""以众虐独""兽性爱
国"等问题。而这两个方面的问题均涉及科学与人文的关系，因此只有从
这一视角楔入，方可比较准确地把握鲁迅这一时期的思想。

第二节　推崇、肯定科学的价值

　　鲁迅有关科学和人文的文章，主要是对西方那种"欲以科学为宗教"，
对"中国在昔，尚物质而疾天才"，即对弥漫西方且将波及中国的"科学
主义"思潮有所警觉而作的。但鲁迅决非是一个反科学者，和后来的张君
劢、张东荪等"玄学派"不同，他对科学是高度推崇和积极肯定的。这和
他早期的生活轨迹有关，1898 年进江南水师学堂，后转矿路学堂，1902 年
入东京弘文学院，1904 年到仙台医专，所学的均不离自然科学。鲁迅的知
识背景决定了他不可能成为反科学者，而是一位科学的推崇者。

　　鲁迅还是一位坚定的启蒙主义者，对 20 世纪初国人的启蒙，就包括
着科学知识的普及和推广。所以他在《科学史教篇》中，赞美科学"神圣
之光"普照世界，指出科学技术的发展为人类创造了物质文明，进而推进
社会改革，促进社会进步。鲁迅充分肯定了科学的进步对人类历史发展所
起到的作用。

---

　　① 　鲁迅：《破恶声论》，《鲁迅全集》第 8 卷，人民文学出版社 2005 年版，第 25 页。

　　鲁迅的科学观趋近于古代希腊，与当时流行的科学主义思潮，即"唯科学主义"并不相同。因为科学在古希腊时期，是通过理性、达到自由的一种学问，它与人文精神合融一体的，其目的是实现希腊人的人文理想。所以，鲁迅赞赏的是"希腊罗马科学之盛"。

　　在《科学史教篇》中，论及有人"以当时人文所现，合之近今，得其差池，因生不满"，而非议古希腊学术时，鲁迅提出了另一种的批评标准：

　　　　若自设为古之一人，返其旧心，不思近世，平意求索，与之批评，则所论始云不妄，略有思理之士，无不然矣。若据此立言，则希腊学术之隆，为至可褒而不可黜。①

即要设身处地地回到历史，心平意静地求索，而不以现今与旧时的差距来衡量，方可得到相对公允的评断，这才是科学的评判标准。对古希腊学术之评价，尤应如此。鲁迅主要从人文哲理的视角，探得古希腊科学理性传统的奥秘，适时地向国人强调了科学中的人文精神、人文理想，纠正了"以器代道"、以工具理性淹没科学中的人文精神的偏误。

　　鲁迅推崇、肯定科学的价值意义，可从以下几个方面看出。

　　首先，他高度肯定了科学进步对提升人类物质文明的功用。

　　在《科学史教篇》的开篇，鲁迅写道，当今之世，人们无不为科学之伟大而惊视，这一切多缘于科学之进步。

　　　　自然之力，既听命于人间，发纵指挥，如使其马，束以器械而用之；交通贸迁，利于前时，虽高山大川，无足沮核。②

由于科学的进步，人类逐步掌握了自然规律，以机械驾驭自然力，使交通、贸易、迁移等变为易事，高山大河阻挡不了，新的疆域不断地开拓出来。"发隐地也，善机械也，展学艺而拓贸迁也，非去羁勒而纵人心，不有此也。"③美洲的发现、机械的运用、学问艺术的发展、世界贸易的开拓等，均有赖于科学，因为科学使人心卸脱了羁勒、枷锁。

---

①　鲁迅：《科学史教篇》，《鲁迅全集》第 1 卷，人民文学出版社 2005 年版，第 26 页。

②　同上注，第 25 页。

③　鲁迅：《文化偏至论》，《鲁迅全集》第 1 卷，人民文学出版社 2005 年版，第 48 页。

其次，他敏锐地意识到科学的进步将推进思想界之革命。

居里夫人 1898 年发现了镭，1902 年才提炼出纯净的镭，鲁迅在 1903 年就写了《说鈤》一文，予以热烈的赞扬：

> 忽有一不可思议之原质，自发光热，煌煌焉出现于世界，辉新世纪之曙光，破旧学者之迷梦。……由是而思想界大革命之风潮，得日益磅薄，未可知也！①

镭的发现在科学界爆发一次新的革命，鲁迅及时捕捉到这一科学新的动向，其反应之迅捷出乎常人。但作为思想家的鲁迅比他人高出一筹的是，他更深地看到这一科学发现对于人类思想发展所具有的巨大意义，是新世界、新世纪的曙光，其目光之锐利非一般人可及。

再次，他力主发展科学与拯救国家一体。

科学衰微则国家孱弱，科学昌盛则国家富强。在鲁迅最早写的学术论文《中国地质略论》中，他谈到窥视、估测一个国家的实力并不难，只要入其境，搜其市，若"无一幅自制之精密地形图，非文明国；无一幅自制之精密地质图（非地文土性等图），非文明国"。②那时，有无由近代科学测绘的精密的地形图、地质图，成了一个国家国势强衰的标志之一，而中国恰恰在测地造图方面落伍了。

> 况吾中国，亦为孤儿，人得而挝楚鱼肉之；而此孤儿，复昏昧乏识，不知其家之田宅货藏，凡得几许。盗据其室，持以赠盗，为主人者，漠不加察。……于是今日山西某炭田夺于英，明日山东各炭田夺于德。③

其因在于国家的治理者的昏昧乏识，连自家的土地、矿藏多少，心中竟无计数，故而国力衰败贫弱，成了任人欺凌、宰割的"孤儿"，各地的矿产、宝藏已被列强瓜分殆尽。

鲁迅当时高扬的是科学救国的旗帜，在《科学史教篇》中，他以 1792

---

① 鲁迅：《说鈤》，《鲁迅全集》第 7 卷，人民文学出版社 2005 年版，第 21 页。
② 鲁迅：《中国地质略论》，《鲁迅全集》第 8 卷，人民文学出版社 2005 年版，第 5 页。
③ 同上注，第 18 页。

年法国保卫战为例说明之。当时法国遭欧洲联军围困，弹药已尽，此时有科学家从马厩土仓中提炼出硝石，以化学之法熔化钟铜制成武器，以气球载将军探敌阵，科学的技艺加上爱国精神，终使法国解围取胜。

最后，他廓清对科学的各种误解，维护了科学的地位。

当时，进化论开始传入中国，有"笃故者则病侪人类于狉猴，辄沮遏以全力"，守旧者闻说人源自猴，则全力遏止。鲁迅反驳道：

> 人类进化之说，实未尝渎灵长也，自卑而高，日进无既，斯益见人类之能，超乎群动，系统何妨，宁足耻乎？ ①

人类自卑下之动物，发展至高智能之灵长类，并处于不断攀升的进程中，这正是人类超越动物种群之处，有什么可耻呢？他还引拉马克《动物哲学》："殆纯以一元论眼光，烛天物之系统，而所凭借，则进化论也。故进化论之成，自破神造论始。"②高度评价进化论在破除神学迷信方面的功绩，颂扬了科学的功用。

第三节　审视科学的人文视角

鲁迅推崇、肯定科学是有一定前提的，他强调科学与人文必须并行不悖，两者不相偏倚。这一前提的提出，与特定的历史语境有关，当时"以科学为宗教""科学万能说"，即而后所称的"科学主义"思潮刚开始在中国思想界萌生，导致了国人一系列观念上的偏颇。对此，鲁迅从独特的人文视角进行审视，予以纠偏，他的科学观处处闪射人文精神的光芒。

一、科学的神圣之光

20 世纪初，中国国力衰败、列强凌逼，国人栗然自危，力求变革图强，以科学为先务，兴实业、振军备，则作为举国上下所致力的两大要事。这一科学救国之举，鲁迅自然不会反对，但他敏锐地发现："然此亦非

---

① 鲁迅：《人之历史》，《鲁迅全集》第 1 卷，人民文学出版社 2005 年版，第 8 页。
② 同上注，第 13 页。

本柢而特葩叶耳"，这是一种舍本求末的方法。也就是说，国人的科学观念尚未达到"内曜"，在对待科学的问题上内心尚未光亮明彻，通明洞悉。鲁迅忧虑地写道：

> 著者于此，亦非谓人必以科学为先务，待其结果之成，始以振兵兴业也，特信进步有序，曼衍有源，虑举国惟枝叶之求，而无一二士寻其本，则有源者日长，逐末者仍立拨耳。①

他忧虑的不是国人不重视科学，而是国人不懂得科学之源端，科学之真谛，"惟枝叶之求"而不"寻其本"的国家，在发展一段后将遭遇覆灭。

那么，鲁迅所标举的"科学之本"是什么呢？他写道：

> 故科学者，神圣之光，照世界者也，可以遏末流而生感动。时泰，则为人性之光；时危，则由其灵感，生整理者如加尔诺，生强者强于拿破仑之战将云。②

真正的科学，有着神圣的光芒，照耀着世界，它阻遏邪恶末流，孕育美之情感。时局安宁，它将激发人生伦理之光；如若战争来临，国家危亡，科学家将以其智慧、灵感，发明制造卫国之良器，其效用并不亚于拿破仑麾下之战将。因此，在这一向度上，科学不仅是"器"，而是上升为"道"。即科学不仅是数理化一类学科、科技原理及具体的操作方法，而是具有"神圣之光""人性之光""灵感"等人文主义的内涵了。

鲁迅这种科学观趋近于古代希腊，在《科学史教篇》等文章中，他对"希腊罗马科学之盛"是极为赞赏的。科学在古希腊时期，是作为实现希腊人的人文理想，即达到自由的一种学问。当时，希腊人的人文理想是"自由"，自由被他们看成是人之所以为人的根本。

要实现这种自由，只有"理性"才能保证，而理性就体现在"科学"之中。

> 对古典希腊人而言，能够保证人成为人的那些优雅之艺是"科

---

① 鲁迅：《科学史教篇》，《鲁迅全集》第 1 卷，人民文学出版社 2005 年版，第 33 页。
② 同上注，第 35 页。

学"，而对"自由"的追求是希腊伟大的科学理性传统的真正秘密之所在。①

古希腊科学理性的伟大传统在"科学—理性—自由—人文理想"这一流程中得以呈现，科学与人文血脉相融的渊源正在于此。

鲁迅不愧为中国现代思想的前驱，他深得古希腊科学理性传统的奥秘，适时地向国人强调了科学的人文精神、人文理想，纠正了"以器代道"，以工具理性淹没科学中的人文精神的偏误。因此，他在《科学史教篇》中还向科学家提出这样的品格标准：

> 故科学者，必常恬淡，常逊让，有理想，有圣觉，一切无有，而能贻业绩于后世者，未之有闻。②

其中，"恬淡、逊让"强调的是生存伦理，"理想、圣觉"，则是指科学家在日常的生存与工作中决不能忘却科学的神圣之光。鲁迅标举的科学的神圣之光，不仅烛照过 20 世纪初的中国，而且同样光照今天的思想界。在慨叹工具理性泛滥，人文精神失落的今天，鲁迅上述之语，难道还不能惊醒世人吗？

二、"掊物质而张灵明"

科学的日益繁荣，必然带来理性思维至上的观念；而科学的高速发展，也促成物质的丰裕盈余。当人们臣服于科技理性这一新的"上帝"跟前，当人们沉溺于物质文明所给予的便利与享受之际，唯物质是从的恶俗便弥散开来。这就是鲁迅在《文化偏至论》中所揭示的十九世纪末叶以来的"物质也，众数也，其道偏至"的两大偏至之一，也就是国人"内曜"被遮蔽的又一现状。

正如尼采所揭示的：

> 科学方法之危险性，其对于生命之咬啮性和恶毒性：——生命之病于这非人底轮轴和机械主义，病于工人之"非个人性"，病于"分

---

① 吴国盛：《科学与人文》，《中国社会科学》2001 年第 4 期。
② 鲁迅：《科学史教篇》，《鲁迅全集》第 1 卷，人民文学出版社 2005 年版，第 30 页。

工"的谬误底经济说。文化"意义"是全失掉了。——科学事业和工具，化为野蛮了……这世纪所引为光荣的"历史之意义"，在这文中，破天荒第一遭，斥为疾病和极端底衰亡底表现。[①]

科学方法建基于理性的逻辑推理之上，它运用形上的概念、符号、原理、公式，把世界变成了数字的构成体，它"咬啮"人的活生生的感性生活，"恶毒"地把"非个人性"的机械主义播放于人类社会，人文精神开始衰亡，人类文明开始倒退。对这一现象，尼采斥之为"野蛮"，并指出这是人类走向败落的开始。

尼采对科技理性的尖锐批判，不可能不影响到崇奉"托尼学说"的鲁迅，他在《文化偏至论》中批评的"唯物极端，且杀精神生活"的现状，就是对其反响之一。鲁迅十分警觉，他看到"唯科学主义"所引发的物质主义"偏至"所带来的恶果。在人文精神与科技理性对峙的巨大的世界性的历史语境中，鲁迅对中国思想界发出了"掊物质而张灵明"的高昂呼声，说明他的观念完全和近代、当代世界的哲学主潮合拍。

对"物质主义"这一"偏至"，鲁迅予以犀利深刻的批判，即使是今日之哲人都难有此力度。

> 递夫十九世纪后叶，而其弊果益昭，诸凡事物，无不质化，灵明日以亏蚀，旨趣流于平庸，人惟客观之物质世界是趋，而主观之内面精神，乃舍置不一省。重其外，放其内，取其质，遗其神，林林众生，物欲来蔽，社会憔悴，进步以停，于是一切诈伪罪恶，蔑弗乘之而萌，使性灵之光，愈益就于黯淡；十九世纪文明一面之通弊，盖如此矣。[②]

19世纪，"知识""科学"高速发展，单向地助长了"唯物质主义"，其失衡的偏误给人类的生存带来了巨大的恶果："物欲"遮蔽了"灵明"，外"质"取代了内"神"，物质文明的高涨，精神文明的低落，人的旨趣平庸，罪恶滋生，社会憔悴，进步停滞；与物质世界乐观进展相反，人文精

---

① 〔德〕尼采：《尼采自传》，徐梵澄译，崇文书局2017年版，第68页。
② 鲁迅：《文化偏至论》，《鲁迅全集》第1卷，人民文学出版社2005年版，第54页。

神却日渐堕落、退化。鲁迅所揭示这一人类社会的负面状况，也是人类历史发展中的悖论。这是 19 世纪社会弊病的根源，不也是今日生存于 21 世纪工业化社会中人类的困境吗？

当然，我们不能一概否定作为现代现象标志的物质文明的出现，科学技术的发展使人类从中世纪的宗教愚昧和封建等级制度的压抑下解放出来，对文艺复兴时期人文精神的确立，有着巨大的功绩。但在科技理性、工业机械所创造的现代世界里，和谐与平衡被打破了，"物欲"无限度地急剧膨胀，技术思维的单向、片面的隘化，人与自然的日渐疏离，意识形态所涵盖的话语权力的渗透与控制，使人类应有的道德神性与生存诗性逐渐沦落、散失。

这种趋势引发了思想家、哲学家们的忧虑及对"物化"现象的抗衡，在西方呈现为以卢梭为源端，历经康德、尼采，直至当代海德格尔等为代表的"诗化"的，或曰广义的浪漫主义的哲学、美学思潮。鲁迅把这一思潮称为"新神思"派，给予高度评价，甚至把它比喻成在当今物欲横流时代，能救赎精神、灵明的"诺亚方舟"。他们"或崇奉主观，或张皇意力，匡纠流俗，厉如电霆，使天下群伦，为闻声而摇荡"。① 其代表人物，鲁迅列举了黑格尔、席勒、卢梭、叔本华、尼采、沙弗斯伯利、克尔凯郭尔、易卜生等。

西方浪漫主义哲学、美学思潮的核心要质是，以诗性的生存，来抗衡、恢复被科技理性、工业机械所异化的人生。因此，鲁迅与尼采们一样，对"举世惟知识之崇""人惟客观之物质世界是趋"持激烈的批判态度，因为"唯物极端，且杀精神生活"。鲁迅是警觉的，他把拯救的希望寄托于人文精神的张扬上，他对"唯物质主义"和人文精神对峙问题的思考、主张，完全和近代、当代世界的哲学思潮合拍。正是在人文精神与科技理性对峙的巨大的世界性的历史语境中，鲁迅才发出了"掊物质而张灵明"的高昂呼声。

因此，如若不以科学主义、人文精神等为理论参照系的话，则永远无法领会鲁迅思想的深刻与伟大；如若脱离这一历史语境，孤立地研究、讨论这句话，只会陷入误读的泥淖，以至于像前所引述的，荒谬地把它评判为："在社会存在和社会意识的关系……的根本问题上，作者当时没有得

---

① 鲁迅：《文化偏至论》，《鲁迅全集》第 1 卷，人民文学出版社 2005 年版，第 54 页。

到科学的解决。"

　　鲁迅的"掊物质而张灵明"，是为着扭转"物质"这一"偏至"而提出的对策，但在科技与人文二者的对峙中，鲁迅价值选择趋向于"全"。即如前说，人类不仅需要物理学家牛顿、哲学家康德，还要诗人莎士比亚、音乐家贝多芬、画家拉斐尔等，"皆所以致人性于全，不使之偏倚，因以见今日之文明者也"。断然不能忽略人生的另一极——人文精神的塑造，只有两者并重，"不使之偏倚"，人性才能全面，才能完美。

三、"张灵明"与"形上之需求"

　　鲁迅在《科学史教篇》中论及：

　　　　盖科学发见，常受超科学之力，易语以释之，亦可曰非科学的理想之感动，古今知名之士，概如是矣。[①]

他认为，科学与人文之间有一种兼容互动的关系，即使是运用客观实证、逻辑推演等方法而取得的科学发明，往往也不那么纯粹，其间多有"超科学之力""非科学的理想"，亦即前述科学家的"圣觉"等的作用。这在许多科学家的自述中可以得到印证，像爱因斯坦就从内心深处认为，科学的基础是理性而不是经验数据，科学本质上是"人类理智的自由发明"。[②] 这类"圣觉"，实质上就是古希腊科学理性传统的再现，和隐性的人文精神密切相关。

　　20世纪初，唯科学主义思潮在世界泛滥，亦波及中国文化思想界。科学对立面是迷信，推崇科学则要批判迷信，对此，众多国人不加辨析地盲从之。就像鲁迅在1908年《破恶声论》中所描述的那样："破迷信者，于今为烈，不特时腾沸于士人之口，且哀然成巨帙矣。"[③] 破除迷信的思潮愈演愈烈，不只是喧嚣于一些读书人之口，而且已渐渐变成一个巨大的圈套。

　　鲁迅对所谓的"迷信"，进行了寻根溯源：

---

①　鲁迅：《科学史教篇》，《鲁迅全集》第1卷，人民文学出版社2005年版，第29页。
②　《爱因斯坦文集》第1卷，商务印书馆1976年版，第314页。
③　鲁迅：《破恶声论》，《鲁迅全集》第8卷，人民文学出版社2005年版，第29页。

> 夫人在两间，若知识混沌，思虑简陋，斯无论已；倘其不安物质
> 之生活，则自必有形上之需求。①

人都是活在形上的精神性追求与形下的物质性生存这两种生活形态之间，如若知识未启，仍处蒙昧状态，当然思想简陋，不会有更深寻求；但只要他不满足于动物状态的纯物质需求，只要他有更进一步的自我意识与思考，就会产生精神性的追求，这种"形上之需求"是人这一族类的必然的心理动机。

鲁迅此说与西方浪漫主义思潮有所关联。浪漫主义观念的兴起，始自对科学认知持抵制、质疑的态度，他们对纯粹认知所描述的物理性的世界并不满意，认为排除人生价值的世界观念是不完美的。这样，对人的生存意义的追问便成为他们思索的中心：人从哪里来，为何而来，又往何处去？短暂的生命在浩瀚的永恒的时空间中有何作为？灵魂最终的归属在哪里？的确，这些关于人生价值方面的发问成为人类所焦虑的谜题。

因此，鲁迅认为，"形上之需求"不是"迷信"。

> 此乃向上之民，欲离是有限相对之现世，以趣无限绝对之至上者
> 也。人心必有所冯依，非信无以立，宗教之作，不可已矣。②

他看到，个体的生命是有限的、短暂的、相对的，而宇宙的时空间则是无限的、永恒的、绝对的，一个有探索、追寻意识的人，决不可能不想超越有限的生存现状而趋于无限的神性界域。人生存于天地之间，心灵必有所依凭，信仰必有所确立，因此宗教意识的产生是不可避免的，从另一视点来看，宗教正是哲学产生的前提，仍有其存在的价值与意义。

那么，与迷信对立的"正信"是什么？鲁迅指出：一个有知识、能思考的人，只要他不满足于物质的生活，他必然会产生超越现实的"形上之需求"。像古印度民众，见暴风骤雨、电闪雷鸣，以为雷神与敌争斗，顿生虔诚、崇敬之念头；犹太民众，观察宇宙自然，觉得不可思议，则寻求与神沟通。对无限时空的敬畏，对神秘的超自然力的信仰，必然引发超越

---

① 鲁迅：《破恶声论》，《鲁迅全集》第 8 卷，人民文学出版社 2005 年版，第 29 页。
② 同上。

性的思考，宗教就由此而萌生。

正如马克思所揭示：

> 生活活动的性质包含着一个物种的全部特性、它的类的特性，而自由自觉的活动恰恰就是人的类的特性。①

人这一族类之所以有别于动物，就在于他的活动有着"形上"精神导引的"自由自觉"这一向度。对世界本源的追索，对人生存的价值与意义的思考，这是人这一族类特性之所在，决不能以"迷信"一词而蔽之。这也是鲁迅在《文化偏至论》中对"新神思一派"颇为推崇的原因。

以往学界对《破恶声论》中鲁迅肯定宗教、"迷信"感到一定困惑，甚至回避之，原因在于未能从哲学的高度上予以考察，未能注意到西方浪漫主义思潮对鲁迅影响这一历史语境，而是孤立地看待这一类问题，因此所得的结论势必有所偏离。

在这一精神向度上，鲁迅对中国民众"普崇万物为文化本根，敬天礼地"的所谓"迷信"观念颇为赞赏。"覆载为之首，而次及于万汇，凡一切睿知义理与邦国家族之制，无不据是为始基焉。"天地为万物万事之首，一切知识，包括哲学、伦理学以及国家、家族等种种社会结构无不以它为始基。这种"天人合一"的观念是中国古代文化的本质要义。由此，

> 虽一卉木竹石，视之均函有神閟性灵，玄义在中，不同凡品，其所崇爱之溥博，世未见有其匹也。②

中国人由"天人合一"观念出发，尊崇万物，敬奉天地，视一花一木，一沙一石，皆有性灵、生气，皆有奥秘、玄义，其所爱者，周遍广远，世间未有与之比肩的。这所谓"迷信"的观念虽显神秘，却是泛美学化的，它源自道家玄学、禅宗美学，禅宗名偈："青青翠竹，尽是法身，郁郁黄花，无非般若"，内蕴的就是万物皆为真如佛性显现的义理。若把此类情思斥责为迷信，岂不颠倒是非？这是那些精神窒塞，灵觉已失，唯物质功利是

---

① 〔德〕马克思：《1844 年经济学—哲学手稿》，刘丕坤译，人民出版社 1979 年版，第 50 页。
② 鲁迅：《破恶声论》，《鲁迅全集》第 8 卷，人民文学出版社 2005 年版，第 29—30 页。

图者所言，其危害极大。

四、"张灵明"与神话

宗教不尽是迷信，它内含"形上之需求"，那么，神话就是此需求的形象化的展示。

> 神话之作，本于古民，睹天物之奇觚，则逞神思而施以人化，想出古异，诙诡可观，虽信之失当，而嘲之则大惑也。太古之民，神思如是，为后人者，当若何谅异瑰大之。[①]

神话亦来自古代民众之"神思"，他们见天地万物的奇异景象，则通过想象的方式拟人化地加以夸大，虽然奇异幻怪，不可尽信，但若去嘲笑这类幻想也是一种迷误。

鲁迅由此批评道：

> 有借口科学，怀疑于中国古然之神龙者，按其由来，实在拾外人之余唾。彼徒除利力而外，无蕴于中，见中国式微，则虽一石一华，亦加轻薄，于是吹索抉剔，以动物学之定理，断神龙为必无。夫龙之为物，本吾民神思所创造，例以动物学，则既自白其愚矣。……嗟夫，龙为国徽，而加之谤，旧物将不存于世矣！[②]

现今有人借口科学认知的真实，质疑中国神龙之说，实是拾无知者之余唾，他们不过是看到中国国势衰微，吹毛求疵，连一石一花都加以鄙薄，龙是中国国民"神思"，即想象创造出来，他们以所谓动物学的知识来衡量、评判古人的"神思"，是再愚蠢不过的了。他们竟然蠢到连作为中国国徽都加以毁谤，真是无可救药了。

鲁迅指出，正如俄罗斯的标志是双头鹰、英国的标志是两只相对立的狮子一般，神龙则是中国的象征，中国的国徽，是神圣不可亵渎的。想象、拟人化、夸张、幻想、象征、神话、传说，这些人文精神的特殊运思

---

① 鲁迅：《破恶声论》，《鲁迅全集》第 8 卷，人民文学出版社 2005 年版，第 32 页。
② 同上注，第 32 页。

方式，在早期鲁迅心目中都是值得珍惜的传统。像中国民间戏剧中的"无常""女吊"，像《故事新编》中的女娲、嫦娥、大禹、眉间尺等，之所以得到鲁迅的偏爱，都与此美学观念有关。

鲁迅对神话、宗教、迷信等"形上"精神活动的肯定，还与尼采对原始生命力，包括对以神话为主的原始文化的高度崇奉有关。

> 尼怯（Fr. Nietzsche）不恶野人，谓中有新力，言亦确凿不可移。盖文明之朕，固孕于蛮荒，野人狂獉其形，而隐曜即伏于内。文明如华，蛮野如蕾，文明如实，蛮野如华，上征在是，希望亦在是。[①]

尼采肯定原始时代的人类，他认为那一时期的人，虽属"蛮野"之人，但生命力极为强健，其朝气蓬勃、刚劲威武，较之今天，完全是另外一种新的形态。今日之文明如若是花，"蛮野"则是花蕾；文明如若是果实，"蛮野"则是花。所以人类文明的开端，始于蛮荒，始于野人。对于现今走入歧途、日渐贫弱的人类文明来说，其复兴的希望也在于此。

在原始时代，文化的最高形态就是神话，尼采十分关注这一原古形态的神话。在尼采美学中，神话并不只是一种艺术样式，而是一种真理的映象：

> 神话想要作为一个个别例证，使那指向无限的普遍性和真理可以被直观地感受到。真正的酒神音乐犹如世界意志的这样一面普遍镜子置于我们之前，每个直观事件折射在镜中，我们感到它立即扩展成了永恒真理的映象。[②]

可以看出，神话在尼采的心目中地位极高，它是和酒神精神合融一体的，因为它使无限、普遍、真理这些"形上"的精神形态得以直观的呈现。

但是，在以科学知识为主导的现代文化语境中，神话这一神圣的位置却岌岌可危，它所内含的精神，即"古老悲剧被辩证的知识冲动和科学乐观主义冲动挤出了它的轨道"。尼采为此而感到悲哀与痛心：

---

① 鲁迅：《摩罗诗力说》，《鲁迅全集》第1卷，人民文学出版社2005年版，第66页。
② 〔德〕尼采：《悲剧的诞生》，周国平译，生活·读书·新知三联书店1986年版，第74页。

　　　　只要想一想这匆匆向前趱程的科学精神的直接后果，我们就立刻
　　宛如亲眼看到，神话如何被它毁灭，由于神话的毁灭，诗如何被逐出
　　理想故土，从此无家可归。①

尼采把文化分为三种，一是以科学知识为体系的"苏格拉底文化"，二是
展示诱人艺术美之幻象的"艺术文化"，三是弘扬、激发生命强力意志的
酒神"悲剧文化"。但在现代社会中，"苏格拉底文化"占了上风，科学知
识体系的涵盖、科学逻辑推演的独断、科学万能对精神界的僭越，使人文
精神的地位和影响日渐萎缩，神话、宗教等被当成科学的对立面——"迷
信"，予以否定而抛弃。

　　随着神话这一母体的毁灭，诗被驱逐出故土（即我们今天所说的，人
失去了精神家园，无法诗意地栖居），进而音乐也就消亡了。这样，人的
精神外化所有的直观的形象的美的品类，在科学的轮盘的碾压下毁灭了。

　　这也就是鲁迅在《科学史教篇》中能做出如下判断的原因：

　　　　举世惟知识之崇，人生必大归于枯寂，如是既久，则美上之感情
　　漓，明敏之思想失，所谓科学，亦同趣于无有矣。②

若崇科学万能，唯科学是从，势必美感日趋浅薄、消淡，人生归于僵滞、
冷寂。这是从尼采到鲁迅都无法容忍的人类进程中危险的偏离，所以他们
在论著中一再予以批判、力加抗争。可以看出，尼采对历史现代性的乐观
主义倾向的质疑与批判，对早期的鲁迅的审美取向产生了巨大的影响。

五、"伪士当去，迷信可存"

　　肯定人的"形上"之求，张扬人的精神向度，这是鲁迅在 20 世纪初
纠正"偏至"、破除"恶声"的宗旨之一。其目的在于调整科技理性和人
文精神之间的偏误，使两者达到平衡和谐、互动共容，使国人去掉"伪
士"之蔽，而臻于"内曜"。

　　"伪士当去，迷信可存，今日之急也"，鲁迅在《破恶声论》中的这句
话，在学界引发了多种的猜测，至今未有定论。按文中语境，其"伪士"

_____

①〔德〕尼采：《悲剧的诞生》，周国平译，生活·读书·新知三联书店 1986 年版，第 73 页。
②　鲁迅：《科学史教篇》，《鲁迅全集》第 1 卷，人民文学出版社 2005 年版，第 35 页。

主要是指伪科学者；"迷信"即指"神思""形上之需求"这类精神现象和精神追求。

鲁迅在文章中给"伪士"勾勒出一幅画像："近世人士，稍稍耳新学之语，则亦引以为愧，翻然思变，言非同西方之理弗道，事非合西方之术弗行。""伪士"表面上看是在"翻然思变"，但从其根底仍为旧时儒学之徒，思维观念并未变动，只不过是把儒教的非礼勿视、非礼勿动，翻然转为不合西学之道理勿说，不合西学之方法勿动而已。这批留学异国者，

> 近不知中国之情，远复不察欧美之实，以所拾尘芥，罗列人前，谓钩爪锯牙，为国家首事，又引文明之语，用以自文，征印度波兰，作之前鉴。①

他们不懂国情、不识西学真义，拾人牙慧，妄加附会，像把强化凶残的武力，误为国家首要之举；又引文明之语掩饰，夸大印度、波兰之衰亡，示为前车之鉴，这些只能是误国误民矣。

这些人，貌似科学的崇拜者，"奉科学为圭臬"，以"科学为坚盾以自卫"，实际上并不懂得科学，"特于科学何物，适用何事，进化之状奈何，文明之谊何解，乃独函胡而不与之明言，甚或操利矛以自陷。"②言必称科学，奉科学为万事之准则，却连科学为何物，适用于何事等，这些需具体阐释之处，却含糊不清，好比以利矛刺自己之坚盾，窘态毕露。

这些人中，更有心怀叵测者：

> 将借新文明之名，以大遂其私欲者乎？是故今所谓识时之彦，为按其实，则多数常为盲子，宝赤荓以为玄珠，少数为巨奸，垂微饵以冀鲸鲵。③

文明、科学，不过是这批"盲子"、巨奸的伪装而已。他们多数有目无珠，像是把赤小豆奉为明珠者；少数"巨奸"则把科学当成攫取权势、满足私欲的工具。此类"伪士"，理"当"除"去"，这就是鲁迅斩钉截铁的结论。

---

① 鲁迅：《文化偏至论》，《鲁迅全集》第1卷，人民文学出版社2005年版，第45、46页。
② 鲁迅：《破恶声论》，《鲁迅全集》第8卷，人民文学出版社2005年版，第28页。
③ 鲁迅：《文化偏至论》，《鲁迅全集》第1卷，人民文学出版社2005年版，第47页。

　　当时"伪士"们借托科学之名，发出两种"恶声"：一是"国民"说，一是"世界人"说。"国民说"曰："破迷信也，崇侵略也，尽义务也"；"世界人说"曰："同文字也，弃祖国也，尚齐一也"。若不做到前者，"则亡中国"；若不做到后者，"则畔文明"，均"将不足生存于二十世纪"，反对者所获之罪是够吓人的。"伪士"们发此"恶声"的目的是："灭人之自我，使之混然不敢自别异，泯于大群，如掩诸色以晦黑"，即以此二说剿灭有独异个性的醒觉者，使他们泯灭于庸众群体之中，就像各种颜色被单一的黑色所淹没一样。而他们之所以能如此恫吓世人，就在于其"所持为坚盾以自卫者，则有科学，有适用之事，有进化，有文明，其言尚矣，若不可以易。"① 鲁迅斥之道，连科学为何物、进化为何状都不清楚的人，能有资格侈谈这些吗？

　　去"伪士"，亦即鲁迅"立人"宗旨的第二方面——"心声"。何为"心声"，如何达到呢？"心声者，离伪诈者也。"鲁迅以奥古斯丁、托尔斯泰、卢梭为例，盛赞他们，"伟哉其自忏之书，心声之洋溢者也"。他们袒露襟怀、自我忏悔的著作，就是"心声"之经典。鲁迅认为，自我忏悔即如《庄子·天下篇》中的"白心"，有此"白心"，即可

　　　　荡涤秽恶，俾众清明，容性解之竺生，以起人之内曜。如是而后，人生之意义庶几明，而个性亦不至沉沦于浊水乎。②

　　庄子之"白心"，指的是表白一种不为世俗所牵累，不为外界而伪饰，不苟求于人，不与人有矛盾的心愿。有此心境，即可荡涤污秽，清除邪恶，使众人心襟坦荡，神志清明，宽容地看待精英人士的涌现，从而激发起人的内心光亮，如此之后，人生的意义明晰，独立的个性方不至于沉沦于污泥浊水。天才涌现，国人"内曜"，凡事皆能通明洞悉，"内部之生活强，则人生之意义亦愈邃，个人尊严之旨趣亦愈明，二十世纪之新精神，殆将立狂风怒浪之间，恃意力以辟生路者也"。③ 这就是鲁迅当年所寄予希望的新人，以及新世纪的理想境界。

---

① 鲁迅：《破恶声论》,《鲁迅全集》第 8 卷，人民文学出版社 2005 年版，第 28 页。
② 同上注，第 29 页。
③ 鲁迅：《文化偏至论》,《鲁迅全集》第 1 卷，人民文学出版社 2005 年版，第 57 页。

第四节　"吾行太远，孑然失其侣"

　　鲁迅审视科学独特的人文视角，往往被后人所忽视，或者被误读，其根本原因是忽略了鲁迅所处的人文精神与科技理性对峙的这一世界性历史语境。而一些论者过于强调章太炎思想对他的影响，也是原因之一。1906年章太炎出狱到了东京，在革命派欢迎会上提出："有两件事是最〈要〉的：第一、是用宗教发起信心，增进国民的道德；第二，是用国粹激动种姓，增进爱国的热肠。"① 作为弟子的鲁迅确在一定程度上接受这一观念，并在《破恶声论》中有所体现，如对伪科学者的揭露、抨击，对"迷信"（即形上之需求、神思、宗教、神话等）的辨析、肯定。

　　但章太炎思想仅是其渊源之一，在科学与人文问题上，对鲁迅思想产生影响的还有卢梭、尼采等，20世纪"新神思宗"的学说深刻地影响了鲁迅前期的思想。鲁迅称颂尼采"学说的精髓，则在鼓励人类的生活、思想、文化，日渐向上，不长久停顿在琐屑的、卑鄙的、只注意于物质的生活之中"。②

　　他在《文化偏至论》等文章中，一再标举尼采，在论析"新神思宗"及主观主义思潮出现的原因时，写道：

　　　　乃实以近世人心，日进于自觉，知物质万能之说，且逸个人之情意，使独创之力，归于槁枯，故不得不以自悟者悟人，冀挽狂澜于方倒耳。如尼佉伊勃生诸人，皆据其所信，力抗时俗，示主观倾向之极致。③

鲁迅已清晰地看到，近代人的观念过于崇信科学，推崇科学万能、物质万能，此思潮日渐超越感性个人的情意心念，长此以往，将会扼杀人的独创

---

　　① 章太炎：《东京留学生欢迎会演说辞》，《革故鼎新的哲理——章太炎文选》，上海远东出版社1996年版，第142页。
　　② 孙伏园：《鲁迅先生逝世五周年杂感二则》，《鲁迅先生二三事》，河北教育出版社2000年版，第75页。
　　③ 鲁迅：《文化偏至论》，《鲁迅全集》第1卷，人民文学出版社2005年版，第55页。

性，使人文精神逐渐萎缩、枯寂，所以不得不强化主观意力、独立个性的存在，尼采、易卜生等就是抗衡时俗、力挽狂澜，把主观意力推向极致的新思潮的代表。

作为先觉者的尼采，他"重估一切旧有价值"，质疑既有的理性和科学：

> 设想一下苏格拉底命题的结论："知识即美德；罪恶仅仅源于无知；有德者即幸福者"——悲剧的灭亡已经包含在这三个乐观主义基本公式之中了。……从苏格拉底开始，概念、判断和推理的逻辑程序就被尊崇为在其他一切能力之上的最高级的活动和最堪赞叹的天赋。[①]

从苏格拉底以来，人类一贯尊崇的理性思维，在尼采这里忽然变为可怀疑的对象，感性个体的意志强力进入了哲学的关注范围。尼采颠倒了"苏氏定律"：有理性认知并不等于有完美道德，犯罪并不只限于无知识者，遵从旧有的道德规范并不等于幸福，因为已有的价值判断中存在着许多负面因素，人文精神被科技理性所窒息的悲剧，从把理性认知树为绝对权威就开始了。尼采更深一层地揭示：自苏氏以来，科学的逻辑思维，如概念、判断、推理这一理性程序，是对生命意志的压抑，由科学引发的唯物质主义更是让世人沉溺于鄙俗的物欲，从而导致了人的创造力萎缩与精神槁枯。由此，他强调主观意志与生命原力，以此抗衡时俗，而这也正是鲁迅当时价值选择的重要趋向。"物质也，众数也，其道偏至"，鲁迅之所以尽全力纠正、遏止"杀精神生活"之"唯物极端"，源出于此。

尼采之前，卢梭在 18 世纪就已经揭示，科学发明创造的物质财富，助长了奢侈之风，诱发了人类的贪欲，腐蚀了公民的社会道德，人类的所谓文明实为"异化"的现象，是一种罪恶。

> 当生活日益舒适、工艺日臻完美、奢侈开始流行的时候，真正的勇敢就会削弱，尚武的德行就会消失；而这些仍然是科学和艺术在暗中起作用的结果。[②]

---

① 〔德〕尼采：《悲剧的诞生》，周国平译，生活·读书·新知三联书店 1986 年版，第 60、65 页。

② 〔法〕卢梭：《论科学与艺术》，何兆武译，商务印书馆 1959 年版，第 22 页。

卢梭的推演逻辑是这样的："科学"进步代替了原有的人工劳作，生产力大幅度提高，产品的丰富助长了享受，人心便趋向于"闲逸"；进而由闲逸、虚荣产生了"奢侈"，即通常所说的"物欲横流"的现象，社会风气与文明将因之堕落。所以，科学与艺术不是推动社会文明的进步，反而促使它的倒退。

或物欲之横流，或精神之光耀，这是人类生存中面临着的最重要的悖论式命题，也是近几个世纪来人文精神与科技理性对峙的巨大的世界性的历史语境的具体表现。鲁迅思想之所以博大精深，正在于他比同时期中国先进知识分子，包括后来"科玄"论战的参与者，更早地悟觉到这一重大命题，更早地进入到这一历史语境。

应该看到，鲁迅前期思想有二大层面：一是对中华民族在西方殖民主义强制下，被迫进入现代化进程而丧失民族文化自我个性的焦虑，如《破恶声论》中，对"国民"说、"世界人"说的揭露与批判；一是超越国家、民族，对"人"这一族类整体的生存状况进行思考，如《文化偏至论》中，对"物质""众数"之偏至的纠正，以及《科学史教篇》中，对科学与人文两不偏倚、互动共容，使"人性于全"的倡导。后一个层面，标志着鲁迅思想完全跟上了当代世界最新的哲学思潮，进入了作为"人"的族类性的整体视野。

但后一层面问题，倒是日本学者注意到了。伊藤虎丸在《鲁迅、创造社与日本文学》一书中有如下专节："鲁迅文学的现实主义——'科学主义'与'文学主义'"，其内涵相当于我们今天论及文学现代性时的"历史现代性"与"审美现代性"的对立统一。伊藤虎丸从日本二战前后的历史语境出发进行考察，"战前的学问，由于思想与人脱离（确乎是缘于缺乏统一的文化观念），因而轻易地成为战争的效忠机器"。科学发明加速了军事竞争，刺激了贪欲与野心，在人文精神被工具理性、机械主义所压抑，日趋萎缩、枯寂之际，战争就不可避免地引爆了，社会个体也就沦为战争的工具与武器。

于是，到了 20 世纪 60 年代后半期，出于对这种已达到"高度发展"的学问即科学的现状的不满，爆发出我们所熟悉的、极其文学主义＝反科学主义的思潮，即声讨"近代科学"及学问界的普遍现状，呼吁恢复情感的固有地位。

他在这一历史背景下，反顾鲁迅思想之超前性，不能不为之而惊叹。就日本思想界、文学界这一状况与鲁迅思想对比，伊藤虎丸指出：鲁迅早期对欧洲近代自然科学与19世纪个人主义文艺，"并不是从'外形'，而是从产生这种外形背后所共通的'精神'，即从'人类'（作为将两者融为一体的'内在本质'）那儿汲取"。① 即科学与人文，在鲁迅早期的思想里是作为内在的"精神"而共融一体，互动互生。

在当年的中国思想界，鲁迅的确是走得太远，过于超前，以至于他的同辈者大多只是望其项背，即使是今天的后学者，又何曾能完全洞悉其精神全貌？在《文化偏至论》中，他引述了尼采的一句话："吾行太远，孑然失其侣"，② 这何尝不是他自己的心声？但"吾未绝大冀于方来"！③ 在孤独中前行的鲁迅仍充满希望地遥望将来！

---

① 〔日〕伊藤虎丸：《鲁迅、创造社与日本文学》，孙猛等译，北京大学出版社1995年版，第136—137页。

② 鲁迅：《文化偏至论》，《鲁迅全集》第1卷，人民文学出版社2005年版，第50页。

③ 鲁迅：《破恶声论》，《鲁迅全集》第8卷，人民文学出版社2005年版，第25页。

第四编　鲁迅与马克思主义

第十章　厦门：鲁迅哲学思想转换的起点

【鲁迅思想是一个复杂、多向度的整体，它包括哲学、美学、政治学、社会学、心理学等，因此从政治斗争或"概念泛化"等单一视角的切入，都无法达到对其完整的把握。1927年1月，在厦门大学生活了四个多月的鲁迅前往广州，如他自己所说的"离开厦门的时候，思想已经有些改变"。细加探析，是从原本的"任个人而排众数"、视"众数"为"庸众"的尼采超人哲学，逐步开始转换到劳动工农是"世界的创造者"的新的哲学基点上来；即从偏向于尼采的"少数之优者为多数之劣者所钳制"，开始转换到马克思的"多数之弱者为少数之强者所压伏"的理论基点上来。】

1902年，梁启超在《新民丛报》发文论及："今之德国有最占势力之二大思想，一曰麦喀士之社会主义，二曰尼志埃之个人主义。尼志埃为极端之强权论者，前年以狂疾死。其势力披靡全欧，也称为十九世纪末之新宗教。麦喀士谓今日社会之弊在多数之弱者为少数之强者所压伏；尼志埃谓今日社会之弊在少数之优者为多数之劣者所钳制。二者虽皆持之有故，言之成理。"①指出19世纪末、20世纪初，影响德国乃至世界有两大思潮，一是马克思的"多数之弱者为少数之强者所压伏"，即资本的强权压迫弱小贫穷的大众；一是尼采的"少数之优者为多数之劣者所钳制"，即通常说的"劣币驱逐良币"。

梁启超所述这两大思想在鲁迅前期的著作中均有呈示。其一，"强压弱"。1907年的《摩罗诗力说》，鲁迅论及拜伦诗作《凯因》，诗中魔鬼卢

---

① 梁启超：《进化论革命者颉德之学说》，原载《新民丛报》第18号，1902年10月16日。

希飞勒原来是上帝的天使长，后违上意被逐出天国，堕入地狱成魔，所以魔亦是神所造的。卢希飞勒不服恶魔的身份，说：“彼胜我故，名我曰恶，若我致胜，恶且在神，善恶易位耳。”即善恶不是恒定的，它随强弱而变更。鲁迅接着指出，这种善恶看法与尼采正相反：“尼怯意谓强胜弱故，弱者乃字其所为曰恶，故恶实强之代名；此则以恶为弱之冤谥。”①即尼采认为，所谓“恶”，只不过是由弱者取名施加于强者身上的而已，不必避讳它。因此，尼采追求“自强”，弘扬强力意志，因为强者方能定下善恶。这里，虽是在辩说善恶观念的源起，但涉及梁启超所说的“强压弱”的观念。

其二，“劣制优”。1908的《破恶声论》，鲁迅批判了两大恶声：“一曰汝其为国民，一曰汝其为世界人。”他认为，强制每一个人均为“国民”、均为“世界人”，并推至极限，这两种谬论都是“恶声”，因为它“皆灭人之自我，使之混然不敢自别异，泯于大群，如掩诸色以晦黑，假不随驸，乃即以大群为鞭箠，攻击迫拶，俾之靡骋。”②此类恶声，在根本上是对有独立个性的剿灭，它使精神先觉者不敢特立独行，发出新声，从而泯灭于愚庸的群体中，如同各种色彩淹没于黑色。如若不追随附和，他们就会以“大群”的道义鞭笞你，压迫你，使你无法施展抱负。这也就是梁启超论及的尼采“少数之优者为多数之劣者所钳制”，在《文化偏至论》中，鲁迅则以“任个人而排众数”的方略来反制此种“劣制优”的观念。

根据现存的史料可以看出，鲁迅一生的思想恰恰就是在这两大观念中演化，即从偏向于尼采的“劣制优”，逐步转变为马克思的“强压弱”。这开始转换的起点，即是他在厦门生活的1926年11月。当然，这只是大轮廓式的勾勒，内中还有不少细微的变量。

第一节 离开厦门，“思想已经有些改变”

1927年1月15日午后，鲁迅从厦门厦港沙坡尾登上到广州去的“苏州号”轮船。至第二天中午，随着海轮汽笛的鸣响，他曾工作、生活过四

① 鲁迅：《摩罗诗力说》，《鲁迅全集》第1卷，人民文学出版社2005年版，第80页。
② 鲁迅：《破恶声论》，《鲁迅全集》第8卷，人民文学出版社2005年版，第28页。

个多月的厦门岛、厦门大学渐渐地跟着海浪退去、隐去。时间的逝去，对于鲁迅来说反成一种积淀，在厦大这短短的四个多月中，鲁迅除开设"中国文学史"和"中国小说史"两门课程之外，还撰写了学术论著《汉文学史纲要》《〈嵇康集〉考》；创作小说《铸剑》《奔月》，散文《从百草园到三味书屋》《父亲的病》《琐记》《藤野先生》《范爱农》；写下杂文《厦门通信》《华盖集续编·小引》《华盖集续编·校讫记》《坟·题记》《写在〈坟〉后面》《〈争自由的波浪〉小引》《所谓"思想界先驱者"鲁迅启事》《阿Q正传的成因》《关于三藏取经记等》《〈走到出版界〉的"战略"》《新的世故》《〈绛洞花主〉小引》；翻译《以生命写成的文章》（日）、《说〈幽默〉》（日）、《文学者的一生》（日）；编定杂文集《坟》《华盖集续编》；以及留下自然地袒露情怀与思想的《两地书》中许多重要的信札……其成果之丰硕，若用"惊人"一词来评定，则一点也不为过。

那么，启航之后的鲁迅心境如何呢？这在他当夜写给李小峰的《海上通信》中可窥得一二：在海上，"小小的颠簸自然是有的，不过这在海上就算不得颠簸；陆上的风涛要比这险恶得多"。"陆上的风涛"指的是，与尊孔的校长林文庆、与"胡适派"的顾颉刚等的人事纠葛仍无法释怀；指的是与"北京现代评论派"的斗争仍在延续："既有鲁迅，亦有陈源。但你既然'便是黄连也决计吞下去'，则便没有问题。要做事是难的，攻击排挤，正不下于北京，从北京来的人们，陈源之徒就有。"[1]但信的末尾却来段令人注目的话："但从去年以来，我居然大大地变坏，或者是进步了。虽或受着各方面的斫刺，似乎已经没有创伤，或者不再觉得痛楚；即使加我罪案，也并不觉着一点沉重了。这是我经历了许多旧的和新的世故之后，才获得的。我已经管不得许多，只好从退让到无可退避之地，进而和他们冲突，蔑视他们，并且蔑视他们的蔑视了。"[2]他已退无可退，将正面迎敌了。这说是私下向朋友透露将要采取的应战策略也可，但内中也明白地告知，在1926年这一年，我变了，"进步了"！

这就让人自然地联系到，他到广州之后，在1927年9月的《答有恒先生》信中的一段话：

---

① 鲁迅：《261023致章廷谦》，《鲁迅全集》第11卷，人民文学出版社2005年版，第583页。

② 鲁迅：《海上通信》，《鲁迅全集》第3卷，人民文学出版社2005年版，第417、420页。

> 我离开厦门的时候，思想已经有些改变。这种变迁的径路，说起来太烦，故且略掉罢，我希望自己将来或者会发表。单就近时而言，则大原因之一，是：我恐怖了。而且这种恐怖，我觉得从来没有经验过。①

遗憾的是，鲁迅在其后的时间里，对此"思想变迁的径路"的具体叙述像是没有"发表"过，而国内外鲁迅研究界对此似乎也缺乏追根溯源的探寻。或许鲁迅在厦门生活的时间太短了，前后仅四个多月。因此，在鲁迅思想史研究中，厦门时期往往被一笔带过。

按现存资料，像是只有李长之在《鲁迅批判》一书中把厦门到广州这一时期单独划为一个阶段："自一九二六的九月至一九二七的九月，是他生活上感受了异常不安定与压迫的时期，他赴厦门，又赴广东，这种变动使他对人生的体验更深刻了；虽然使他沉默，然而在他是一个次一阶段的潜伏期，酝酿期。时代背景就是宁汉分裂，国民党党内实行一种清党运动。鲁迅在感情上当然异常激动，可是这时他的'爱的问题'也得到解决，所以他已是在有人抚爱之中，而慢慢度入他的次一个阶段的进展了，而这短短的一年乃是他精神进展上的第四个阶段。"②虽然厦门时期是突出了，却也只是事态描述性的语言，关于鲁迅"思想变迁"的深层问题并未触及。

但鲁迅自述的："我离开厦门的时候，思想已经有些改变"，在其思想发展史上却是一至关重要的问题。因为已往学界对鲁迅思想演变期的论析及界分，主要是从两个向度切入：一是政治斗争，一是"概念泛化"。前者的代表如瞿秋白、李泽厚，他们都主张1927年是鲁迅思想从前期向后期转变的时间点，瞿秋白根据鲁迅《三闲集·序言》中这些话："我是在二七年被血吓得目瞪口呆，离开广东的"，"我一向是相信进化论的，总以为将来必胜于过去，青年必胜于老人"，但"目睹了同是青年，而分成两大阵营，或则投书告密，或则助官捕人的事实！我的思路因此轰毁"，而得出由此"鲁迅从进化论进到阶级论，从绅士阶级的逆子贰臣进到无产阶级和劳动群众的真正友人，以至于战士"的结论。③

① 鲁迅：《答有恒先生》，《鲁迅全集》第3卷，人民文学出版社2005年版，第473页。
② 李长之：《鲁迅批判》，北京出版社2003年版，第9页。
③ 瞿秋白：《〈鲁迅杂感选集〉序言》，《红色光环下的鲁迅》，河北教育出版社2000年版，第17、21页。

李泽厚则更明确地指出："鲁迅前期也可以1925年春参与女师大事件为界标分为两个小段。"后期的起点是："在广泛的'文明批评''社会批评'中，在这种日益深入的阶级斗争中，鲁迅不断具有和提出了许多接近和符合于马克思主义的重要思想、观点或观念，这些观念是他1927年终于接受和成为坚定的马克思者的内在根据和思想前提。"①1927年血腥的4月，成了鲁迅思想前后期演变的明晰的分水岭。显然，瞿秋白、李泽厚对鲁迅思想演变界分的依据是政治斗争。

另一种"概念泛化"，指的是从20世纪80年代起，由鲁迅《写在〈坟〉后面》所言及的："以为一切事物，在转变中，是总有多少中间物的"，这一"中间物"概念的突显，成了鲁迅思想研究中的亮点。其代表人物之一为王乾坤，他分析道："'中间物'作为一个环节，首先表明人的此在'由此到那'之大限。""从根本上说，'中间物'论是鲁迅的生命哲学。""'中间物'构成了鲁迅全部思想的一个轴心概念。其他思想可以看作这个轴心的一个个展开。而从研究的角度看，'中间物'也就成了释读其思想的总向导。"②亦即"中间物"这一概念可以披覆鲁迅的"全部思想"。

对此，首先必须加以说明的是，这里绝无否定从政治斗争、"概念泛化"等角度来分析鲁迅思想的念头。如若欠缺政治斗争视角，那鲁迅思想研究就失去了历史现实的根基；如若欠缺生命哲学的视角，那鲁迅对个体生存价值的独特悟解势将遮蔽。但我们还应该注意到，鲁迅的思想是丰富复杂、多向度的，是一个浑圆的整体，它包括哲学、美学、政治学、社会学、心理学等等，例如，李长之的《鲁迅批判》就偏于精神心理角度的介入。因此，任何单一视角的切入，都无法完成对"鲁迅全部思想"的把握；任何一个视角的过分强化，都有可能产生偏离的危险。在上述《答有恒先生》一文中，鲁迅是说到，由政治斗争的血淋淋杀戮而导致的"恐怖"，是他思想改变的原因，但仅是"大原因之一"。政治斗争确是"大原因"，但在鲁迅心目中仍然只是原因"之一"，那定然还会有另外的"之一"。

李欧梵对此曾有过论析："和那种神化的观点相反，鲁迅决不是一位从早年起就毫不动摇地走向既定目标的天生的革命导师，相反，他终于完成

① 李泽厚：《略论鲁迅的思想发展》，《中国近代思想史论》，人民出版社1986年版，第455页。
② 王乾坤：《鲁迅的生命哲学》，人民文学出版社1999年版，第14页。

自己在文学方面的使命，是经过了许多的考验和错误而得来的。他的心智成长发展的过程，实际上是一系列的以困惑、挫折、失败，以及一次又一次的灵魂探索为标志的心理危机的过程。"① 也就是说，过程动态与复杂多重是鲁迅思想发展的特色。

"路漫漫其修远兮，吾将上下而求索。"对"路"的求索，鲁迅不仅关注西方诸种哲学思潮，在 1914 年后几年，还开始看佛经，购买了许多佛教经书，"用功很猛，别人赶不上"。他曾对许寿裳说过："释迦牟尼真是大哲，我平常对人生有许多难以解决的问题，而他居然大部分早已明白启示了，真是大哲！"②

写于 1925 年 10 月的《伤逝》则隐藏着他在寻索新路时的忧虑："新的生路还很多，我必须跨进去，因为我还活着。但我还不知道怎样跨出那第一步。有时，仿佛看见那生路就像一条灰白的长蛇，自己蜿蜒地向我奔来，我等着，等着，看看临近，但忽然便消失在黑暗里了。"③ 虽然是小说中的描写，但似乎也是鲁迅此时的"彷徨"心态的写照："新的生路"似在召唤，但它却又像条"灰白的长蛇"，忽然间便消失了，迷惘、失望、疑虑的心境，溢于言表。

因此，鲁迅在 1926 年 11 月《写在〈坟〉后面》中才会说出："倘说为别人引路，那就更不容易了，因为连我自己还不明白应当怎么走。……我只很确切地知道一个终点，就是：坟。然而这是大家都知道的，无须谁指引。问题是在从此到那的道路。那当然不只一条，我可正不知那一条好，虽然至今有时也还在寻求。"④ 此时的他，是《野草》中的那位"过客"，明知前路的终点是"坟"，但仍坚毅地昂头奋然前行。

这一阶段，鲁迅在与友人通信中也提及"路"的探索问题，1926 年《致李秉中》信写道：

其实呢，我自己尚且寻不着头路，怎么指导别人。这些哲学式的事情，我现在不很想它了，近来想做的事，非常之小，仍然是发点议

① 李欧梵：《铁屋中的呐喊》，河北教育出版社 2000 年版，第 3 页。
② 许寿裳：《挚友的怀念——许寿裳忆鲁迅》，河北教育出版社 2000 年版，第 26 页。
③ 鲁迅：《伤逝》，《鲁迅全集》第 2 卷，人民文学出版社 2005 年版，第 132 页。
④ 鲁迅：《写在〈坟〉后面》，《鲁迅全集》第 1 卷，人民文学出版社 2005 年版，第 300 页。

论，印点关于文学的书。①

这说明，鲁迅把思想上选择"路"的问题，提升至"哲学式"的层面，在一定时期里，追索过它，思考过它。因此，单一的政治斗争视角是涵括不了鲁迅思想整体的。

而"概念泛化"的研究视角，是上升到"哲学"层面，但它仅属于"生命哲学"的范围。鲁迅随意从生命进化理论中抽绎出"中间物"这一名词概念，能成为鲁迅思想的"轴心概念"，能成为研究"鲁迅全部思想"的"总向导"吗？若按此逻辑，对鲁迅思想研究就会产生着"静态化"与"单一化"，即趋于凝固化的危险，最明显的一点就是，对鲁迅思想演变期必要的界分线模糊了，这是与鲁迅对自己思想改变过程的描述相悖的。

因为鲁迅从没回避过自己思想观念的转换，早在 1918 年 8 月给许寿裳的信中，他就写道：

> 历观国内无一佳象，而仆则思想颇变迁，毫不悲观。盖国之观念，其愚亦与省界相类。若以人类为着眼点，则中国若改良，固足为人类进步之验（以如此国而尚能改良故）；若其灭亡，亦是人类向上之验，缘如此国人竟不能生存，正是人类进步之故也。②

逐一地观察国内的消息，没有一件是好的景象，而我的思想则时时在变迁之中，一点也不悲观。这说明鲁迅时时在关注新的社会动态，新的思想动向，并接纳新的理论学说，以调整自己的知识结构，做出新的选择，而非单一的静态存在。像关于国家的观念就应该从全人类的视野出发，而不能偏狭到像以省界论之一样。不管中国是存在或灭亡，它都跟人类整体的进步息息相关。1918 年的鲁迅，其思想已超越了国界，并不停留在民族主义的樊篱内；其构成特点是动态的，是时时刻刻在更新的。

例如，20 世纪初，在人文精神与物质主义（包括唯科学主义）对峙这一世界性宏大命题跟前，中国文化思想界能跟得上西方哲学思潮的，当时可能只有鲁迅与王国维。早在 1907 年，鲁迅在《文化偏至论》中就提出

---

① 鲁迅：《致李秉中》，《鲁迅全集》第 11 卷，人民文学出版社 2005 年版，第 528 页。
② 鲁迅：《致许寿裳》，《鲁迅全集》第 11 卷，人民文学出版社 2005 年版，第 366 页。

"掊物质而张灵明"的主张，这种强化人文精神，并以此来与物质主义、唯科学主义相抗衡的哲学理念，能是区区的一个"中间物"概念所能涵括的吗？①

　　因此，不管哪一种研究视角，只要它把自身绝对化、凝定化了，它就会对鲁迅思想整体的研究产生遮蔽的偏误，所以从哲学的视角来论析鲁迅 1926 年前后的思想演变，目的只是为着深化、周全，而非排异、独断。

第二节　愚昧的"众数"　麻木的"庸众"

　　1926 年底之前，鲁迅哲学思想的状况如何呢？对此，鲁迅在给许广平的信中倒有明晰的表述：

　　　　我已在《呐喊》的序上说过：不愿将自己的思想，传染给别人。……其实，我的意见原也不容易了然，因为其中本有着许多矛盾，教我自己说，或者是"人道主义"与"个人的无治主义"的两种思想的消长起伏罢。所以我忽而爱人，忽而憎人；做事的时候，有时确为别人，有时却为自己玩玩，有时则竟因为希望将生命从速消磨，所以故意拼命的做。②

此信写于 1925 年 5 月，这和他 1918 年给许寿裳信中的意思相符："若以人类为着眼点，……大约将来人道主义终当胜利。"③人道主义确是当时鲁迅所信奉的一条原则。

　　但到他编辑《两地书》时，他把"个人的无治主义"改成了"个人主义"。此二者有何区别呢？在鲁迅的笔下，"个人的无治主义"是和俄国文学中一个典型人物关联一起，他是俄国作家阿尔志跋绥夫的小说《工人绥惠略夫》中的主人公。绥惠略夫和同道者们为着拯救生活在苦难中的群众，为着改革社会现状这一"共同事业"，他们勇敢献身，最后仅剩孤身一人；

---

　　①　参阅本书第九章《鲁迅的价值取向：科学与人文》。
　　②　鲁迅：《致许广平》，《鲁迅全集》第 11 卷，人民文学出版社 2005 年版，第 493 页。
　　③　鲁迅：《致许寿裳》，《鲁迅全集》第 11 卷，人民文学出版社 2005 年版，第 366 页。

但那些群众——"不幸者们"非但不领情，反而和专制者串通一气，帮助后者追杀、迫害他。愤激之下，他转而向"不幸者们"也宣战了。仇视一切，复仇社会，最后自身也归于毁灭，这就是绥惠略夫所代表的"个人的无治主义"，鲁迅在给许广平的信中亦写成"个人的无政府主义者"。^① 而这也是鲁迅 1926 年 12 月在《〈阿Q正传〉的成因》一文中，用讥讽的笔调把高长虹写成是"走到出版界"的"一个中国的'绥惠略夫'"的原因，即认定高为仇视社会、仇视一切的无政府主义者。

鲁迅在 1925 年 5 月还自称为"个人的无治主义"，到 1926 年底即否定之，把自己此前的思想一侧定位改为"个人主义"，这不就显露出其思想在这一年中发生了内在的变化吗？"个人主义"的内涵远大于"个人的无治主义"，它比较切合 1925 年前鲁迅的思想。

孙伏园在《鲁迅先生逝世五周年杂感二则》中提及："从前刘半农先生赠给鲁迅先生一副联语，是'托尼学说，魏晋文章'。当时的朋友都认为这副联语很恰当，鲁迅先生自己也不加反对。"^② 这里，"托"指托尔斯泰，"尼"指尼采。托尔斯泰以源于基督教精神的"大爱主义"，即人道主义而著称于世；尼采思想则奠立于个人主义的基础上，批判传统的理性、道德，提倡精英式的"超人"与"强力"精神。这与《两地书》中所说的"人道主义与个人主义"两种思想消长起伏相吻合。

鲁迅后来自己也谈到这两种思想的不同特质：

> 从生活窘迫过来的人，一到了有钱，容易变成两种情形：一种是理想世界，替处同一境遇的人着想，便成为人道主义；一种是什么都是自己挣起来，从前的遭遇，使他觉得什么都是冷酷，便流为个人主义。我们的中国大概是变成个人主义者多。^③

他在这里谈的莫非就是自己的思想境况吗？"有钱"，大约是指生活的基本条件有了保障，不为衣食住行等所"窘迫"。这时，人的精神就开始不安分，开始新的想望了。

---

① 详见：《鲁迅全集》人民文学出版社 2005 年版，第 10 卷，第 180—184 页；第 11 卷，第 466 页。

② 孙伏园等：《鲁迅先生二三事》，河北教育出版社 2000 年版，第 75 页。

③ 鲁迅：《文艺与政治的歧途》，《鲁迅全集》第 7 卷，人民文学出版社 2005 年版，第 117 页。

　　人道主义确是一种理想，它可以作为信仰的标尺而高悬于上。但鲁迅接着上段文字谈到：崇奉人道主义者必然会和社会掌控者产生冲突，像托尔斯泰一类，"这种文学家出来，对于社会现状不满意，这样批评，那样批评，弄得社会上个个都自己觉到，都不安起来，自然非杀头不可"。人道主义的路既然走不通，那就采取尼采的个人主义吧，但它又过于"冷酷"，于己于人都会造成伤害。因此，鲁迅才会"忽而爱人，忽而憎人"，处于这"两种思想的消长起伏"的选择与彷徨之中。这，就是鲁迅在 1925 年左右的思想状况。

　　鲁迅思想中的个人主义主要来自尼采。鲁迅的追随者王志之曾引周作人的文章："说到他的思想方面，最初可以说受尼采的影响很深，就是树立个人主义，希望超人的实现。可是最近又有点转到虚无主义上去了。因此，他对一切事，仿佛都很悲观。"[①] 瞿秋白也指出："鲁迅当时的思想基础，是尼采的'重个人非物质'的学说。……这种个性主义，是一般的知识分子的资产阶级性的幻想。然而在当时的中国，城市的工人阶级还没有成为巨大的自觉的政治力量，而农村的农民群众只有自发的不自觉的反抗斗争。大部分的市侩和守旧的庸众，替统治阶级保守着奴才主义，的确是改革进取的阻碍。"因此，这种发展个性，强调精英、超人，以打破庸众守旧的观念，"客观上在当时还有相当的革命意义"。[②]

　　鲁迅在《文化偏至论》中，批评的第一个偏至是"唯物质主义"，第二个偏至则是"囿于众数"。抗衡"唯物质主义"的对策，他指明是"掊物质而张灵明"；而抗衡"众数"的对策，则是"任个人而排众数"，后者的思想资源则来自尼采的超人哲学。

　　　　若夫尼佉，斯个人主义之至雄桀者矣，希望所寄，惟在大士天才；而以愚民为本位，则恶之不殊蛇蝎。意盖谓治任多数，则社会元气，一旦可隳，不若用庸众为牺牲，以冀一二天才之出世，递天才出而社会之活动亦以萌，即所谓超人之说，尝震惊欧洲之思想界者也。[③]

---

　　① 　王志之：《我的想法》，《鲁迅先生二三事》，河北教育出版社 2000 年版，第 5 页。

　　② 　瞿秋白：《〈鲁迅杂感选集〉序言》，《红色光环下的鲁迅》，河北教育出版社 2000 年版，第 11 页。

　　③ 　鲁迅：《文化偏至论》，《鲁迅全集》第 1 卷，人民文学出版社 2005 年版，第 53 页。

尼采学说推崇个人主义之雄杰，重天才、精英，贬庸众、愚民；推崇"个人"，排斥"众数"。他认为，若"以愚民为本位"，以庸众的意向为治国理政的依凭，势必压制精英、天才，国家、社会的元气必然"隳堕"，其恶则不恶于"蛇蝎"之毒。

这一时期鲁迅所取的"个人主义"的内涵，以尼采的"超人学说"为主。在鲁迅心目中，治理国家，必需"排众数而任个人"，不能走"政治之权，主以百姓"的道路。他以法国大革命之后社会状况为例，由于以庸俗的"众意"为本位，社会政治经济上一切权利，均由"众数"所定，导致伪"民主"大潮盛行，"明哲非多，伧俗横行，浩不可御，风潮剥蚀，全体以沦于凡庸"。① 其结果是精英思想被扼制，贵族精神荡然无存，整个社会沦陷于凡庸、平俗、粗野、丑陋的风气之中。

国家政治上若以庸众的是非为基准，鲁迅指出，其危害甚至超过暴君："借众以陵寡，托言众治，压制乃尤烈于暴君"。对此现状，他的结论是：

> 故是非不可公于众，公之则果不诚；政事不可公于众，公之则治不郅。惟超人出，世乃太平。②

社会矛盾的是非判断不可由公众们来审决，否则其结果定然不实；国家政务的取舍定夺不可由公众们来处治，否则其结果定然无法完善。当"少数之优者为多数之劣者所钳制"，即"劣币驱逐良币"，国家社会势必衰亡。总之，鲁迅像尼采一样，冀盼着"超人"，即精英人士的出现，寄希望于他们。

鲁迅对当时国内充斥着"庸众""劣者"的状况深为痛心，其"国民性"批判的重点也在于此。1920 年他写下《头发的故事》一文：双十节，前辈 N 先生到他寓所闲谈。本是辛亥革命的纪念日，却连日历都未记载之，人们早已忘却了那些为国捐躯的烈士们。他俩对此甚是感慨："他们都在社会的冷笑恶骂迫害倾陷里过了一生；现在他们的坟墓也早在忘却里渐渐平塌下去了。"③ 不少社会民众对革命先驱者牺牲极为冷漠，对烈士的业绩的负义忘恩，甚至还加以嘲笑恶骂、敌视迫害，这一切让鲁迅深深为之

---

① 鲁迅：《文化偏至论》，《鲁迅全集》第 1 卷，人民文学出版社 2005 年版，第 52 页。
② 同上注，第 46、53 页。
③ 鲁迅：《头发的故事》，《鲁迅全集》第 1 卷，人民文学出版社 2005 年版，第 485 页。

痛心。

1922 年北京大学部分学生反对学校征收讲义费，发生风潮，后以校方开除一个学生冯省三为结。鲁迅为此写下《即小见大》一文，为"牺牲者"鸣不平：风潮过了，学生的讲义费已取消，学生胜了，但没有听得有谁为这次牺牲者祝福。就像辛亥革命前后，谋刺良弼和袁世凯而死的四烈士坟，民众也早已忘却他们，其中三块墓碑，直到民国十一年还没人去刻上烈士的名字。

此事深藏在鲁迅的心中，直至 1925 年 5 月给许广平的信中还提及：

> 提起牺牲，就使我记起前两三年被北大开除的冯省三。他是闹讲义风潮之一人，后来讲义费撤去了，却没有一个同学再提起他。我那时曾在《晨报副刊》做过一则杂感，意思是牺牲为群众祈福，祀了神道之后，群众就分了他的肉，散胙。[①]

这"胙"，也就类似于小说《药》中的"人血馒头"，革命党人夏瑜之血竟成了愚民治肺痨之"药"。此种惨痛，此种对庸众的失望，在鲁迅心中多年来经久不散。

1925 年"五卅运动"之后，社会上一些批评家对学生的爱国行为开始嘲弄，说是只有"五分钟热度"。对此现象，鲁迅予以痛斥：

> 这"五分热"是地方病，不是学生病。这已不是学生的耻辱，而是全国民的耻辱了；倘在别的有活力，有生气的国度里，现象该不至于如此的。外人不足责，而本国的别的灰冷的民众，有权者，袖手旁观者，也都于事后来嘲笑，实在是无耻而且昏庸！[②]

鲁迅指出，学生并没有三头六臂的神力，他们所能做的，无非只是演讲、游行、宣传之类，正如火花一样，希望在民众的心头点燃光焰，使国势有点转机；倘若民众没有可燃性，火花则只能将自身燃尽。不少民众只是袖手旁观，"闲看"而已，"谁也不动"，而且事后反过来却横加指责、嘲笑

---

① 鲁迅：《致许广平》，《鲁迅全集》第 11 卷，人民文学出版社 2005 年版，第 491 页。

② 鲁迅：《补白》，《鲁迅全集》第 3 卷，人民文学出版社 2005 年版，第 113 页。

再三，这些人是无耻而且昏庸的"灰冷的民众"！

鲁迅对庸众、"众数"的失望，更集中表现在他所塑造的艺术典型——阿Q身上。笔者在《〈阿Q正传〉新论——越界的庸众与阿Q的悲剧》一章中指出：鲁迅对于阿Q不是"怒其不争"，而是"惧怕其争"。鲁迅当时冀盼的是在精神上彻底觉醒的革命先驱者，如写《革命军》的邹容、《药》中的夏瑜，英国诗人拜伦等，而非以权力、金钱、女人为"革命"目的的阿Q式的人物。阿Q这个人物形象的原型，鲁迅所说的"破落户子弟的装腔作势"的成分较大，他属于越界的"庸众"。鲁迅对于中国革命中的游民文化意识与民粹主义倾向是持批判态度，他惧怕"阿Q似的革命党"这类游民、民粹的沉渣泛起，借着革命的大潮起来争夺权力与地盘，因为他们不可能成为推进中国发展的健康的力量。①

在《我之节烈观》中，鲁迅有一独特的发现，他透视到"众数"中存在着一种"无主名无意识的杀人团"的邪恶力量：

> 社会上多数古人模模糊糊传下来的道理，实在无理可讲；能用历史和数目的力量，挤死不合意的人。这一类无主名无意识的杀人团里，古来不晓得死了多少人物；节烈的女子，也就死在这里。②

"众数"们所依仗的是"历史"（传统的延续）和"数目"（庸众的多数）这两项"模模糊糊"的规则，由此他们便可或明或暗地杀人了。像《祝福》中迫害祥林嫂的鲁镇，像《狂人日记》中迫害狂人的狼子村，像《孤独者》中挤死魏连殳的S城、寒石山村等地的民众中，都存在着一种由传统意识所累积、所构成的，并深藏于庸众之中的"无主名无意识的杀人团"的集体无意识，这也就是祥林嫂、狂人、魏连殳等的悲剧命运产生的根本缘由。庸众之愚昧，"众数"之恐怖，被鲁迅从中国的历史与社会的深层中挖掘而出了。

这种"无主名无意识的杀人团"的集体无意识，在鲁迅的心目中形成"无物之阵"，其根基之深厚、威慑之巨大，非常人所能洞悉。在《野草》中，鲁迅塑造了一位"这样的战士"，他"拿着蛮人所用的，脱手一

---

① 参阅本书第十三章《〈阿Q正传〉新论——越界的庸众与阿Q的悲剧》。
② 鲁迅：《我之节烈观》，《鲁迅全集》第1卷，人民文学出版社2005年版，第129页。

掷的投枪"，走进"无物之阵"，不理睬一路上对他"一式点头"的各色人等，举起投枪，正中他们的心窝。"一切都颓然倒地；——然而只有一件外套，其中无物。无物之物已经脱走，得了胜利"，战士反成了"戕害慈善家等类的罪人"。但他又举起了投机枪，又举起了投枪……经过一番又一番激烈、殊死的搏斗，"他终于在无物之阵中老衰，寿终。他终于不是战士，但无物之物则是胜者"。但他又举起了投枪……[1]虽然鲁迅与之搏击至死的韧劲值得敬佩，但"无物之阵"的顽固却非同常态，它极难攻克。这也是鲁迅在《呐喊·自序》中对钱玄同说的"铁屋子"万难破毁的意思。

"无物之阵""铁屋子"之所以难以打破，原因在于它的根基深扎在数量浩大的中国"庸众"中。对此类"众数""庸众"，鲁迅认为，他们甚至比暴君更为恶劣：

> 暴君治下的臣民，大抵比暴君更暴；暴君的暴政，时常还不能餍足暴君治下的臣民的欲望。中国不要提了罢。在外国举一个例：小事件则如 Gogol 的剧本《按察使》，众人都禁止他，俄皇却准开演；大事件则如巡抚想放耶稣，众人却要求将他钉上十字架。[2]

要求禁演果戈理的《钦差大臣》、要求把耶稣钉在十字架上，这些愚昧、血腥的事件居然都是出于民众的要求，反而是沙皇、巡抚这些统治者放宽了一步。在中国甚至出现愚民用志士颈上喷出的鲜血沾馒头治痨病的悲剧；更有甚者，拿残酷做娱乐，拿他人的苦做赏玩，做慰安，以满足"渴血的欲望"，所以鲁迅对这种冥顽不化的"庸众"是深深地失望了。

当然，这一时段的鲁迅并非一味地轻视下层民众，最明显的是他写过的《一件小事》：人力车夫扶起被带倒的老女人向巡警分局走去，"我这时突然感到一种异样的感觉，觉得他满身灰尘的后影，刹时高大了，而且愈走愈大，须仰视才见。而且他对于我，渐渐的又几乎变成一种威压，甚而至于要榨出皮袍下面藏着的'小'来"。[3]知识者一时间反成了以劳力为生的底层民众的教育对象。或许这和鲁迅少年时的生活经验有关，因为"我母亲的母家是农村，使我能够间或和许多农民相亲近，逐渐知道他们是毕

---

[1] 鲁迅：《这样的战士》，《鲁迅全集》第 2 卷，人民文学出版社 2005 年版，第 219 页。
[2] 鲁迅：《暴君的臣民》，《鲁迅全集》第 1 卷，人民文学出版社 2005 年版，第 384 页。
[3] 鲁迅：《一件小事》，《鲁迅全集》第 1 卷，人民文学出版社 2005 年版，第 482 页。

生受着压迫，很多苦痛"，①他和底层民众有过较深的接触，了解他们所受的疾苦；而他自己也有着"从小康人家而坠入困顿"的切身体会，相互之间自然就有了亲和感。

这也是鲁迅和吴宓他们绅士派不同的地方："几年前有一位中国大学教授，他很奇怪，为什么有人要描写一个车夫的事情，这就因为大学教授一向住在高大的洋房里，不明白平民的生活。"②生存环境的差异，生活状况的距离，确实影响了他们对社会不同阶层的亲疏态度。但此一阶段的鲁迅，尽管对底层民众也有着同情或亲和感，甚至是一时间里的敬佩，但应该说，这更多的只是像前述的鲁迅给许广平信中所说的一种"人道主义"视点而已。

此时的鲁迅认为，能改造社会的是与"庸众"对立的"英哲"、天才。在《文化偏至论》篇末他指出，中国若要"将生存两间，角逐列国是务，其首在立人"，"立人"的要务之一是促使天才、精英的诞生与成长。如何做到呢？鲁迅认为："天才并不是自生自长在深林荒野里的怪物，是由可以使天才生长的民众产生，生育出来的，所以没有这种民众，就没有天才。"培育天才的土壤最为重要，好比人们想有乔木，想看好花，则一定要有好土；没有土，便没有花木了，所以土实在较花木还重要。这里，问题又回到是否"可以使天才生长"的"众数"上来了。

但是，当时中国的"土壤"如何呢？像阿Q、像华老栓、像大闹讲义费风潮的北大学生、像嘲笑学生只有"五分钟热度"的民众，触目皆是，他们能是培育天才的泥土吗？答案是否定的：

> 然而现在社会上的论调和趋势，一面固然要求天才，一面却要他灭亡，连预备的土也想扫尽。……这样风气的民众是灰尘，不是泥土，在他这里长不出好花和乔木来！③

此时的"民众是灰尘"，是"灰冷的民众"；而"英雄的血，始终是无味的

---

　　① 鲁迅：《英译本〈短篇小说选集〉》，《鲁迅全集》第7卷，人民文学出版社2005年版，第411页。
　　② 鲁迅：《关于知识阶级》，《鲁迅全集》第8卷，人民文学出版社2005年版，第224页。
　　③ 鲁迅：《未有天才之前》，《鲁迅全集》第1卷，人民文学出版社2005年版，第174—176页。

国土里的人生的盐，而且大抵是给闲人们作生活的盐"，①这是鲁迅在 1926年底之前沉痛的判断。

直至 1928 年 4 月，鲁迅仍未摆脱对民众"灰冷"的看法。该年，中山陵的总理墓行将竣工，民间忽出无稽谣传，说是修墓的石匠要摄收幼童的灵魂，"以合龙口"，一时间市民们信以为真、惊恐不安，俱在幼童左肩悬块红布避之。对此，鲁迅慨叹："近来的革命文学家往往特别畏惧黑暗，掩藏黑暗，但市民却毫不客气，自己表现了。那小巧的机灵和这厚重的麻木相撞，便使革命文学家不敢正视社会现象，变成婆婆妈妈。"②这里，鲁迅对当时愚昧的"市民"用的是"厚重的麻木"的断语。

因此，尼采所揭示的"少数之优者为多数之劣者所钳制"，尼采式的"任个人而排众数"的理念，为他这一时期哲学思想的主导面。

第三节 "世界是属于傻子"

对愚庸的民众、麻木的国人的失望，使鲁迅陷入了痛苦与沉思之中，但正如他在此时所说的："沉默而苦痛，然而新的生命就会在这苦痛的沉默里萌芽。"③这种"新的生命"萌生，也呈示在鲁迅哲学理念的重塑上。

1925 年，鲁迅曾向许广平吐露过他如何从"沉默而苦痛"中挣扎而出，倔强、坚毅地前行的心态：

> 走"人生"的长途，最易遇到的有两大难关。其一是"岐路"，倘若墨翟先生，相传是恸哭而返的。但我不哭也不返，先在岐路头坐下，歇一会，或者睡一觉，于是选一条似乎可走的路再走，……其二便是"穷途"了，听说阮籍先生也大哭而回，我却也像岐路上的办法一样，还是跨进去，在刺丛里姑且走走，但我也并未遇到全是荆棘毫无可走的地方过，不知道是否世上本无所谓穷途，还是我幸而没

① 鲁迅：《〈争自由的波浪〉小引》，《鲁迅全集》第 7 卷，人民文学出版社 2005 年版，第317 页。
② 鲁迅：《太平歌诀》，《鲁迅全集》第 4 卷，人民文学出版社 2005 年版，第 104 页。
③ 鲁迅：《忽然想到十一》，《鲁迅全集》第 3 卷，人民文学出版社 2005 年版，第 101 页。

有遇着。①

他就像《过客》中那位困顿而倔强的"过客"一样，明知前面是坟，是遍地荆棘，仍旧奋然前行。地上本没有路，走的人多了，也便成了路。

如前文所说，鲁迅选择"掊物质而张灵明"，是以人文精神对抗物质主义（包括唯科学主义），这一哲学理念贯穿鲁迅一生思想；那么，"任个人而排众数"这一推崇精英、超人的哲学理念，到了1926年秋冬季，即在厦门大学的四个多月的时间里，却开始有所变化，甚至有了变为"任众数而排个人"这一颠倒过来的趋势。

这是从旧到新的转折，这是以新对旧的更替，勇于解剖自身灵魂的鲁迅并不畏惧这一变化，因为他理解：

> 旧的对新的是不是全无意义吗？不是的，是很有意义的，有了旧的，才可以表示出新的来。有了旧的灭亡，才有新的发生，旧的思想灭亡，即是新的思想萌芽了，精神上有了进步了。②

埋葬旧有，开拓新路，这大概也是他把自己第一本文集定名为《坟》的缘故吧。

厦门时期的鲁迅在为文时，像是少了写《摩罗诗力说》《文化偏至论》时那种判断式的口吻与自信，犹豫、思索和选择成了此时的主调。请读读《写在〈坟〉后面》的这段话：

> 然而我至今终于不明白我一向是在做什么。比方做土工的罢，做着做着，而不明白是在筑台呢还在掘坑。所知道的是即使是筑台，也无非要将自己从那上面跌下来或者显示老死；倘是掘坑，那就当然不过是埋掉自己。总之：逝去，逝去，一切一切，和光阴一同早逝去，在逝去，要逝去了。③

---

① 鲁迅：《致许广平》，《鲁迅全集》第11卷，人民文学出版社2005年版，第461页。
② 鲁迅：《在中山大学学生会欢迎会上的讲演》，《鲁迅演讲全集》，长江文艺出版社2007年版，第83页。
③ 鲁迅：《写在〈坟〉后面》，《鲁迅全集》第1卷，人民文学出版社2005年版，第299页。

这些年来的笔耕、劳作，究竟是为自己"筑台"，还是"挖坑"？他分辨不了。即使是"筑台"，也仍逃脱不了陷落、虚无的暗影，一切都在逝去，或将逝去。

他到广州后，对这段日子的心境有所回顾："夜九时后，一切星散，一所很大的洋楼里，除我以外，没有别人。我沉静下去了。寂静浓到如酒，令人微醺。望后窗外骨立的乱山中许多白点，是丛冢；一粒深黄色火，是南普陀寺的琉璃灯。前面则海天微茫，黑絮一般的夜色简直似乎要扑到心坎里。我靠了石栏远眺，听得自己的心音，四远还仿佛有无量的悲哀，苦恼，零落，死灭，都杂入这寂静中，使它变成药酒，加色，加味，加香。这时，我曾经想要写，但是不能写，无从写。这也是我所谓'当我沉默着的时候，我觉得充实，我将开口，同时感到空虚。'"① 一种渗透到骨髓里的悲寂，让人无语，但即使面对的是空虚、死灭，我"仍将开口"，这才是鲁迅，一个不屈的灵魂。

对于时局的看法，从他在 1926 年 12 月所写散文《范爱农》中亦可看出。范爱农是刺杀安徽巡抚恩铭的徐锡麟烈士的弟子，是一位充满革命激情的留日学生，在辛亥革命之后却无处谋生，穷困落魄，流离失所，最终失足溺水而死，鲁迅疑他是自杀而亡。辛亥革命给王金发一类，即内里仍是庸众、游民的流氓无产者们，带来的是权力、金钱和女人，而真正的革命知识分子却陷入生存的困境，甚至以死亡为归结。

此等惨痛的经历，沉淀在鲁迅的心中，多年后仍然无法化解：

> 见过辛亥革命，见过二次革命，见过袁世凯称帝，张勋复辟，看来看去，就看得怀疑起来，于是失望，颓唐得很了。②

新漆剥落，旧相显露，仍是奴才主持家政，国人成了奴隶的奴隶，由庸众中的"阿 Q 似的革命党"来个换汤不换药的"革命"，使得鲁迅彻底失望，心境一度陷于颓唐与消沉。在厦门，他依然发出："北京如大沟，厦门则小沟也，大沟污浊，小沟独干净乎哉"③ 的感慨！

---

① 鲁迅：《怎么写——夜记之一》，《鲁迅全集》第 4 卷，人民文学出版社 2005 年版，第 18 页。

② 鲁迅：《〈自选集〉自序》，《鲁迅全集》第 4 卷，人民文学出版社 2005 年版，第 468 页。

③ 鲁迅：《致章廷谦》，《鲁迅全集》第 11 卷，人民文学出版社 2005 年版，第 583 页。

但此时，如板结的土壤在冬末春初忽然有了松动，同是《写在〈坟〉后面》忽然冒出以下的句子：

> 古人说，不读书便成愚人，那自然也不错的。然而世界却正由愚人造成，聪明人决不能支持世界，尤其是中国的聪明人。①

你能相信自己的目光吗？这是鲁迅另一向度的思想发出闪光了。这是1926年11月11日夜在厦门大学集美楼上发生的事，它标志着鲁迅哲学思想转换的开始。

聪明人、傻子及奴才，这是鲁迅在文章中多次运用的类型化的喻象，但在不同时期其所喻指的对象内涵又有一些变化。"傻子"与"聪明"这两个词对置，最早见之1925年12月20日的《这个与那个》一文：中国传统中有"不为戎首""不为祸始"，聪明人悟及其中奥秘，所以改革的前驱和闯将谁都怕得做，但群体中偶有几个出头了，"不肯退转，因而受害的，公论家便异口同声，称之曰傻子。对于'锲而不舍'的人们也一样"。②这里，傻子喻前驱者。

而加上"奴才"，这三个喻象交集一起的，则是其后6天写的《聪明人和傻子和奴才》一文。但此文笔锋主要指向奴才的丑态：他不断地向人诉说自己的生活惨状，日夜劳作，不时挨罚，吃的是猪狗食，住的是阴湿的黑屋。但在激起傻子的义奋，后者准备破墙开窗之际，他却反转过来，呼喊主人赶走了傻子，并由此而得奖赏。这里的寓意很是明显，仍是在批判愚昧怯弱、奴性十足的庸众，而对"聪明人"则只是略加讥讽一下。

破墙开窗的"傻子"喻象，一下就让人想起鲁迅在《呐喊·自序》中与金心异（钱玄同）的对话来："假如一间铁屋子，是绝无窗户而万难破毁的，里面有许多熟睡的人们，不久都要闷死了，然而是从昏睡入死灭，并不感到就死的悲哀。现在你大嚷起来，惊起了较为清醒的几个人，使这不幸的少数者来受无可挽救的临终的苦楚，你倒以为对得起他们么？"③显然，傻子的喻象包含着为当时社会与民众所不理解的那些舍生取义的先驱者形象，以及鲁迅自身。在小说《药》中，当满脸横肉的康大叔转述夏瑜

---

① 鲁迅：《写在〈坟〉后面》，《鲁迅全集》第1卷，人民文学出版社2005年版，第302页。
② 鲁迅：《这个与那个》，《鲁迅全集》第3卷，人民文学出版社2005年版，第152页。
③ 鲁迅：《呐喊·自序》，《鲁迅全集》第1卷，人民文学出版社2005年版，第441页。

"阿义可怜"一语时，茶馆里的花白胡子、驼背五少爷、二十多岁的人，包括华老栓、华大妈一干人等不是都以为他"疯了"——"傻"了吗？

1926年11月15日，在厦门的鲁迅给许广平的信中也曾感慨自己是"傻子"。他说，为自己此后所走的路设计了以下几条："（1）积几文钱，将来什么都不做，苦苦过活；（2）再不顾自己，为人们做一点事，将来饿肚也不妨，也一任别人唾骂；（3）再做一点事，（被利用当然有时仍不免），倘同人排斥我了，为生存起见，我便不问什么事都敢做，但不愿失了我的朋友。第三［二］条我已实行过两年多了，终于觉得太傻。"[①]我"太傻"了，这是鲁迅夫子自道。因此，在鲁迅所使用的这三个喻象中，"傻子"所喻指的均为正面的，正值的。

《写在〈坟〉后面》写后的12天，鲁迅应邀到厦门集美学校演讲。他演讲的题目为《聪明人不能做事 世界是属于傻子》，但其中"傻子"所喻指的对象与内涵有了较大的变化：

> 世界是傻子的世界，由傻子去支持，由傻子去推动，由傻子去创造，最后是属于傻子的。这些傻子，就是工农群众，就是孙中山先生"三大政策"中所要扶助的农民和工人。[②]

由于演讲的形式要求通俗易懂，他直截了当地表明，"傻子"就是工农大众，和《写在〈坟〉后面》中"愚人"同义。

如果说，此前鲁迅所设立的"傻子"喻象，还只包括革命先驱者及为启蒙民智而呐喊的先觉者的话，那么，在此它已扩展、包容了工农大众，这一为前期鲁迅视之为"庸众"，称之为"众数""众庶""愚庸""凡庸""愚民""无赖""末人""灰尘"等的群体。由此，你难道会看不出鲁迅在尼采的"任个人而排众数"的超人哲学基点上开始移动了吗？

鲁迅把尼采哲学中的社会群体分类做了调整，在精英与愚庸对立这一社会问题的判断上，开始逐渐挣脱了尼采哲学的束缚。在国内外鲁迅研究界中，王晓明最早看出了这一点："从早先高喊'任个人而排众数'，到现在将世界放到'愚人'肩上，他的立场已经有了一百八十度的转变；从这

---

① 鲁迅：《致许广平》，《鲁迅全集》第11卷，人民文学出版社2005年版，第616页。

② 鲁迅：《聪明人不能做事 世界是属于傻子》，《鲁迅演讲全集》，长江文艺出版社2007年版，第70页。

个新立场再转到将工农视为中国的希望，那几乎是顺理成章，非常容易了。"①这也说明了在厦门集美学校的演讲在鲁迅思想发展史上是一重要的界石。

在这次演讲中，另一喻象——"聪明人"的内涵也移动了，如果说《野草》那篇，只是轻轻地挖苦一下社会上那些见风使舵、老于世故、明哲保身、八面玲珑的处世圆滑者，那么这次鲁迅以其直指军阀及其帮凶："当今所谓'聪明人'，如段祺瑞、贾德耀等北洋军阀，只知勾结帝国主义者，屠杀无辜的爱国工人和学生，他们是双手沾满血腥的刽子手；又如陈西滢、唐有壬等'现代评论派'，只会开驶'新文化运动'的倒车，镇压反帝爱国请愿的群众，他们是反动军阀的乏走狗。"他们之所以"聪明"，在于"会用'聪明'作钢刀见血去杀人，他们也会用'聪明'作软刀，杀人不见血"。②与其说这是一次演讲，不如说是一篇政治宣言，是鲁迅向反动军阀、向"现代评论派"那些"正人君子""聪明人"正式宣战。类似的演讲，鲁迅在厦门期间共做了5次，以集美学校这次最为酣畅淋漓、质直明了。

鲁迅这一思想转换的动向，还在他此时所撰写的《〈争自由的波浪〉小引》中展现出来。在《写在〈坟〉后面》完稿后的第四天夜里，鲁迅撰文介绍了这一收有高尔基、列夫·托尔斯泰等人的小说、散文的译本。他先从十月革命谈起：

> 俄国大改革之后，我就看见些游览者的各种评论。或者说贵人怎样惨苦，简直不像人间；或者说平民究竟抬了头，后来一定有希望。或褒或贬，结论往往正相反。我想，这大概都是对的。贵人自然总要较为苦恼，平民也自然比先前抬了头。③

这里，鲁迅对俄国社会阶层的划分，不再是进化论式的年轻与衰老，也不再是尼采式的精英与愚庸了，而是贵人与平民了。而这"平民"的内涵明

---

① 王晓明：《鲁迅传——无法直面的人生》，上海文艺出版社2001年版，第175页。
② 鲁迅：《聪明人不能做事 世界是属于傻子》，《鲁迅演讲全集》，长江文艺出版社2007年版，第69页。
③ 鲁迅：《〈争自由的波浪〉小引》，《鲁迅全集》第7卷，人民文学出版社2005年版，第317页。

白地指向底层的劳苦大众，因它是和"贵人"对立的，因为"俄皇的皮鞭和绞架，拷问和西伯利亚，是不能造出对于怨敌也极仁爱的人民的"。① 这就是本章开篇时，提及的梁启超说的"麦喀士谓今日社会之弊在多数之弱者为少数之强者所压伏"的意思。

鲁迅看到了，在俄国的今天，强与弱的双方开始发生变动了，"贵人"惨苦，"平民"抬头，他认为"这大概都是对的"。显然，鲁迅的"褒"，即思想倾向性已滑向平民、"弱者"的一方。也就是从偏向于尼采的"少数之优者为多数之劣者所钳制"，逐步转到马克思的"多数之弱者为少数之强者所压伏"，即资本的强权压迫弱小贫穷的大众的观念上来。

对"弱者"的褒扬，即是对"傻子""愚人""平民"的肯定，并把它和"聪明人""超人""贵人"划清了界限，这就标志着鲁迅哲学思想转变的萌始。鲁迅后来对此有一总结性的回顾：

> 最初，文学革命者的要求是人性的解放，他们以为只要扫荡了旧的成法，剩下来的便是原来的人，好的社会了，于是就遇到保守家们的迫压和陷害。大约十年之后，阶级意识觉醒了起来，前进的作家，就都成了革命文学者。②

鲁迅的阶级意识觉醒了，这是 1926 年底在厦门大学集美楼发生的事。这一思想变动之萌端，跟鲁迅参加《新青年》的编辑工作，并创作小说《狂人日记》的 1918 年初，相距"大约十年"吧。

对社会与人的分析，不再是"年青"与"衰老"的达尔文式进化论了，而是"阶级意识"中贵人与平民、压迫者与被压迫者了，这一马克思主义的基本观念延续至鲁迅的生命的最后时刻。1936 年 9 月中旬，即离他逝世的前一个月所写的《女吊》中，有这样的文字：

> 被压迫者即使没有报复的毒心，也决无被报复的恐惧，只有明明暗暗，吸血吃肉的凶手或其帮闲们，这才赠人以"犯而勿校"或"勿念旧恶"的格言，——我到今年，也愈加看透了这些人面东西

---

① 鲁迅：《〈争自由的波浪〉小引》，《鲁迅全集》第 7 卷，人民文学出版社 2005 年版，第 317 页。

② 鲁迅：《〈草鞋脚〉小引》，《鲁迅全集》第 6 卷，人民文学出版社 2005 年版，第 21 页。

的秘密。①

他赞扬了"女吊"的复仇行为，反"费厄泼赖"、痛打"落水狗"的精神依然没变，但在对象身份的界定上却与10年前有了变化。那时对方是"落水狗"，现在却是"吸血吃肉"的"压迫者"及其帮凶，与其对立的则是"被压迫者"——备受虐待、衔冤悲泣的"女吊"。

鲁迅何以会发生如此之大的思想变化呢？我认为很大一个原因是与当时北伐军的节节取胜有关。鲁迅对北伐战事的进展颇为关注，在《两地书》中，仅1926年9月至12月就提到4次。9月30日给许广平的信中写道：北伐军是顺手的，看今天报章，武昌还未降，南昌猛扑数次未取得。10月20日的信：北伐军得武昌，得南昌，浙江也独立了，上海近旁又要小战。10月23日的信：陈仪的兵已与卢永祥开战，周荫人是必倒的，民军已到漳州。11月26日的信：泉州已得，浙江陈仪又独立，商震反戈攻张家口，国民一军将至潼关。写信的立场鲜明，对劣迹斑斑、腐败暴虐的北洋军阀恨不得它立时崩溃，对北伐军势如破竹、摧枯拉朽之势为之振奋不已。因为北伐形势往胜利方向的快速进展，证明了他在此前对国内正在较量中政治力量的选择倾向是正确的。

辛亥革命之后，军阀们如走马灯似地轮流执政，国内政局却日见衰败，鲁迅对他们已不抱任何幻想了，他因之"失望、颓唐"，从"呐喊"变为"彷徨"。但国民党中一股政治力量的新动作引起他的注意与重视，1925年4月，他在给许广平信中写道："改革最快的还是火与剑，孙中山奔波一世，而中国还是如此者，最大原因还在他没有党军，因此不能不迁就有武力的别人。近几年似乎他们也觉悟了，开起军官学校来，惜已太晚。"②惋惜之情透露出希望之所在。

鲁迅对中山先生的尊敬从未改变过，1926年，他在《中山先生逝世后一周年》的文章中赞叹道："中山先生的一生历史具在，站出世间来就是革命，失败了还是革命；中华民国成立之后，也没有满足过，没有安逸过，仍然继续着进向近于完全的革命工作。直到临终之际，他说道：革命尚未成功，同志仍须努力！"他从中国革命和历史的大视角出发，赞颂中山先

① 鲁迅：《女吊》，《鲁迅全集》第6卷，人民文学出版社2005年版，第642页。
② 鲁迅：《致许广平》，《鲁迅全集》第11卷，人民文学出版社2005年版，第475页。

生所立下的丰功伟绩："这先前未曾有的中华民国存在，就是他的丰碑，就是他的纪念。"①

对于此时的中国国民党，鲁迅在寄以希望的同时，还对他们深表遗憾："国民党有力时，对于异党宽容大量，而他们一有力，则对于民党之压迫陷害，无所不至，但民党复起时，却又忘却了，这时他们自然也将故态隐藏起来。"② 这是 1926 年 10 月写给许广平的信，信中把国民党还看成是一伙诚笃敦厚、重于信义的谦谦君子，甚至为他们不对"研究系"之类的"异党"痛下重手而遗憾。由此，你也才会理解到，1927 年 4 月 12 日国民党的血腥清洗与屠杀对鲁迅的心灵造成的伤害有多大啊！

1929 年，他在与冯雪峰的谈话中较为详尽地吐露了当时的心境：

> 倘若有人问我，可曾预料在"革命"的广州也会有那样的屠杀？我直说，我真没有料到。姑不论我也是抱着"美梦"到广州去的，在那里，还在"合作"的时候，我就亲眼见过那些嘴脸，听过那些誓言。说我深于世故，一切世故都会没有用的。……还是太老实，太相信了"做戏的虚无党"，真上了大当……我终于吓得口呆目瞪……血的代价，得的教训就只明白了这上当。③

久经逆境磨砺的鲁迅竟被吓得"口呆目瞪"，感到从未有过的"恐怖"。这一"血的代价"彻底戳穿了"做戏的虚无党"的假面，真是爱之深方恨之切啊！

因为此前对孙中山和国民党的信任，因为北伐军已经占领了与厦门毗邻的泉州，鲁迅在 1927 年 1 月 4 日厦门大学为他召开的送别会上的讲演，完全放开地直抒胸臆："我们幸而有孙中山先生，他站出世间来就是革命，他革命失败了还是革命。他要把革命的工作，进行到完全的成功，实现大同世界的理想。……现在全中国的人民正在实行孙中山先生的教导，为救祖国，救全人类，与北洋军阀作殊死战，进行伟大的革命。革命必定成

---

① 鲁迅：《中山先生逝世后一周年》，《鲁迅全集》第 7 卷，人民文学出版社 2005 年版，第305 页。
② 鲁迅：《致许广平》，《鲁迅全集》第 11 卷，人民文学出版社 2005 年版，第 581 页。
③ 冯雪峰：《冯雪峰忆鲁迅》，河北教育出版社 2001 年版，第 19 页。

功，曙光就在眼前。"①此时的鲁迅，对中国社会政治的发展前程充满了希望与信心。

他认为，北伐战争的成功来自孙中山"联俄联共、扶助农工"政策的正确，而在这场战争中竟然是他以往视之为"庸众"的"农工"起到了决定性的作用，他们最有热血，最能奋斗，最肯牺牲，甘愿为国家的独立自由，而献出自己的生命。

> 那些所谓"傻子"的革命青年和劳动工农，乃正是社会的改造者，是世界的创造者，他们是世界的主人，世界是属于他们所有的。②

1927年3月下旬，北伐军攻克了上海和南京，鲁迅为之写下《庆祝沪宁克复的那一边》，文中提及："昨天在黄埔看见几个来投学生军的青年，才知道在前线上拼命的原来是这样的人；自己在讲堂上胡说了几句便骗得听众拍手，真是应该羞愧。"③由衷之情，溢于言表。无数青年和工农以鲜血铸成的革命真实，无数青年和工农以生命换来胜利情景，构成一股巨大的力量，冲击着鲁迅旧有的哲学和社会学、政治学观念，促使着鲁迅从原本的"任个人而排众数"的尼采超人哲学，逐步地转换到"任众数而排个人"的新的哲学基点上来了。这也是他日后转向重视工农大众，倾向中国共产党，在文艺方面翻译卢那察尔斯基的《艺术论》、普列汉诺夫的《艺术论》，接受文学阶级性等马克思主义美学、文艺学观念的根本原因。

但就在这"庆祝"的时刻，鲁迅并未"陶醉在凯歌中"，反倒是十分地清醒，为纪念黄花岗烈士，他写下《黄花节的杂感》一文：

> 所谓"革命成功"，是指暂时的事而言；其实是"革命尚未成功"的。革命无止境，倘使世上真有什么"止于至善"，这人间世便同时变了凝固的东西了。④

---

① 鲁迅：《在厦门大学送别会上的讲演》，《鲁迅演讲全集》，长江文艺出版社2007年版，第76页。
② 鲁迅：《聪明人不能做事　世界是属于傻子》，《鲁迅演讲全集》，长江文艺出版社2007年版，第70页。
③ 鲁迅：《庆祝沪宁克复的那一边》，《鲁迅全集》第8卷，人民文学出版社2005年版，第196页。
④ 鲁迅：《黄花节的杂感》，《鲁迅全集》第3卷，人民文学出版社2005年版，第428页。

在广州这一"革命策源地"的亲身的生活体验，让鲁迅隐隐地感受到某种暗影的进袭；而对"黄金世界"的一贯的质疑，也使他否定了"止于至善"之类的至理格言，因为世界的行进决不会止息在某一时段，进化论的影响仍留下痕迹。

与此同时，鲁迅并未放弃对"庸众"，对"怯弱，懒惰，巧滑"的国民性的批判：

> 我对于佛教先有一种偏见，以为坚苦的小乘教倒是佛教，待到饮酒食肉的阔人富翁，只要吃一餐素，便可以称为居士，算作信徒，虽然美其名曰大乘，流播也更广远，然而这教却因为容易信奉，因而变为浮滑，或者竟等于零了。革命也如此的，坚苦的进击者向前进行，遗下广大的已经革命的地方，使我们可以放心歌呼，也显出革命者的色彩，其实是和革命毫不相干。这样的人们一多，革命的精神反而会从浮滑，稀薄，以至于消亡，再下去是复旧。[1]

我们不能不惊叹鲁迅透视历史的目光，他在为庆祝胜利而举办盛大庆典的氛围中，就感受到革命精神"消亡"的开始，"复旧"的阴影的逼近。他写下此文的二天后，上海的枪声便响起，随即广东也开始"捕杀学生"了，屠刀下淋漓的鲜血，使广东从"革命的策源地"变为"反革命的策源地"。

血的洗礼使鲁迅对马克思主义的倾向日益明朗化。1930年，鲁迅在反驳梁实秋关于文学是超阶级性的论说时，明确地写道："文学不借人，也无以表示'性'，一用人，而且还在阶级社会里，即断不能免掉所属的阶级性，无需加以'束缚'，实乃出于必然。"肯定了文学阶级性这一马克思主义的基本原则。他还充满激情地写道："无产者文学是为了以自己们之力，来解放本阶级并及一切阶级而斗争的一翼，所要的是全般，不是一角的地位。"[2] 高度肯定无产阶级文学的功利性。

而后，鲁迅在《二心集》"序言"中，曾回顾了这一思想转换的历程：

---

① 鲁迅：《庆祝沪宁克复的那一边》，《鲁迅全集》第8卷，人民文学出版社2005年版，第198页。

② 鲁迅：《"硬译"与文学的阶级性》，《鲁迅全集》第4卷，人民文学出版社2005年版，第208、212页。

　　我时时说些自己的事情，怎样地在"碰壁"，怎样地在做蜗牛，好像全世界的苦恼，萃于一身，在替大众受罪似的：也正是中产的智识阶级分子的坏脾气。只是原先憎恶这熟识的本阶级，毫不可惜它的溃灭，后来又由于事实的教训，以为惟新兴的无产者才有将来，却是的确的。[①]

这是写在 1932 年 4 月的文字，他在厦门时期萌生的哲学思想转换终于达到另一界点。鲁迅堂堂正正地亮出了自己的信念："惟新兴的无产者才有将来"，向国人正式地宣告了自己的新的哲学、政治学的立场。

　　同年 6 月，他在为林克多的《苏联闻见录》一书所作的序中写道："而一个簇新的，真正空前的社会制度从地狱底里涌现而出，几万万的群众自己做了支配自己命运的人。"[②] 一个崭新的社会制度激起了鲁迅新的向往。他抛弃以往对"黄金世界"的疑虑，开始迎接新的希望了。

　　但鲁迅毕竟是鲁迅，他仍保留着自己从生命经验中得来的理念，仍未放弃个体的独立性。1925 年，他在回答许广平关于加入某种政治团体的询问时，曾说过："这种团体，一定有范围，尚服从公决的。所以只要自己决定，如要思想自由，特立独行，便不相宜。如能牺牲若干自己的意见，就可以。只有'安那其'是没有规则的，但在中国却有首领，实在希奇。"[③] 可以看出，坚执于个体的"思想自由"与精英式的"特立独行"，是鲁迅不会放弃的原则。

　　因此，1928 年 8 月，鲁迅在回复恺良的信中，关涉托洛茨基关于人对"死之恐怖"有共性时，谈到"自己的"对阶级性的独特看法：

　　在我自己，是以为若据性格感情等，都受"支配于经济"（也可以说根据于经济组织或依存于经济组织）之说，则这些就一定都带着阶级性。但是"都带"，而非"只有"。[④]

---

① 鲁迅：《二心集·序言》，《鲁迅全集》第 4 卷，人民文学出版社 2005 年版，第 195 页。
② 鲁迅：《林克多〈苏联闻见录〉序》，《鲁迅全集》第 4 卷，人民文学出版社 2005 年版，第 436 页。
③ 鲁迅、景宋：《两地书·原信》，中国青年出版社 2005 年版，第 60 页。
④ 鲁迅：《文学的阶级性》，《鲁迅全集》第 4 卷，人民文学出版社 2005 年版，第 128 页。

显然，他接受了马克思主义关于经济基础决定人的意识形态的基本原理，认可了生存于社会中的人，"都带"有阶级性；但鲁迅并不把这一原理绝对化，指出"都带"不等于"只有"，因为作为族类存在物的人，毕竟还是有着一些类的"共性"。而人"只有"阶级性的说法，则属于庸俗唯物主义的机械决定论。鲁迅这一具有弹性的关于"阶级性"的论定，说明他在哲学思想转轨时，仍然具有独立的判断与选择，闪射出辩证思维的光芒。

这一时期，鲁迅虽然立足点移向了"大众"一方，肯定了"新兴的无产者"，但他并未放弃对"大众"的"启蒙"的要求，因为他看到列宁也是持此意见的："例如乌略诺夫先生，他是将'风俗'和'习惯'，都包括在'文化'之内的，并且以为改革这些，很为困难。"所以，萌生于旧风俗、旧习惯之中的中国"国民性"，"倘不将这些改革，则这革命即等于无成，如沙上建塔，顷刻倒坏"。他对"众数""多数"警惕的心理仍未消解：

> 多数的力量是伟大，要紧的，有志于改革者倘不深知民众的心，设法利导，改进，则无论怎样的高文宏议，浪漫古典，都和他们无干，仅止于几个人在书房中互相叹赏，得些自己满足。假如竟有"好人政府"，出令改革乎，不多久，就早被他们拉回旧道上去了。①

启蒙的道路仍是漫长而艰巨的，革命被复辟、历史再倒退的危险时时存在，"大众"随时有可能被拉回"旧道"上去。

同样，在"大众和先驱"对立的问题上，他也没采取绝对性的价值裁决，并未彻底地否定先驱、精英，而是对精英提出了更高的时代要求。1934年，他在《门外文谈》论及"大众语"时的这段话，切不可轻易忽略：

> 由历史所指示，凡有改革，最初，总是觉悟的智识者的任务。但这些智识者，却必须有研究，能思索，有决断，而且有毅力。他也用权，却不是骗人，他利导，却并非迎合。他不看轻自己，以为是大家

---

① 鲁迅：《习惯与改革》，《鲁迅全集》第4卷，人民文学出版社2005年版，第228—229页。

　　的戏子，也不看轻别人，当作自己的喽罗。他只是大众中的一个人，我想，这才可以做大众的事业。①

在这一带有结论性的话语中，鲁迅强调指出，这是历史的指示，即是他从生命经验中所得出的感悟：任何社会性的"改革"，开始时都离不开智识者"先驱"。但这"先驱"不再是像他前期所崇奉的尼采那样，是"自诩为太阳""生活在山顶"，高高在上的"超人"，"他只是大众中的一个人"，是和大众在一起的"先驱"了。这一明显的更动，呈示出鲁迅在哲学观念转换后，对"个人""精英"的新的内涵界定。

　　至于"托尼学说"中，托尔斯泰所提倡的人道主义对鲁迅是有过影响，但他似乎自始至终并未完全信服之。30 年代初，鲁迅与冯雪峰的深谈中涉及这一问题。他认为，人道主义不必全盘否定："当反革命者大屠杀革命者，倘有真的人道主义者出而抗议，这对于革命为什么会有损呢？"中国缺的是"敢于向有权力的反动统治阶级抗争"，像托尔斯泰一样的"真的人道主义者"；而现在有的只是"一代不如一代"的"托尔斯泰样"的假人道主义者，他们颠倒是非，不向反动统治阶级抗争，反"倒只向革命者要求人道主义了"。

　　与此同时，鲁迅还看到了人道主义自身的内在逻辑悖论：

　　　　人道主义也的确是无用的，要实行人道主义就不是人道主义者所主张的办法所能达到。除非也有刀在手里，但那样，岂不是大悖他们的主义，倒在实行阶级斗争了么？②

人道主义在介入社会实践时其力量虚弱是在所难免的，与之相较，马克思主义的社会学说显出了它的坚实的力量。

　　1933 年，鲁迅为卢那察尔斯基的剧本《解放了的堂·吉诃德》写了"后记"，又揭示了人道主义的弱点。卢氏笔下的堂·吉诃德：

　　　　他用谋略和自己的挨打救出了革命者，精神上是胜利的；而实际

---

① 鲁迅：《门外文谈》，《鲁迅全集》第 6 卷，人民文学出版社 2005 年版，第 104 页。
② 冯雪峰：《冯雪峰忆鲁迅》，河北教育出版社 2001 年版，第 20 页。

上也得了胜利，革命终于起来，专制者入了牢狱；可是这位人道主义者，这时忽又认国公们为被压迫者了，放蛇归壑，使他又能流毒，焚杀淫掠，远过于革命的牺牲。……被奸人所利用，帮着使世界留在黑暗中。①

鲁迅认为，像"解放了的堂·吉诃德"这类人道主义者在根本的善恶是非的大方向上，是拿不定主意的，其所谓的"人道"式软心肠常被奸人所利用，最终在客观上也会成了"帮凶"。1926 年，鲁迅对林语堂"费厄泼赖"精神的批评于此再现："我们是不打落水狗的，听凭它们爬上来罢。于是它们爬上来了，伏到民国二年下半年，二次革命的时候，就突出来帮着袁世凯咬死了许多人，中国又一天一天沉入黑暗里。"② 在了解恶人的奸诈、世道的凶狠方面，林语堂和卢那察尔基笔下的堂·吉诃德等人道主义者都显得太天真了！

还是回到本文的开端吧，鲁迅要走了，要离开厦门大学了，作为挚友的林语堂自然割舍不了，那么以何相送呢？ 1927 年元旦，他特地译了尼采《查拉图斯特拉如是说》中的一文，作为送别之礼，其意深长。该文题为《译尼采论"走过去"——送鲁迅先生离厦门大学》，发表于厦门大学学生文艺团体编的该期《鼓浪周刊》上，后收入《剪拂集》。

文章内容大约是：这城于你是无益而有损的。这里是思想的地狱，伟大的思想要活活的熬死、烹小，伟大的感情都要枯萎；这里充塞着屠宰灵魂的腥气；这里用肮脏的破布、吐出的泔水做新闻纸；这里的人们只闻见赝币的玲珑，及金银的丁当。这是个充满着压小的灵魂，褊狭的胸膛，尖斜的眼睛的城；这是个充满着自炫者、厚颜者、刀笔吏、雄辩家、好大喜功者的城；这是个繁盛着一切废疾、不名誉、淫欲、无信、熟烂、萎黄、不安的地方……萨拉土斯脱拉说，这大城有祸，我愿意马上看见烧灭他的火柱。我临行时赠你一句格言：谁不能住下爱一个地方，只好——走

---

①　鲁迅：《解放了的堂·吉诃德》，《鲁迅全集》第 7 卷，人民文学出版社 2005 年版，第 420 页。
②　鲁迅：《论"费厄泼赖"应该缓行》，《鲁迅全集》第 1 卷，人民文学出版社 2005 年版，第 289 页。

过去！ ①

　　林语堂不愧为鲁迅的知己，他知道鲁迅对尼采的崇奉，故引用尼采之文作别。但这译文却如箴言，不仅是鲁迅从厦门"走过去"，而且还从尼采哲学"走过去"。

---

　　① 林语堂：《译尼采论"走过去"——送鲁迅先生离厦门大学》，《超人哲学浅说——尼采在中国》，江西高校出版社 2009 年版，第 235—236 页。

第十一章 鲁迅对马克思主义的接纳

【学界对鲁迅接纳马克思主义的论述，若从逻辑体系、学理深度的视角来考察，略嫌零乱、粗率了些。要清晰地把握鲁迅这一思想脉络，应从经济基础与意识形态关系、社会改造的途径、人的历史社会性、文艺的本质功用及审美特性等方面，予以梳理与阐述，并做出相应的评说与判断。鲁迅"从进化论进到阶级论"，从尼采的"个人"到马克思主义的"众数"，这一思想转变的原因是：对社会阶层构成的观念产生变化，对国民党政治转向的彻底失望，创造社对他理论接受上的"挤"，共产党人中精英人物的熏染等。鲁迅在接纳马克思主义理论过程中有其特色：一是呈现为动态的逻辑演变，不断地扬弃旧我，吸纳新知；二是所接纳的新的理论多转化为内在的深度悟解；三是以厚重的中国经验化融了马克思主义，在理论与实践上做出了独特的回应。】

鲁迅从信奉"托尼学说"，到坚信"惟新兴的无产者才有将来"，即接纳马克思主义，这是客观存在的历史事实。如何实事求是地叙写鲁迅这一思想轨迹，并给予合理的评说，是一个不可回避的课题。多年来，鲁迅研究界就此做过大量的论述工作，但若从逻辑体系、学理深度的视角来考察，略嫌零乱、粗率了些。有鉴于此，现从经济基础与意识形态关系，社会改造的途径，人的历史社会性，文艺的本质、功用及审美特性等方面予以梳理与阐述，以求更为清晰地把握鲁迅这一思想脉络。

第一节　接纳的过程及原因

1927 年 9 月，鲁迅在广州给友人的信中写道："我离开厦门的时候，思想已经有些改变。"笔者曾对此"改变"做出论析，即从原本的"任个人而排众数"、视"众数"为"庸众"的尼采超人哲学，逐步转换到劳动工农是"世界的创造者"的新的哲学基点上来。①也就是说，鲁迅接纳马克思主义的思想基础开始垒实。

鲁迅和马克思主义接触较早。据周作人回忆："鲁迅留学的时候，日本的社会主义运动正在开始发展。他在很早的时期曾同他们有过接触，据我所记忆那时是一九〇六年的初冬吧。……他到神田小川町的平民新闻社去访问，这是社会主义者所办的报纸，红色的大门，大概宫崎滔天也是在内，所以约他在那里会见。那报的主笔是堺枯川（利彦），那时也相见了。他们还出版有《社会主义研究》，一种杂志似的刊物，红色纸面，很是鲜艳，鲁迅当时买有一套，大概是六册，内容已记不清，只记得其中的一册是《共产党宣言》的译本。这书在东京时一直保存着，但似不曾带回中国来。"②

回国之后，据陈望道、周作人的回忆，1920 年 5 月，陈望道《共产党宣言》中译本刚出版，他即寄赠鲁迅，并在信中写道，因看到《新潮》上鲁迅主张要讲科学、发议论的文章，甚为赞同，所以特寄上此书，并请求对译文加以指正。③

　　鲁迅接到此书后，当天就翻阅了一遍，并称赞"这个工作做得很好"，是"对中国做了一件好事"，还说"现在大家都在议论什么'过激主义'来了，但就没有人切切实实地把这个'主义'真正介绍到

---

① 参阅本书第十章《厦门：鲁迅哲学思想转换的起点》。
② 周作人：《鲁迅与日本社会主义者》，《关于鲁迅》，止庵编，新疆人民出版社 1997 年版，第 544 页。
③ 参阅鲁迅：《对于〈新潮〉一部分的意见》，《鲁迅全集》第 7 卷，人民文学出版社 2005 年版，第 235 页。

国内来，其实这倒是当前最要紧的工作"。[1]

鲁迅还回赠《域外小说集》一本给陈望道，作为答谢。《共产党宣言》中译本出版不到一个月，鲁迅就看到了，从中也可看出鲁迅对新思想、新思潮一贯是持开放、接纳的态度的。

因而，1926 年底前的鲁迅和马克思主义是有过不少的接触，但实事求是地说，他在这一段时间内，对马克思主义理论尚未给予热切的关注，这从他在 30 年代所写一系列有关的回顾文字中可以见出。

1933 年 5 月，他在给《李大钊文集》撰写"题记"时回忆道：

> 因为所执的业，彼此不同，在《新青年》时代，我虽以他为站在同一战线上的伙伴，却并未留心他的文章，譬如骑兵不必注意于造桥，炮兵无须分神于驭马，那时自以为尚非错误。[2]

鲁迅和李大钊等共同编辑、出版《新青年》杂志，是在 1920 年前后的日子里，那时在鲁迅的心目中，李大钊是属于职业的革命理论家，而他自己则定位为以文学来启蒙国民的作家，这就像参加同一场战争的骑兵和造桥的工兵一样，目的虽然一致，但分工却不同而已。所以对于李大钊所宣扬的马克思主义理论，他未能多加"留心"，自然也就未能深入了解。

1934 年在《答国际文学社问》中，还有这样的一段话也能说明鲁迅那时的思想动态：

> 待到十月革命后，我才知道这"新的"社会的创造者是无产阶级，但因为资本主义各国的反宣传，对于十月革命还有些冷淡，并且怀疑。[3]

他虽然注意到十月革命给世界带来了新的政治动向，但那一时段，鲁迅在思想上倾向于约翰·密尔的"小己受制于国群"、尼采的"少数之优者为

---

① 《鲁迅年谱》上册，复旦大学等《鲁迅年谱》编写组编，安徽人民出版社 1979 年版，第 170 页。
② 鲁迅：《〈守常全集〉题记》，《鲁迅全集》第 4 卷，人民文学出版社 2005 年版，第 539 页。
③ 鲁迅：《答国际文学社问》，《鲁迅全集》第 6 卷，人民文学出版社 2005 年版，第 19 页。

多数之劣者所钳制"，故对社会阶层的辨析上，持"任个人而排众数"观念；加上"资本主义各国的反动宣传"，从而对以集体主义为前导的"十月革命"，一度抱着冷淡、怀疑的态度。所以，鲁迅当时对马克思主义这一新的哲学体系尚未能加以深入地研究，至于倾心地领会、接纳，可能一时还谈不上。

其实，坦陈自己当年对马克思主义学说的生疏，鲁迅在 20 年代中叶就已有过。1926 年，有一读者给他去信，说是听到《莽原》是谈社会主义的，便细心翻阅，却一点儿证据也找不着。鲁迅回信道：

> 我们倒也并不是看见社会主义四个字就吓得两眼朝天，口吐白沫，只是没有研究过，所以也没有谈，自然更没有用此来宣传任何主义的意思。[1]

1927 年 12 月，鲁迅到上海暨南大学做了《文艺与政治的歧途》的讲演，中心意旨是揭示文艺和政治之间的冲突。他认为，"政治是要维持现状"，想维系现实的统一；而文艺和革命一样，多是"不安于现在，不满意于现状的"，即偏于批评、揭露社会的阴暗面，目的是"催促旧的渐渐消灭"。这就和政治产生了矛盾，所以文艺"是政治家的眼中钉，那就不免被挤出去"。即使现今北伐革命进展顺利，但文艺的前途在鲁迅的预视中仍是暗淡的：

> 现在革命的势力已经到了徐州，在徐州以北文学家原站不住脚；在徐州以南，文学家还是站不住脚，即共了产，文学家还是站不住脚。……苏俄革命以前，有两个文学家，叶遂宁和梭波里，他们都讴歌过革命，直到后来，他们还是碰死在自己所讴歌希望的现实碑上，那时，苏维埃是成立了！[2]

政治一词涵盖面较大，包括各类形式的政体，当然也包括当时视为人类希望的苏维埃，但在鲁迅的心目中，由于文艺与政治的既有矛盾难于调解，

---

① 鲁迅：《通信》，《鲁迅全集》第 7 卷，人民文学出版社 2005 年版，第 111 页。
② 鲁迅：《文艺与政治的歧途》，《鲁迅全集》第 7 卷，人民文学出版社 2005 年版，第 121 页。

它也就不可能成为文艺家所理想的乐园。鲁迅以叶遂宁和梭波里的自杀的事件，提醒中国文艺家要正视革命的艰辛，要贴近社会现实，切不可做浪漫的幻梦，但从中也透露出他此时对共产主义政体仍心存疑虑。

1928 年初，他在和创造社"革命文学家"们论争的《"醉眼"中的朦胧》一文中，半是"朦胧"，半是认真地写道：

> 所怕的只是成仿吾们真像符拉特弥尔·伊力支一般，居然"获得大众"；那么，他们大约更要飞跃又飞跃，连我也会升到贵族或皇帝阶级里，至少也总得充军到北极圈内去了。译著的书都禁止，自然不待言。①

他不无忧虑地预测，如若成仿吾们的"大众"革命成功，自己可能会被列入资产阶级高层的圈子，遭"武器的批判"，译著全被禁止，连坐在黑房里抄《小说旧闻钞》的资格都不可得，而要被"充军到北极圈内去"。显然，此时的鲁迅虽然意识到"不远总有一个大时代要到来"，时代的大潮是偏向于农工大众去的，但他内心深处对无产阶级革命成功之后，其最终的政体将如何运作，仍持有某种不安与恐惧感。

直到 1933 年 11 月，他在给姚克的信中依然如此坦陈：

> 即如我自己，何尝懂得什么经济学或看了什么宣传文字，《资本论》不但未尝寓目，连手碰也没有过。然而启示我的是事实，而且并非外国的事实，倒是中国的事实，中国的非"匪区"的事实，这有什么法子呢？②

没有研究过社会主义、没有碰过《资本论》，在这方面，鲁迅没必要说假话，因为他一生都是襟怀坦荡的，他更执着于中国"现实"的体验，更专注于观察、思考社会人生，从中获取经验与教训，铸成他那透视历史的目力，从而选择自身的定位。中国的生活现实、中国的厚重经验，在鲁迅前期的思想的生成上起到了至关重要的作用。

---

① 鲁迅：《"醉眼"中的朦胧》，《鲁迅全集》第 4 卷，人民文学出版社 2005 年版，第 66 页。
② 鲁迅：《致姚克》，《鲁迅全集》第 12 卷，人民文学出版社 2005 年版，第 496 页。

鲁迅一生所坚持的原则是保持精神的独立性，所以在 1926 年谈《〈阿Q 正传〉的成因》一文中，他以牛为喻做出如此自白：

> 譬如一匹疲牛罢，明知不堪大用的了，但废物何妨利用呢，所以张家要我耕一弓地，可以的；李家要我挨一转磨，也可以的；……但倘若用得我太苦，是不行的，我还要自己觅草吃，要喘气的工夫；要专指我为某家的牛，将我关在他的牛牢内，也不行的，我有时也许还要给别家挨几转磨。如果连肉都要出卖，那自然更不行，理由自明，无须细说。[①]

鲁迅是敏感的，也是睿智的，他的生存经验铸造了定力，他的目力穿透历史空间，所以那时的他不会成为"某家的牛"，更不会"关在他的牛牢内"，他坚持的是精神的独立，思想的自由。

但 1928 年下半年之后开始有了变化，鲁迅不但自己熟读了马克思主义的相关著作，甚至还可以给许广平指导、讲解了。许广平对此曾回忆道：

> 自从他学习了马克思主义的理论，相信了这个真理以后，就不但用它来"煮自己的肉"，而且也执着地以之教育他周围的人，使真理之火从自己的身边燃起。当时，正是大革命失败之后，白色恐怖极其严重，但鲁迅一经认定马列主义是真理，就不但要自己学习，而且还要宣传，教育别人。所以我的第二个课本，就是日文本的《马克思读本》(神永文三著)。除序文而外，内容共分十讲：一、马克思的生涯及事业；二、唯物论辩证法；三、唯物史观；四、阶级斗争说；五、马克思主义与国家；六、劳动价值说；七、剩余价值说；八、资本积蓄说；九、利润说；十、资本崩溃说。教时，从序文讲解起，于 1928年 10 月 30 晚开始，至 1929 年 4 月 7 日止，费时共五个多月。马克思的著作，本来是比较艰深的，再经过日文的转译，其术语和整个句子对我就更加难懂，自是不难料想了，但是鲁迅能够深入浅出地说明这些道理，有时把整个句子拆除开来向我讲解，并且随时改正课本上所

---

① 鲁迅：《〈阿 Q 正传〉的成因》，《鲁迅全集》第 3 卷，人民文学出版社 2005 年版，第 394 页。

有的错字，使我听起来就明白易懂得多了。①

从许广平列出的该书的内容来看，涉及面相当广泛，包括了马克思主义整体的基本原理。可以想象，如果鲁迅自身没有对马克思主义有着较深的研究及悟解，他怎么能"深入浅出地说明这些道理"呢？

1928 年 6 月，鲁迅和郁达夫创办了《奔流》杂志。他根据日文文本转译了多篇苏联的文艺政策的文章，如《关于对文艺的党的政策》《观念形态战线和文学》《关于文艺领域上的党的政策》等，在《奔流》月刊上连载，并在"编校后记"中指出：

> 在劳动阶级文学大本营的俄国的文学的理论和实际，于现在的中国，恐怕是不为无益的。②

为宣扬与传播以苏联为代表的马克思主义的文学理论与政策，做出了具体的工作。

1928 年 7 月，他在给韦素园的信中谈到了接纳马克思主义理论的感受：

> 以史底惟物论批评文艺的书，我也曾看了一点，以为那是极直捷爽快的，有许多昧暧难解的问题，都可说明。③

以唯物主义为基础的马克思主义文学理论，鲁迅真切地看进去了，他的第一感受是能"直捷爽快"地解答以往困惑的难题。也就是说，他开始运用马克思主义作为理论武器，来观察、分析社会现实和文学创作上所遇到的问题了。对于这些问题，鲁迅是如何具体地展开论析？本章将梳理他在1928 年后文章中相关的文字，予以呈示。

到了 1930 年 3 月，他可以充满自信地在中国左翼作家联盟成立大会上说：

---

① 许广平：《鲁迅回忆录》，作家出版社 1961 年版，第 78 页。
② 鲁迅：《〈奔流〉编校后记》，《鲁迅全集》第 7 卷，人民文学出版社 2005 年版，第 168 页。
③ 鲁迅：《280722 致韦素园》，《鲁迅全集》第 12 卷，人民文学出版社 2005 年版，第 125 页。

> 我那时候就等待有一个能操马克斯主义批评的枪法的人来狙击我的，然而他终于没有出现。①

如果自己不是对"马克斯主义批评枪法"有一定的接纳与演练，他敢对自称为革命文学的代表者们下如此"战表"吗？因为在这句话之前，他直接点了创造社和太阳社之名："向我进攻的时候，那力量实在单薄，到后来连我都觉得有点无聊，没有意思反攻了，因为我后来看出了敌军在演'空城计'。"他相信，自己在这方面的"武艺"已不亚于对方，已经成为可以对阵抗衡的狙击枪手了。

那么，1928 年下半年之后，鲁迅"从进化论进到阶级论"，从尼采的"个人"到马克思主义的"众数"，这一巨大的思想转变原因是什么呢？总体看来，有以下四点。

其一，对社会阶层构成的观念上，"众数"超越了"个人"。1926 年冬季，北伐军的节节胜利，让在厦门的鲁迅看到了来自底层的"革命青年和劳动工农"在改造旧世界时的巨大力量，是他们以生命和热血才换来北伐战场上一次又一次的胜利成果。在这铁的现实跟前，尼采的"少数之优者为多数之劣者所钳制"，约翰·密尔的"小己受制于国群"等"精英"的学说晃动了，"任个人而排众数"的观念 180 度地颠倒过来了。鲁迅笔下的"傻子"形象内涵也有了扩展，不仅包括了像夏瑜一类的革命先驱者，还纳入此前他视之为"庸众"的工农大众。他们的形象在鲁迅心目中改变了："他们是世界的主人，世界是属于他们所有的。"这是鲁迅能转向接纳马克思主义的思想基础的形成。②

其二，对国民党的政治转向的失望。鲁迅"在二七年被血吓得目瞪口呆"；同时还看到一些青年告密、出卖战友的无耻、残忍，思路因此轰毁，放弃了"进化论"的偏颇。此时的他，必然要寻找新的思想支撑点。鲁迅原本对于国民党这支政治力量曾寄予一定的希望："孙中山奔波一世，而中国还是如此者，最大原因还在他没有党军"，甚至还为他过迟开办黄埔军官学校而惋惜。③ 而今，这支军队却调转枪口，对准青年学生及工农大众，

---

① 鲁迅:《对于左翼作家联盟的意见》,《鲁迅全集》第 4 卷，人民文学出版社 2005 年版，第 241 页。

② 详见本书第十章《厦门：鲁迅哲学思想转换的起点》。

③ 鲁迅:《致许广平》,《鲁迅全集》第 11 卷，人民文学出版社 2005 年版，第 475 页。

在淋漓的鲜血跟前，鲁迅万万无法接受之，因为这和当年北洋军阀政府开枪屠杀刘和珍等请愿的学生有什么两样呢？"苟活者在淡红的血色中，会依稀看见微茫的希望；真的猛士，将更奋然而前行。"[1]经历过血的洗礼的鲁迅在寻找新的理论途程中奋然前行。

其三，在论战中受到创造社对他的理论上的"挤"。这点鲁迅说得很清楚：

> 我有一件事要感谢创造社的，是他们"挤"我看了几种科学底文艺论，明白了先前的文学史家们说了一大堆，还是纠缠不清的疑问。并且因此译了一本蒲力汗诺夫的《艺术论》，以救正我——还因我而及于别人——的只信进化论的偏颇。[2]

鲁迅译出卢那察尔斯基的《艺术论》和普列汉诺夫《艺术论》分别是在1929年的4月和6月。在此前一二年内，鲁迅才正式开始集中全力，下硬功夫深入研究马克思主义，甚至不惜以翻译原著这种"笨实"的方式来领悟马克思主义的精髓，从而"救正"旧有理论的偏颇。

鲁迅翻译的《苏俄的文艺政策》出版后，"创造社革命文学诸公又在'批判'"，对此，鲁迅还回应道："我的翻译这书不过是使大家看看各种议论，可以和中国的新的批评家的批评和主张相比较。与翻刻王羲之真迹，给人们可以和自称王派的草书来比一比，免得胡里胡涂的意思，是相仿佛的。"[3]阐明了他翻译这些文章的目的是为着正本清源，以免被赝品所误导。当然，在翻译的过程中，他的马克思主义文艺理论的水平也随之提高。

其四，受到共产党人中的精英人物的熏染。从1926年起，鲁迅的生活历程中就出现了不少共产党人的身影。在厦门时期，中共厦大支部首任书记罗扬才和他常有往来，关系密切，曾邀请鲁迅到集美学校演讲，并在厦大掀起挽留鲁迅的学潮；在广州时期，陈延年曾派学生干部毕磊给鲁迅送革命刊物《支部生活》，共产党人应修人还陪同鲁迅到黄埔军官学校演讲；1932年，陈赓到上海疗伤，鲁迅两次会见，听他讲述中央苏区的战

---

① 鲁迅：《纪念刘和珍君》，《鲁迅全集》第 3 卷，人民文学出版社 2005 年版，第 294 页。
② 鲁迅：《三闲集·序言》，《鲁迅全集》第 4 卷，人民文学出版社 2005 年版，第 6 页。
③ 鲁迅：《〈奔流〉编校后记》，《鲁迅全集》第 7 卷，人民文学出版社 2005 年版，第 188 页。

斗和生活的情况；党内文艺理论家冯雪峰与鲁迅过从甚密，曾一起筹办中国左翼作家联盟。而鲁迅帮助论战中曾经伤害过他的"黑旋风"成仿吾与党组织取得联系；鲁迅受方志敏的重托，把其遗稿《可爱的中国》《清贫》秘密转交给党组织，更是为人们所传颂。

至于鲁迅与瞿秋白之间的手足般情谊更成了一段历史佳话。1931年瞿秋白离开党的领导岗位隐居在上海，得与鲁迅相识，他因躲避当局追捕，曾多次避难于鲁迅寓所。他俩惺惺相惜，相见恨晚，鲁迅曾手书联幅"人生得一知己足矣，斯世当以同怀视之"赠予秋白，足见其间深情厚谊。他俩志趣相投，学识相当，每当相聚，倾心吐胆；即使相隔，亦鸿雁往来，行文私语。他们曾就翻译及中国文学研究作过长篇通信，瞿秋白更是写下了《鲁迅杂感集序言》这一中国现代文论史上名篇，而他的一些杂文则是署以鲁迅的笔名发表。更重要的是，瞿秋白是功力深厚的马克思主义理论家，其《马克斯、恩格斯和文学上的现实主义》一文，在中国马克思主义文学理论传播史上具有划时代的意义。"近朱者赤"，在鲁迅身边并结为挚友的这些共产党人多是出类拔萃、才华横溢的"精英"之士，他们所信仰的马克思主义观念不可能不给鲁迅以熏染，像鲁迅提及恩格斯给敏·考茨基的信，很可能是先得知于瞿秋白。

外界环境和内在因素的积聚皆已达到质变的临界线，鲁迅转向接纳马克思主义的条件已然成熟，以下将展开具体的论述。

第二节　经济基础与意识形态

在人类思想发展史上，马克思主义之所以能取得独立的理论体系的存在，原因就在于它具有独特的质的规定性，这就是隶属于上层建筑的意识形态受制约于与之相适应的经济基础。它始于马克思的《德意志意识形态》，见著于《共产党宣言》，最终在《〈政治经济学批判〉序言》以体系性而确立：

> 人们在自己生活的社会生产中发生一定的、必然的、不以他们的意志为转移的关系，即同他们的物质生产力的一定发展阶段相适合的生产关系。这些生产关系的总和构成社会的经济结构，即有法律和政

治的上层建筑竖立其上并有一定的社会意识形式与之相适应的现实基础。物质生活的生产方式制约着整个社会生活、政治生活和精神生活的过程。不是人们的意识决定人们的存在，相反，是人们的社会存在决定人们的意识。^①

这是以严密的科学逻辑论证出的经典原理，接受或拒绝这一原理，成为是否信奉马克思主义的前提。那么，鲁迅做出怎样的选择呢？

1930 年 5 月，鲁迅在普列汉诺夫《〈艺术论〉译本序》中，就艺术美感是由历史现实的条件所提高的问题，写下这样的一段话：

> 蒲力汗诺夫在这里，却将这作为重要的艺术生产的问题，解明了生产力和生产关系的矛盾以及阶级间的矛盾，以怎样的形式，作用于艺术上；而站在该生产关系上的社会的艺术，又怎样地取了各别的形态，和别社会艺术显出不同。^②

这虽是对普列汉诺夫著作的评述，却可以看出鲁迅对马克思主义基本原理的精到的把握，生产力、生产关系、属于上层建筑的艺术，以及艺术和其他意识形态的不同的形式，这些概念在鲁迅手下的运用是何等的娴熟，非当时一般学者所能企及。

普列汉诺夫在鲁迅的心目中，地位十分崇高：他是"俄国的马克斯主义者的先驱和觉醒了的劳动者的教师和指导者"，是"俄国的无产阶级之父"。"他所擅长的是理论方面，对于敌人，便担当了哲学底论战。列宁却从最先的著作以来，即专心于社会政治底问题，党和劳动阶级的组织的。他们这时的以辅车相依的形态"，^③并肩战斗在一起。即普列汉诺夫侧重于从哲学理论方面，列宁侧重于从社会政治组织方面，俩人共轭互补，相互依持，为无产阶级革命事业而共同奋斗。因此，鲁迅对普列汉诺夫学说的重视，标志着他对马克思主义的深度认同。

但鲁迅是一位文学家，他更多的是把所吸纳的马克思主义的哲学、美

① 马克思：《〈政治经济学批判〉序言》，《马克思恩格斯选集》第 2 卷，人民文学出版社 1972 年版，第 82 页。
② 鲁迅：《〈艺术论〉译本序》，《鲁迅全集》第 4 卷，人民文学出版社 2005 年版，第 268 页。
③ 同上注，第 261、262 页。

学思想化融在感性的文字或形象上。

1933 年，《东方杂志》的一位记者引弗洛伊德的理论，"以为'正宗'的梦，是'表现各人的心底的秘密而不带着社会作用的'"。鲁迅就运用马克思的"意识形态受制约于与之相适应的经济基础"这一原理，批驳了他："但佛洛伊特以被压抑为梦的根柢——人为什么被压抑的呢？这就和社会制度，习惯之类连结了起来"，从根本上看，是建立在经济基础之上的社会结构组织制约了人的意识乃至潜意识。鲁迅接下来风趣地写道："不过佛洛伊特恐怕是有几文钱，吃得饱饱的罢，所以没有感到吃饭之难，只注意于性欲"，他忘了人的意识更深层的经济动因。鲁迅进而揭示：

> 食欲的根柢，实在比性欲还要深，在目下开口爱人，闭口情书，并不以为肉麻的时候，我们也大可以不必讳言要吃饭。……时代是这么变化，饭碗是这样艰难，想想现在和将来，有些人也只能如此说梦。①

显然，是马克思主义的意识形态受制约于经济基础的原理磨利了鲁迅的批判锋芒。

吃饭，活下去，是生存的前提，鲁迅曾详细地算过一笔经济账，谈上海文人"雅"不起来的原因："要'雅'，也还是要地位。'采菊东篱下，悠然见南山'是渊明的好句，但我们在上海学起来可就难了。"因为要在上海租一所院子里有点竹篱，可以种菊的房子，至少得 159 元 6 角，而近来文稿不值钱，"那么，单单为了采菊，他就得每月译作净五万三千二百字。吃饭呢？要另外想法子生发，否则，他只好'饥来驱我去，不知竟何之'了"。②正像顾况看到白居易之名笑道："居易居易，长安米贵，居大不易！"上海如此窘迫的生存处境，你还"雅"得起来，"悠"得起来吗？

类似的文字就是大家耳熟能详的鲁迅批判梁实秋人性论的那段话："自然，'喜怒哀乐，人之情也'，然而穷人决无开交易所折本的懊恼，煤油大王那会知道北京检煤渣老婆子身受的酸辛，饥区的灾民，大约总不去种兰

---

① 鲁迅：《听说梦》，《鲁迅全集》第 4 卷，人民文学出版社 2005 年版，第 483 页。

② 鲁迅：《病后杂谈》，《鲁迅全集》第 6 卷，人民文学出版社 2005 年版，第 169 页。

花，像阔人的老太爷一样，贾府上的焦大，也不爱林妹妹的。"①重温一下，你就会品味到马克思主义基本原理是怎样地化融到鲁迅思想的内理。

还有的，如《不知肉味和不知水味》文中所写到的两个天地。1934 年 8 月，国民政府在南京、上海等地举办规模盛大的"孔诞纪念会"，会上还演奏了"当年孔子听得'三月不知肉味'的韶乐"。但同在这一天，宁波余姚因天时干旱，河水干涸，居民因争井水而斗殴毙命。鲁迅有感于此，抨击道：

> 闻韶，是一个世界，口渴，是一个世界。食肉而不知味，是一个世界，口渴而争水，又是一个世界。……所以我们除食肉者听了而不知肉味的"韶乐"之外，还要不知水味者听了而不想水喝的"韶乐"。②

在同一时空下，这世界却分裂成两半，一是"食肉不知味"的高雅，一是争水而毙命的残酷，仿佛是"朱门酒肉臭，路有冻死骨"的场景重现。经济基础制约意识形态的原则能说它不具有客观真理性吗？

对于当时社会上的文艺现象，鲁迅也多能从这一视角审视。1930 年，美国的电影风靡上海，"上海的日报上，电影的广告每天大概总有两大张"。对此，鲁迅尖锐地指出：

> 那些影片，本非以中国人为对象而作，所以运入中国的目的，也就和制作时候的用意不同，只如将陈旧枪炮，卖给武人一样，多吸收一些金钱而已。③

艺术盛况的后面，仍是资本的运作而已。

甚至连文学文体，如短篇小说的兴起，鲁迅也由此楔入分析：中国称小说为"闲书"，最早估计只有那经济上有余力者方能看看小说消闲吧。

---

① 鲁迅：《"硬译"与"文学的阶级性"》，《鲁迅全集》第 4 卷，人民文学出版社 2005 年版，第 208 页。

② 鲁迅：《不知肉味和不知水味》，《鲁迅全集》第 6 卷，人民文学出版社 2005 年版，第 116 页。

③ 鲁迅：《〈现代电影与有产阶级〉译者附记》，《鲁迅全集》第 4 卷，人民文学出版社 2005 年版，第 419 页。

　　　　所以凡看小说的，他就得有余暇，既有余暇，可见是不必怎样辛
　　苦做活的了，……用经济学的眼光看起来，在现制度之下，"闲暇"
　　恐怕也确是一种"富"。……后来生活艰难起来了，为了维持，就
　　缺少余暇，不再能那么悠悠忽忽。只是偶然也还想借书来休息一下
　　精神，而又耐不住唠叨不已，破费工夫，于是就使短篇小说交了桃
　　花运。①

当然，短篇小说的兴起还有更多的原因，这里只是鲁迅一说而已，但也可
以看出，这一时期经济基础制约意识形态的原理在他的精神观念中已占据
了相当重要的位置。

　　与上一篇几乎同一时段，鲁迅还写有《关于妇女解放》一文：

　　　　这是五四运动后，提倡了妇女解放以来的成绩。不过我们还常常
　　听到职业妇女的痛苦的呻吟，评论家的对于新式女子的讥笑。她们从
　　闺阁走出，到了社会上，其实是又成为给大家开玩笑，发议论的新资
　　料了。这是因为她们虽然到了社会上，还是靠着别人的"养"。……
　　所以一切女子，倘不得到和男子同等的经济权，我以为所有好名目，
　　就都是空话。②

妇女解放的基础是自身应在经济上取得权利，否则只是一句空话，五四运
动以来的现状已经证实了这一点。由此，我们自然想起了鲁迅小说《伤
逝》中的子君，当到了连油鸡、小狗阿随都养不活的时刻，俩人原本冲破
世俗偏见所营造的爱的小天地便顿然倾塌，她只能在凄冷中走向死亡的虚
空。"人必生活着，爱才有所附丽"，经济基础的现实性、残酷性，将无情
地击碎浪漫的幻梦，在这一点上，鲁迅是极为冷静与清醒的。

　　1924 年，他在《娜拉走后怎样》的演讲中已经谈道：

　　　　梦是好的；否则，钱是要紧的。……所以为娜拉计，钱，——高
　　雅的说罢，就是经济，是最要紧的了。自由固不是钱所能买到的，但

---

① 鲁迅：《〈总退却〉序》，《鲁迅全集》第 4 卷，人民文学出版社 2005 年版，第 638 页。
② 鲁迅：《关于妇女解放》，《鲁迅全集》第 4 卷，人民文学出版社 2005 年版，第 614 页。

能够为钱而卖掉。人类有一大缺点，就是常常要饥饿。为补救这缺点起见，为准备不做傀儡起见，在目下的社会里，经济权就见得最要紧了。①

如此看来，鲁迅在接受马克思这一原理之前就与之有吻合之处，但这也不是没有可能的，因为真理有它超越时空的普遍性。

当鲁迅陷入家道中落的困境，把衣服、首饰送上高他一倍的当铺柜台，在侮蔑里接了钱，再到一样高的药店柜台给久病的父亲买药时；当亲戚旧友从打躬作揖、曲意逢迎，变为冷眼旁观、避之不及时，生活的残酷性已给了他铭心刻骨的感悟：

> 有谁从小康人家而坠入困顿的么，我以为在这途路中，大概可以看见世人的真面目。②

鲁迅在他人生的经验中感受到经济对精神意识的迫压与异化，这是一种朴素的直接性的悟解，而在理论上系统接受马克思主义的经济基础对意识形态制约的原则，诸如生产力与生产关系的矛盾、文学艺术作为一种"更高地悬浮于空中"的特殊审美意识形态，以及从经济基础到意识形态之间的社会心理中介等，则应该是在 1929 年分别翻译完普列汉诺夫、卢那察尔斯基的《艺术论》及其他论著之后，其思想观念才有可能产生质的变化与更新。

第三节　社会改造的途径

马克思在《关于费尔巴哈的提纲》第十一条中指出：

> 哲学家们只是用不同的方式解释世界，而问题在于改变世界。③

---

① 鲁迅：《娜拉走后怎样》，《鲁迅全集》第 1 卷，人民文学出版社 2005 年版，第 167—168 页。
② 鲁迅：《呐喊·自序》，《鲁迅全集》第 1 卷，人民文学出版社 2005 年版，第 437 页。
③ 〔德〕马克思：《关于费尔巴哈的提纲》，《马克思恩格斯选集》第 1 卷，人民出版社 1975 年版，第 19 页。

马克思主义并不执着于理论的纯粹性，它更重视的是其实践性，即对现实社会的改造。

20世纪初，面对着国势衰危、民生凋敝的现状，中国的思想先驱者们无不思考着对现实社会的改造，但他们对所选择的道路是有所转换的。如鲁迅所说的：

> 最初，文学革命者的要求是人性的解放，他们以为只要扫荡了旧的成法，剩下来的便是原来的人，好的社会了，于是就遇到保守家们的迫压和陷害。大约十年之后，阶级意识觉醒了起来，前进的作家，就都成了革命文学者。[1]

这里，鲁迅揭示了两条道路的选择：一是"人性的解放"，一是"阶级意识觉醒"。

寻求"人性的解放"走的是"精神的批判"的道路，鲁迅在《呐喊·自序》中回顾自己走上文学道路的动因即是如此。他在日本看到日俄战争中的一部记录片，一个被当作俄国侦探的中国人将要砍头，旁边的国人却麻木地围观、赏鉴着。

> 从那一回以后，我便觉得医学并非一件紧要事，凡是愚弱的国民，即使体格如何健全，如何茁壮，也只能做毫无意义的示众的材料和看客，病死多少是不必以为不幸的。所以我们的第一要著，是在改变他们的精神，而善于改变精神的是，我那时以为当然要推文艺，于是想提倡文艺运动了。[2]

由此，鲁迅选择了弃医从文之路。

救国先要立人，立人先要启蒙，这是20世纪初先觉者们的普遍的思想动向。郭沫若的弃医从文，成仿吾的弃"炮"从文，走的不都是这条路吗？与此相类似的路径还有不少，如科学救国，伦理救国，教育救国，又如蔡元培等提出的"以美育代宗教"等，走的也都是如同德国席勒的"精

---

[1] 鲁迅：《〈草鞋脚〉小引》，《鲁迅全集》第6卷，人民文学出版社2005年版，第21页。
[2] 鲁迅：《呐喊·自序》，《鲁迅全集》第1卷，人民文学出版社2005年版，第438—439页。

神的批判"道路。鲁迅、蔡元培、郭沫若等企盼通过文学艺术的启蒙、熏陶，通过文艺审美这座"桥梁"，使"人性解放"，即由"感性必然"走向"理性自由"，由"自然的人"升华为"道德的人"，从而使社会从低下的"现象世界"转化为"理想世界"，由此实现对社会的改造。

即使是中国共产党创始人的李大钊，当时也认为马克思主义的唯物论有其"偏蔽"，主张以社会主义改造经济结构的同时，也要以人道主义改造人类精神。因为"当这过渡时代，伦理的感化，人道的运动，应该倍加努力，以图划除人类在前史中所受的恶习染，所养的恶性质，不可单靠物质的变更。这是马氏学说应加救正的地方"。[①] 所以鲁迅说，在文学革命的头十年，寻求"人性的解放"，即走"精神的批判"这条路的先觉者，在中国思想界还是占主流的地位。

但以经济基础制约意识形态为其特色的马克思主义，在当时的历史条件下更倾向于"物质的批判"：

> 不是从观念出发来解释实践，而是从物质实践出发来解释观念的东西，由此还可得出下述结论：意识的一切形式和产物不是可以用精神的批判来消灭的，也不是可以通过把它们消融在"自我意识"中或化为"幽灵"、"怪影"、"怪想"等等来消灭的，而只有实际地推翻这一切唯心主义谬论所由产生的现实的社会关系，才能把它们消灭；历史的动力以及宗教、哲学和任何其他理论的动力是革命，而不是批判。[②]

也就是说，对于社会改造的途径，马克思和恩格斯更强调的是推翻"现实的社会关系"，即摧毁旧有的国家机器，而非靠精神性的幻想，包括道德教化来实现的。对此，他们还有更简明的解说：

> 批判的武器当然不能代替武器的批判，物质力量只能用物质力量来摧毁。[③]

---

① 李大钊：《我的马克思主义观》，《李大钊文选》，上海远东出版社 1995 年版，第 227 页。
② 《德意志意识形态》，《马克思恩格斯选集》第 1 卷，人民出版社 1975 年版，第 43 页。
③ 〔德〕马克思：《〈黑格尔法哲学批判〉导言》，《马克思恩格斯选集》第 1 卷，人民出版社 1975 年版，第 9 页。

1928 年，鲁迅在和创造社的成仿吾、李初梨论争时，就曾提及马克思这一概念："创造派'为革命而文学'，所以仍旧要文学，文学是现在最紧要的一点，因为将'由艺术的武器，到武器的艺术'，一到'武器的艺术'的时候，便正如'由批判的武器，到用武器的批判'的时候一般。"[①] 他以此嘲弄成仿吾想用"十万两无烟火药"，炸开"北京的乌烟瘴气"的偏激。

比较清晰地使用"批判的武器"与"武器的批判"这一对概念，是在 1934 年 11 月他所写的《中国文坛上的鬼魅》一文中：

> 革命青年的血，却浇灌了革命文学的萌芽，在文学方面，倒比先前更其增加了革命性。……所以要剿灭革命文学，还得用文学的武器。……"民族文学"已经自灭，"第三种文学"又站不起来，这时候，只好又来一次真的武器。[②]

面对革命文学的发展，执政者当然予以剿灭，它先是用所谓的"民族文学"和"第三种人"文学，作为"批判的武器"，但遗憾的是它十分无力，自身都站不起来。无奈之下，只好来"真的武器了"。这一"武器的批判"的真相，就是 1933 年 11 月，一群人用棍棒等袭击、捣毁了"为共产党所利用"的上海艺华影片公司，以及由此所开始的对付文化界的暴力行为。

令人惊讶的是，鲁迅在多年前已说出同样内涵的话，而且说了两次：

> 中国现在的社会情状，止有实地的革命战争，一首诗吓不走孙传芳，一炮就把孙传芳轰走了。……我呢，自然倒愿意听听大炮的声音，仿佛觉得大炮的声音或者比文学的声音要好听得多似的。[③]

这不就是中国版的"批判的武器不能代替的武器的批判"吗？这是 1927 年 6 月的事，到了 1928 年 1 月，鲁迅又说了一次："诋斥军阀怎样不合理，是革命文学家；打倒军阀是革命家；孙传芳所以赶走，是革命家用炮轰掉的，决不是革命文艺家做了几句'孙传芳呀，我们要赶掉你呀'的文章赶

---

① 鲁迅：《"醉眼"中的朦胧》，《鲁迅全集》第 4 卷，人民文学出版社 2005 年版，第 65 页。

② 鲁迅：《中国文坛上的鬼魅》，《鲁迅全集》第 6 卷，人民文学出版社 2005 年版，第 158、160 页。

③ 鲁迅：《革命时代的文学》，《鲁迅全集》第 3 卷，人民文学出版社 2005 年版，第 442 页。

掉的。"① 这就遥合上述的"阶级意识觉醒"之后，强化了"武器的批判"的意思。所以，若说此时的鲁迅对马克思主义相关原理是心领神会的，一点也不显得过分。

其实，这一思想在鲁迅二年前的书信中早有显露：

> 大同的世界，怕一时未必到来，即使到来，像中国现在似的民族也一定在大同的门外，所以我想无论如何，总要改革才好。但改革最快的还是火与剑，孙中山奔波一世，而中国还是如此者，最大原因还在他没有党军，因此不能不迁就有武力的别人。近几年似乎他们也觉悟了，开起军官学校来，惜已太晚。②

1925 年初，孙中山、国民党这一派政治力量在与北洋军阀相斗时，缺得就是"火与剑"，就是"武力"，也就是"武器的批判"。鲁迅虽是一介文人，但对社会历史发展的关键节点却往往能一语中的。

1930 年前后，他在和冯雪峰交谈中，还指出了"精神的批判"的另一种类型——人道主义的困境：

> 人道主义也的确是无用的，要实行人道主义就不是人道主义者所主张的办法所能达到。除非也有刀在手里，但那样，岂不是大悖他们的主义，倒在实行阶级斗争了么？③

要真正地实行人道主义，首先要拿起刀来，以"武器的批判"来取得实行的权力，但如若拿刀了就不是一个人道主义者，他们陷入了两难的境地。

如此道来，鲁迅像是一位"尚武之士"了？非也。早期的他信奉的是"掊物质而张灵明"，侧重于弘扬精神的力量，甚至是诗之神力。在《摩罗诗力说》中，他举德国诗人台陀开纳（Theodor Korner）为例，其诗集《竖琴长剑》"以是精神，凝为高响，展卷方诵，血脉已张"，发出全德国人的反侵略之声。因此，"败拿破仑者，不为国家，不为皇帝，不为兵刃，国

---

① 鲁迅：《文艺与政治的歧途》，《鲁迅全集》第 7 卷，人民文学出版社 2005 年版，第 121 页。
② 鲁迅：《致许广平》，《鲁迅全集》第 11 卷，人民文学出版社 2005 年版，第 475 页。
③ 冯雪峰：《回忆鲁迅》，《冯雪峰忆鲁迅》，河北人民出版社 2001 年版，第 20 页。

民而已。国民皆诗,亦皆诗人之具,而德卒以不亡"。是国民由诗而引发的精神伟力而战胜了法国侵略者。由此,鲁迅归结道:"黄金黑铁,断不足以兴国家",①一个国家的兴盛,不仅仅只在于财力与武力,更在于它的民族精神的力量。

那么,鲁迅何以会从"精神的批判"转为"武器的批判"呢?这是中国的现实经验使他做出调整。

> 中国大约太老了,社会上事无大小,都恶劣不堪,像一只黑色的染缸,无论加什么新东西去,都变成漆黑。可是除了再想法子来改革之外,也再没有别的路。②

他先前所崇奉的"精神的批判",在这古老的黑色大染缸跟前完全失效了,除了对国家机器进行改革,已别无出路了。

那么,这个国家机器呢?鲁迅说:"我那时对于'文学革命',其实并没有怎么样的热情。见过辛亥革命,见过二次革命,见过袁世凯称帝,张勋复辟,看来看去,就看得怀疑起来,于是失望、颓唐得很了。"③像走马灯式转换的北洋军阀政府根本就是换汤不换药,涂饰的新漆剥落,旧相又显出来,以至于鲁迅感到自己变成了"前奴隶的奴隶",他彻底失望了。

但更恶劣的是,北洋政府居然向请愿的学生开枪,鲁迅的心也在滴血:

> 以上都是空话。笔写的,有什么相干?实弹打出来的却是青年的血。血不但不掩于墨写的谎语,不醉于墨写的挽歌;威力也压它不住,因为它已经骗不过,打不死了。④

正如鲁迅所归结的,在冷酷、无望的中国社会现状跟前,文字挡不住实弹,空话压不住武力。"十年之后,阶级意识觉醒了起来",采取马克思主义的"武器的批判"的方式来改造旧有国家体制的途径,逐步占了上风,

---

① 鲁迅:《摩罗诗力说》,《鲁迅全集》第 1 卷,人民文学出版社 2005 年版,第 72 页。
② 鲁迅:《致许广平》,《鲁迅全集》第 11 卷,人民文学出版社 2005 年版,第 20 页。
③ 鲁迅:《〈自选集〉自序》,《鲁迅全集》第 4 卷,人民文学出版社 2005 年版,第 468 页。
④ 鲁迅:《无花的蔷薇之二》,《鲁迅全集》第 3 卷,人民文学出版社 2005 年版,第 280 页。

鲁迅赞同了此举。

第四节　人的历史社会性

马克思《关于费尔巴哈的提纲》第六条：

> 费尔巴哈把宗教的本质归结于人的本质。但是，人的本质并不是单个人所固有的抽象物。在其现实性上，它是一切社会关系的总和。①

这是建立在新唯物主义基点上的"人的学说"，它对费尔巴哈的旧唯物主义，那种撇开历史进程，仅从生物学、人本学的角度抽象地考察人本质的学说是一巨大的超越，因为它强调从"社会关系的总和"来界定人的本质。

这一"社会关系"包括人所处的时代环境，人所属的国家、民族、群体、阶层，人在生产关系中的地位与生存条件，如生产资料的占有、生产力的发挥、产品分配的多寡等，这些对人的本质的生成起着决定性的作用。

> 在不同的所有制的形式上，在生存的社会条件上，耸立着由各种不同情感、幻想、思想方式和世界观构成的整个上层建筑。整个阶级在它的物质条件和相应的社会关系的基础上创造和构成这一切。通过传统和教育承受了这些情感和观点的个人，会以为这些情感和观点就是他的行为的真实动机和出发点。②

这是马克思在《路易·波拿巴的雾月十八日》中对人的本质的形成的解说，个人生存的整体社会关系规范了他的情感、幻想、思想方式等本质属性。

对于马克思主义从"社会关系总和"来界定人的本质属性，鲁迅的悟解曾以极其精练而简要的语言写出：

---

① 〔德〕马克思：《关于费尔巴哈的提纲》，《马克思恩格斯选集》第 1 卷，人民出版社 1975 年版，第 18 页。

② 〔德〕马克思：《路易·波拿巴的雾月十八日》，《马克思恩格斯选集》第 1 卷，人民出版社 1975 年版，第 629 页。

> 于是就须"从生物学到社会学去",须从达尔文的领域的那将人类作为"物种"的研究,到这物种的历史底运命的研究去。[①]

达尔文和费尔巴哈的思维路径都是一样,一个是停留在生物学,一个是停留在人本学,均把人从社会历史中抽离出来,以一种抽象的"类"的方式来拢聚众多个人的共同性,鲁迅原本信奉的达尔文进化论即是如此。现在,鲁迅清楚了,要"到这物种的历史底运命"中去研究,个人的本质取决于他所生存的社会历史境况。

鲁迅对达尔文进化论的合理性产生怀疑,在他 1927 年 9 月写的《小杂感》中就有所呈露:"创作是有社会性的。"这句话,语词凝聚到极点,我们要从它的上一节来理解:"革命的被杀于反革命的。反革命的被杀于革命的。不革命的或当作革命的而被杀于反革命的,或当作反革命的而被杀于革命的,或并不当作什么而被杀于革命的或反革命的。革命,革革命,革革革命,革革……"[②]近于绕口令的这段文字是当时一团乱麻般的中国政治的形象写照,也是鲁迅从身旁先驱者被屠杀中抽绎出凝血的教训。

1931 年底,青年作家沙汀、艾芜来信询问小说题材的选取问题,鲁迅做了这样的回答:

> 作者所站的立场,如信上所写,则是小资产阶级的立场。如果是战斗的无产者,只要所写的是可以成为艺术品的东西,那就无论他所描写的是什么事情,所使用的是什么材料,对于现代以及将来一定是有贡献的意义的。为什么呢?因为作者本身便是一个战斗者。[③]

作者的社会经济地位决定了他的政治立场;他在这政治倾向下对题材的选择,就决定其价值意义。这里,达尔文的生物学的"物种"论已完全不见踪影,"物种"的"历史底运命"决定了一切,人的历史社会性已成了鲁迅观察社会与人的基本出发点,当然"可以成为艺术品"这一标准他仍然没有放弃。他接着以法国诗人波德莱尔为例说明之:"当巴黎公社初起时,他还很感激赞助,待到势力一大,觉得于自己生活将要有害,就变成反动

---

① 鲁迅:《〈艺术论〉译本序》,《鲁迅全集》第 4 卷,人民文学出版社 2005 年版,第 268 页。
② 鲁迅:《小杂感》,《鲁迅全集》第 3 卷,人民文学出版社 2005 年版,第 556 页。
③ 鲁迅:《关于小说题材的通信》,《鲁迅全集》第 4 卷,人民文学出版社 2005 年版,第 376 页。

了。"阶级的地位、阶级的利益，必将制约作家、诗人的政治态度，这是鲁迅当年的判断。

1934 年 11 月，鲁迅为英文刊物《现代中国》写了《中国文坛上的鬼魅》一文，可能因为是英文刊物不必通过国内文坛检查官的审查，文章写得比较直白：

> 当国民党对于共产党从合作改为剿灭之后，……许多青年们，共产主义者及其嫌疑者，左倾者及其嫌疑者，以及这些嫌疑者的朋友们，就到处用自己的血来洗自己的错误，以及那些权力者们的错误。权力者们的先前的错误，是受了他们的欺骗的，所以必得用他们的血来洗干净。……他们之中的一些人，还有一条路，是使劲的拉住了那颈子套上了绞索的朋友的脚。[①]

那么，在这样的生存状态中，人还能洁身自好地超越人生吗？文学还能以纯粹的形态而超越社会吗？

因此，1930 年鲁迅在左翼作家联盟成立大会上的讲话，反复告诫："'左翼'作家是很容易成为'右翼'作家的。"

> 第一，倘若不和实际的社会斗争接触，单关在玻璃窗内做文章，研究问题，那是无论怎样的激烈，"左"，都是容易办到的；然而一碰到实际，便即刻要撞碎了。……第二，倘不明白革命的实际情形，也容易变成"右翼"。革命是痛苦，其中也必然混有污秽和血，决不是诗人所想象的那般有趣，那般完美……[②]

像欢呼过十月革命的诗人叶遂宁、马雅可夫斯基等在革命后就因失望而自杀。

鲁迅告别了前期的浪漫主义，从《呐喊》时期起，便执着于社会的现状，予以冷静的观察与思考。如果说，鲁迅在《小杂感》中所悟及的还带

---

①　鲁迅:《中国文坛上的鬼魅》,《鲁迅全集》第 6 卷，人民文学出版社 2005 年版，第 156、157 页。

②　鲁迅:《对左翼作家联盟的意见》,《鲁迅全集》第 4 卷，人民文学出版社 2005 年版，第 238 页。

有一些感性直觉的意味，那么到了翻译普列汉诺夫的《艺术论》后，则有了理论导引下透视各种事态的目力。敢于直面惨淡人生，敢于正视淋漓鲜血的鲁迅醒悟了，在文学的本质定性上，跨出了关键的一步。

人的本质不能脱离他所生存的社会环境、社会关系，马克思是以哲学的语言传示，鲁迅则以文学的形象语言来传达：

> 生在有阶级的社会里而要做超阶级的作家，生在战斗的时代而要离开战斗而独立，生在现在而要给与将来的作品，这样的人，实在也是一个心造的幻影，在现实世界上是没有的。要做这样的人，恰如用自己的手拔着头发，要离开地球一样，他离不开，焦躁着，然而并非因为有人摇了摇头，使他不敢拔了的缘故。①

鲁迅就是鲁迅，看似轻轻的一笔，创造的形象画面就让你永难忘却：一个人用自己的手拔着头发，要离开地球，可能吗？其荒唐可笑到了极致，文中所欲说明的道理已不言自明。

鲁迅运用马克思的"社会关系"决定人的本质这一原理，来分析中国知识界中形形色色的人物，最精彩的莫过于对杨邨人的定位了。杨邨人原是激进的中共党员作家，1933 年 2 月发表《离开政党生活的战壕》一文，称革命成功无望，家中父老贫寒，面临成为饿殍之惨境，所以公开声明脱离中国共产党，并称自己受到"左右夹攻"，甚是委屈。听到鲁迅要"嘘"他的消息，便"杀"上门来。

鲁迅在答他的"公开信"中给他做了定位："我以为先生虽是革命场中的一位小贩，却并不是奸商。"为何杨邨人只是一位"小贩"呢？因为在把革命做成生意场的有几种人，一种是阔的奸商，善于变脸，国共合作时代的阔人，颂苏联，赞共产，无所不至，一到清党，就用共产青年的血来洗自己的手；一种是"骁将"，杀戮成性，当年杀土豪，倒劣绅，激烈得很，一到转向，便骂"土匪"，杀同人，依然残忍。相比之下，杨邨人无此资格：

> 先生呢？据"自白"，革命与否以亲之苦乐为转移，有些投机气

---

① 鲁迅：《论"第三种人"》，《鲁迅全集》第 4 卷，人民文学出版社 2005 年版，第 452 页。

味是无疑的，但并没有反过来做大批的买卖，仅在竭力要化为"第三种人"，来过比革命党较好的生活。①

在这场充满血腥味的"社会关系"搏斗中，杨邨人脱党之后，"没有反过来做大批的买卖"，即没有出卖同人的卑劣，手上没有沾上血污，虽然有些投机，但其"反水"的缘由还有些人道主义的意味。因而，在此"革命场"上，他至多只够上"小贩"的资格。鲁迅把他放置在复杂的"社会关系"中考量，赐他一个恰如其分的称号，既带有蔑视，又不失公道。

在阶级社会中，人的本质多以阶级性呈现出来。在这一方面，鲁迅批判力度最大的是对梁实秋的"人性论"的反击。1926 年梁实秋留美回国，在国内文坛上着力宣扬其导师白璧德的新人文主义，其理论要点之一是，文学是人性的表现，伟大的文学乃是基于固定的普遍的人性。这就明显地和马克思关于人在其"现实性上"，具有特定社会性（包括阶级性），构成了尖锐的理论冲突。鲁迅的行文，即使是批判中，也断不了形象的创造。他以"出汗"为喻：

　　譬如出汗罢，我想，似乎于古有之，于今也有，将来一定暂时也还有，该可以算得较为"永久不变的人性"了。然而"弱不禁风"的小姐出的是香汗，"蠢笨如牛"的工人出的是臭汗。不知道倘要做长留世上的文字，要充长留世上的文学家，是描写香汗好呢，还是描写臭汗好？这问题倘不先行解决，则在将来文学史上的位置，委实是"岌岌乎殆哉"。②

再深奥的命题到了鲁迅的笔下都会以四两拨千斤式轻松化解，他用"香汗""臭汗"一下就把"永久的人性"给泡散了。

但鲁迅并未把"人的阶级性"理论绝对化，他有自己的独立的思考与接受方式。他在《文学的阶级性》一文中回答了读者的疑问：

　　在我自己，是以为若据性格感情等，都"受支配于经济"（也可

① 鲁迅：《答杨邨人先生公开信的公开信》，《鲁迅全集》第 4 卷，人民文学出版社 2005 年版，第 646 页。
② 鲁迅：《文学与出汗》，《鲁迅全集》第 3 卷，人民文学出版社 2005 年版，第 581 页。

以说根据于经济组织或依存于经济组织）之说，则这些就一定都带着阶级性。但是，"都带"，而非"只有"。①

注意最后一句话，在人的阶级性问题上，鲁迅的结论是，受经济制约的人的性格感情等，可以说是"都带"，但不能说人性"只有"阶级性，因为后者是绝对的、独断的结论。鲁迅同时引俄共领导人托洛茨基在《文学与革命》一文中的例子为证："脱罗兹基曾以对于'死之恐怖'为古今人所共同，来说明文学中有不带阶级性的分子，那方法其实是差不多的。"人面对死亡之恐怖有可能是生命体的共同本能，这说明，人类除了阶级性之外，的确还会有一些超阶级的"共性"存在。由此可见，鲁迅在"人的阶级性"这一问题上，并不陷于僵滞，而是灵活地运用辩证方法来把握之。因此，日本学者丸山升曾这样评论：鲁迅"对于马克思主义，不是将自己整个投入其中，也不是相反地全部拒绝，而且他的接受方式也没有陷入浅薄的折衷主义，而是成功地接受了马克思主义的本质内容"。② 这一判断可以说是比较准确的。

第五节　文艺的本质、功用及审美特性

论及鲁迅对文艺的本质和功用的看法，有一很奇特的现象，那就是1908年的他和普列汉诺夫相关理论居然有共同之处，都认为是"不用之用"。丸山升也曾发现这一点：鲁迅的革命文学观有一些"并不一定是在普列汉诺夫和卢那察尔斯基等的马克思主义艺术论的基础上形成的，而是在接触这些理论之前，在他的内心已经成形的思想"。③

在《〈艺术论〉译本序》中，鲁迅写道："蒲力汗诺夫之所究明，是社会人之看事物和现象，最初是从功利底观点的，到后来才移到审美底观点去。在一切人类所以为美的东西，就是于他有用——于为了生存而和自然以及别的社会人生的斗争上有意义的东西。"人是作为一生命体生活于自

---

① 鲁迅：《文学阶级性》，《鲁迅全集》第 4 卷，人民文学出版社 2005 年版，第 128 页。
② 〔日〕丸山升：《"革命文学论战"中的鲁迅》，《鲁迅·革命·历史——丸山升现代中国文学论集》，王俊文译，北京大学出版社 2005 年版，第 44 页。
③ 同上注，第 41 页。

然与社会中，生存是生命的前提，所以人这一族类对外界事物、现象的判断，先是"有用"，即有助于、有益于其生存的价值，而后才会转到"审美"上来。

鲁迅接着阐述：

> 功用由理性而被认识，但美则凭直感底能力而被认识。享乐着美的时候，虽然几乎并不想到功用，但可由科学底分析而被发见。所以美底享乐特殊性，即在那直接性，然而美底愉乐的根柢里，倘不伏着功用，那事物也就不见得美了。并非人为美而存在，乃是美为人而存在的。——这结论，便是蒲力汗诺夫将唯心史观者所深恶痛绝的社会、种族，阶级的功利主义底见解，引入艺术里去了。①

艺术的本质及人的审美，其根柢潜伏着功利、有用性；而其表现形式及人的审美直观感觉，却是"无用"与享乐。普列汉诺夫理论的锐利，就在于他揭示出艺术与美的"无用"背后之"用"，让艺术之纯粹、审美之超然，脱去了外装，露出了底色。当然，像康德所说的小提琴弦上单音符的颤响、草地上一片单纯的绿色等的纯粹美，还是存在的，但这些在人类的生活中毕竟是特殊的现象，而人的精神意识，包括文学艺术，其为经济基础所制约是普遍的客观存在。

令人惊奇的是，鲁迅在 1908 年撰写《摩罗诗力说》时，居然会在这一命题上和普列汉诺夫暗合。他先是提出：

> 由纯文学上言之，则以一切美术之本质，皆在使观听之人，为之兴感怡悦。文章为美术之一，质当亦然，与个人暨邦国之存，无所系属，实利离尽，究理弗存。②

从纯文学的角度考察，文学艺术的本质在于使读者、听众产生"兴感怡悦"之审美感受，与个人功利或邦国兴衰的大事没什么关系。但他同时又高声疾呼：

---

① 鲁迅：《〈艺术论〉译本序》，《鲁迅全集》第 4 卷，人民文学出版社 2005 年版，第 269 页。
② 鲁迅：《摩罗诗力说》，《鲁迅全集》第 1 卷，人民文学出版社 2005 年版，第 73 页。

> 今索绪中国，为精神界之战士者安在？有作至诚之声，致吾人于善美刚健者乎？①

期盼着国人中有像拜伦、雪莱一类"摩罗诗人"挺身而出，动吭一呼，使闻者兴起，争天拒俗，投入改造衰败古国的斗争。在同一篇文章中，既主张纯文学与"实利离尽"，又呼唤诗人成为"精神界之战士"，岂不自相矛盾？

但鲁迅却能自圆其说，因为

> 文章不用之用，其在斯乎？约翰穆黎曰，近世文明，无不以科学为术，合理为神，功利为鹄。大势如是，而文章之用益神。所以者何？以能涵养吾人之神思耳。涵养人之神思，即文章之职与用也。②

鲁迅当时受英国哲学家约翰·密尔的影响较大，便引他的理论来说明这一命题：文学艺术的特点在于"益神"，涵养人的精神，所以它与维持人的温饱生存等功利目的无直接关联，表面上像是"不用"；但是人若通过文学艺术的熏陶，可以间接地改造其精神状态，让他以新的面貌投入改造客观世界的实践中。这就是"文章不用之用"的内涵，它让鲁迅在 28 年之后，和普列汉诺夫有了共鸣。

鲁迅对于"艺术首先是艺术"这一"不用"之审美要质，是相当清醒与执着的。在 1925 年《诗歌之敌》中，他明确地指出："诗歌不能凭仗了哲学和智力来认识。"在欣赏美的事物时，不能执着于"用"，切忌用伦理学之类的眼光来看待美。他举例说：

> 柳阴下听黄鹂鸣，我们感得天地间春气横溢，见流萤明灭于丛草里，使人顿怀秋心。然而鹂歌萤照是"为"什么呢？毫不客气，那都是所谓"不道德"的，都正在大"出风头"，希图觅得配偶。③

至于那些美丽的花，简直是植物的生殖器官，披着美丽外衣，专在受精。

---

① 鲁迅：《摩罗诗力说》，《鲁迅全集》第 1 卷，人民文学出版社 2005 年版，第 102 页。
② 同上注，第 73 页。
③ 鲁迅：《诗歌之敌》，《鲁迅全集》第 7 卷，人民文学出版社 2005 年版，第 248 页。

所以哲学家、伦理学家、科学家在审美时要回避自己的学科专长，否则就和文艺之美无缘。像哲学家洛克就认为作诗跟踢球一样；科学家帕斯卡认为诗里所写的不诚实；心理学家弗洛伊德则用解剖刀分割文艺，过度穿凿附会；哲学家柏拉图更是把诗人当成崇高理性的敌人，要把它赶出理想国。鲁迅指出，这些人的错误就在于他们不理解文学艺术的审美要质，也就是不理解文学艺术的本质，成了"诗歌之敌"。

但是，到了开始接纳马克思主义美学之际，鲁迅涉及艺术本质的论说开始偏重于"用"之一面。1927 年 12 月，鲁迅到上海暨南大学作《文艺与政治的歧途》的演讲：

> 　　这时，文艺也起来了，和政治不断地冲突；政治想维系现状使它统一，文艺催促社会进化使它渐渐分离；文艺虽使社会分裂，但是社会这样才能进步起来。①

文艺不再只是涵养人的精神了，它更重要的是批判社会的功能，这是鲁迅对文艺新的认识。马克思主义认为，属于意识形态的文艺虽然受制约于经济基础，但它也将以"批判的武器"力量反作用于社会，推动社会进步，这是一场双向逆反的动态进程。像马克思在《1844 年经济学—哲学手稿》中引莎士比亚戏剧《雅典的泰门》对黄金（货币）的批判，像恩格斯在《致敏·考茨基》信中，提出文学要"动摇资产阶级世界乐观主义"的主张等，即是如此。这些观念可能通过相应的渠道为鲁迅所了解，因为鲁迅曾提到，"便是《资本论》里，不也常常引用莎氏的名言"。②

应该要指出，在这次演讲中，鲁迅不但阐明文艺促进社会进步的"用"的功能，同时更强调了文艺与政治之间的冲突问题，这是鲁迅思想独特而深刻之处："文艺和革命原不是相反的，两者之间，倒有不安于现状的同一。惟政治是要维持现状，自然和不安于现状的文艺处在不同的方向。……直到革命成功，政治家把从前所反对那些人用过的老法子重新采用起来，在文艺家仍不免于不满意，又非被排轧出去不可，或是割掉他的

---

① 鲁迅：《文艺与政治的歧途》，《鲁迅全集》第 7 卷，人民文学出版社 2005 年版，第 116 页。
② 鲁迅：《以眼还眼》，《鲁迅全集》第 6 卷，人民文学出版社 2005 年版，第 126 页。

头。"① 这里，坚持"文艺为人生"的鲁迅强调了文艺对社会的批判功能，但他也看到了文学之"用"，有可能隐藏着使作家遭受灭顶之灾的危险。鲁迅的目光远超出凡人，其所具有历史穿透视力于此又可见之。

在论及艺术的起源方面，鲁迅也开始倾向于"用"的一面。1934年《门外文谈》：

> 我们的祖先的原始人，原是连话也不会说的，为了共同劳作，必需发表意见，才渐渐的练出复杂的声音来，假如那时大家抬木头，都觉得吃力了，却想不到发表，其中有一个叫道"杭育杭育"，那么，这就是创作；大家也要佩服，应用的，这就等于出版；倘若用什么记号留存了下来，这就是文学；他当然就是作家，也是文学家，是"杭育杭育派"。②

艺术起源于劳动，艺术的特质是劳动先于审美，是生活实践的升华，鲁迅依然以他独有的形象化语言生动地描述了文艺的起源及其本质。

显然，鲁迅这一观点受到普列汉诺夫的《没有地址的信》的影响：

> 人的觉察节奏和欣赏节奏的能力，使原始社会的生产者在自己劳动的过程中乐意服从一定的拍子，并且在生产性的身体运动上伴以均匀的唱的声音和挂在身上的各种东西发出的有节奏的响声。……这决定于一定生产过程的技术操作性质，决定于一定生产的技术。在原始部落那里，每种劳动有自己的歌，歌的拍子总是十分精确地适应于这种劳动所特有的生产动作的节奏。③

鲁迅把普列汉诺夫所说的叙事化、形象化了，也中国化了。"杭育杭育派"之诞生，亦是中国化了的唯物史观的艺术起源说。

但在此之前，1924年鲁迅到西安讲授《中国小说的历史的变迁》时，

---

① 鲁迅：《文艺与政治的歧途》，《鲁迅全集》第7卷，人民文学出版社2005年版，第115、120页。

② 鲁迅：《门外文谈》，《鲁迅全集》第6卷，人民文学出版社2005年版，第96页。

③ 〔俄〕普列汉诺夫：《没有地址的信》，《普列汉诺夫美学论文集》（1），人民出版社1983年版，第339页。

也提及诗歌起源于劳动，不过是和宗教起源并列：

> 诗歌起源于劳动和宗教。其一，因劳动时，一面工作，一面唱歌，可以忘却劳苦，所以从单纯的呼叫发展开去，直到发挥自己的心意和感情，并偕有自然的韵调；其二，是因为原始民族对于神明，渐因畏惧而生敬仰，于是歌颂其威灵，赞叹其功烈，也就成了诗歌的起源。①

可以看出，鲁迅在接受马克思主义美学之前，就有着素朴的唯物论观念，因为他一贯重视现实，重视生于斯长于斯的中国经验。但此时，他是实践劳作与人文心理并重的，从其师章太炎承接下来的宗教崇仰仍未消减，在艺术起源问题上仍然显露出来。

值得注意的是，鲁迅同时也谈到小说：

> 至于小说，我以为倒是起于休息的。人在劳动时，既用歌吟以自娱，借它忘却劳苦了，则到休息时，亦必要寻一种事情以消遣闲暇。这种事情，就是彼此谈论故事，而这谈论故事，正就是小说的起源。——所以诗歌是韵文，从劳动时发生的；小说是散文，从休息时发生的。②

鲁迅这一结论像是有着二元论的投影，小说的起源变为心理的消遣闲暇的需求，属心理学的范畴了。

这点如果和 1933 年 12 月给徐懋庸信中所说的相比较，变化就大了。

> 文学与社会之关系，先是它敏感的描写社会，倘有力，便又一转而影响社会，使有变革。这正如芝麻油原从芝麻打出，取以浸芝麻，就使它更油一样。③

---

① 鲁迅：《中国小说的历史的变迁》，《鲁迅全集》第 9 卷，人民文学出版社 2005 年版，第 312 页。
② 同上注，第 313 页。
③ 鲁迅：《致徐懋庸》，《鲁迅全集》第 12 卷，人民文学出版社 2005 年版，第 525 页。

这里，鲁迅对文学的看法有了巨大的变化，小说不再是"消遣闲暇"的产物了，它是来自作家对社会生活的体验与提炼，就像芝麻油从芝麻中榨出一般，是生活浓缩后的精华；不止于此，文学还可以反作用于社会，"影响社会使有变革"，就像油浸芝麻，使它更油。马克思主义的经济基础与意识形态互动的辩证关系在鲁迅笔下又得以生动地展示。

由于翻译的滞后，鲁迅当年对马克思主义的接纳主要表现为对普列汉诺夫、卢那察尔斯基、托洛茨基等相关理论的汲取上，而直接从马克思、恩格斯著作中得到启示的，好像只有一处。1933年8月，《文学》杂志登《文坛往何处去》一文，提出"题材积极性"的问题，引发了一场讨论。文中指出，现在有些人以为只描写小资产阶级生活的题材，而不写工农大众，就没有题材积极性；只写大众痛苦生活，而不写他们的斗争得胜，也不能说有题材积极性。

对此，鲁迅引恩格斯一段经典的话做了回答：

> 关于后者，则恩格勒在给明那·考茨基（Minna Kautsky，就是现存的考茨基的母亲）的信里，已有极明确的指示，对于现在的中国，也是很有意义的——"还有，在今日似的条件之下，小说是大抵对于布尔乔亚层的读者的，所以，由我看来，只要正直地叙述出现实的相互关系，毁坏了罩在那上面的作伪的幻影，使布尔乔亚世界的乐观主义动摇，使对于现存秩序的永远的支配起疑，则社会主义的倾向的文学，也就十足地尽了它的使命了——即使作者在这时并未提出什么特定的解决，或者有时连作者站在那一边也不很明白。"（日本上田进原译，《思想》百三十四号所载。）①

恩格斯《致敏·考茨基》的信，是马克思主义美学中关于文学创作的经典文献。当时的中国尚未有译本，鲁迅是从日文译本读到；当然，也不排除瞿秋白给他私下的介绍，因为此前一段他俩交往甚密，因躲避追捕，瞿秋白曾多次住在鲁迅家中。

中国学界第一篇介绍马、恩关于文学现实主义的文章，是由瞿秋白此时所撰写的。1933年4月，他在《现代》杂志上发表了《马克思、恩格斯

---

① 鲁迅：《关于翻译》，《鲁迅全集》第4卷，人民文学出版社2005年版，第569—570页。

和文学上的现实主义》，文中论及：

> 马克思和恩格斯曾经说过：一切大作家，从亚里士多德到海涅，都是极端有倾向的，然而这种倾向应当从作品的本身里面表现出来。所以马克思和恩格斯所主张的文学，正是善于表现革命倾向的客观的现实主义的文学。①

谈到的也是恩格斯给敏·考茨基的这封信的内容。

恩格斯的信中还明确指出，文学作品是应当有政治倾向性的：

> 可是我认为倾向应当从场面和情节中自然而然地流露出来，而不应当特别把它指点出来；同时我认为作家不必要把他所描写的社会冲突的历史的未来解决办法硬塞给读者。②

有社会主义倾向的文学作品，它只要是动摇了资产阶级世界的乐观主义，引起对它的怀疑，即使作者不提出解决办法，甚至不表明自己的立场，他都可以是完成了自己使命。

可以看出，恩格斯于文学创作是十分内行的，他尊重文艺创作的审美规律，注意到理论理性或政治原则若粗暴地强加于艺术时，将损害文艺的美的独立性。鲁迅引恩格斯的这段话，并称之为"指示"，说明他完全认同恩格斯这一观点。在文学创作中，作家的政治倾向性可以隐蔽起来，或者是委婉地流露，而不必赤裸裸地坦陈表白，这对那种借口"题材积极性"，而把文艺当成口号式宣传的流弊，可谓一语中的。

在此之前，鲁迅像是接触过恩格斯的这一观点，不过是从托洛茨基的论著中间接而得知的：

> 托洛斯基曾经说明过什么是革命艺术。是：即使主题不谈革命，而有从革命所发生的新事物藏在里面的意识一贯着者是；否则，即使

---

① 静华：《马克思、恩格斯和文学上的现实主义》，《文学运动史料选》第二册，上海教育出版社 1979 年版，第 249 页。

② 〔德〕恩格斯：《致敏·考茨基》，《马克思恩格斯选集》第 4 卷，人民出版社 1972 年版，第 454 页。

以革命为主题，也不是革命艺术。①

显然，托洛茨基这一观点与上述恩格斯的话有着内在的血脉相连："只要是动摇了资产阶级世界的乐观主义"，它就是革命的文学。作家在创作中的政治倾向完全可以隐藏起来，而刻意标榜、预设主题的反而不一定是成功的革命文学。鲁迅曾评说：托洛茨基"是一个深解文艺的批评者"，②指的可能就是类似这样的论说。由此，我们就不难理解鲁迅 1929 年在《〈壁下译丛〉小引》中的这句话了："近一年来中国应着'革命文学'的呼声而起的许多论文，就还未能啄破这一层老壳，甚至于踏了'文学是宣传'的梯子而爬进唯心的城堡里去了。"③文学首先必须是文学，这是其发挥功用性的前提；如若片面地把文学功用强调到极限，这种观念在现代文学理论体系中已成"老壳"。而且"文学是宣传"的口号，甚至有可能把革命文学引到"唯心"主义的歧途，这是鲁迅对文学本质新的见解。

在鲁迅逝世前 4 个月写的《论现在我们的文学运动》一文中，恩格斯的这一观点又一次得以展示。当时，有些人对鲁迅所倡导的"民族革命战争的大众文学"口号，在理解上有些狭窄、肤浅，以为只能局限于写义勇军打仗、学生请愿示威等题材。鲁迅指出，在民族存亡这一大背景下，中国人甚至连吃饭、恋爱都和日本侵略者多少有些关系，所以作家可以自由地去观察生活，处理素材，自由地去写各式各样的人物。

也无需在作品的后面有意地插一条民族革命战争的尾巴，翘起来当作旗子；因为我们需要的，不是作品后面添加上去的口号和矫作的尾巴，而是那全部作品中的真实的生活，生龙活虎的战斗，跳动着的脉搏，思想和热情，等等。④

文学作品不必特意地插上尾巴、翘起来作为号旗，其政治倾向就像恩格斯

---

① 鲁迅：《中山先生逝世后一周年》，《鲁迅全集》第 7 卷，人民文学出版社 2005 年版，第 306 页。

② 鲁迅：《〈十二个〉后记》，《鲁迅全集》第 7 卷，人民文学出版社 2005 年版，第 313 页。

③ 鲁迅：《〈壁下译丛〉小引》，《鲁迅大全集》第 5 卷，长江文艺出版社 2011 年版，第 41 页。

④ 鲁迅：《论现在我们的文学运动》，《鲁迅全集》第 6 卷，人民文学出版社 2005 年版，第 613 页。

所说的那样，可以隐蔽起来，委婉地传示，只要它是真实地表现了现实中的战斗、脉动、思想和热情，具有文学的审美特性，都可以属于"民族革命战争的大众文学"的范围。

从以上的论析中，可以看出，鲁迅在接纳马克思主义理论过程中有其特色：一是呈现为动态的逻辑演变，不断地扬弃旧我，吸纳新知；二是所接纳的新的理论多转化为内在的深度悟解，而不像创造社诸君那样满足于炫耀外露；三是站立在厚重的中国经验的基础上，化融了马克思主义，在理论与实践上做出了独特的回应。这些都将给后学者以人生与学理上的深刻的启示。

第十二章　鲁迅现实主义文学观念的演变

【抱着启蒙主义、改良人生的宗旨投身文学的鲁迅，秉持的是现实主义文学观念。但学界在论述中多把它视为静止、孤立的形态，而忽略其不同历史时期的演变过程。具体而言，鲁迅先是偏重于"科学实证"的写实主义阶段，他认同实证主义哲学的认知原则，追寻对客体对象精确、逼真的观察与反映；再是"在高的意义上的写实主义"阶段，他赞赏陀思妥夫斯基那种进入人的心理，探测人的灵魂深处善与恶的创作方法；后是"现实底理想主义"阶段，他接受了普列汉诺夫的"艺术也是社会现象"的马克思主义基本原理，接纳了卢那察尔斯基从历史发展总趋势的预测中来把握现实真实——这一后来成为"社会主义的现实主义"的原则。】

鲁迅的文学创作观念，经过短暂的浪漫主义时期，而后在以现实主义为主调的路径上演进。辛亥革命之后中国低迷的现状使他一度陷入失望与消沉之中，1915 年《新青年》杂志诞生，而后迁至北京，在一些激进的思想前驱者的鼓动下，他开始走出了孤独与寂寞的人生"荒原"。自 1918 年起，他发表了《狂人日记》等一系列小说。对这类小说的创作倾向，学界一般均认同为现实主义。因为在《我怎么做起小说来》一文，鲁迅告白："说到'为什么'做小说罢，我仍抱着十多年前的'启蒙主义'，以为必须是'为人生'，而且要改良这人生。我深恶先前的称小说为'闲书'，而且将'为艺术的艺术'，看作不过是'消闲'的新式的别号。所以我的取材，多采自病态社会的不幸的人们中，意思是在揭出病苦，引起疗救的注意。"①

---

① 鲁迅:《我怎么做起小说来》,《鲁迅全集》第 4 卷, 人民文学出版社 2005 年版, 第 526 页。

鲁迅在这里说得很清楚，其创作宗旨是"启蒙主义"，目的是"为人生"，"改良这人生"，即以文学揭露病态社会的不幸，毁坏黑暗无光的"铁屋"，惊醒昏睡中的民众，疗救他们那愚昧、麻木的精神，亦即"首在立人"，铸造国民的灵魂，这也是"五四"时期革命前驱者们所急切关注的问题。所以，鲁迅明确地与"为艺术而艺术"的唯美派、与欢娱取乐的消闲派划清了界域。而关心人生疾苦的人道情怀，感时忧国的精神倾向，则是现实主义流派作家特征的展露。

但学界在论述鲁迅现实主义文学观念时，多把它视为静止、孤立的形态，而忽略了这一观念在鲁迅思想不同时期的特殊表现，忽略了不同内涵的现实主义在鲁迅思想中演变的过程。具体说来，现实主义文学观念在鲁迅思想中主要表现为以下三个阶段：一、偏重于科学实证的"写实主义"阶段，二、"在高的意义上的写实主义"阶段，三、"现实底理想主义"阶段。

第一节　科学实证的"写实主义"

20 世纪初，西方的文学写实主义概念传入了中国，促使中国文学界在创作精神上逐步走向自觉。写实主义是中国现实主义文学观念的源头，瞿秋白曾在《马克思、恩格斯和文学上的现实主义》一文中特地以注释点明："现实主义 Realism，中国向来一般的译做'写实主义'。"[1] 指出了两个概念之间内涵的延续性与关联性。

对于中国写实主义文学思潮的生成与演化，学界一般仅从两个角度着眼，一是作家感时忧国的精神导引他们深切地关注自身生存的真实环境，二是受到"文学进化论"的影响，在浪漫主义文学思潮之后必然选择了写实主义文学思潮。这两个视角的设立是必要的，但不是完整的，因为它缺乏一个思潮所产生的内在学理性的动因。如若尊重史实，从史实出发，就会发现还有一个科学实证的内在启动力不能忽略，因为正是由它催生了写实主义文学思潮。

---

① 瞿秋白：《马克思、恩格斯和文学上的现实主义》，《文学运动史料选》第二册，上海教育出版社 1979 年版，第 248 页。

文学写实主义的形成不只是对伦理与政治，如人道主义、救国兴亡等的价值追求，它还和当时的哲学走向紧密相联，或者说是历史的合力所推动的。19 世纪，欧洲兴起一股实证主义思潮，代表人物是法国的孔德和英国的斯宾塞，他们主张"科学只是对于经验事实或经验现象的描写和记录，只有经验事实或经验现象才是'确实的'或者说'实证的'"。[1]而事物的本质是超乎感觉经验或现象之外，是不可能认识的，所以科学只问"是如何"，而不问"为什么"，不追问事物的本质。

这股实证主义思潮至 20 世纪初仍然风行西方。1918 年梁启超作为第一次世界大战后中国赴欧观察组成员参加巴黎和会，写下《欧游心影录》一书，其中"文学的反射"一节，记录了西方文学写实主义思潮的状况："科学的研究法既已无论何种学问都广行应用，文学家自然也卷入这潮流，专用客观分析的方法来做基础。要而言之，自然派当科学万能时代，纯然成为一种科学的文学。他们有一个最重要的信条，说道'即真即美'。他们把社会当作一个理科试验室，把人类动作行为当作一瓶一瓶的药料，他们就拿他分析化合起来，那些名著，就是极翔实极明了的试验成绩报告。又像在解剖室中，将人类心理层层解剖，纯用极严格极冷静的客观分析，不含分毫主观的感情作用。"[2]科学实证方法既然已主导了所有的学问与研究，文学自然也难以逃脱，创作亦如置身于理科的实验室、医学的人体解剖室，遵从的是客观分析、精细观察、翔实明了、严格冷静的研究原则，文学作品成了"实验成绩报告"。以左拉为代表的自然主义文学创作流派的作品即为明证。

所以，文学现实主义的形成应追溯至自然主义、写实主义，追溯至哲学的实证主义源头。因为纯粹的"写实"，就意味着遵循自然科学的实证原则，对客体对象精确、逼真的反映，对创作主体情感反应及价值判断的抑制。但由于文学在本质上是一个虚构、想象性的人文世界，作家主体的精神意愿与价值取向是无法回避的，这就促使文学现实主义时时处在一种动态的演变进程。而这种动态的演变也在鲁迅的身上体现出来。

文学写实主义的概念在晚清时期即零星地出现在当时的文论中。最早涉及"写实"这一概念的，应为梁启超写于 1902 年《论小说与群治之关

---

① 汪子嵩等编著：《欧洲哲学史简编》，人民出版社 1972 年版，第 197 页。
② 梁启超：《欧游心影录》，《梁启超文选》，上海远东出版社 1995 年版，第 200 页。

系》一文，但他界分"写实"与"理想"两派，更多的是从读者的接受美学的角度来考察的。真正开始从科学认知视角论析写实主义文学思潮的，是管达如写于 1912 年的《说小说》一文。他在批评中国小说之所短时，指出其首在"不合实际"，纸上之情景与实际相差甚远。他引西洋小说创作为对比："西洋则不然。彼其国之科学，已极发达，又其国民崇尚实际，凡事皆重实验，故决无容著述家向壁虚造之余地。著小说者，于社会上之一事一物，皆不能不留心观察，其关涉各种科学处，亦不能作外行语焉。"[①] 客观地向中国文学界介绍了西方写实主义小说的要质——在科学的导引下，重观察，重实验，重核实，小说所再现的情景与社会实际之情形两相符合。

随着西方小说作品不断地被译介到中国，有关西方文学思潮流派的研究论文也日见其深度。对文学写实主义介绍、研究最为深入、详尽的，当数愈之 1920 年 1 月发表的《近世文学上的写实主义》一文。他明晰地揭示出科学主义与写实主义文学之间的因果关系："19 世纪是科学万能的时代。文化上各方面——政治，哲学，艺术等等——受了科学的影响，多少都带此物质的现实的倾向；在文学上这种影响更大；写实文学的勃兴，就为这缘故。"[②] 在"科学万能"的时代潮流中，人们认为科学不仅能够说明自然界，即"物界"的问题，而且还能解决精神界，即"心界"——人文社会科学领域的种种问题，科学已从技术的层面泛化、上升为形而上的原则导向，乃至价值信念。这，就是 20 世纪初对中国思想界有着重大影响的科学主义思潮。

胡愈之就从这一科学主义视角出发，论述了文学写实主义最重要的六大要质：

其一，客观性的写作态度。作家只用客观的冷静的态度，细心观察事物的真相。没有预设的"成见"，更不能渗入感情的成分。其二，精细的观察方式。作家须对所描写的人物和环境，需实地考察，否则就无法达到写实主义文学所特有的"真切"的审美感应。其三，解剖式的描写方法。作家对于个人或社会的"病象"，都应像解剖学者解剖人体一样，全然是

---

① 管达如：《说小说》，《20 世纪中国小说理论资料》第 1 卷，北京大学出版社 1997 年版，第 407 页。

② 愈之：《近世文学上的写实主义》，《中外文学关系史资料汇编》上册，广西师范大学出版社 2004 年版，第 277 页。

一种科学的方法。创作变成了病理学家手中的手术刀，其目的不仅是疗救诊治，更是为着探索病理。其四，作家价值判断的回避。作家只需把客观的人生真相，老实细腻地写出来，让读者自己去批评、去感慨。同时，作家要像"铁铸"一般，不进行任何的人文范畴的"理解"性的告白，不做出任何道德性的价值判断。其五，对平凡的丑恶的人事物态描写。依从科学唯物论的视野，人类是从动物进化来的，所以作家不必忌讳人类的本性中的兽欲、黑暗、丑恶，尽可展露无遗。其六，注重人生的描写。写实主义关注的是人的日常生活，人生问题，社会问题，尤其是男女、伦理、宗教等问题。①

在中国现代文学思潮史的研究中，能像愈之这样深入、详尽地介绍、揭示出写实主义文学的六大要质，实不多见。他使写实主义文学思潮的质的规定性在中国文坛上得以确立，使中国作家的创作有了新的规范和理论的自觉。

当时，和胡愈之持同样的视点，从科学主义角度来考察写实主义文学的动因及特质的还有陈独秀写于 1915 年的《现代欧洲文艺史谭》、谢六逸写于 1920 年的《自然派小说》、梁启超写于 1920 年的《欧游心影录·文学的反射》、茅盾写于 1920 年的《文学上的古典主义、浪漫主义和写实主义》等，他们所归纳的和愈之大同小异，只是没有愈之那么详尽罢了。

那么，20 世纪初的鲁迅是否了解文学写实主义的动向呢？置身于这一历史语境中的他，文学创作与批评中的"真实"当然是首选的要则。

1921 年，他在翻译日本作家菊池宽氏小说《三浦右卫门的最后》后，写了"译者附记"：

> 菊池氏的创作，是竭力的要掘出人间性的真实来。一得真实，他却又怃然的发了感叹，所以他的思想是近于厌世的，但又时时凝视着遥远的黎明，于是又不失为奋斗者。②

菊池宽的文学作品追求"最像人样的人间相"，甚至写了恶的性格或丑的

---

① 愈之这一部分所论引文，均见《近世文学上的写实主义》，《中外文学关系史资料汇编》上册，广西师范大学出版社 2004 年版，第 279—283 页。

② 鲁迅：《〈三浦右卫门的最后〉译者附记》，《鲁迅全集》第 10 卷，人民文学出版社 2005 年版，第 253 页。

感情都能打动读者，其因就在于作品表现出质素可爱的人的个性，唤醒人们对于人间的爱的感情。对他执着于以生活真实为第一性的创作，鲁迅深为佩服："我也愿意发掘真实，却又望不见黎明，所以不能不爽然，而于此呈作者以真心的赞叹。"①他看到了自己与菊池宽的共同点——"发掘真实"，但也看到距离，因为我"望不见黎明"。正如周作人所指出的："鲁迅写小说散文又有一特点，为别人所不能及者，即对于中国民族的深刻的观察。大约现代文人中对于中国民族抱着那样一片黑暗的悲观的难得有第二个人吧。"②真的猛士，敢于直面惨淡的人生、淋漓的鲜血，真实，促使鲁迅对国民性观察的目光穿透至最深最暗的底层，这是其他精神先驱者所未能企及的。

1922年《对于批评家的希望》，他提出，不敢奢望批评家在评判别人作品时，也先将自我精神解剖一回，因为他们距此层面还远着哩，对他们只能要求做到不违背认知常识的底线。

> 我所希望的不过愿其有一点常识，例如知道裸体画和春画的区别，接吻和性交的区别，尸体解剖和戮尸的区别，出洋留学和"放诸四夷"的区别，笋和竹的区别，猫和老虎的区别，老虎和番菜馆的区别……看不起托尔斯泰，自然也自由的，但尤其希望先调查一点他的行实，真看过几本他所做的书。③

他希望中国作家与批评家首先必须尊重"常识"，知晓"常识"，这常识包括对"笋和竹"区别这种最起码的事物辨识能力，包括对出洋留学和流放僻地这种带有政治性差异的了解，还包括对裸体画有别于春宫画这种艺术真实的悟解。所以求"真"，是"五四"新文学萌生期首选的原则。

鲁迅清醒地把握到"写真实"这一特定历史语境中的文学思潮的动向。1935年《〈中国新文学大系〉小说二集序》，他在回首评述汪敬熙小说时，引了其小说集《雪夜》的序言：

---

① 鲁迅：《〈三浦右卫门的最后〉译者附记》，《鲁迅全集》第10卷，人民文学出版社2005年版，第254页。

② 周作人：《关于鲁迅》，《关于鲁迅》，止庵编，新疆人民出版社1997年版，第518页。

③ 鲁迅：《对于批评家的希望》，《鲁迅全集》第1卷，人民文学出版社2005年版，第423页。

> 我写这些篇小说的时候，是力求着去忠实的描写我所见的几种人
> 生经验。我只求描写的忠实，不掺入丝毫批评的态度。虽然一个人叙
> 述一件事实之时，他的描写是免不了受他的人生观之影响，但我总是
> 在可能的范围之内，竭力保持一种客观的态度。①

上述胡愈之所列出的客观性写作态度、阻止作者主观情感的渗入、回避人
生批评介入等，即写实主义的诸种创作原则，在此全盘显露。鲁迅为何特
地花两大段的篇幅征引之呢？这说明汪敬熙所信奉的"写实主义"小说创
作原则，在当年具有较大的代表性。当然，到了 30 年代中期的鲁迅，其
现实主义观念已经有所改变，所以才会在此文中批评他："但他好像终于没
有自觉，或者忘却了先前的奋斗，以为他他自己的作品，是并无'什么批评
人生的意义的'了。"对作者坚持零度感情、"铁铸"姿态，拒绝对现实价
值判断的创作主体选择提出异议。

20 世纪 20 年代初，鲁迅之所以一度倾向于"科学实证"的写实主义，
是因为他要完成"启蒙主义"的任务，而在当时看来，文艺是首选的工具。
鲁迅在看过日俄战争时替俄军做侦探的中国人被日军砍头的影片后，痛感
愚弱的国民只能做示众的材料和看客，深深地悟觉："我们的第一要著，是
在改变他们的精神，而善于改变精神的是，我那时以为当然要推文艺，于
是想提倡文艺运动了。"②

文艺要作为改变国人精神首选的工具，文学要达到启蒙新知的宗旨，
它在中国首先面对的就是"不敢正视"现实的"瞒和骗"的文艺。鲁迅曾
揭示，这种虚假的文艺源自中国封建体制，"中国之治，理想在不撄，而
意异于前说。有人撄人，或有人得撄者，为帝大禁，其意在保位，使子孙
王千万世，无有底止，故性解（Genius）之出，必竭全力死之"。③中国封
建社会之所以能延续至今，很重要的一条治理之策，即是禁止有独立新见
的英哲（"性解"）出现，来触发新意、启蒙民众（"撄人"），若见之萌生，
即竭尽全力剿杀之。灭了新见，剩下的只能是"瞒和骗"的东西。

因此，艺术上的求"真"，是攻破封建主义文艺堡垒的第一个缺口。

---

① 鲁迅：《〈中国新文学大系〉小说二集序》，《鲁迅全集》第 6 卷，人民文学出版社 2005 年
版，第 248 页。

② 鲁迅：《呐喊·自序》，《鲁迅全集》第 1 卷，人民文学出版社 2005 年版，第 439 页。

③ 鲁迅：《摩罗诗力说》，《鲁迅全集》第 1 卷，人民文学出版社 2005 年版，第 70 页。

鲁迅《论睁了眼看》一文以犀利的笔锋揭示：

> 中国人向来因为不敢正视人生，只好瞒和骗，由此也生出瞒和骗的文艺来，由这文艺，更令中国人更深地陷入瞒和骗的大泽中，甚而至于已经自己不觉得。世界日日改变，我们的作家取下假面，真诚地，深入地，大胆地看取人生并且写出他的血和肉来的时候早到了；早就应该有一片崭新的文场，早就应该有几个凶猛的闯将。①

在封建帝王"不撄"的禁令下，在镇压异见者"全力死之"的威迫下，国人不敢"正视人生"，瞒和骗的文艺便应运而生，其中充溢着虚假与欺骗。如中国旧文学、戏剧中"团圆主义"等，把充满矛盾的血泪的人生，编造成一派升平的景象。鲁迅论析道：最常见的是"才子佳人私订终身"的故事，虽不失为美谈，实际上是不容于天下的，免不了要离异。但作家往往闭上眼睛，以才子及第，奉旨成婚而团圆。

其原因何在呢？鲁迅认为：

> 这因为中国人底心理，是很喜欢团圆的，所以必至于如此，大概人生现实底缺陷，中国人也很知道，但不愿意说出来；因为一说出来，就要发生"怎样补救这缺点"的问题，或者免不了要烦闷，要改良，事情就麻烦了。而中国人不大喜欢麻烦和烦闷，现在倘在小说里叙了人生底缺陷，便要使读者感着不快。所以凡是历史上不团圆的，在小说里往往给他团圆；没有报应的，给他报应，互相骗骗。——这实在是关于国民性底问题。②

统治者"不撄"禁令的实施，使瞒与骗成了一种常态，日久天长便转化为民众的无意识，深潜于心理，成了一种国民性。"于是无问题，无缺陷，无不平，也就无解决，无改革，无反抗。因为凡事总要'团圆'。"中国文人就是这样地，"万事闭眼睛，聊以自欺，而且欺人，那方法是：瞒和骗"。其最终后果则是："凡有缺陷，一经作者粉饰，后半便大抵改观，使读者落

---

① 鲁迅：《论睁了眼看》，《鲁迅全集》第 1 卷，人民文学出版社 2005 年版，第 254 页。

② 鲁迅：《中国小说的历史变迁》，《鲁迅全集》第 9 卷，人民文学出版社 2005 年版，第326 页。

诬妄中，以为世间委实尽够光明，谁有不幸，便是自作，自受。"①在有意或无意中，巩固了旧有的意识形态和封建体制。

因此，作为"五四"革命运动中的作家，首先就必须"真诚地，深入地，大胆地看取人生"，而那些"仰慕往古的，回往古去罢！想出世的，快出世罢！想上天的，快上天罢！灵魂要离开肉体的，赶快离开罢！现在的地上，应该是执着现在，执着地上的人们居住的"。②作家要执着现在，执着地上，要真实地写出社会和人生的"血和肉来"，鲁迅这一充溢着革命激情的呼吁，客观上就和西方文学写实主义的基本原则相吻合，创作第一要旨则是忠实于客观现实的科学实证——求真。如果说，《论睁了眼看》是鲁迅关于文学创作求"真"的宣言书，一点也不为过。

正是立于"真"的基点，鲁迅高度评价了《红楼梦》：

> 至于说到《红楼梦》的价值，可是在中国底小说中实在是不可多得的。其要点在敢于如实描写，并无讳饰，和从前的小说叙好人完全是好，坏人完全是坏的，大不相同，所以其中所叙的人物，都是真的人物。总之自有《红楼梦》出来以后，传统的思想和写法都打破了。③

评判《红楼梦》的价值，有多种角度与标准，像王国维就借鉴叔本华的悲剧理论，把《红楼梦》评为解脱生活痛苦之欲的作品，侧重于哲学视角的楔入。但鲁迅认为，《红楼梦》的价值主要是"如实描写"，是"真的人物"，打破了中国小说的传统思想与写法，它在中国小说史上具有里程碑式的意义，这是侧重于创作观念方面的评定。

当然，鲁迅并不忽略其思想内容的评述，但论其成功的基点仍是"真"字。

> 全书所写，虽不外悲喜之情，聚散之迹，而人物事故，则摆脱旧套，与在先之人情小说甚不同。……盖叙述皆存本真，闻见悉所亲历，正因写实，转成新鲜。而世人忽略此言，每欲别求深义，揣测之说，

---

① 鲁迅：《论睁了眼看》，《鲁迅全集》第1卷，人民文学出版社2005年版，第252、254页。
② 鲁迅：《杂感》，《鲁迅全集》第3卷，人民文学出版社2005年版，第52页。
③ 鲁迅：《中国小说的历史的变迁》，《鲁迅全集》第9卷，人民文学出版社2005年版，第348页。

久而遂多。①

曹雪芹的《红楼梦》之所以能成为一部世界名著，一部不朽的悲剧作品，鲁迅认为其原因就在于"皆存本真"，"正因写实"。作者悉所亲历，"悲凉之雾，遍披华林，然呼吸而领会之者，独宝玉而已"，小说中的主人公与作者在此叠合一体。正因为存"真"，所以其后的续作，虽数不胜数，但在鲁迅眼中，与原作相比，存在着"霄壤之别"，因为那些续作"大率承高鹗续书而更补其缺陷，结以'团圆'"，走的仍是"瞒和骗"的老路，所以令人唾弃。

也正是立于"真"的基点，鲁迅批评了罗贯中的《三国演义》：

> 写好的人，简直一点坏处都没有；而写不好的人，又是一点好处都没有。其实这在事实上是不对的，因为一个人不能事事全好，也不能事事全坏。譬如曹操他在政治上也有他的好处；而刘备，关羽等，也不能说毫无可议，但是作者并不管它，只是任主观方面写去，往往成为出乎情理之外的人。②

这恰恰是他在评《红楼梦》时所指出的"传统的思想和写法"的弊病："从前的小说叙好人完全是好，坏人完全是坏的"。作家偏执于单向思维，任从主观，放任文笔，违背了人物性格的多样丰富性，违背了生活的情理逻辑，以至于最终塑造出的人物——"欲显刘备之长厚而似伪，状诸葛之多智而近妖"。③ 在鲁迅的评说中，罗贯中和曹雪芹俩成了传统与创新对立的范例，而这皆出于是否"求真"这一标准。

求"真"是鲁迅这一时期所致力的方向。真，就是真实，就是作家所描述的内容必须真切地符合实在的生活事象，真实的内在情感。1919 年初，他曾收到一位不相识少年寄来的一首诗《爱情》，诗作几乎是以口语化形式写出，的确幼稚、浅显，但鲁迅却给予很大的鼓励："诗的好歹，意思

---

① 鲁迅：《中国小说史略》，《鲁迅全集》第 9 卷，人民文学出版社 2005 年版，第 241—242 页。

② 鲁迅：《中国小说的历史的变迁》，《鲁迅全集》第 9 卷，人民文学出版社 2005 年版，第 333 页。

③ 鲁迅：《中国小说史略》，《鲁迅全集》第 9 卷，人民文学出版社 2005 年版，第 135 页。

的深浅，姑且勿论；但我说，这是血的蒸气，醒过来的人的真声音。"原因就在于诗的"真"，是少年那"血的蒸气"，是他从封建式父母撮合的婚姻中醒悟过来发出的心声："魔鬼手上终有漏光的处所，掩不住光明：人之子醒了；他知道了人类间应有爱情；知道了从前一班少的老的所犯的罪恶；于是起了苦闷，张口发出这叫声。"①

1927 年，鲁迅在香港做了《无声的中国》的演讲，他号召：

> 青年们先可以将中国变成一个有声的中国。大胆地说话，勇敢地进行，忘掉了一切利害，推开了古人，将自己的真心的话发表出来。——真，自然是不容易的。……但总可以说些较真的话，发些较真的声音。只有真的声音，才能感动中国的人和世界的人；必须有了真的声音，才能和世界的人同在世界上生活。②

1929 年，鲁迅在为《叶永蓁作〈小小十年〉小引》写道：

> 中国如果还会有文艺，当然先要以这样直说自己所本有的内容的著作，来打退骗局以后的空虚。因为文艺家至少是须有直抒己见的诚心和勇气，倘不肯吐露本心，就更谈不到什么意识。③

能否以"吐露本心"的"真的声音"，能否以"直抒己见的诚心和勇气"，来表达自己的真实的愿望与观念，这是创造真正的中国文艺的前提。只有这样的文艺才能感动国人和世界上的人，使国人和世界上的人有了对话的可能。"真"的意义，在鲁迅的心目中已从文学创作的要素，上升到救国图强的政治高度。

在这一点上，他和当时的友人如胡适、陈独秀、李大钊是同步的。胡适在《易卜生主义》中也写道："人生的大病根在于不肯睁开眼睛来看世间的真实现状"，易卜生的长处，在于他肯说老实话，能把社会种种腐败龌龊的实在情形，写出来叫大家他细看，"易卜兰的人生观，只是一个写

---

① 鲁迅：《热风·随感录四十》，《鲁迅全集》第 1 卷，人民文学出版社 2005 年版，第 338 页。
② 鲁迅：《无声的中国》，《鲁迅全集》第 4 卷，人民文学出版社 2005 年版，第 15 页。
③ 鲁迅：《叶永蓁作〈小小十年〉小引》，《鲁迅全集》第 4 卷，人民文学出版社 2005 年版，第 151 页。

实主义"。① 陈独秀在著名的《文学革命论》中曾痛快淋漓地宣告：他要冒全国学究之敌，高张文学革命军大旗，旗上大书特书革命军的三大主义，其中之一即为"推倒陈腐的铺张的古典文学，建设新鲜的立诚的写实文学"。李大钊在《什么是新文学》中也明确告知："我们所要求的新文学，是为社会写实的文学，不是为个人造名的文学。"② 胡适的"真实"，陈独秀的"立诚"，李大钊的"写实"，和鲁迅的"真"都是在同一层面上的意义。

所以，在鲁迅现实主义文学观念演变过程中，这一阶段他受到"五四"初期科学主义思潮和实证主义哲学的影响，认同"科学实证"的方法，接纳新兴的写实主义中的"真"的原则，追寻对客体对象精确、逼真的观察与反映。正如茅盾所指出："自然主义者最大的目标是'真'；在他们看来，不真的就不会美，不算善。"③ 与自然主义接近的文学写实主义，同样也认可"真"是通往"善"和"美"的前提。

第二节　"在高的意义上的写实主义"

随着中西文学交流的日益增进与扩大，西方文学写实主义的作品和理论不断地被译介到中国，对其研究也日渐深入；而且随着救亡图存这一民族主义潮流的高涨，写实主义文学的内在矛盾性便逐步地暴露出来。因为按原初的"写实主义"，需严格地遵循自然科学的实证原则，对客体对象精确、逼真的反映与复制；而"文学"却是一个虚构、想象性的人文世界，渗透着作家主体的精神意愿与价值取向，即作家对人生、世界的理解与批评。像前述的汪敬熙那种拒绝"批评人生意义"的纯粹的写实主义能够存在吗？它符合以文学作为启蒙工具的中国国情吗？

瞿秋白在《鲁迅杂感选集序言》曾做出这样的判断：鲁迅"是最清醒的现实主义"，因为"鲁迅的现实主义决不是第三种人的超然的旁观的所谓'科学'态度"。④ 鲁迅的现实主义之所以是清醒的，首先在于他一开始

---

① 胡适：《易卜生主义》，《中国现代文论选》第一册，贵州人民出版社 1982 年版，第 246 页。
② 参阅《文学运动史料选》第一册，上海教育出版社 1979 年版，第 22、165 页。
③ 《茅盾全集》第 18 卷，人民文学出版社 1989 年版，第 235 页。
④ 参阅《文学运动史料选》第二册，上海教育出版社 1979 年版，第 282—283 页。

就抱着"启蒙主义"的创作宗旨与"改良人生"的目的，来疗救国人愚昧、麻木的精神，来铸造国民新的灵魂；而第一阶段认同文学写实主义原则，除了历史语境的限定、科学主义思潮的影响之外，向维护封建体制的瞒骗文艺开战也是客观的原因。但纯粹的写实主义，是要求以不介入主体价值判断的"超然的旁观"的态度来写作的，这与鲁迅的初衷势必形成矛盾，作为鲁迅挚友的瞿秋白对此看得十分清楚。所以他指出，鲁迅不会是纯粹写实主义的信徒，不可能纠缠于"科学的实证"，而走的是一条"最清醒的现实主义"道路。

鲁迅的"清醒"，体现在他对文艺思潮流派的洞悉上。1927 年，他在上海暨南大学做了《文艺与政治的歧途》的讲演，谈道：

> 有一派讲文艺的，主张离开人生，讲些月呀花呀鸟呀的话（在中国又不同，有国粹的道德，连花呀月呀都不许讲，当作别论），或者专讲"梦"，专讲些将来的社会，不要讲得太近。这种文学家，他们都躲在象牙之塔里面……我以为文艺大概由于现在生活的感受，亲身所感到的，便影印到文艺中去。挪威有一文学家，他描写肚子饿，写了一本书，这是依他所经验的写的。……我记起自己曾经写过这样一个人，他身边什么都光了，时常抽开抽屉看看，看角上边上可以找到什么；路上一处一处去找，看有什么可以找得到；这个情形，我自己是体验过来的。①

"为艺术而艺术"的流派，撇开人生，远离社会，龟缩到象牙塔里寻梦；而"为人生而艺术"流派与其判然有别，作家在创作中融入了自身的生命体验，特别是处于贫寒绝境中的感受。后者是鲁迅自身"体验"过的，它是真实的，在真实中透露出对现存社会形态的善恶判断与价值取舍，从而促使人们投入改革，推动社会进步。

这从当年鲁迅翻译介绍外国文学作品的动机即可看出：

> 俄国的文学，从尼古拉斯二世时候以来，就是"为人生"的，无

---

① 鲁迅：《文艺与政治的歧途》，《鲁迅全集》第 7 卷，人民文学出版社 2005 年版，第 116—117 页。

论它的主意是在探究，或在解决，或者堕入神秘，沦于颓唐，而其主流还是一个：为人生。这一种思想，在大约二十年前即与中国一部分的文艺绍介者合流，陀思妥夫斯基，都介涅夫，契诃夫，托尔斯泰之名，渐渐出现于文字上，并且陆续翻译了他们的一些作品，那时组织的介绍"被压迫民族文学"的是上海的文学研究会，也将他们算作为被压迫者而呼号的作家的。①

只要其主流意愿是"为人生"的，是从人道主义的角度为底层的民生疾苦而呼号，即使是带有神秘、颓废色彩的，亦为鲁迅和他的同道者所关注，所译介。

其实，早在 1921 年，鲁迅就流露出对不同于纯粹科学认知的创作流派的赞赏。他在为俄国安特莱夫《〈黯澹的烟霭里〉译者附记》中写道：

> 安特来夫的创作里，又都含着严肃的现实性以及深刻和纤细，使象征印象主义与写实主义相调和。俄国作家中，没有一个人能够如他的创作一般，消融了内面世界与外面表现之差，而现出灵肉一致的境地。他的著作是虽然很有象征印象气息，而仍然不失其现实性的。②

可以看出，鲁迅的创作理论视野是相当开阔的。在肯定文学的真实性，在以科学实证求"真"为主调的语境中，他也同时关注到他种创作思潮。象征主义不以理智的科学实证，即客观的精细观察为基础，而多是超越外在事象，通过象征、隐喻的间接手法，来寻求诗意的表达和对玄理的悟解，与原态的写实主义在根本上是两码事。但安特莱夫的作品，却把它们组合在一起，按鲁迅所评，严肃的现实性和象征印象气息、内面世界和外面表现、灵与肉奇特地汇融一体，显示出强烈的创作个性。这也隐伏着鲁迅对现实主义文学观念理解的另一动向。

---

① 鲁迅：《〈竖琴〉前记》,《鲁迅全集》第 4 卷，人民文学出版社 2005 年版，第 443 页。
② 鲁迅：《〈黯澹的烟霭里〉译者附记》,《鲁迅全集》第 10 卷，人民文学出版社 2005 年版，第 201 页。

如果说在鲁迅的心目中，安特莱夫的写实主义是灵肉交融的，那么陀思妥夫斯基的写实主义则是剑指灵魂。1926 年，鲁迅为韦丛芜翻译的长篇小说《穷人》，写了《〈穷人〉小引》。《穷人》是陀思妥夫斯基的第一部小说，鲁迅在"引言"中介绍说：

> 他在手记上说："以完全的写实主义在人中间发见人。这是彻头彻尾俄国底特质。在这意义上，我自然是民族的。……人称我为心理学家。这不得当。我但是在高的意义上的写实主义者，即我将人的灵魂的深，显示于人的。"①

鲁迅在陀思妥夫斯基的作品中发现一种新的写实主义，其特点是："他写人物，几乎无须描写外貌，只要以语气，声音，就不独将他们的思想和感情，便是面目和身体也表示着。又因为显示着灵魂的深，所以一读那作品，便令人产生精神的变化。"② 这种写实主义显然不同于第一阶段的遵从科学实证，以客观的冷静的态度，细心观察、描摹事物真相的写实主义了；而是进入人的心理，探测人的灵魂深处的善与恶，在"人中间发现人"。

它之所以可称为"在高的意义上的写实主义"，就在于扩展了文艺表现现实对象的界域，即开掘了人的内在世界。鲁迅点明：因其"所处理的乃是人的全灵魂。他又从精神底苦刑，送他们到那反省，矫正，忏悔，苏生的路上去；甚至于又是自杀的路"。③ 他抓住陀思妥夫斯基创作最精要之处——穿掘灵魂深处，拷问人的灵魂。不妨对比一下，那种遵从客观地描摹对象的所谓纯粹写实主义，往往只着重摹写人物的外在的音容笑貌，叙述客观的人事物态及情节冲突的发展，这在穿透了人的灵魂，剖析着人的内心的陀氏文笔跟前，当然显得低一层次了。

在当年，能透彻地看到鲁迅这一创作思想动向的当数苏雪林，她评述之："鲁迅是学过医的，洞悉解剖的原理，所以常将这技术应用到文学上来，不过他所解剖的对象不是人类的肉体，而是人类的心灵。他不管我们如何痛楚，如何想躲闪，只冷静地以一个熟练的手臂举起他那锋利无比的解剖刀，对准我们灵魂深处的创痕，掩藏最力的弱点，直刺进去，掏出血

---

① 鲁迅：《〈穷人〉小引》，《鲁迅全集》第 7 卷，人民文学出版社 2005 年版，第 105 页。
② 同上注，第 106 页。
③ 同上。

淋淋的病的症结，摆在显微镜下让大众观察。"①从苏雪林评鲁迅创作独特之处的文字中，可以看出鲁迅与陀思妥夫斯基在对心理、灵魂的写实方面的契合。

　　1929 年 5 月，鲁迅到北京西山医院看望病中的韦素园，病房的壁上挂着一幅陀思妥夫斯基的大画像。对此，鲁迅不由地感慨道："对于这先生，我是尊敬，佩服的，但我又恨他残酷到了冷静的文章。他布置了精神上的苦刑，一个个拉了不幸的人来，拷问给我们看。"②虽然这是由韦素园的病引发的，但他对陀氏设置"精神上的苦刑"创作方法的理解之深，常人未能及之。

　　鲁迅在陀思妥夫斯基的创作中看到更深一层的意义：

　　　　凡是人的灵魂的伟大的审问者，同时也一定是伟大的犯人。审问者在堂上举劾着他的恶，犯人在阶下陈述他自己的善；审问者在灵魂中揭发污秽，犯人在所揭发的污秽中阐明那埋藏的光耀。这样，就显示出灵魂的深。③

这就是说，作家既是人的灵魂审问者，同时也是一位被审问者；因为他在拷问作品中人物的灵魂时，也在拷问自身的灵魂，陀思妥夫斯基伟大之处，正在于此。在作家也要解剖自我灵魂这一向度上，鲁迅与陀氏是心意相通的，所以他才会在创作的第一篇小说《狂人日记》中沉痛地反问："我未必无意之中，不吃了我妹子的几片肉"！才会在《野草·墓碣文》写出"有一游魂，化为长蛇"，自啮其身，抉心自食，尝到"创痛酷烈"之味！不管是作品中的人物，还是创作人物的作家，恶与善，污秽与光耀，其内在的灵魂均在冲突、扬弃与升华之中。在此过程，不放过作家灵魂，揭示其自身也处在指控与争辩的对立、对话之中，这既是鲁迅与陀思妥夫斯基创作中严酷的一面，也是他们能成为世界性经典作家的根本原因之一。

　　从鲁迅对陀思妥夫斯基作品及创作的评述中，可以看出，作为创作主体的作家的价值判断意义被进一步深化了，它不只是作家对外在的客观的人事物态的审美理解与批评，而且还必须前进到作家自我的灵魂深处，也

---

①　苏雪林：《〈阿 Q 正传〉及鲁迅创作上的艺术》，《国闻周报》第 11 卷，第 44 期。
②　鲁迅：《忆韦素园君》，《鲁迅全集》第 6 卷，人民文学出版社 2005 年版，第 69 页。
③　鲁迅：《〈穷人〉小引》，《鲁迅全集》第 7 卷，人民文学出版社 2005 年版，第 106 页。

是对自我的穿透与解剖，这样的写实主义当然称得上"在高的意义上的写实主义"这一概念。

1935 年 11 月，即鲁迅先生离世的前一年，他还为日本三笠书房《陀思妥夫斯基全集》普及本写了《陀思妥夫斯基的事》一文，文中对陀氏的"高的意义上的写实主义"剖析得更为清晰："他把小说中的男男女女，放在万难忍受的境遇里，来试炼它们，不但剥去了表面的洁白，拷问出藏在底下的罪恶，而且还要拷问出藏在那罪恶之下的真正的洁白来。"① 陀氏小说更深一层的意义也为鲁迅揭示出来了，"拷问出罪恶底下的洁白来"，这是只有鲁迅才能看到的最深的层面。因为鲁迅和陀思妥夫斯基一样，也是"我的确时时解剖别人，然而更多的是更无情面地解剖我自己"，② 惺惺相惜，他对陀氏"在高的意义上的写实主义"的新的内涵产生强烈的共鸣，所以他在此文的开篇就写道："说什么呢？他太伟大了。"在鲁迅的论著中，这是少有的评断作家的赞语。

这一时期，鲁迅关于现实主义观念的思考，还体现在与郁达夫的一次争论中。1927 年，郁达夫发表《日记文学》一文，他主张："文学家的作品，多少总带有自传的色彩的，而这一种自叙传，若以第三人称来写出，则时常有不自觉的误成第一人称的地方，……并且缕缕直叙这第三人称的主人公的心理状态的时候，读者若仔细一想，何以这一个人的心理状态，会被作者晓得这样精细？那么，一种幻灭之感，使文学的真实性消失的感觉，就要暴露出来，却是文学上的一个绝大的危险。"③ 郁达夫的意思是，文学作品是作家创造的，因此免不了带上"自传色彩"，即创作主体的精神气质、情思心态，若用第一人称"我"展开叙述，显得自然、正常；如若用第三人称"他"时，则会显得失真，譬如主人公的心理状态你作家如何晓得？这样作品的真实就幻灭了，文学就处于危险之中。所以，郁达夫主张，应该采用"日记的体裁"来拯救文学的真实性。

郁达夫是鲁迅在文学上的挚友，他们曾联手反击过梁实秋对卢梭的攻击，但在事关文学真实性的重要问题上，鲁迅还是忍不住要提出不同意见了，为此发表了《怎么写》一文，论析现实主义文学的真实性问题。

---

① 鲁迅：《陀思妥夫斯基的事》，《鲁迅全集》第 6 卷，人民文学出版社 2005 年版，第 425 页。
② 鲁迅：《写在〈坟〉后面》，《鲁迅全集》第 1 卷，人民文学出版社 2005 年版，第 300 页。
③ 郁达夫：《日记文学》，《郁达夫文集》第 5 卷，花城出版社 1982 年版，第 261 页。

　　鲁迅认为文学作品的真实与否，和体裁、人称这类属于文学形式方面的因素关系不大，关键的是对文学的虚构性这一审美特质要有所理解：

　　　　只要知道作品大抵是作者借别人以叙自己，或以自己推测别人的东西，便不至于感到幻灭，即使有时不合事实，然而还是真实。其真实，正与用第三人称时或误用第一人称时毫无不同。倘有读者只执滞于体裁，只求没有破绽，那就以看新闻纪事为宜，对于文艺，活该幻灭。而其幻灭也不足惜，因为这不是真的幻灭，正如查不出大观园的遗迹，而不满于《红楼梦》者相同。倘作者如此牺牲了抒写的自由，即使极小部分，也无异于削足适履的。①

鲁迅认为，在这个问题上，读者、作家对于什么是文学作品这一审美观念的建立是至关重要的。文学作品或是作者以他者的形象来传示自身的情思，或是以自己来推测他者的境遇，其本质是虚构性的，若能理解这一点，就不至于拘泥于真实而产生文学幻灭感。

　　如若有人执滞于体裁，要求文学描写和生活现实完全一致，一点破绽也没有，那么，他仅仅是从科学实证的角度出发来看待文学，从根本上限制了作家的"抒写的自由"。这种追求纯粹客观真实的心态，只适宜于"看新闻纪事"之类的东西。正是由于这类读者不懂得文学是虚构的，不懂得文学是一种审美的构型，才会闹出因找不到大观园遗迹而怀疑《红楼梦》的真实这样的笑话来。

　　文学是一种虚构的审美形态，作为审美主体的作家在创作中决不可能像照镜子似的描摹现实，他们有自己的精神意愿与价值取向，即鲁迅所说的"借别人以叙自己，或以自己推测别人"。实质上是创作主体与创作客体双向逆反、同质同步的建构过程，拒绝作家主体的"抒写的自由"是不现实的。文学中"他者"虽是一种虚构的艺术形象，但它和作家主体血肉交融，无不渗透着作家对人生、世界的理解，即对人类生存的价值与意义的人文理解。由此，所得到的才是文学的真实，这是一种不合事实的文学"真实"。由此看出，在鲁迅心目中，此时的"真"，已不再是纯粹写实主义时期符合客观事象的实证的真了，而是包括艺术虚构的"真"，包

---

　　①　鲁迅：《怎么写》，《鲁迅全集》第 4 卷，人民文学出版社 2005 年版，第 23 页。

括主客体内在灵魂的"真",这是上升到具有"抒写自由"的美学高度的"真"。

类似的看法也体现在鲁迅其他的文章中。如《什么是"讽刺"?》:"'讽刺'的生命是真实;不必是曾有的实事,但必须是会有的实情。……它所写的事情是公然的,也是常见的,平时谁都不以为奇的,而且自然是谁都毫不注意的。不过这事情在那时却已经是不合理,可笑,可鄙,甚而至于可恶。但这么行下来,习惯了,虽在大庭广众之间,谁也不觉得奇怪;现在给它特别一提,就动人。"[①]他明确地指出:讽刺作品的生命是真实,真实可以非实事,但必须有实情。

在《我怎么做起小说来》中,鲁迅说:

> 所写的事迹,大抵有一点见过或听到过的缘由,但决不全用这事实,只是采取一端,加以改造,或生发开去,到足以几乎完全发表我的意思为止。人物的模特儿也一样,没有专用过一个人,往往嘴在浙江,脸在北京,衣服在山西,是一个拼凑起来的脚色。[②]

这和以"新闻纪事"或"日记体裁"为创作真实性标准的要求相去甚远,它属于文学现实主义的典型化原则。即偏重于从众多的生活素材、原型中,集中概括、提炼出最有富有代表性的形象、情节,以及细节等,通过整合、虚构,创造出艺术典型形象。

在鲁迅现实主义观念演变历程中,这一阶段是对文学"真实"理解的深化和对这一概念新的界定。他调整了西方的文学写实主义原初内涵,从偏于科学实证的纯粹"写实主义",发展到陀思妥夫斯基式的"穿掘灵魂深处,拷问人的灵魂"的"在高的意义上的写实主义"。同时,文学的审美虚构的本质定性和现实主义的典型化原则也在鲁迅的文学观念中得以确立,促进了现实主义在中国文学理论界的接受与运用。

---

① 鲁迅:《什么是"讽刺"?》,《鲁迅全集》第6卷,人民文学出版社2005年版,第340页。
② 鲁迅:《我怎么做起小说来》,《鲁迅全集》第4卷,人民文学出版社2005年版,第527页。

第三节 "现实底理想主义"

鲁迅在《三闲集·序言》中写道：

> 我有一件事要感谢创造社的，是他们"挤"我看了几种科学底文艺论，明白了先前的文学史家们说了一大堆，还是纠缠不清的疑问。并且因此译了一册蒲力汗诺夫的《艺术论》，以救正我——还因我而及于别人——的只信进化论的偏颇。[①]

其时大概是在 1929 年左右吧，这是鲁迅在哲学、美学思想上质变的开始。

鲁迅"看"的理论的书不说，单是翻译的不妨列出较重要的书目：1929 年 4 月，译了卢那察尔斯基的《艺术论》；1929 年 6 月，译了普列汉诺夫的《艺术论》；1929 年 8 月，译了卢那察尔斯基的《文艺与批评》；1930 年 4 月，译了《文艺政策》（即《苏俄的文艺政策》）……翻译不比阅读，需费相当的心力，在翻译的过程中，甚至会出现改变译者旧有的思想观念的现象。如此密集地对来自苏俄的马克思主义美学与文学理论的阅读与翻译，不只纠正了鲁迅"只信进化论的偏颇"，而且澄清了先前在文学理论上的一些"疑问"，深化了对现实主义的理解。

在这一时期，卢那察尔斯基的文学理论思想对鲁迅影响较大，卢氏的理论在 1917 年后有一鲜明的特色，就是文学艺术要"描出自己的理想，或描出向那理想的阶段来"。为此，他提出了一个新的概念——"现实底理想主义"。卢氏的"现实底理想主义"和高尔基的有关理论构成了 1932 年诞生的"社会主义的现实主义"的基础。

卢那察尔斯基认为，此前的旧现实主义，不管是哪一个流派，都是用"静止的眼光"来观察现实和描写现实的，而新兴的"无产阶级的现实主义"要把现实看作是一个发展的过程，要求从革命发展过程中来表现现实。他写道："不了解发展过程的人永远看不到真实，因为真实并不像它的本身，它不是停在原地不动的，真实在飞跃，真实就是发展，真实就是

[①] 鲁迅：《三闲集·序言》，《鲁迅全集》第 4 卷，人民文学出版社 2005 年版，第 6 页。

冲突，真实就是斗争，真实就是明天，我们正是要这样看真实，谁不这样看它，他便是资产阶级现实主义者，因而也是悲观主义者、牢骚家。"① 在卢氏的理论结构中，现实的真实、历史的真实不应看作是客观的独立的存在，"真实就是明天"，客观真实被纳入了一个预设的时间之流中。只有把握住历史的发展规律，认清历史发展的总趋势，展现无产阶级革命光辉前景的文学才是"真实"的，才是"社会主义的现实主义"的作品。

鲁迅对卢那察尔斯基的理论基本上是认同的，在《〈艺术论〉小序》中写道：

> 如所论艺术与产业之合一，理性与感情之合一，真善美之合一，战斗之必要，现实底的理想之必要，执着现实之必要，甚至于以君主为贤于高蹈者，都是极为警辟的。②

从鲁迅对卢氏美学及文学思想的精要归纳中，可以看出，卢氏所主张的"执着现实"之"理想"的"现实底理想主义"，给他留下了深刻的印象。

1930 年，鲁迅在为柔石译卢那察尔斯基剧本《浮士德与城》所写的后记，对他有了更详细的评述：

> Lunacharski 常常梦想建设，将人类建设得更好，虽然往往还是"复故"（relapsing）。所以从或一意义说，他的艺术是平凡的，不及同时代人的高翔之超迈，因为他要建设，并不浮进经验主义者里面去；……但自然也有破坏，这是为了未来的新的建设。新的建设的理想，是一切言动的南针，倘没有这而言破坏，便如未来派，不过是破坏的同路程人，而言保存，则全然是旧社会的维持者。③

卢氏的"现实底理想主义"之所以能成为"一切言动的南针"，起着全新的引导性作用，在鲁迅看来，是因为它立足于"未来的新的建设"的基点

---

① 〔苏联〕卢那察尔斯基：《社会主义现实主义》，《论文学》，人民文学出版社 1978 年版，第 55—56 页。
② 鲁迅：《〈艺术论〉小序》，《鲁迅全集》第 10 卷，人民文学出版社 2005 年版，第 326 页。
③ 鲁迅：《〈浮士德与城〉后记》，《鲁迅全集》第 7 卷，人民文学出版社 2005 年版，第 370、374 页。

上，他所创作的作品虽然也因此审美超越性不够。但文学艺术创作如若缺少这一"理想"的指向，那便会像"未来派"那种一味迷恋于运动和速度，宣扬机械、暴力，甚至战争，即滑向以破坏为表征的一端；或者会陷于蹈常袭故，保存旧习，成了旧社会的忠实维护者。

1933 年 12 月 20 日，鲁迅致徐懋庸的信中，就韩侍桁关于文学上的写实主义的提法予以批评。韩侍桁主张，小说上的典型人物，本无其人，乃是作者按社会上"有存在之可能"，凭空造出来的。鲁迅批驳道：小说创作的人物形象原型在社会生活中多已存在，何必舍弃"已有之典型"，而去写什么"可有的典型"，这有唯心论之嫌疑，其实质上是"想动摇文学上的写实义"原则。

而后，鲁迅就艺术的真实问题发表了自己的看法：

> 艺术的真实非即历史上的真实，我们是听到过的，因为后者须有其事，而创作则可以缀合，抒写，只要逼真，不必实有其事也。然而他所据以缀合，抒写者，何一非社会上的存在，从这些目前的人，的事，加以推断，使之发展下去，这便好像预言，因为后来此人，此事，确也正如所写。[①]

这段话的前半部分，其观点在前述与郁达夫的论争中已经言及。文学艺术是创作，它可按典型化的原则而缀合、抒写，在逼真的基点上塑造出典型人物，所以"艺术真实"不同于"历史真实"。但后半段，则可看出卢那察尔斯基的影响了。如卢氏所说的，目前的人事物态"不出于现实世界的范围外"，是现实的社会存在，但这一切又要"引向理想"，即鲁迅文中言及的"推断""发展""预言"，在符合历史发展的趋势中确证其合理性。当然，这里的深层即蕴含着"理想底现实主义"的观念了。

但鲁迅理解的"理想"不是纯精神性的，或曰唯心的想象，而是立足于现实存在之上的"理想"。在信中，他还撕开韩侍桁的假面："他之不以唯心论者自居，盖在'存在之可能（二字妙极）'句，以为这是他顾及社会条件之处。"目光可谓锐利至极。这让人不由地想起鲁迅在《〈壁下译丛〉小引》中的一段话："近一年来中国应着'革命文学'的呼声而起的许

---

① 鲁迅：《致徐懋庸》，《鲁迅全集》第 12 卷，人民文学出版社 2005 年版，第 526 页。

多论文，就还未能啄破这一层老壳，甚至于踏了‘文学是宣传’的梯子而爬进唯心的城堡里去了。”① 看来，此一时段的鲁迅，对唯心主义观念在革命文学界域的表现颇为警惕，这和他接纳普列汉诺夫的理论有关。

普列汉诺夫是“俄国的马克斯主义者的先驱和觉醒了的劳动者的教师和指导者”，是“俄国的无产阶级之父”。② 但作为文学家的鲁迅，他更加关注的是普列汉诺夫的美学理论：

> 第一篇《论艺术》首先提出“艺术是什么”的问题，补正了托尔斯泰的定义，将艺术的特质，断定为感情和思想的具体形象底表现。于是进而申明艺术也是社会现象，所以观察之际，也必用唯物史观的立场，并于和这违异的唯心史观加以批评……③

托尔斯泰在《什么是艺术》一文中给艺术下了这么一个定义：“在自己心里唤起曾经一度体验过的感情，在唤起这种感情之后，用动作、线条、色彩、声音以及言词所表达的形象来传达出这种感情，使别人也能体验到这同样的感情，——这就是艺术活动。”④ 即艺术为，创作者感情——（通过）传达媒介——（营造）形象——（引发）接受者感情这样的一个流程。这里，人们不禁就要发问，那么“创作者感情”从何而来的呢？

鲁迅认为，普列汉诺夫的有关著作回答了这个问题——“艺术也是社会现象”。

> 于是就须“从生物学到社会学去”，须从达尔文的领域的那将人类作为“物种”的研究，到这物种的历史底运命的研究去。倘只就艺术而言，则是人类的美底感情的存在的可能性（种的概念），是被那为它移向现实的条件（历史底概念）所提高的。这条件，自然便是该社会的生产力的发展阶段。……蒲力汗诺夫将唯心史观者所深恶痛绝

---

① 鲁迅：《〈壁下译丛〉小引》，《鲁迅全集》第 10 卷，人民文学出版社 2005 年版，第 306 页。
② 鲁迅：《〈艺术论〉译本序》，《鲁迅全集》第 4 卷，人民文学出版社 2005 年版，第 261、262 页。
③ 同上注，第 268 页。
④ 〔俄〕托尔斯泰：《什么是艺术》，《西方文论选》下卷，伍蠡甫主编，上海译文出版社 1979 年版，第 433 页。

的社会，种族，阶级的功利主义底见解，引入艺术里去了。①

从生产力和生产关系、从经济基础和上层建筑的意识形态、从功利劳动到艺术审美之间的矛盾、互动，鲁迅对普列汉诺夫的理论，做了深刻而细密的研究与考察。他所记录下的自我的悟解是真诚的，他所剖析的自我思想变化的过程没有一点虚假的成分。他说过，普列汉诺夫的《艺术论》救正了他只信进化论的偏颇，而这段话便是如何"救正"的具体阐释。

在《三闲集·序言》中，鲁迅不无沉痛地回忆道："我一向是相信进化论的，总以为将来必胜于过去，青年必胜于老人"，然而后来我明白我倒是错了，"我在广东，就目睹了同是青年，而分为两大阵营，或则投书告密，或则助官捕人的事实！我的思路因此轰毁，后来便时常用了怀疑的眼光去看青年，不再无条件的敬畏了"。② 在普列汉诺夫美学理论的启示下，鲁迅认识到了，他过去"错"的原因是局限于达尔文仅"将人类作为'物种'的研究"的藩篱，而 1927 年 4 月血淋淋的事实"轰毁"了这种自然生理性的"进化"理论，而普氏的理论使他的思想进而前进到由社会存在、由历史环境，来看待人这一"族类"的马克思主义的"唯物史观的立场"上来。

"从生物学到社会学"，这一观察人类社会生活的新视角的确立，使鲁迅的现实主义文学观念提升到更高的层面。1935 年，他翻译高尔基的《俄罗斯的童话》出版，在版权页后，写下一段评论文字：

> 作者在地窖子里看了一批人，又伸出头来在地面上看了一批人，又伸进头去在沙龙里看了一批人，看得熟透了，都收在历来的创作里。这种童话里所写的却全不像真的人，所以也不像事实，然而这是呼吸，是痱子，是疮疤，都是人所必有的，或者是会有的。
>
> 短短十六篇，用漫画的笔法，写出了老俄国人的生态和病情，但又不只写出了老俄国人，所以这作品是世界的；就是我们中国人看起来，也往往觉得他好像讲着周围的人物，或者简直自己的顶门上给扎了一大针。

---

① 鲁迅：《〈艺术论〉译本序》，《鲁迅全集》第 4 卷，人民文学出版社 2005 年版，第 268—269 页。

② 鲁迅：《三闲集·序言》，《鲁迅全集》第 4 卷，人民文学出版社 2005 年版，第 5 页。

　　　　但是，要全愈的病人不辞热痛的针灸，要上进的读者也决不怕恶辣的书！①

高尔基虽然是以童话的形式，漫画的笔法来表现对象，却对现实"看得熟透了"，他深刻揭示了从底层到平民，再到贵族，各式各样的"老俄国人的生态和病情"，他们是有呼吸、有体温的鲜活的生命，但也患上"痹子、疮痕"等各种"病情"。鲁迅关于文学是"揭出病苦，引起疗救的注意"这一现实主义的宗旨依然不变，只是更加警辟透彻了。值得注意的是，鲁迅读高尔基此作令人想起罗曼·罗兰读《阿Q正传》的感受，经典作品"是世界的"，《俄罗斯的童话》也起到对中国现状针砭的功用。

　　但鲁迅毕竟是鲁迅，尽管他在某一时期相信了某一理论原理，却仍然会保持一种警觉的心态，有着辩证的目光，这是由他长期的生命经验所积累起来的。特别是对于未曾实现的远景与梦想，更是慎重。早在1924年《娜拉走后怎样》中，他就写道："但是，万不可做将来的梦。阿尔志跋绥夫曾经借了他所做的小说，质问过梦想将来的黄金世界的理想家，因为要造那世界，先唤起许多人们来受苦。他说，'你们将黄金世界预约给他们的子孙了，可是有什么给他们自己呢？'有是有的，就是将来的希望。但代价也太大了，为了这希望，要使人练敏了感觉来更深切地感到自己的苦痛，叫起灵魂来目睹他自己腐烂的尸骸。"②因此，鲁迅明白地表示，不要将来的梦，只要目前的梦，现实的梦。

　　在批判以苏汶为代表的"第三种人"时，论及托尔斯泰、福楼拜，鲁迅指出："他们两个，都是为现在而写的，将来是现在的将来，于现在有意义，才于将来会有意义。"③对文学艺术的现实品格及价值意义的坚守是毫不动摇的，而对未知的虚幻的梦的警觉，一直延续到他生命的终点。

　　1930年前后，创造社、太阳社一批新进的理论家从日本的藏原惟人引进了"新写实主义"，亦称之为"无产阶级写实主义"。藏原惟人是日本文艺理论家，曾求学于苏联，倾向于前"拉普派"的文学观念，把文艺看成是组织社会生活的手段与工具："艺术是把感情和思想'社会化'的手段，

---

　　①　鲁迅：《俄罗斯的童话》，《鲁迅大全集》第18卷"译文篇"，长江文艺出版社2011年版，第62页。

　　②　鲁迅：《娜拉走后怎样》，《鲁迅全集》第1卷，人民文学出版社2005年版，第167页。

　　③　鲁迅：《论"第三种人"》，《鲁迅全集》第4卷，人民文学出版社2005年版，第453页。

同时又由它而组织生活。……既在它是生活的组织，又是感情和思想的'染传'，一切的艺术，在那本质上，必然是 Agitation，是 Propagande。"①（注：鼓动、宣传）文艺既然是宣传与鼓动，势必带来创作上的公式化与概念化的弊端，所以茅盾在《从牯岭到东京》中批评道："'新作品'终于暴露了不能摆脱'标语口号文学'的拘囿。……不但苏俄的群众，莫斯科的领袖们如布哈林，卢那却夫斯基，特洛斯基，也觉得'标语口号文学'已经使人讨厌到不能忍耐了。"② 从而引发了创造社、太阳社的一些新进理论家对他的围攻。

对此，鲁迅也按捺不住了，站出来发表自己的看法，支持了茅盾：

> 最初，青年的读者迷于广告式批评的符咒，以为读了"革命的"创作，便有出路，自己和社会，都可以得救，于是随手拈来，大口吞下，不料许多许多是并不是滋养品，是新袋子里的酸酒，红纸包里的烂肉，那结果，是吃得胸口痒痒的，好像要呕吐。……钱杏邨先生近来又只在《拓荒者》上，挽着藏原惟人，一段又一段的，在和茅盾扭结。③

"新袋子里的酸酒，红纸包里的烂肉"，这就是鲁迅对于那种蔑视艺术审美特性，以标语口号充斥作品的所谓"革命文学"的形象比喻。所以鲁迅的可贵之处，就在于他有着独立的判断，有着独有的价值立场。

正如他所说的："对于先有了'宣传'两个大字的题目，然后发出议论来的文艺作品，却总有些格格不入，那不能直吞下去的模样，就和雒诵教训文学的时候相同。"④ 他还以花为喻来说明这一问题：

> 但我以为一切文艺固是宣传，而一切宣传却并非全是文艺，这正如一切花皆有色（我将白也算作色），而凡颜色未必都是花一样。革命之所以于口号，标语，布告，电报，教科书……之外，要用文艺

---

① 〔日〕藏原惟人：《作为生活组织的艺术和无产阶级》，《新写实主义论文集》，之本译，上海现代书局 1930 年版，第 4—5 页。
② 茅盾：《从牯岭到东京》，《文学运动史料选》第二册，上海教育出版社 1979 年版，第 145 页。
③ 鲁迅：《我们要批评家》，《鲁迅全集》第 4 卷，人民文学出版社 2005 年版，第 245—246 页。
④ 鲁迅：《怎么写》，《鲁迅全集》第 4 卷，人民文学出版社 2005 年版，第 20 页。

者，就因为它是文艺。①

花有颜色，但有颜色的并非全是花；文艺可以是宣传，但宣传却不全是文艺。鲁迅就通过这简单的、朴素的生活常识，清晰明了地说出文艺的性质，在强化功利主义的历史语境中，坚持了马克思主义的美学原则。

鲁迅重视文学艺术的审美原则，这和他一贯坚持的主张相吻合有关。早在 1927 年，他在广州黄埔军官学校演讲时就指出："好的文艺作品，向来多是不受别人的命令，不顾利害，自然而然地从心中流露的东西；如果先挂起一个题目，做起文章来，那又何异于八股，在文学中并无价值，更说不到能否感动人了。"②抛离作者独特、自然的审美感受，而以预设的命题、先验的意旨来强制作家的创作，势必损害作品的艺术力量，在这一点上，鲁迅是自始至终地坚持到底。

鲁迅现实主义观念演变的第三阶段，可称之为"现实底理想主义"。这一阶段，鲁迅接受了普列汉诺夫的"艺术也是社会现象"的马克思主义的基本原理，接纳了卢那察尔斯基从历史发展总趋势的预测中来把握现实真实，这一后来成为"社会主义的现实主义"的原则。但鲁迅又是独立、清醒的，保留了自己的一些价值判断，对于意识形态的机械经济决定论、艺术隶属于政治的工具论、文学作品政治倾向性的传达等，都采取辩证的态度，维护了艺术的审美维度与美学构成。

从偏重于科学实证的"写真实"阶段，到"在高的意义上的写实主义"阶段，再到"现实底理想主义"阶段，这是鲁迅随着历史语境的变化而不断地调整、发展自己的现实主义观念的流程。尽管这三个阶段关于现实主义观念内涵有所变化，有所调整，但他那"改良人生"的启蒙主义初衷，即与"为艺术而艺术"有别的"为人生而艺术"的宗旨自始至终未有变化；而现实主义的学理要义——从自然科学的实证原则出发，力求对客体对象的逼真反映，以达到对当代社会现实的客观再现，这一脉络仍深潜于内里，它使得每一阶段都能在合乎逻辑的轨道上演进。而动态中的生命与思想，才是更为真实的描述。

---

① 鲁迅：《文艺与革命》,《鲁迅全集》第 4 卷，人民文学出版社 2005 年版，第 85 页。
② 鲁迅：《革命时代的文学》,《鲁迅全集》第 3 卷，人民文学出版社 2005 年版，第 437 页。

第五编　鲁迅与《阿Q正传》

第十三章 《阿Q正传》新论
——越界的庸众与阿Q的悲剧

【鲁迅对于阿Q不是"怒其不争",而是"惧怕其争"。鲁迅当时冀盼的是在精神上彻底觉醒的革命先驱者,如写《革命军》的邹容、《药》中的夏瑜,英国诗人拜伦等,而非以权力、金钱、女人为"革命"目的的阿Q式的人物。阿Q这个人物形象的原型,鲁迅所说的"破落户子弟的装腔作势"的成分较大,以"精神胜利法"为其典型形象的主要属性之外,他还属于"投机革命"的越界的"庸众"。鲁迅对于中国革命中的游民文化意识与民粹主义倾向是持批判态度,他惧怕"阿Q似的革命党"这类游民、民粹的沉渣泛起,借着革命的大潮起来争夺权力与地盘,因为他们不可能成为推进中国发展的健康的力量。】

历史语境的考证,包括史实的实证,对于从预设的先验命题演绎中挣脱出来的今天中国文学研究界来说,日益显露出它的重要性与合理性,因为它是返回文学作品,特别是经典作品之所以产生的历史真实的唯一途径。当然,能称得上经典的作品,其概念内涵往往如康德所说是"非确定性"的,亦如中国古典美学的"诗无达诂",即具有多义性、朦胧性、阐释的无限可能性等。但不管读者、批评家的接受与再阐释的自由力量有多么强大,他出发的第一层面,即阐释展开的基础,必须是作品的真实与促使作品诞生的历史语境的真实。所以在鲁迅研究中,以往提出的"以鲁解鲁、以鲁证鲁"的方法,值得再度引起重视。若由此视点出发,学界以往对《阿Q正传》的研究,有没有继续推进的可能呢?

第一节 主旨是"憎" 精神是负

《阿Q正传》自1921年底诞生以来，对其解读的文章不可胜数，按钱理群的话，构成了一部"阿Q接受史"。在近90年的接受过程中，出现了各种各样的解读与再阐释，比较重要的观点有：周作人、茅盾、苏雪林、周立波等的"暴露国民性的弱点""影射中国民族的普遍的劣根性"；陈涌的揭露辛亥革命没有发动农民的不彻底性；评论家一般均认可的对阿Q精神胜利法的批判；何其芳的"典型共名说"；林兴宅的阿Q是由双重人格组成的性格系统；吕俊华的阿Q的心理变态研究；汪晖的阿Q是写出人的个体生存的双重绝望；等等。

这些解读与再阐释，除了周作人等数人的观点之外，都存在着一种共同的现象：距离作品诞生的历史语境的真实较远，即鲁迅创作《阿Q正传》的引爆点是什么呢？他们对此都关注不够。打个比方来说，他们所处的位置是在一个城市的二环路、三环路上。因此，从原点上追寻，从鲁迅创作《阿Q正传》的动机上进行探索，也就是"以鲁解鲁"的方法，应成为研究《阿Q正传》的必不可少的前提。因为只有对一个作家的创作动机了解清楚之后，展开再阐释的基础才可能相对牢靠。这在某种意义上，也是属于近来"鲁迅经典重读"的动向之一。①

不知从何时起，"哀其不幸，怒其不争"一语，成了鲁迅对阿Q的审美态度，即创作主体对其作品中主人公的情感好恶、价值取舍的定评。其影响面之广，举世罕见，可以说，只要有初中文化以上的国人概莫能外。那么，这一"定评"，符合历史真实吗？

先从此语的出处谈起。该语出自鲁迅的《摩罗诗力说》第五节。鲁迅肯定摩罗诗人拜伦：

---

① 近年来，"鲁迅经典重读"的重要文章有逄增玉《〈阿Q正传〉与辛亥革命问题的再思考》（载《文学评论》2007年第5期）；李今《文本·历史与主题——〈狂人日记〉再细读》（载《文学评论》2008年第3期）；宋剑华《人的"病愈"与鲁迅的"绝望"——〈狂人日记〉的反讽叙事与文本释义》（载《学术月刊》2008年第10期）；俞兆平《越界的庸众与阿Q的悲剧》（载《文艺研究》2009年第8期）等。

> 怀抱不平，突突上发，则倨傲纵逸，不恤人言，破坏复仇，无所顾忌，而义侠之性，亦即伏此烈火之中，重独立而爱自繇，苟奴隶立其前，必衷悲而疾视，衷悲所以哀其不幸，疾视所以怒其不争，此诗人所为援希腊之独立，而终死于其军中者也。[1]

这里是说，性烈如火，酷爱自由，内怀侠义肝胆，扶贫济弱的拜伦，若见到奴隶、"愚庸"，定"衷悲"之，"疾视"之。衷悲引发"哀其不幸"；疾视顿生"怒其不争"。此处的奴隶、愚庸，即如鲁迅在《呐喊·自序》中所描写的，类似于那些关在绝无窗户的铁屋子里，熟睡、昏睡，行将闷死的人们；或者类似于那些以麻木、冷漠的神情，围观将被日军砍头的中国人的中国"看客"。也就是指那些毫无自由精神、毫无反抗意志、愚昧昏庸、浑浑噩噩的人。

如若以此状来审视阿Q并不适合，此间有所错位。因为阿Q的骨子里像是很有点不安分的东西，它驱使阿Q不甘于平庸，内心时时在躁动着。

其一，想与赵太爷比辈分，争高低。赵太爷儿子进了秀才，阿Q说他和赵太爷是本家，也姓赵，还比秀才长三辈，结果被打了个耳光，"你怎么会姓赵！——你那里配姓赵！"

其二，阿Q很自尊，自认"见识高"。所有未庄的居民，全不在他眼睛里。他常常夸耀："我们先前——比你阔多啦！你算是什么东西！"他连城里人也鄙薄，他们居然把"长凳"叫成"条凳"，煎鱼时，不像未庄那样把葱切得半寸长，而是切得细细的，可笑，错的。

其三，阿Q有精神胜利法，"常处优胜"。被人打了就说："我总算被儿子打了，现在的世界真不像样……"于是他心满意足地得胜的走了。打架输了，被拉去碰了五六个响头，他也心满意足，因为"他觉得他是第一个能够自轻自贱的人，除了'自轻自贱'不算外，余下的就是'第一个'，状元不也是'第一个'么？'你算是个什么东西'呢！？"

其四，阿Q敢在有着森严的"男女之大防"的未庄，公开表露出性生理的需求。他在扭了小尼姑的面颊，飘飘然之后，公然对吴妈说："我和你困觉！"

---

① 鲁迅：《摩罗诗力说》，《鲁迅全集》第1卷，人民文学出版社2005年版，第82页。

其五，为生计问题，敢于铤而走险。在被迫离开未庄，上城之后，阿Q竟然进入偷盗之伍，虽然只是个在墙外接东西的小角色。

其六，"神往"革命，想投革命党。他看到举人老爷那批未庄鸟男女听到革命消息时慌张的神情，便得意地喊道："造反了！造反了！"而后向假洋鬼子表示要投革命党，却以"洋先生不准他革命"而告终。

其七，潜意识中，仍有一丝豪气留存。在被押解去法场游街示众时，阿Q忽然很羞愧自己没志气，居然无师自通地喊出"过了二十年又是一个"的豪言壮语来。

显然，如此不肯安分、不甘平庸的阿Q，与拜伦所面对的那一类驯服、麻木的奴隶，即"愚庸""庸众"有所不同。鲁迅也说过：

> 阿Q该是三十岁左右，样子平平常常，有农民式的质朴，愚蠢，但也很沾了些游手之徒的狡猾。在上海，从洋车夫和小车夫里面，恐怕可以找出他的影子来的，不过没有流氓样，也不像瘪三样。[1]

"很沾"一词，可以看出鲁迅对其笔下这一人物并非纯粹是充满同情的"哀其不幸"，对此"狡猾"之徒还有着一定程度的鄙弃。

可见，阿Q不同于买蘸了志士热血的馒头给儿子治病的愚昧的华老栓；也不同于鲁迅的小说《示众》中那形形色色的无聊、冷漠的"看客"。尽管他也曾当过看客，但他在看后毕竟还受到了被处极刑者那"过了二十年又是一个"的豪情的感染。因此，阿Q与那些庸众最大的区别在于，他不是"不争"，而是初步萌发了朦朦胧胧的处于"自发"形态的、"独特"的抗争。

若从这一视角着眼，周作人的《关于〈阿Q正传〉》的"本文"应该引起足够的注意。他明确地指出：

> 《阿Q正传》是一篇讽刺小说，讽刺小说是理智的文学里的一支，是古典的写实的作品。他的主旨是"憎"，他的精神是负的。然而这憎并不变成厌世，负的也并不尽是破坏。[2]

---

① 鲁迅：《寄〈戏〉周刊编者信》，《鲁迅全集》第6卷，人民文学出版社2005年版，第154页。
② 周作人：《关于〈阿Q正传〉》，《关于鲁迅》，止庵编，新疆人民出版社1997年版，第487页。

这就是说，鲁迅在《阿Q正传》中，对阿Q的审美态度从根本上说是憎恶的、鄙弃的，小说的精神价值取向是"负"的，即批判的、否定的。当然，正如周作人所说的，憎不是厌世，负不是破坏，"因为它仍能使我们为了比私利更大的缘故而憎，而且在嫌恶卑劣的事物里鼓励我们去要求高尚的事物"。讽刺小说与理想小说虽然表面上价值取向不同，但内在精神却是一致的，都指向了美与崇高，只是理想小说是直接的，讽刺小说是间接的。

周作人这一判断是符合鲁迅创作意旨的。1920年12月，鲁迅在给日本中国文学研究家青木正儿的信中谈道：

> 我写的小说极为幼稚，只因哀本国如同隆冬，没有歌唱，也没有花朵，为冲破这寂寞才写的，对于日本读书界，恐无一读的生命与价值。今后写还是要写的，但前途暗淡，处此境遇，也许会更陷于讽刺和诅咒罢。①

他为自己今后一段的创作定下了基调——"讽刺和诅咒"。隔一年之后，《阿Q正传》诞生了，小说应该正是这一基调的集中的、强烈的表现。十二年后，鲁迅在《再谈保留》一文中写道："《阿Q正传》，大约是想暴露国民的弱点的。"② 以讽刺的笔法，暴露出中国国民性中的弱点，诅咒、批判中国人品性中的卑劣，这正是《阿Q正传》的创作旨向。

周作人在文中有一总结性的判断："阿Q这人是中国一切的'谱'的结晶，没有自己的意志而以社会的因袭的惯例为其意志的人，所以在现社会里是不存在而又到处存在的。"这里"谱"一词的含意即是"传统"，即阿Q是中国旧传统的结晶，他没有自己的思想意志，而是以传统、历史、数量，即鲁迅在《我之节烈观》中所指出的，构成"无主名无意识的杀人团"的一种极为恐怖的集体无意识为自己的意志。

周作人继续指出：

> 阿Q却是一个民族中的类型，他像希腊神话里"众赐"（Pandora）

---

① 鲁迅：《致青木正儿》，《鲁迅大全集》第2卷，长江文艺出版社2011年版，第124页。
② 鲁迅：《再谈保留》，《鲁迅全集》第5卷，人民文学出版社2005年版，第154页。

一样，承受了恶梦似的四千年来的经验所造成的一切"谱"上的规则，包括对于生命幸福名誉道德的意见，提炼精粹，凝为固体，所以实在是一幅中国人坏品性的"混合照相"，其中写中国人的缺乏求生意志，不尊重生命，尤为痛切，因为我相信这是中国的最大病根。总之这篇小说的艺术无论如何幼稚，但著者肯那样不客气的表示他的憎恶，一方面对于中国社会也不失为一服苦药，我想它的存在也并不是无意义的。①

所以鲁迅在写《阿Q正传》时，其"主旨是憎"，至少在文本的第一层面上对阿Q这一人物的行为是鄙弃的。

周作人在该篇文章"引言"中还谈到，他这篇评论《阿Q正传》的文章，"当时经过鲁迅自己看过，大抵得到他的承认的。""我的那篇文章本来也已收在文集（指《呐喊》一书——笔者）里，作为晨报社丛书发行了，但为避嫌计也在第二版时抽了出来，不敢再印。"② 这就是说，周作人这篇评《阿Q正传》的文章鲁迅曾亲自看过，并得到鲁迅的承认，原已收入《呐喊》第一版，后因成仿吾对弟弟任该书编辑的做法冷嘲热讽，才在出第二版时抽掉。这里，需要着重强调的是，周作人此文写于1922年，是紧接着《阿Q正传》而发表的，因此尚未沾上而后在阐释过程中产生的各式各样的"附加物"，而且当时周作人与鲁迅关系尚未破裂，尤其是鲁迅这时身体还比较健康，其可信度应该较高，也最贴近当时的历史语境。

这样，以"哀其不幸"用于鲁迅对阿Q的审美态度，显然就不太妥帖了。之所以产生这样的错位，是因为我们总把写《呐喊》时期的鲁迅设定为革命民主主义者，是一位民主斗士，他担负着唤醒民众，特别是唤醒农民阶级起来革命的历史任务。而阿Q则是农村中贫雇农的典型人物，是中国农村革命的代表与革命希望之所在，鲁迅当然只能是充满同情悲悯地"哀其不幸"，继而恨铁不成钢地"怒其不争"。这与周作人所论，鲁迅的"主旨是'憎'，精神是负"的审美判断显然不是一个向度。

当然，周作人的文章末了也涉及"爱"的向度，但他认为只是到阿Q这一人物形象逐步成形的后期才产生。周作人从文学创作的特殊性出发，

---

① 周作人:《关于〈阿Q正传〉》,《关于鲁迅》,止庵编,新疆人民出版社1997年版,第489—490页。

② 同上注,第487页。

分析作家在创造典型人物的过程中，笔下人物的性格发展及作家的审美态度，有可能会出现与原有创作意图不相符合的情况：

> 著者本意似乎想把阿 Q 好好的骂一顿，做到临了却使人觉得在未庄里阿 Q 还是唯一可爱的人物，比别人还要正直些，所以终于被"正法"了。正如托尔斯泰批评契诃夫的小说《可爱的人》时所说，他想撞倒阿 Q，将注意力集中于他，却反将他扶了起来了，这或者可以说是著者失败的地方。①

也就是说，鲁迅在创作阿 Q 这一人物典型的后期，产生了矛盾，对阿 Q 渐渐有了好感，不再是一味"憎恶"，反而是有点"爱"了。

分析起来，原因似有以下二点：其一，人道主义精神的渗入与扩展。1925 年 5 月 30 日，鲁迅在给许广平的信中谈到自己的思想："我的意见原也不容易了然，因为其中本有着许多矛盾，教我自己说，或者是'人道主义'与'个人的无治主义'的两种思想的消长起伏罢。"②鲁迅当时崇奉尼采，肯定精英，厌弃庸众，想"撞倒阿 Q"，讽刺他、诅咒他，但是小说写到末了，却"将他扶起"。这是因为将阿 Q 与他周围那些鄙俗卑劣、奸诈阴毒的人物予以对比，不肯安分、不甘平庸的阿 Q，其性格深层反倒显出"可爱""正直"的一面。这时，蕴藏在鲁迅心灵深处的托尔斯泰的人道主义有可能滋长、涌起，对弱者的同情成分便逐渐增大、扩展，对阿 Q 也就渐之有了好感，从而在小说的结尾部分"将他扶起"。

其二，典型人物自身生命与性格的形成。在创作中，常有这样的现象，作家笔下的人物会随着作家创作的进程，逐步有了自身的性格，有了自身的生命，亦即人物"活"了。而这一典型人物往往会按着已形成的性格轨迹继续发展下去，这样，人物的命运就有可能突破作家原有的设定。阿 Q 虽是"可憎"的并带有一些"可爱"的混合体，但在那样的时代背景下，他不能见容于那一生存空间，所以鲁迅只能做出使其"被'正法'了"的结局，这是合乎创作规律、合乎情理的。鲁迅自己也谈道："其实'大团圆'倒不是'随意'给他的；至于初写时可曾料到，那倒确乎也是一个疑

---

① 周作人：《关于〈阿 Q 正传〉》，《关于鲁迅》，止庵编，新疆人民出版社 1997 年版，第 490 页。

② 鲁迅：《致许广平》，《鲁迅全集》第 11 卷，人民文学出版社 2005 年版，第 493 页。

问。我仿佛记得：没有料到。"①

至于周作人所说的阿Q从可憎变为可爱，是鲁迅写阿Q "失败的地方"，我想很多人是不会接受的，包括笔者在内。因为创作主体对笔下人物的情感越复杂，创造的人物性格也就越丰富，人物最终的结局往往会突破作家主体原有的创作意图，其典型意义也就更具普遍性与深刻性。关于这点，学界也可以论争吧。

第二节 越界的"庸众"

阿Q与那些驯服、麻木的"愚庸""庸众"有所不同，那么他是属于鲁迅笔下的哪一类型的人物呢？1935年8月，鲁迅给萧军信中曾提到：

> 我的祖父是做官的，到父亲才穷下来，所以我其实是"破落户子弟"，不过我很感谢我父亲的穷下来（他不会赚钱），使我因此明白了许多事情。因为我自己是这样的出身，明白底细，所以别的破落户子弟的装腔作势，和暴发户子弟之自鸣风雅，给我一解剖，他们便弄得一败涂地，我好像一个"战士"了。使我自己说，我大约也还是一个破落户，不过思想较新，也时常想到别人和将来，因此也比较的不十分自私自利而已。②

此信及其他相应的资料，若与《阿Q正传》文本"互文印证"，可以较为切近地揭示出阿Q的真实存在。阿Q实质上是一个"装腔作势的破落户子弟"，③但鲁迅给他设置了一个农村底层雇农的身份，他就以此形象走进了中国现代小说的人物系列，也带来了其人物性格的复杂性。

先从叙事文学三大要素之一的"环境"谈起，它是小说分析不可或缺的成分。那么，围绕阿Q的环境因素是怎样的呢？黑格尔《美学》曾把围绕人物性格形成的环境，分为"一般世界情况"和"情境"两种，前者为

---

① 鲁迅：《〈阿Q正传〉的成因》，《鲁迅全集》第3卷，人民文学出版社2005年版，第398页。

② 鲁迅：《350824致萧军》，《鲁迅全集》第13卷，人民文学出版社2005年版，第528页。

③ 参阅本书第十四章《阿Q形象原型新的定位》。

特定时代的物质、文化、政治所融合的整体背景，后者则是由前者具体化而成的推动人物行动的客观环境，即具体的事件等。显然，"情境"就是阿Q生活的20世纪初中国的未庄及县城，但对于能成为世界名著的《阿Q正传》来说，其历史语境，即一般世界情况更是不可忽略。

1907年，鲁迅发表《文化偏至论》，内有一名言：

> 掊物质而张灵明，任个人而排众数。[①]

学界一般均认可其为鲁迅前期思想的核心。后一句是说，对于邦国社会的组构问题，有两类人物与之关联密切，一是"个人"，一是"众数"，当前的要务是要张扬"个人"，贬抑"众数"。

20世纪初的鲁迅受尼采影响较大，反对"众数"、批判"庸众"的思想相当强烈，《文化偏至论》所批判的两大偏至："物质也，众数也，其道偏至"，即是指此。时值民族危亡之际，国人选择的救亡之路，有"习兵事"，以强兵立国；有"制造商估"，以发展工商业富国；有"立宪国会"，从政治体制上进行改革等。

但人们没有注意到一个危险的动向：

> 至尤下而居多数者，乃无过假是空名，遂其私欲，不顾见诸实事，将事权言议，悉归奔走干进之徒，或至愚屯之富人，否亦善垄断之市侩，特以自长营撍，当列其班，况复掩自利之恶名，以福群之令誉，捷径在目，斯不惮竭蹶以求之耳。[②]

国群中大多数人，多是借救国之空名来满足私欲。如若根据多数不明事理的人的意见，把国家政治权力这类大事，全都交付于这些四下奔走谋求仕进之小人、愚钝不堪的富人、善于操作垄断的市侩等，由这些擅长于钻营掠取的人掌控，是国之大误矣！因为他们虽然以造福群体为掩饰，但攫取私利实为目的。

所以，鲁迅慨叹：

---

① 鲁迅：《文化偏至论》,《鲁迅全集》第1卷，人民文学出版社2005年版，第47页。
② 同上。

借众以陵寡，托言众治，压制乃尤烈于暴君。……呜呼，古之临民者，一独夫也；由今之道，且顿变而为千万无赖之尤，民不堪命矣，于兴国究何与焉。①

鲁迅深刻地指出，若由"千万无赖之尤"来介入政治，"托言众治"，"借众陵寡"，即实施"群氓专政"，它对"个人"，即鲁迅在它处所提到的"英哲""明哲""先觉""大士""天才""超人""精神界之战士"的压制，比独裁专制的暴君、独夫还要酷烈，于国于民都是一场灾难。

群氓、庸众即是《热风·随感录三十八》所指出的，中国有两大类人，一类是"个人的自大"，另一类是"合群的爱国的自大"。由于"个人的自大"一类较为罕见，国人大多是"合群的爱国的自大"，即庸众一类，它是中国不能"振拔改进"的原因。显然，这是对10年前《文化偏至论》中关于"个人"与"众数"、"英哲"与"愚庸"、"超人"与"凡庸"对立思考的另一种表述。

这里，一事应提及。1936年10月，周作人曾写道：鲁迅"所作随感录大抵署名'唐俟'，我也有几篇是用这个署名的，都登在《新青年》上，后来这些随感录编入《热风》，我的几篇也收入在内，特别是三十七八、四十二三皆是"。②也就是说，《热风·随感录三十八》系周作人所作。（不过，此文发表时署名迅。）但正如周作人所说：当时兄弟之间"整本的书籍署名彼此都不在乎，难道二三小文章上头要来争名么？这当然不是的了"。不管是谁所作，最重要的是鲁迅亲手把它收入了《热风》一集，说明了鲁迅对该文的认可，应该视同为鲁迅的作品。但也从一个侧面说明，当时，鲁迅与周作人还是息息相通的，在社会问题的思考与判断上是同声相应的，由此也可看出周作人解说《阿Q正传》的相关文章的可信度是较高的。

《热风·随感录三十八》指出：

"个人的自大"，就是独异，是对庸众的宣战。……但一切新思想，多从他们出来，政治上宗教上道德上的改革，也从他们发端。……"合群的自大"，"爱国的自大"，是党同伐异，是对少数的天才宣战。③

① 鲁迅：《文化偏至论》，《鲁迅全集》第1卷，人民文学出版社2005年版，第46—47页。
② 周作人：《关于鲁迅》，《关于鲁迅》，止庵编，新疆人民出版社1997年版，第498页。
③ 鲁迅：《热风·随感录三十八》，《鲁迅全集》第1卷，人民文学出版社2005年版，第327页。

"个人"，即先觉、超人，他渐悟人类之尊严，顿识个性之价值，由此自觉之精神，转为极端的"主我"，归于民主的大潮，所以他们是一切改革、革命的发起者、前驱者，也是中国振兴的希望之所在。

"众数"，鲁迅亦称之为"众庶""愚庸""凡庸""愚民""庸众""无赖""末人"等。鲁迅认为，"同是者是，独是者非，以多数临天下而暴独特者，实十九世纪大潮之一派"，这种伪民主的"群氓专政"祸害极大，其"人群之内，明哲非多，伧俗横行，浩不可御，风潮剥蚀，全体以沦于凡庸。非超越尘埃，解脱人事，或愚屯罔识，惟众是从"，[①]在此类群体中，先觉、天才者稀少，粗俗鄙陋之风横行，其声势浩大而难以抵御，人文精神因之侵蚀剥落，民族整体沦落到平凡庸俗的地步，如此愚昧鄙吝、昏乱无识的群体，怎能唯其是从，若此，国之振兴无望也。

这样，从《文化偏至论》《摩罗诗力说》到《热风·随感录三十八》，再到《阿Q正传》，从哲学理论到杂文，再到艺术典型，共同构成了鲁迅对精英式的"个人"与愚庸式的"众数"这一社会性对立矛盾问题的观察、追索与思考。由此，我们才能真正理解鲁迅曾对冯雪峰说："就是我的小说，也是论文；我不过采用了短篇小说的体裁罢了"的内在意义。[②]

在中外文学批评界中，最早注意到这一对立问题的应该是日本学者伊藤虎丸，他认为鲁迅的思想与作品中"存在着一种'二级结构'，这个'二级结构'，应该是'精神界之战士'（超人）与'朴素之民'之间，在某种意义上说未置'中间权威'而直接对应的结构"。鲁迅"作为一个现实主义小说作家，他的关心还是朝向同一个'两极'"，"把阿Q形象作为一个顶点的是'朴素之民'的具体形象化"。[③]但他尚未具体展开论析，而且把鲁迅笔下的"志士""英雄"之所指，误解为"中层社会"那些发出"恶声"、宣扬"俗论"的小人。

美籍学者李欧梵也敏锐地感悟到这一点，他指出："这一哲学思想也见于鲁迅的小说，是他小说原型形态之一。事实上，'独异个人'和'庸众'

---

① 鲁迅:《文化偏至论》，《鲁迅全集》第1卷，人民文学出版社2005年版，第49、52页。
② 冯雪峰:《鲁迅先生计划而未完成的著作》，《雪峰文集》第4卷，人民文学出版社1985年版，第18页。
③ 〔日〕伊藤虎丸:《鲁迅、创造社与日本文学》，孙猛等译，北京大学出版社2005年版，第59—60页。

正是鲁迅小说中经常出现的两种形象。我们完全可以为他们建立一个'谱系'（genealogy），从而寻找出在鲁迅小说叙述的表层下面的'内容'。"[1] 但遗憾的是，李欧梵过于专注"谱系"，把阿Q也归入华老栓、孔乙己、单四嫂子、祥林嫂、爱姑之列，"作为庸众中之一员"，从而忽略了阿Q的独特的人物个性与特定的生存环境，也就客观上阻遏了这一极有开拓性命题的深入展开。前面分析过，阿Q是不肯安分、不甘平庸的，他能和昏聩愚昧的华老栓、忍辱负重的祥林嫂、迂腐没落的孔乙己等类同而并列吗？所以，抽象出来的"谱系"与独异的个性有时并不兼容。

那么，阿Q是精英式的"个人"吗？很明显，不是。因为阿Q不是写《革命军》的邹容，不是"夏瑜"式的革命者，也不是从激进到绝望的魏连殳，他甚至还是个在杀革命党时的"看客"。阿Q"中兴"回到未庄后，谈他城里最重要的见闻就是这一场面："'你们可看见过杀头么？'阿Q说，'咳，好看。杀革命党。唉，好看好看……'"所以阿Q决不可能是鲁迅所寄以希望，能够拯救危难中国的"英哲""精神界之战士"，即精英式的"个人"。如此，阿Q既不属于精英式"个人"之列，也与愚庸式的"众数"有别，对于这两类人物来说，阿Q是个"异类"，像是一个两不着边的人物。

在非自由形态的社会里，个体从他所属的群体中"越界"，便意味着他尴尬处境的开始，或者也就预示着他的悲剧命运的开始。鲁迅观察到"庸众"中有这样一类人，他是奴隶：

> 自己明知道是奴隶，打熬着，并且不平着，挣扎着，一面"意图"挣脱以至实行挣脱的，即使暂时失败，还是套上了镣铐罢，他却不过是单单的奴隶。[2]

阿Q就像这"不平着，挣扎着"的奴隶，他"实行"挣脱，似乎也接近挣脱，却还是奴隶，甚至被莫名其妙地"大团圆"了。

他还像鲁迅笔下的那只蝙蝠：

---

① 李欧梵：《铁屋中的呐喊》，河北教育出版社 2000 年版，第 66 页。
② 鲁迅：《漫与》，《鲁迅全集》第 4 卷，人民文学出版社 2005 年版，第 604 页。

> 鸟兽各开大会，蝙蝠到兽类里去，因为他有翅子，兽类不收，到鸟类里去，又因他是四足，鸟类不纳，弄得他毫无立场，于是大家就讨厌这作为骑墙的象征的蝙蝠了。[①]

阿 Q 的遭遇虽不能绝对等同于这只蝙蝠，但其间还是有着相似之处。阿 Q 生性不安分，被逐出未庄；为了生计，他成了盗贼的手下小脚色；革命来了，他想参加，却被假洋鬼子赶走，不准革命；赵家被抢案与他无关，却糊里糊涂被"团圆"了。他既不容于一般庸众群体，也被排斥于"将辫子盘在顶上"投机"革命"的团伙，更不会为夏瑜那些坚贞的革命志士所接纳。对于任何一方，阿 Q 都是异类，他只能算是一个越界的庸众。

第三节　惧怕其"争"

论及与阿 Q 形象相关联的黑格尔"环境说"的"一般世界情况"——历史语境，还不能不注意到 20 世纪初的中国思想界，有一股推举精英化"中坚阶级"、反对"庸众政治"的思潮。

对此，许纪霖在《"少数人的责任"——近代中国知识分子的士大夫意识》一文中做了详细的考证与论析，持此思想倾向的有：梁启超、章士钊、李大钊、张东荪、鲁迅、胡适、罗加伦、丁文江等；30 年代后，还有孟森、张君劢、陈铨等。也就是说，鲁迅关于"任个人而排众数"的思想并不是孤立的，当时中国思想界最重要的先驱者们对此曾形成了一种共识，汇拢为一股思潮。

这股思潮形成的原因是什么呢？据许纪霖的论析：1911 年辛亥革命后，建立了亚洲的第一个共和国——中华民国。中国结束了绝对王权的专制时代，进入了多数人政治的民主时代，中国开始有了现代民主政治的一切形式：投票普选、代议制和两党制，给知识分子带来莫大的希望。但由于民主本身的软弱，立宪基础的缺乏，特别是议员素质的低劣，投票时出现了大量的贿选和舞弊，从而让袁世凯、北洋军阀这些政客可以肆意把玩国家的权力。民主并没给中国带来新气象，反而是旧制度专权与新制度的

[①]　鲁迅：《谈蝙蝠》，《鲁迅全集》第 5 卷，人民文学出版社 2005 年版，第 212 页。

蜕变一并出现，成了互为因果关系。这使民初的知识分子非常焦虑，也就提出要有一个能领导多数人的中坚阶级，以阻止无知的庸众干预国家政治大事。这就是说，当庸众民智未开之时，只能由新式的士大夫阶级成为社会理性的代表，发挥其中坚分子的作用。[①]

梁启超在《多数政治之试验》一文中写道：

> 吾所谓中坚阶级者，非必名门族姓之谓。要之，国中必须有少数优秀名贵之辈，成为无形之一团体，其在社会上，公认为有一种特别资格，而其人又真与国家同休戚者也，以之董率多数国民，夫然后信从者众，而一举手一投足皆足以为轻重。……是故理想上最圆满之多数政治，其实际必归宿于少数主政。[②]

他认为，现代民主政治表面上是多数政治，但缺少优秀的有远见之士，最理想的形态，还是要由能真正与国家休戚相关的少数精英分子，即中坚分子来主持政治。

而张东荪则明确提出"庸众政治"这一概念，在他看来，政治的大忌，一是世袭的专制，二是无知的庸众干预国事，前者流为少数人专制，后者成为"庸众政治"。在中国，由于国民缺乏立宪之道德，将国家托命于"此辈无立宪道德之庸众之手，则政治前途必不能有进步"。[③]可以看出，梁启超、张东荪这些中国思想界先驱对于当时民智未开的社会现状，是十分清楚的；对于无知愚昧、素质低劣的庸众，是十分警觉的，他们反对这类庸众介入中国政治，因为这将危害到国家的进步与振兴。

鲁迅对于当时的时局看法又是如何呢？ 1932 年，他在《〈自选集〉自序》中回忆道：

> 我那时对于"文学革命"，其实并没有怎么样的热情。见过辛亥革命，见过二次革命，见过袁世凯称帝，张勋复辟，看来看去，就看

---

① 许纪霖：《"少数人的责任"——近代中国知识分子的士大夫意识》，《现代性研究：思潮、观念与现实会议论文集》，华东师范大学思勉人文高等研究院、厦门大学学报、求是学刊、华东师范大学学报合编，2008 年 11 月，第 8—12 页。本段文字引用前征得作者同意。

② 梁启超：《多数政治之试验》，《梁启超全集》第 5 册，北京出版社 1999 年版，第 2599—2600 页。

③ 张东荪：《国本》，《新中华》1 卷 4 号，1916 年 1 月。

得怀疑起来，于是失望、颓唐得很了。①

他对于那些走马灯般轮转的政客、权阀，从心底感到厌烦；对于这些人所把玩的中国政治，以及所谓的"革命"，也已从怀疑转为万般的失望，以至于心境为之陷入颓唐，这也是鲁迅在《呐喊·自序》中一再写及"寂寞的悲哀"的缘由所在。

而对于被这些政客拉得团团转悠，怀着个人私欲跟着立宪、投票的庸众，更是十分鄙视。他认为，这些人：

> 势利之念昌狂于中，则是非之辨为之昧，措置张主，辄失其宜，况乎志行污下，将借新文明之名，以大遂其私欲者乎？是故今所谓识时之彦，为按其实，则多数常为盲子，宝赤菽以为玄珠，少数乃为巨奸，垂微饵以冀鲸鲵。②

他揭示，所谓的国会选举、立宪，是权谋、巨奸所为；而那些所谓识时务的俊彦，实为庸众，其中多数是愚昧的"盲子"，被妄图"冀鲸鲵"的窃国巨奸所诱惑，所掌控。其实，这类庸众大多也都有私心，志行污下，"势利之念昌狂于中"，往往"借新文明之名，以大遂其私欲"。

当年的鲁迅就是处于这样相对消沉的心境中，他对"众数"所引发的群体性的运动一直持有一种疑虑的态度。即使是我们今天视之为中国现代历史转折界点的轰轰烈烈的五四运动，他也不是予以积极的肯定。就在"五四"的当晚，孙伏园来到他的住处，大讲一通他们火烧赵家楼的情景，鲁迅听后却一点也激动不起来，因为他怕青年的幼稚、无知和热情被政客所利用，而成了政治的牺牲品。在他的日记中，对当天发生的学生运动只字未提。

直到1920年5月4日，在五四运动一周年之际，他才在致宋崇义的信中写道：

> 比年以来，国内不靖，影响及于学界，纷扰已经一年。世之守旧

---

① 鲁迅：《〈自选集〉自序》，《鲁迅全集》第4卷，人民文学出版社2005年版，第468页。
② 鲁迅：《文化偏至论》，《鲁迅全集》第1卷，人民文学出版社2005年版，第47页。

者，以为此事实为乱源，而维新者则又赞扬甚至。全国学生，或被称为祸萌，或被誉为志士，然由仆观之，则于中国实无何种影响，仅是一时之现象而已，谓之志士固过誉，谓之乱萌，亦甚冤也。①

显然，鲁迅对五四运动是持一种可有可无、不必褒贬的中立式的判断，认为五四运动仅是历史进程中的"一时之现象"而已，很快就会随着时间的流逝而烟消云散，不会产生任何一种影响。处在这样消极、悲观精神状态中的鲁迅，您能做出他对阿Q是"怒其不争"，企盼阿Q起来革命、造反的推断吗？

与"众数"、庸众相对，鲁迅则高度肯定精英式的"个人"，如斯蒂纳、叔本华、克尔凯廓尔、易卜生等，特别是对尼采"超人"之说更是力加推崇："尼佉，斯个人主义之至雄桀者矣，希望所寄，惟在大士天才；而以愚民为本位，则恶之不殊蛇蝎。意盖谓治任多数，则社会元气，一旦可隳，不若用庸众为牺牲，以冀一二天才之出世，递天才出而社会之活动亦以萌，即所谓超人之说。"②值得重视的是，鲁迅还认同尼采这样一种观点：为了促使超人、天才早日出世，甚至可以用庸众的牺牲作为代价。这与阿Q的"大团圆"结局是否有着内在逻辑联系，笔者不敢断言，只是在此设疑而已。

阿Q当然不是超人、英哲，也不是上述"识时之彦"、国会议员之类，按鲁迅所指出，其原型只是"装腔作势的破落户子弟"罩上农村雇农的身份而已，而任何文学典型形象都只是一个象征，起着暗示、影射的作用，鲁迅论阿Q形象的创作时谈道："我的方法是在使读者摸不着在写自己以外的谁，一下子就推诿掉，变成旁观者，而疑心到像是写自己，又像是写一切人，由此开出反省的道路。"③就是说，对阿Q形象意义的把握，不能局限于确定的实体性，它更具有艺术典型的普遍性，具有蕴意的无限扩展性，即能在最大的范围内促使国人"反省"自身。这样，我们还是回到文本为宜，回到人物形象与人物行为之中。

如前述，阿Q这个"装腔作势的破落户子弟"，是个越界的庸众，而他最大的越界行为莫过于"革命"了。鲁迅在《〈阿Q正传〉的成因》中

---

① 鲁迅：《致宋崇义》，《鲁迅全集》11卷，人民文学出版社 2005 年版，第 382 页。
② 鲁迅：《文化偏至论》，《鲁迅全集》第 1 卷，人民文学出版社 2005 年版，第 53 页。
③ 鲁迅：《答〈戏〉周刊编者信》，《鲁迅全集》第 6 卷，人民文学出版社 2005 年版，第 150 页。

谈到阿 Q 是否要做革命党的问题：

> 据我的意思，中国倘不革命，阿 Q 便不做，既然革命，就会做的。我的阿 Q 的运命，也只能如此，人格也恐怕并不是两个。民国元年已经过去，无可追踪了，但此后倘再有改革，我相信还会有阿 Q 似的革命党出现。

以往不少学者都对这段话做了正向理解，即为阿 Q 必然奋起革命的依据，从而论证了"鲁迅批判辛亥革命不彻底性"的命题。

但是很少人继续征引鲁迅的接下部分：

> 我也很愿意如人们所说，我只写出了现在以前的或一时期，但我还恐怕我所看见的并非现代的前身，而是其后，或者竟是二三十年之后。其实这也不算辱没了革命党，阿 Q 究竟已经用竹筷盘上他的辫子了；此后十五年，长虹"走到出版界"，不也就成为一个中国的"绥惠略夫"了么？ ①

这后半段完全是讽刺、挖苦的反语。我们必须注意到，论及这类由革命大潮裹挟而起的所谓"革命党"，鲁迅特地加上前缀——"阿 Q 似的"，也就是说"阿 Q 似的革命党"与真正的革命党是不同质的，他们是投机革命的。其革命的成果仅是像阿 Q 那样"用竹筷盘上他的辫子"，只是像高长虹这类人摇身变成"工人的绥惠略夫"而已。这样荒唐、无聊的革命成果，与"阿 Q 似的革命党"是偕行毕至的，也"不算辱没了"它。这种反讽的意味，只要不陷于先验命题的误导，只要能客观地细细品味，不会感受不到的。

把阿 Q 纳入革命者范围的论说者，似乎没有注意到，鲁迅曾把参与"革命""造反"的分为两种类型：一种是"前驱和闯将，大抵是谁也怕得做。……中国一向就少有失败的英雄，少有韧性的反抗，少有敢单身鏖战的武人，少有敢抚哭叛徒的吊客"，② 像写《革命军》的邹容，像小说《药》

---

① 鲁迅：《〈阿 Q 正传〉的成因》，《鲁迅全集》第 3 卷，人民文学出版社 2005 年版，第 397—398 页。

② 鲁迅：《这个与那个》，《鲁迅全集》第 3 卷，人民文学出版社 2005 年版，第 152 页。

中的夏瑜即是；一种是投机革命的：

> 国情不同，国魂也就两样。记得在日本留学时候，有些同学问我在中国最有大利的买卖是什么，我答道："造反。"①

阿Q则属于后一类，这种"阿Q似的革命党"是把"造反"当成获利的买卖。所以周作人才会指出："阿Q性格中最明显的两点是精神的胜利与假革命。……阿Q的假革命即是投机，而投机又是士大夫擅长的本领"，②此语与鲁迅同调。可以想象，此类之阿Q如若参加了革命党，乃至形成"阿Q似的革命党"群体，那革命将成何种形态呢？势必使革命的内涵在质地上变异。

鲁迅对投机革命者持有深深的警惕，写于1928年的《铲共大观》则更尖锐地揭露了这类人的危害：

> 革命被头挂退的事是很少有的，革命的完结，大概只由于投机者的潜入。也就是内里蛀空。这并非指赤化，任何主义的革命都如此。③

革命的失败缘自投机者的"内里蛀空"，这是鲁迅自辛亥革命以来由血泪凝成的生命经验的总结。投机革命者所造成的危害不是一事一地的倒退，而是中国现代化进程的塌陷。所以鲁迅早在《热风·随感录五十九"圣武"》一文中就不无悲观地揭示："我想，我们中国本不是发生新主义的地方，也没有容纳新主义的处所，即使偶然有些外来思想，也立刻变了颜色，而且许多论者反要以此自豪。"④这说明鲁迅对此类"变了颜色"的"阿Q似的革命党"早已持警惕、批判的态度。

那么，从文本出发，我们来看看阿Q，即"阿Q似的革命党"，在他所处的"情境"，即所谓的未庄革命的"小环境"中，想做或做了什么？

其一，满足权欲，滥杀无辜。革命风声传来，看到未庄鸟男女慌张

---

① 鲁迅：《学界的三魂》，《鲁迅全集》第3卷，人民文学出版社2005年版，第221页。
② 周作人：《〈呐喊〉索隐》，《关于鲁迅》，止庵编，新疆人民出版社1997年版，第580页。
③ 鲁迅：《铲共大观》，《鲁迅全集》第4卷，人民文学出版社2005年版，第107页。
④ 鲁迅：《热风·随感录五十九"圣武"》，《鲁迅全集》第1卷，人民文学出版社2005年版，第371页。

的神情，阿 Q 充满快意，"似乎革命党便是自己，未庄人却都是他的俘虏了。"当他在幻想中统治了未庄之后，开始发号施令："第一个该死的是小 D 和赵太爷，还有秀才，还有假洋鬼子，……留几条么？王胡本来还可留，但也不要了。……"如果说杀赵太爷和假洋鬼子在情理上或革命的信条上还有点必然性，那么杀小 D、王胡，完全是阿 Q 公报私仇了，因为他们的生存状况和政治地位和阿 Q 一模一样，都是贫雇农，按理应成为革命的力量，却将断送在阿 Q 的刀下。"留几条么？"从阿 Q 这一阴森森的口吻中，你不难想象到阿 Q 是如何地大开杀戒的。雨果《九三年》所描写的法国雅各宾派在革命暴力恐怖中，滥杀无辜、血溅尸横的情景，可能又要重演。在《文化偏至论》中，鲁迅对法国大革命所引发的暴力及其引生的"民主"，即而后称之为"民粹主义"的萌端是有所警惕，并持有异议的。

其二，攫取钱物，发革命财。阿 Q 继续他的"革命"幻梦："东西，……直走进去打开箱子来：元宝，洋钱，洋纱衫，……秀才娘子的一张宁式床先搬到土谷祠，此外便摆了钱家的桌椅，——或者也就用赵家的罢。"鲁迅揭示的"阿 Q 似的革命"就是这种状态：掠夺抢劫，坐地分赃。这与上述鲁迅所批判的那些政客、议员，"借新文明之名，大遂其私欲"，在内质上并无两样。

其三，占有女人，放纵无度。阿 Q 美滋滋地想着："赵司晨的妹子真丑。邹七嫂的女儿过几年再说。假洋鬼子的老婆会和没有辫子的男人睡觉，吓，不是好东西！秀才的老婆是眼泡上有疤的。……吴妈长久不见了，不知道在那里，——可惜脚太大。"未庄稍有姿色的女人，都在阿 Q 心中一一过眼，甚至连少女也不放过，至于老情人吴妈，开始嫌弃了——脚太大。

其四，投靠不成，即生悖心。阿 Q 到尼姑庵革命迟了，想投靠假洋鬼子，得到的却是"不准革命"的拒斥。阿 Q "毒毒的点一点头，'不准我造反，只准你造反？妈妈的假洋鬼子，——好，你造反！造反是杀头的罪名呵，我总要告一状，看你抓进县里去杀头，——满门抄斩，——嚓！嚓！'"[1]欲望、要求不能得逞，随即萌生悖心，要告发原先想要投靠的人，让他满门抄斩。这说明阿 Q 对造反、革命的精神与意义，茫然无知，毫无

---

[1]　其一至其四的引文，均见鲁迅：《阿 Q 正传》，《鲁迅全集》第 1 卷，人民文学出版社 2005 年版，第 512—552 页。

定见；在行动上，朝秦暮楚，投机取利，难怪鲁迅连用了两个"毒"字。

这就是"越界的阿Q"，一个"装腔作势的破落户子弟"，亦即愚庸式的"众数"所进行的中国革命。其"革命"的目的，鲁迅有过归纳：

> 简单地说，便只是纯粹兽性方面的欲望的满足——威福，子女，玉帛，——罢了。然而在一切大小丈夫，却要算最高理想（？）了。我怕现在的人，还被这理想支配着。[①]

权力、金钱、女人及荫福后代，这些"纯粹兽性"，即动物性的欲望的满足，则是"阿Q似的革命党"们的革命目的。鲁迅揭示，即使是现在，那些貌似革命的人在其灵魂隐秘之处，仍将此作为自己的"最高理想"。那么，何以会如此呢？

1925年3月18日，鲁迅在《致许广平》信中指出：

> 中国大约太老了，社会上事无大小，都恶劣不堪，像一只黑色的染缸，无论加什么新东西去，都变成漆黑。可是除了再想法子来改革之外，也再没有别的路。[②]

他深刻地洞悉中国的历史，"看得中国内情太清楚"，透视了它的黑暗与丑恶，领略到它那吞噬一切生机、污染一切新生，可怕的、犹如今天所说的"黑洞"般的力量。正是这一沉重的历史重负，使鲁迅陷入于消沉、悲观之中。

也正是在这封信中，鲁迅接下写道：

> 我的作品，太黑暗了，因为我常觉得惟"黑暗与虚无"乃是"实有"，却偏要向这些作绝望的抗战，所以很多着偏激的声音。[③]

前路是"黑暗与虚无"，是《过客》中的"坟"，但为了反抗绝望，他明知

[①] 鲁迅：《热风·随感录五十九"圣武"》，《鲁迅全集》第1卷，人民文学出版社2005年版，第372页。

[②] 鲁迅：《致许广平》，《鲁迅全集》第11卷，人民文学出版社2005年版，第20页。

[③] 同上注，第21页。

无望，却"不可为而为之"地偏要投入战斗。那么，鲁迅所"抗战"的对象是谁呢？其中之一，正是那些以权力、金钱、女人及荫福后代为目的、为理想的所谓的"革命"，正是这批挣脱不出中国这一黑色染缸的"阿Q似的革命党"，因为"他们现在还在管理国家"。

因此，20年代初期，鲁迅盼望的是从根本上摆脱物欲、兽欲，在精神上彻底觉醒的先驱者，如写《革命军》的邹容、小说《药》中的夏瑜，英国诗人拜伦等，而非阿Q似的那些投机革命者，那些"装腔作势的破落户的子弟"们。所以，他对阿Q不可能是"怒其不争"，而恰恰相反，是"惧怕其争"，惧怕"阿Q似的革命党"起来争夺权力与地盘！因为他们不可能成为推进中国发展的健康的力量，带给中国人民的反而是一场又一场的灾难。而这也就是小说中阿Q以悲剧为结局的根本原因。

第四节　从绝望到希望

周作人曾指出：阿Q是"没有自己意志而以社会的因袭的惯例为其意志的人，所以现在社会里是不存在而又到处存在的"。[①]这句话包含着一个深刻的命题。鲁迅和陈独秀、李大钊、胡适等中国知识界的思想先驱一样，都在反对封建主义和封建社会的意识形态，但鲁迅却让人感到尤为深刻警辟，这是为什么呢？也就是说，鲁迅在批判封建传统意识问题上与陈独秀他们区别何在呢？我认为，鲁迅批判力的独特之处，就在于他发现了深藏在中国封建传统中的一种令人恐怖的"集体无意识"，这是鲁迅透视中国历史，批判封建意识，能洞幽烛微，只眼独具原因之所在。

在《我之节烈观》中，鲁迅揭示，封建社会及其众多成员——庸众，也包括"装腔作势的破落户的子弟"们，这一群体构成了"无主名无意识的杀人团"，这是鲁迅面对"黑暗与虚无"所作的"绝望的抗战"对象之一。这也是最可憎的一种"国民性"：

> 社会上多数古人模模糊糊传下来的道理，实在无理可讲；能用历史和数目的力量，挤死不合意的人。这一类无主名无意识的杀人团

---

① 周作人：《关于〈阿Q正传〉》，《关于鲁迅》，止庵编，新疆人民出版社1997年版，第489页。

里，古来不晓得死了多少人物；节烈的女子，也就死在这里。①

　　像《祝福》中迫害祥林嫂的鲁镇，像《狂人日记》中迫害狂人的狼子村，像《孤独者》中挤死魏连殳的 S 城、寒石山村等，都存在着一种由传统意识所累积、所构成的，并深藏于庸众之中的"无主名无意识的杀人团"的集体无意识，这也就是祥林嫂、狂人、魏连殳、阿Q 等的悲剧命运产生的根本缘由。

　　令人恐怖的是，这种"集体无意识"正如鲁迅所界定的，它是"无主名"的，即无名称、无形状；它是"无意识"的，即无理性、非自觉，但它却在"杀人"，一种无直接杀人者、无对手的、无痕无迹的杀人。魏连殳生前的一封信说得很清楚："愿意我活几天的，自己就活不下去。这人已被敌人诱杀了。谁杀的呢？谁也不知道。"② 这种无名无形的"无物之阵"，可以致你于死地，却又让你找不到杀人者。在《狂人日记》中，到了最后，"我"这样一个被迫害者甚至也是迫害者中的一员："我未必无意之中，不吃了我妹子的几片肉，现在也轮到我自己……"我也归入了由吃人者组成的"杀人团"之中。在《答有恒先生》一信中，鲁迅有了更深刻的自省："中国历来是排着吃人的筵宴，有吃的，有被吃的。被吃的也曾吃人，正吃的也会被吃。但我现在发见了，我自己也帮助着排筵宴。"③ 按鲁迅所独自感悟到的，这是一种深存在庸众之中，由历史、传统和数量所构成的令人惊悚、恐怖的力量，它无名称、无形状，却又像《呐喊·自序》中的"铁屋子"一般，笼罩着你、压抑着你，让你动弹不得，让你窒息至死。

　　阿Q 虽然是"越界的庸众"，但他仍属于庸众中的一员，也是构成这种"无主名无意识的杀人团"的一个成员。例如，"他有一种不知从那里来的意见，以为革命党便是造反，造反便是与他为难，所以一向是'深恶而痛绝之'的"。所以他"中兴"之后，回到未庄，对围聚而来听他讲城里见闻的庸众们是这样表演的："'你们可看见过杀头么？'阿Q 说，'咳，好看。杀革命党。唉好看好看'……忽然扬起右手，照着伸长脖子听得出神的王胡的后项窝上直劈下去道：'嚓！'"对革命党深恶痛绝的态度溢于

----

① 鲁迅：《我之节烈观》，《鲁迅全集》第 1 卷，人民文学出版社 2005 年版，第 129 页。
② 鲁迅：《孤独者》，《鲁迅全集》第 2 卷，人民文学出版社 2005 年版，第 103 页。
③ 鲁迅：《答有恒先生》，《鲁迅全集》第 3 卷，人民文学出版社 2005 年版，第 474 页。

言表。

　　但是，到了举人老爷家被抢，他却糊里糊涂地当成抢劫的乱党被抓入牢里。行刑前的刹那，阿Q忽然旋风般想起四年前遇到的一只饿狼，"那狼眼睛，又凶又怯，闪闪的像两颗鬼火，似乎远远的来穿透了他的皮肉。而这回他又看见从来没有见过的更可怕的眼睛了，又钝又锋利，不但已经咀嚼了他的话，并且还要咀嚼他皮肉以外的东西"。① 这回比饿狼更可怕的眼睛是什么呢？不只是官府的枪口，更是围观阿Q行刑的"看客"们的眼睛，是那"发出豺狼一般嗥叫"的人丛的眼睛，是"无主名无意识的杀人团"那凶狠阴鸷的眼睛。阿Q是这"杀人团"中的一员，但他又被这"杀人团"所杀。所以鲁迅才会借狂人之口说，我在无意中未必没有吃了妹子的肉；才会对友人说，我也帮助排"人肉筵宴"。其自我反省之深刻，自我解剖之锐利，也在对阿Q的"大团圆"叙述中呈露出来了。

　　因此，鲁迅笔下的"庸众"不止于平民百姓这一阶层，其存在范围之广，甚至涉及具有较高文化水准的群体。鲁迅《即小见大》一文，写的是北京大学学生冯省三带头掀起反对讲义收费风潮并遭到开除之事，事后讲义费已经取消，学生是得胜了，但没有听得有谁为这次的牺牲者祝福。鲁迅由此事引发而感慨道："三贝子花园里面，有谋刺良弼和袁世凯而死去的四烈士坟，其中有三块墓碑，何以直到民国十一年还没有人去刻一个字。凡有牺牲在祭坛前沥血之后，所留给大家的，实在只有'散胙'这一件事了。"② 在1925年5月18日给许广平的信中，他更清楚地写道："牺牲为群众祈福，祀了神道之后，群众就分了他的肉，散胙。"③ 为民众谋求自由、权力而流血奋战，甚至贡献出生命的先驱者，其最终的下场却是被民众分食其肉，就像小说《药》中华老栓手中的人血馒头一般。如此的庸众充斥着中国的社会，还能有希望吗？难道你对前程不感到"黑暗与虚无"吗？

　　所以，鲁迅得出结论："故是非不可公于众，公之则果不诚；政事不可公于众，公之则治不郅。惟超人出，世乃太平。"④ 即善恶、是非的道德判断，不能依从庸众，若"公之"，则失去真实的标准；国家政事更不可依

---

① 鲁迅：《阿Q正传》，《鲁迅全集》第1卷，人民文学出版社2005年版，第538、534、552页。
② 鲁迅：《即小见大》，《鲁迅全集》第1卷，人民文学出版社2005年版，第429页。
③ 鲁迅：《致许广平》，《鲁迅全集》第11卷，人民文学出版社2005年版，第76页。
④ 鲁迅：《文化偏至论》，《鲁迅全集》第1卷，人民文学出版社2005年版，第53页。

从大众，若"公之"，则大治不能达到。唯一的希望在于超人、英哲的出现，要由他来引导大众，世界才能走向合理的、理想的境界。

庸众意识不可信服，庸众数量不可盲从，从庸众中"越界"出来的人物也是不可认同的。如上述，权力、金钱、美女，是中国"阿Q似的革命党"的"革命"目的。可以想象，如若以他们为首的革命成功之后，中国社会将成什么状态？显然，又一轮的屠杀和掠夺将重新开始，又一次的灾难将降临我们民族的头上。所以，鲁迅当时对政局的更替，对中国社会的发展，所产生的怀疑、失望、颓唐，"寂寞的悲哀"，"绝望之为虚妄，正与希望相同"的心境，是完全可以理解的。因为这样的"革命"，决不是鲁迅所企盼的；这样的"革命党"，也决不是鲁迅所寄以希望的。

因此，1925 年 2 月，鲁迅才会在《忽然想到》中断然地写下如此沉痛的话：

> 我觉得仿佛久没有所谓中华民国。我觉得革命以前，我是做奴隶；革命以后不多久，就受了奴隶的骗，变成他们的奴隶了。我觉得有许多民国国民而是民国的敌人。我觉得有许多民国国民很像住在德法等国里的犹太人，他们的意中别有一个国度。我觉得许多烈士的血都被人们踏灭了，然而又不是故意的。我觉得什么都要从新做过。[1]

这场革命仿佛是一场幻梦，一场虚空。到了 1925 年，中国人民建立一个新兴的民主共和国的理想破灭了，自由、平等、博爱的观念被军阀们践踏在地，孙中山先生所倡导的民族主义、民权主义、民生主义遥不可及，仍然是封建主义、专制主义横行肆虐，我们反倒成了"奴隶的奴隶"。烈士的鲜血白流了，烈士的理想被人踏灭了。这是鲁迅在历经了困惑、失望、寂寞之后，所做出的清醒的判断和毅然的抉择。

同在 1925 年，鲁迅在 3 月 31 日给许广平的信中也谈道：

> 说起民元的事来，那时确是光明得多，当时我也在南京教育部，觉得中国将来很有希望。自然，那时恶劣分子固然也有的，然而他总失败。一到二年二次革命失败之后，即渐渐坏下去，坏而又坏，遂成

---

① 鲁迅：《忽然想到》，《鲁迅全集》第 3 卷，人民文学出版社 2005 年版，第 16—17 页。

了现在的情形。其实这不是新添的坏，乃是涂饰的新漆剥落已尽，于是旧相又显出来，使奴才主持家政，那里会有好样子。最初的革命是排满，容易做到的，其次的改革是要国民改革自己的坏根性，于是就不肯了。所以此后最要紧的是改革国民性，否则，无论是专制，是共和，是什么什么，招牌虽换，货色照旧，全不行的。①

革命到最后，仍是"奴才主持家政"，我们竟成了"奴隶的奴隶"。这里"奴才"的含义，既有由原先清廷官吏、袁世凯手下，摇身一变而来的民国官员；也有投机革命的"装腔作势的破落户的子弟"们；更多的是仍以"权力、金钱、女人及荫福后代"作为"革命理想"的新的各级统治者，即包括那些"阿Q似的革命党"人，尽是旧思想、旧时代的奴才。

用俗话说来，这场革命就是"换汤不换药"，名曰"共和"，其内里仍是"专制"。对此，鲁迅做了个精妙的比喻："涂饰的新漆剥落已尽，于是旧相又显出来。"再进一层而论，排满革命是容易的，因为这种革命是对外的；一旦革命革到自身，向内革到自己的"命"，触及自身的利益时，他们就会群起抵制之，群起而反之。革命涂饰上的油漆随之剥落，陈旧腐朽的内质也就原形毕现了。

1927年1月，鲁迅来到了广州。广州是国民革命的策源地，但是他敏锐地嗅到了另一种味道。4月8日，在黄埔军官学校演讲中，鲁迅揭示："广东报纸所讲的文学，都是旧的，新的很少，也可以证明广东社会没有受革命影响；没有对新的讴歌，也没有对旧的挽歌，广东仍然是十年前的广东。不但如此，并且也没有叫苦，没有鸣不平；止看见工会参加游行，但这是政府允许的，不是因压迫而反抗的，也不过是奉旨革命。"② 在轰轰烈烈的革命表象的后面，鲁迅很快地就发觉了不正常的现象，广东从民众到革命者，其内在的观念并没什么变化，"广东仍然是十年前的广东"，还是像1917年前的状态。

在另一篇文章，鲁迅更尖锐地指出：

> 广州的人民并无力量，所以这里可以做"革命的策源地"，也可

---

① 鲁迅：《致许广平》，《鲁迅全集》第11卷，人民文学出版社2005年版，第469—470页。
② 鲁迅：《革命时代的文学》，《鲁迅全集》第3卷，人民文学出版社2005年版，第440页。

以做反革命的策源地。①

而后的历史发展，不幸被鲁迅言中了，没过几天，国民党对共产党的屠杀便在腥风血雨中开始了。所以郑超麟在后来的回忆录中写道："鲁迅对于此次革命采取一种旁观的冷笑的态度。后来的人替他辩护，说他比谁都早公开讥讽广州国民政府的反动倾向，其实，他讥讽的不仅是国民党的反动倾向，而且是整个革命。"② 应该说，郑超麟的判断是符合鲁迅原意的。

对于那些越界的庸众，或是未越界的庸众，鲁迅是深深地失望了。他只能用另一参照系来唤醒世人：

> 看看别国，抗拒这"来了"的便是有主义的人民。他们因为所信的主义，牺牲了别的一切，用骨肉碰钝了锋刃，血液浇灭了烟焰。在刀光火色衰微中，看出一种薄明的天色，便是新世纪的曙光。曙光在头上，不抬起头，便永远只能看见物质的闪光。③

"最要紧的是改革国民性"，鲁迅只能寄希望于国人彻底的醒悟上，成为"有主义的人民"。他希冀国人能"睁了眼看"别国，在那些志士英烈的感召下，真正摆脱了物质、兽欲的困围，真正做到能为自己所信仰的主义而牺牲一切，甚至献出生命都在所不惜，这时，新世纪的曙光才会来临。

"路漫漫其修远兮，吾将上下而求索。"直至30年代初，鲁迅才在代表"中国的脊梁"的人们中找到了自己希望之所托：

> 我们从古以来，就有埋头苦干的人，有拼命硬干的人，有为民请命的人，有舍身求法的人，……虽是等于为帝王将相作家谱的所谓"正史"，也往往掩不住他们的光耀，这就是中国的脊梁。这一类的人们，就是现在也何尝少呢？他们有确信，不自欺；他们在前仆后继的战斗，不过一面总在被摧残，被抹杀，消灭于黑暗中，不能为大家所知道罢了。说中国人失掉了自信力，用以指一部分人则可，倘若加于

① 鲁迅：《在钟楼上》，《鲁迅全集》第4卷，人民文学出版社2005年版，第33页。
② 郑超麟：《郑超麟回忆录》（上），范用编，东方出版社2004年版，第286页。
③ 鲁迅：《热风·随感录五十九"圣武"》，《鲁迅全集》第1卷，人民文学出版社2005年版，第373页。

全体，那简直是诬蔑。①

这是鲁迅在接受了马克思主义之后，找到了能推动中国前进的社会力量，这就是在 1926 年底之前，鲁迅视之为"庸众"的工农大众，以及革命先驱者们，在鲁迅的心目中，他们才是"中国的脊梁"，中国的力量所在。

但如前所引，鲁迅曾忧虑地指出："我还恐怕我所看见的并非现代的前身，而是其后，或者竟是二三十年之后。"30 年代初，他与斯诺的谈话更明确指出，那些"阿 Q 似的革命党"还在"管理国家"。

由此回看，当年太阳社的钱杏邨们的评判太过于肤浅了：鲁迅已经赶不上时代的步伐，"他的思想是走到清末就停滞了；因此，他的创作即能代表时代，他只能代表庚子暴动的前后一直到清末"，"阿 Q 的时代是早已死去了！阿 Q 时代是死得已经很遥远了！我们如果没有忘却时代，我们早就应该把阿 Q 埋葬起来！"② 这些指责，显然与鲁迅深邃的旨意距离颇远。而今天，"告别鲁迅"的声浪，又一次次地袭来，中学语文课本不是删除了多篇鲁迅文章吗？这一些，都让我们看到世俗的无知与刻意的偏见是在怎样地淡化、抛舍鲁迅的精神！

实际上，鲁迅已把《阿 Q 正传》的内涵与蕴意，从空间向时间延伸、拓展。他所刻画的由越界庸众构成的"阿 Q 似的革命党"的这场"革命"，并不是已逝去的历史，或许仅是一种萌端，一曲前奏，在中国现代史上还会一幕幕地重演。鲁迅的忧虑不是没有道理的，其后的中国历史已有了充分的证明。

当然其结果正如马克思所说：

> 黑格尔在某个地方说过，一切伟大的世界历史事变和人物，可以说都出现两次。他忘记补充一点，第一次是作为悲剧出现，第二次是作为笑剧出现。③

----

① 鲁迅：《中国人失掉自信力了吗》，《鲁迅全集》第 6 集，人民文学出版社 2005 年版，第 122 页。

② 钱杏邨：《死去了的阿 Q 时代》，《文学运动史料选》第 2 册，上海教育出版社 1979 年版，第 49、57 页。

③〔德〕马克思：《路易·波拿巴的雾月十八日》，《马克思恩格斯选集》第 1 卷，人民出版社 1972 年版，第 603 页。

不管是悲剧式的阿 Q，还是喜剧式的阿 Q，都构成我们人类的这部历史，在历史上留下了他的踪影，留下他所启示的意义。

钱理群说过："阿 Q 和一切不朽的文学典型一样，是说不尽的。不同时代、不同民族、不同层次的读者从不同角度、侧面去接近它，有着自己的发现与发挥，从而构成一部阿 Q 接受史，这个历史过程没有、也不会终结。"① 本文愿能成为这个没有终结过程的一块小石。

① 钱理群等：《中国现代文学三十年（修订本）》，北京大学出版社 1998 年版，第 47 页。

第十四章 阿 Q 形象原型新的定位

【《阿 Q 正传》已发表百年了，但阿 Q 形象的原型，即其身份定位，一直争执不下。此种状况最终只能采用"以鲁解鲁，以鲁证鲁"的研究方法，即从鲁迅自身的文字中，寻找与阿 Q 形象原型相关的信息，通过"经验归纳"的逻辑原则，得出相对可靠的判断。除《〈阿 Q 正传〉的成因》等相对明显的文章之外，鲁迅还有各时期的论文、杂文、译者附记、书信等资料，如《摩罗诗力说》《文化偏至论》《破恶声论》《热风·随感录三十八》《〈现代电影与有产阶级〉译者附记》,《再谈保留》《流氓的变迁》《学界三魂》《辱骂和恐吓决不是战斗》《350824 致萧军》等，计有12 处相关段落可与《阿 Q 正传》文本"互文印证"，以溯源阿 Q 形象的原型。鲁迅所说的"破落户子弟的装腔作势"可成为破解谜题之钥匙，若由此出发，对《阿 Q 正传》解读中的矛盾之处似可顺理成章。阿 Q 作为典型形象的最主要的个性特征是"精神胜利法"与投机革命，"精神胜利法"是晚清至民初全社会从上至下的"集体无意识"。】

第一节 唯理演绎与经验归纳

鲁迅的小说《阿 Q 正传》发表已百年了，但阿 Q 这一形象的原型，即阿 Q 的身份定位，一直存在争议，至今未能停息。有关论析的判断数不胜数："一个流浪的雇农""一个在辛亥革命初期落后农民典型""一个从物质到精神都受到严重戕害的农民典型""二流子的典型""他是中国人品性的结晶""老中国的儿女们的灰色人生""在阿 Q 身上集合着各阶级的各色各样的阿Q主义"①……凡此种种，不一而足，各人皆有持论之方法，皆有存在之道理。

对不同的争论，李欧梵在《鲁迅的创作》一篇的注释中还有过精要的概括："在某些研究中，把马克思主义观点的'典型'庸俗化了。把阿Q看做中国农村无产阶级的代表，因而是'革命的'……但如果这样理解，就无法解释何其芳等人提出的问题了：'既如此，阿Q为什么这样卑鄙呢？'早期有一种看法是说阿Q的思想悲剧来自辛亥革命的性质（见王西彦：《论阿Q和他的悲剧》）；另一种看法是阿Q因被上层阶级压迫，也从上层阶级学坏了。因此，'阿Q主义'是所有各阶级共有的（见冯雪峰：《论〈阿Q正传〉》和朱彤：《鲁迅创作的艺术技巧》第160—170页）。在近期的关于'国民性'的讨论中，这种僵化的阶级分析法又更精练了。有人认为阿Q的'精神胜利法'只属于'国民性'，而'国民性'和'人民性'是有区别的（见《鲁迅'国民性'思想讨论集》中李何林等人的文章和林非：《鲁迅小说论稿》第110—130页）。再一种是苏雪林的非马克思主义观点，认为阿Q的'奴隶化'是外国长期侵略所致（见苏雪林：《〈阿Q正传〉及鲁迅创作的艺术》）。但在许多研究中却极少有人抓住了鲁迅关于阿Q这个人物本身真正的'精神'反讽观念，即：中国人的集体的灵魂即'无灵魂'。"②暂不论李欧梵所做判断的正误，仅从他所累积、梳理的这一学界众名家的研究动态，就可看出对阿Q形象分析的复杂性。

1980年之后，对《阿Q正传》的研究，钱理群是这样概括的："近年来，在'改革开放'的大背景下，人们开始转向对'阿Q精神（性格）'的人类学内涵的探讨，并做出了另一种分析：阿Q作为一个'个体生命'的存在，几乎面临人的一切生存困境：基本生存欲求不能满足的生的困恼（《生计问题》）、无家可归的惶惑（《恋爱的悲剧》）、面对死亡的恐惧（《大团圆》）等等，而他的一切努力挣扎（《从中兴到没落》），包括投奔革命，都不免是一次绝望的轮回。人只能无可奈何地返回自身，……在这个意义上，'精神胜利法'的选择几乎是无可非议的。"③钱理群概述的这段话是汪晖的解读，尽管接受美学给了读者理解的自由度，但做出"'精神胜利法'

① 参阅张梦阳：《阿Q学史概说》，《鲁迅学在中国在东亚》，广东教育出版社2007年版，第201—228页。
② 李欧梵：《鲁迅的创作》，《铁屋中的呐喊》，河北教育出版社2000年版，第72页注①。
③ 钱理群等：《中国现代文学三十年（修订本）》，北京大学出版社1998年版，第49页。

的选择几乎是无可非议的"这样的判断，是否曲解过度了？因与鲁迅对其批判的宗旨背道而驰。而且，是阿Q选择了"精神胜利法"，还是"精神胜利法"导引了阿Q行为？此间的因果关系不能颠倒。

其实，早在1936年7月，即鲁迅逝世前的3个月，他就慨叹过："《阿Q正传》的本意，我留心各种评论，觉得能了解者不多，搬上银幕以后，大约也未免隔膜，供人一笑，颇亦无聊，不如不作也。"①时空距离愈久远，此间的"隔膜"势必愈加深。

某一论题若历经百年争论，仍未取得学界比较接近、相对认同的看法的话，那剩下的只有一种方法，即让作者自身出来解说。对于鲁迅研究，就是要采用"以鲁解鲁，以鲁证鲁"的研究方法，从鲁迅自身的文字中，寻找与阿Q形象原型相关的信息。因为鲁迅有他的精神密码，这密码就藏在他的全集中，有待我们去破译，而经验归纳的逻辑方法，则是追寻这一相对可靠判断的路径。

"以鲁解鲁，以鲁证鲁"的研究方法，归根结底是以史料实证为前提，采用归纳概括为逻辑原则的经验主义文学研究方法；与其相并行的，是以预设命题为前提，采用先验演绎为逻辑原则的唯理主义文学研究方法。是培根式的归纳，还是笛卡儿式的演绎？两种逻辑思维都有其存在的合理性。但在文学研究中，当某种方法对某一对象的解读到了相对的极限时，是否应考虑另一种思维方式的介入呢？

例如，对鲁迅的"国民性"问题的研究上，先入为主的命题预设方式是这样展开推演的："19世纪的欧洲种族主义国家理论中，国民性的概念一度极为盛行。这个理论的特点是，它把种族和民族国家的范畴作为理解人类差异的首要准则（其影响一直持续到冷战后的今天），以帮助欧洲建立其种族和文化优势，为西方征服东方提供了进化论的理论依据，这种做法在一定条件下剥夺了那些被征服者的发言权，使其他的与之不同的世界观丧失存在的合法性，或根本得不到阐说的机会。"亚瑟·史密思的《中国人气质》一书就属于这种"殖民主义"理论体系。而鲁迅"在留学日本期间，看了亚瑟·史密思的《中国人气质》日译本文后，才开始认真思考经由文学改造中国国民性的途径。在他的影响下，将近一世纪的中国知识分子都对国民性问题有一种集体情结"。

---

① 鲁迅:《360719致沈西苓》,《鲁迅全集》第14卷，人民文学出版社2005年版，第119页。

按此后殖民主义理论视点，其逻辑推理的三段论是这样展开的：国民性理论属于"为西方征服东方"而制造的殖民主义理论体系，是西方种族主义者的阴谋；鲁迅接受此理论，对中国国民性进行批判；所以鲁迅亦是西方殖民主义话语霸权扩张的同谋者。这就是她所要做出的判断性的结论。

按这样的命题预设来推导，鲁迅受蒙蔽了，他"经由文学改造中国国民性"的实绩，竟成了与西方殖民文化共谋的产物，鲁迅成了殖民主义者的帮凶。而这位学者对《阿Q正传》的解读，得出的竟是这样的判断："史密思讨论的面子问题是鲁迅与阿Q所共同关心的。"①《阿Q正传》的价值与意义居然缩减至"中国人爱面子的描述"，鲁迅所特有的丰富的中国经验被消解了。

鲁迅对中国"国民性的批判"的确有受到亚瑟·史密思的《中国人气质》一书的启示，但从史实来看，其批判动机更多的是来自他所经历过积累下来的深厚的中国经验，包括他所推崇的严复译著《天演论》，他的业师章太炎的观点等，都起到激发的作用。

像严复在《天演论》"论十四 矫性"的"案语"，论及中国民性之退化问题：

> 然而前之民也。内虽不足于治，而种常以强。其后之民，则卷娄濡需，黠诈惰窳，易于驯伏矣，然而无耻尚利，贪生守雌，不幸而遇外仇，驱而縻之，犹羊豕耳。②

中国原初之民虽然在人伦、治理方面有所不足，但民众之个性却是英武刚强；不像今天这样狡诈懒惰、贪生怕死，无耻地追求私利，在外敌跟前怯弱如猪羊，如此之国民，令人寒心。

而鲁迅在日本时的业师章太炎对中国国民性的批判更为激烈，他在《俱分进化论》中提出"善亦进化，恶亦进化"之说。但是，"中国自宋以后，有退化而无进化，善亦愈退，恶亦愈退，此亦可为反比例也。"中国在宋代之后，不但"善"退化，连"恶"也退化了：

---

① 上述三段中的引文参见刘禾：《跨语际实践》，生活·读书·新知三联书店2002年版，第76、80、102页。

② 〔英〕赫胥黎：《天演论》，严复译，商务印书馆1981年版，第87页。

> 朝有诔佞，而乏奸雄；野有穿窬，而鲜大盗；士有败行，而无邪执；官有两可，而少顽嚣。方略不足以济其奸，威信不足以和其众，此亦恶之退化也。[①]

甚至连朝中之奸雄、乡野之大盗、邪执之士人、顽嚣之官员，虽为恶类却具雄奇之气者，居然都成稀缺，这是多么可悲的景象啊！

再加上鲁迅对中国晚清至民初的社会民众透彻的观察、切身的体验，像狂人的大哥、华老栓、红眼睛阿义、赵七爷、豆腐西施杨二嫂、阿Q、祥林嫂、四铭、高老夫子、七大人……这一连串的人物形象活现在目前，成形于笔下，他的"国民性批判"观念之源岂能仅限于亚瑟·史密思的《中国人气质》一书？因此，以预设命题为前提，采用先验演绎为逻辑原则的唯理主义文学研究方法，是该到反思的时候了。

唯理演绎的研究方法并不只出现在今天，它在中国学界延续已久。例如，在一段相当长的历史时期内，人们常用"哀其不幸，怒其不争"一语，来说明鲁迅对阿Q的审美态度，这在国人的认知中似乎已成了一种常识。但这一判断合乎鲁迅原意吗？引起质疑的原因是，"怒其不争"的观点是建立在这样一个前提上："辛亥革命没有给农民以真正的利益，没有依靠农民，启发他们的觉悟性和积极性，引导他们走上革命的道路，这就注定了辛亥革命的必然失败。在这里，鲁迅对于农民的弱点方面的批评，同时也正是对于辛亥革命的一个严正的历史评判。"[②]在这段论析中，1921年的鲁迅被设定为一位政治革命家，他担负着唤醒民众，特别是农村中作为革命中坚力量的贫雇农的任务，而阿Q正是其中具有代表性的一员。阿Q没有醒悟，说明了辛亥革命的不彻底性，这是重大的历史教训。

循此，有本权威的文学史曾把此结论做了形象化的描述：

> 辛亥革命的命运是和阿Q的命运紧密地联系着的，阿Q被送上法场，辛亥革命也同时被送上了法场，枪声一响，这个革命的生命便和阿Q的生命一起结束了。[③]

---

① 章太炎：《俱分进化论》，《革故鼎新的哲理——章太炎文选》，上海远东出版社1996年版，第155页。
② 周扬：《发扬"五四"文学革命的战斗传统》，《人民文学》1954年5月号。
③ 唐弢主编：《中国现代文学史》一，人民文学出版社1979年版，第117页。

阿 Q 的命运几乎成了巨大的历史事件的象征，他和结束中国二千多年封建统治的辛亥革命叠合在一起，纳入了宏大叙事的范畴，鲁迅塑造的阿 Q 形象成了国运的象征。这样的结论符合鲁迅创作《阿 Q 正传》的原意吗？阿 Q 形象原型身份之定位到底是怎样的呢？这必然引发人们去追溯。

第二节　"以鲁解鲁，以鲁证鲁"

鲁迅在《〈阿 Q 正传〉的成因》中写道："阿 Q 的影像，在我心目中似乎确已有了好几年，但我一向毫无写他出来的意思。经这一提，忽然想起来了，晚上便写了一点，就是第一章：序。"[①]谈的是孙伏园前来约稿的事，但透露出"阿 Q 的形象"已在他心中酝酿多时。《阿 Q 正传》文本开头第一行便是"我要给阿 Q 做正传，已经不止一两年了"。那么，这一酝酿过程、写作心态，及发表之后的回顾，在鲁迅的文字中有否留下痕迹呢？

有的。除了鲁迅《〈阿 Q 正传〉的成因》《俄文译本〈阿 Q 正传〉序》《答〈戏〉周刊编者信》《寄〈戏〉周刊编者信》等相对明显的文章之外，笔者还找到了与《阿 Q 正传》相关的相对隐秘的 12 处资料，作为"互文印证"，现一一列出：

其一，早在 1907 年，鲁迅《摩罗诗力说》即有对阿 Q 式的"精神胜利法"的揭示：

> 中落之胄，故家荒矣，则喋喋语人，谓厥祖在时，其为智慧武怒者何似，尝有闳宇崇楼，珠玉犬马，尊显胜于凡人。有闻其言，孰不腾笑？[②]

有些世家子弟，家道中落，家业衰败，却喋喋不休地对他人吹虚，说他家的先祖，当年的才智是如何卓越，武功是如何显赫，而家中的楼宇又是如何的宏大华丽，珠宝金玉、骏马猛犬，更是不可胜数，其尊贵显赫不知超

---

① 鲁迅：《〈阿 Q 正传〉的成因》，《鲁迅全集》第 3 卷，人民文学出版社 2005 年版，第 396 页。

② 鲁迅：《摩罗诗力说》，《鲁迅全集》第 1 卷，人民文学出版社 2005 年版，第 67 页。

过凡人多少。听到这些话，没有人不发出笑声的。也就是说，对国人中阿Q式的溺于旧有、妄自尊大的"精神胜利法"，鲁迅早已留神观察、了然于心。

其二，1918 年鲁迅发表了《热风·随感录三十八》，也可说是《阿Q正传》写作的前夕的作品。内中也提及"中落之胄"：

> 衰败人家的子弟，看到别家兴旺，多说大话，摆出大家架子；或寻求人家一点破绽，聊给自己解嘲。这虽然极是可笑，但比那一种掉了鼻子，还说是祖传老病，夸示于众的人，总要算略高一步了。[①]

显然，上两段文字写的都是阿Q常念叨的一句话："我们先前——比你阔多啦！你算是什么东西！"即自尊自大，又自欺欺人的"精神胜利法"。所以《摩罗诗力说》与《热风·随感录三十八》中这两段话的内在的价值判断是一致的，与小说《阿Q正传》构成有机的逻辑联系，可相互印证。

特别是《热风·随感录三十八》中"合群的爱国的自大"者的五种表现，与阿Q精神及言行颇多相似之处：

甲云："中国地大物博，开化最早；道德天下第一。"——阿Q："我们先前——比你阔多啦！你算是什么东西！"

乙云："外国物质文明虽高，中国精神文明更好。"——阿Q论未庄与城里人在长凳与条凳的名称、葱的切法、女人的走路扭态等的优劣。

丙云："外国的东西，中国都已有过；某种科学，即某子所说的云云。"——阿Q也姓赵，和赵太爷原来是本家，细细排起来他比秀才还长三辈。

丁云："外国也有叫化子、草舍、娼妓、臭虫。"——阿Q被抓进县衙，"他以为人生天地之间，大约本来有时要抓进抓出"，他"似乎觉得人生天地间，大约本来有时也未免要杀头的"，"他不过以为人生天地间，大约本来有时也未免要游街要示众罢了"。

戊云："中国便是野蛮的好。"——阿Q被游街示众，"好！！！从人丛里，便发出豺狼的嗥叫一般的声音来。"[②]……这些与上引《摩罗诗力说》

---

① 鲁迅：《热风·随感录三十八》，《鲁迅全集》第 1 卷，人民文学出版社 2005 年版，第 328—329 页。
② 参阅本书第十三章《〈阿Q正传〉新论——越界的庸众与阿Q的悲剧》。

段，两相叠加、印证，不正透露出阿Q的"精神胜利法"的渊源吗？

而对这种"精神胜利法"的揭示，按周作人的解读还有着更深刻的含义："士大夫现在称为知识阶级，精神的胜利至今还是他们的最重要的武器，以精神文明去压倒外来的物质文明，以固有道德去镇压异端的民主思想，以纲常名教风化正气等名词为盾牌，任意的骂倒别人。"[1]精神胜利法成了保守、僵滞的士大夫们阻遏中国的现代化进程的武器。所以真正成功的艺术形象典型，其内涵，或曰美学意义，往往超越了形象社会性身份的限定。

其三，"精神胜利法"成了晚清至民初全社会的一种"集体无意识"，成为抵挡中国社会进步的"盾牌"。这在《摩罗诗力说》中，鲁迅也有揭示：

> 惟文化已止之古民不然：发展既央，骧败随起，况久席古宗祖之光荣，尝首出周围之下国，暮气之作，每不自知，自用而愚，污如死海。其煌煌居历史之首，而终魇形于卷末者，殆以此欤？[2]

文化发展已僵滞的古代民族却非如此，发展既已停止，衰败随之而来，况且长久地凭借祖宗的光荣业绩，曾高居于周边贫弱邻国之首位，但迟暮之气渐生，自己却不知道，事事自以为是且愚昧无知，国家已成污浊之死海。它曾光彩夺目地居于历史之首，最终却消隐于历史之末页，其命运大概就是这样吧。鲁迅在文中虽然没有直接点出该国之名，但不难从文章的语境得出，指的就是晚清时的中国。它依凭祖先光荣辉煌的功绩，不思进取，昏庸愚钝，必将为历史潮流所淘汰。

而当时国民的心态是怎样的呢？鲁迅为我们画了这张速写：

> 今试履中国之大衢，当有见军人蹀躞而过市者，张口作军歌，痛斥印度波澜之奴性；有漫为国歌者亦然。盖中国今日，亦颇思历举前有之耿光，特未能言，则姑曰左邻已奴，右邻且死，择亡国而较量之，冀自显其佳胜。[3]

① 周作人：《〈呐喊〉索隐》，《关于鲁迅》，止庵编，新疆人民出版社1997年版，第580页。
② 鲁迅：《摩罗诗力说》，《鲁迅全集》第1卷，人民文学出版社2005年版，第66页。
③ 同上注，第67页。

现今不妨到中国大街上走走，定会看到有军人摇摇摆摆地张扬而过，他们口唱军歌，痛骂印度、波兰两国的奴隶性；那个随意作国歌的也是这样。今日的国人，也很想一一历举出以往的光荣，但说不出口，只好说左邻右舍皆成亡国奴，而我尚未，以此两相比较，希冀自己能显示出些佳绩优胜来。

这不正是阿Q式的"精神胜利法"吗？甲午海战之惨败、马关条约之画押，国人不以丧权辱国为耻，却拉出印度、波兰两个灭亡之国垫底，吹嘘自己尚未亡国之"优胜"。这就像《阿Q正传》中未庄赛神之夜，阿Q赌钱赢了"很白很亮的一堆洋钱"却被赌徒们抢走了，他对自己"连打了两个嘴巴，热剌剌的有些痛；打完之后，便心平气和起来，似乎打的是自己，被打的是别一个自己，不久也就仿佛是自己打了别个一般，——虽然还有些热剌剌，——心满意足的得胜的躺下了"。阿Q式的"优胜"方法，已成了晚清时代从统治阶级到一般民众普遍的"国民心理"了。

其四，产生国人"精神胜利法"——阿Q："我们先前——比你阔多啦！你算是什么东西！"——这一"集体无意识"的心理基础，鲁迅在1907年所写的《文化偏至论》中早有揭示。该文开篇第一句就是："中国既以自尊大昭闻天下！"一个国家、民族何以会有此种心态呢？鲁迅细加析之：

> 昔者帝轩辕氏之勘蚩尤而定居于华土也，典章文物，于以权舆，有苗裔之繁衍于兹，则更改张皇，益臻美大。其蠢蠢于四方者，胥蕞尔小蛮夷耳，厥种之所创成，无一足为中国法，是故化成发达，咸出于己而无取乎人。

过去黄帝勘定蚩尤之乱而领族人聚居于中华大地，立下典章文物，使之萌发承续，其苗裔世代繁衍，不断发扬兴盛，日渐达到华美博大。而在中国周围蠢蠢蠕动的，皆是一些弱小丛聚的蛮夷而已，这些族类所创造的东西，无一值得中国效法；中国文明教化之发达先进，全都是出于自身而不必吸取于他人。这就是说，由于特定的地理环境和历史机遇，中国这一国族逐渐养成了妄自尊大的心态。

那么，它和西方各国的交流又是怎样呢？鲁迅接着分析道，因为道路艰险，海洋阻隔，西方之希腊罗马之文化未能影响到，虽有一二传教士的传播也无济于事。海禁开放之后，白种人纷纷来到中国，但内中不乏野心勃勃、心思狡诈者，其人文素养跟中国文明相比，仍是劣等而已。这样，就形成了以下心态：

> 屹然出中央而无校雠，则其益自尊大，宝自有而傲睨万物，……惟无校雠故，则宴安日久，苓落以胎，迫拶不来，上征亦辍，使人荼，使人屯，其极为见善而不思式。①

国人误认为中国屹然立于世界中央，此源于无从相互比较，也就铸成其日益自尊自大，珍视自身已有的传统文化而傲视鄙薄世间之他者。由于无法相互比较的缘故，则安逸闲适之态日久，凋零衰败已暗中孕结；外界的逼迫竞争施加不到，上升的势态也就停止。这种社会风气情状，只能使人颓靡迟钝，其极端的表现就是见到好的、优秀的东西，却不想接纳、汲取之。不妨翻阅《阿Q正传》文本，其"优胜记略"一章不正是这种精神心态的形象传示吗？

其五，1908年，鲁迅在《破恶声论》中还揭示了这批持"精神胜利法"者们带着侵略性的"意淫"。

> 吾尝一二见于诗歌，其大旨在援德皇威廉二世黄祸之说以自豪，厉声而嗥，欲毁伦敦而覆罗马；巴黎一地，则以供淫游焉。倡黄祸者，虽拟黄人以兽，顾其烈则未至于此矣。

国内有一些诗人援引德皇威廉二世"黄祸之说"，以此"自豪"，为自己打气壮胆，他们发出野兽般的厉声吼叫，要摧毁伦敦，覆灭罗马，把巴黎沦为供其淫乐之地。这些人的"意淫"中透露出的兽性，虽是创立"黄祸"之说的人也未设想到。

20世纪初，德皇威廉二世曾炮制出东方黄种民族将对以欧洲为代表的西方世界构成威胁的理论，国内一些民族主义者因之振奋，他们就像阿Q躺在土谷祠里"飘飘然"地做起"未庄革命"的梦一样，妄想毁灭伦敦、罗马，纵欲巴黎，称霸世界。鲁迅严厉地批评了这类"兽性爱国"者，指出："度今日佳兵之士，自屈于强暴久，因渐成奴子之性，忘本来而崇侵略

---

① 鲁迅：《文化偏至论》，《鲁迅全集》第1卷，人民文学出版社2005年版，第45页。

者最下；人云亦云，不持自见者上也。"① 这些鼓吹武力的"阿 Q 们"是因为屈服于强暴之力已久，养成卑劣的奴性，日常欺弱惧强，现今见到居然有人会"惧怕"自己，便得意忘形"飘飘然"起来，在兽性的"意淫"中取得心理平衡。

其六，1930 年，鲁迅的《流氓的变迁》。他先分析了孔墨的谱系，孔子之徒为儒，儒者，柔也，不会做出出格、危险的事；墨子之徒先为侠，能以死为目的，尚有侠义精神。到了侠字渐消，便成强盗，但打劫的是平民，不反天子，愿受招安，终成奴才；其后之侠，或为保镖，或为捕快，奴性更足；但捕快一类差事，时有生命危险，为着稳妥，于是流氓出现了。

流氓是什么样的呢？鲁迅有幅画卷：

> 和尚喝酒他来打，男女通奸他来捉，私娼私贩他来凌辱，为的是维持风化；乡下人不懂得租界章程他来欺侮，为的是看不起无知；剪发女人他来嘲骂，社会改革者他来憎恶，为的是宝爱秩序。但后面是传统的靠山，对手又都非浩荡的强敌，他就在其间横行过去。②

这不也正是阿 Q 之画像吗？王胡、小 D 非强敌，他横行；小尼姑新剃头皮，他摸之凌辱；假洋鬼子没了辫子，老婆不跳井，他嘲笑；杀革命党，好看，为的宝爱秩序……原因是他自恃有"传统"做靠山。

不如用鲁迅在《阿 Q 正传》中所写及的阿 Q 亲叙述吧，阿 Q 本来也是"正人"，"他对于'男女之大防'却历来非常严；也很有排斥异端——如小尼姑及假洋鬼子之类——的正气。他的学说是：凡尼姑，一定与和尚私通；一个女人在外面走，一定想引诱野男人；一男一女在那里讲话，一定要有勾当了。为惩治他们起见，所以他往往怒目而视，或者大声说几句'诛心'话，或者在冷僻处，便从后面掷一块小石头"。③ 别小看了阿 Q，他也有自己的"学说"。所以在鲁迅心目中，阿 Q 从根本上看，是属于游民群体中的"流氓"一类，至少是"很沾了些游手之徒的狡猾"。

其七，1932 年，《辱骂和恐吓决不是战斗》，鲁迅写道："笔战，就也

---

① 鲁迅：《破恶声论》，《鲁迅全集》第 8 卷，人民文学出版社 2005 年版，第 36 页。
② 鲁迅：《流氓的变迁》，《鲁迅全集》第 4 卷，人民文学出版社 2005 年版，第 160 页。
③ 鲁迅：《阿 Q 正传》，《鲁迅全集》第 1 卷，人民文学出版社 2005 年版，第 525 页。

如别的兵战或拳斗一样，不妨伺隙乘虚，以一击制敌人的死命，如果一味鼓噪，已是《三国志演义》式战法，至于骂一句爹娘，扬长而去，还自以为胜利，那简直是'阿Q'式的战法了。"① 阿Q的这种流氓战法与习性，为鲁迅所不屑。

其八，1930年，鲁迅译了日本电影评论家岩崎·昶《现代电影与有产阶级》一文，并写了"译者附记"。内中谈到中国有些民众本想欢迎美国武侠明星范朋克到华却"大碰钉子"的事，鲁迅批评道：

> 这正是被压服的古国人民的精神，尤其是在租界上。因为被压服了，所以自视无力，只好托人向世界去宣传，而不免有些谄；但又因为自以为是"经过四千余年历史文化训练"的，还可以托人向世界去宣传，所以仍然有些骄。骄和谄相纠结的，是没落的古国人民的精神的特色。②

这里的"骄"，来自"四千年历史文化训练"，不正是阿Q的精神胜利法吗？这里的"谄"，取巧地"托人向世界去宣传"，不正是阿Q的"狡猾"与投机吗？鲁迅归结了这句话："骄和谄相纠结的，是没落的古国人民的精神的特色"，可以看出，阿Q式的精神形态即是没落的古国人民的精神特色的浓缩。

其九，1933年，鲁迅在《再谈保留》一文中回忆道："十二年前，鲁迅作的一篇《阿Q正传》，大约是想暴露国民的弱点的。"③ 这国民的弱点，应该就是上一条"骄和谄相纠结"这一"古国人民的精神特色"吧。

其十，1933年初，斯诺去探望病中的鲁迅，与鲁迅进行过一次对话，他记述下来：

> "民国以前，人民是奴隶，"鲁迅是这样说的。"而民国以后，我们则成了前奴隶的奴隶了。""你们已经进行了第二次革命或者说国民革命了，难道你觉得现在仍然有过去那么多的阿Q吗？"我问鲁迅。

---

① 鲁迅：《辱骂和恐吓决不是战斗》，《鲁迅全集》第4卷，人民文学出版社2005年版，第465页。
② 鲁迅：《〈现代电影与有产阶级〉译者附记》，《鲁迅全集》第4卷，人民文学出版社2005年版，第422页。
③ 鲁迅：《再谈保留》，《鲁迅全集》第5卷，人民文学出版社2005年版，第154页。

鲁迅大笑道："更糟了，他们现在还在管理国家哩。"①

也就是说，在鲁迅的心目中，直到 20 世纪 30 年代，仍是那些"阿 Q 似的革命党"在"管理国家"，左右着中国的命运与前途，而我们居然成了前奴隶阿 Q 的"奴隶"了。显然，鲁迅并不赞同阿 Q 式的人物起来革命，所以"怒其不争"的判断与鲁迅这一说法是相悖的。鲁迅是"惧怕其争"！

其十一，1948 年 8 月，此时的周作人像是预感到什么，如果再不说，以后可能没机会说了。所以他一反常态，对阿 Q 形象原型的身份认定，不再是抽象地予以概括，也不再是停留在对原型人物桐少爷、阿桂、阿有的具体回忆上，而是直截了当地给予明晰的指认：

> 我以为阿 Q 的性格不是农民的，在《故乡》中出现的闰土乃是一种农民，别的多是在城里乡下两面混出来的游民之类，其性格多分与士大夫相近，可以说是未蜕化的，地下的士大夫，而阿 Q 则是这一类人的代表。阿 Q 性格中最明显的两点是精神的胜利与假革命。士大夫现在称为知识阶级，精神的胜利至今还是他们的最重要的武器，以精神文明去压倒外来的物质文明，以固有道德去镇伏异端的民主思想，以纲常名教风化正气等名词为盾牌，任意的骂倒别人，这类事情大家见闻得很多，证据已经很是充足了。阿 Q 的假革命即是投机，而投机又是士大夫擅长的本领，我们不去别处找证据，只就《正传》所记看去，也就足以为证了。②

周作人在这里指出了阿 Q 游移于社会两极的生存状态，而"精神的胜利"和投机性的"假革命"，为其性格的两大特征。阿 Q 有别于闰土，不是乡土上的农民，鲁迅只是为阿 Q 借用来农村贫民的身份而已，其本质定位为——"阿 Q 到底是未蜕壳的士大夫"。

这里，应该说明一点，引用周作人的解说是不能算作"以鲁解鲁"，但因周作人的特殊身份，他比其他任何评论者都更能接近鲁迅的创作原意。在《阿 Q 正传》发表的当年，他"便写一篇题云《阿 Q 正传》的文

---

① 〔美〕埃德加·斯诺:《斯诺文集》第 1 卷，宋久等译，新华出版社 1984 年版，第 158 页。
② 周作人:《〈呐喊〉索隐》，《书里人生——兄弟忆鲁迅（二）》，河北教育出版社 2000 年版，第 163 页。

章，发表出来。这大概是说《阿Q正传》很早的一篇文章，……当时经过鲁迅自己看过，大抵得到他的承认的。"①所以他对《阿Q正传》的解说可信度较高，且与鲁迅的原意相符，故这里列作"旁证"。

其十二，1935年8月，鲁迅给萧军信中写了这段话：

> 我的祖父是做官的，到父亲才穷下来，所以我其实是"破落户子弟"，不过我很感谢我父亲的穷下来（他不会赚钱），使我因此明白了许多事情。因为我自己是这样的出身，明白底细，所以别的破落户子弟的装腔作势，和暴发户子弟之自鸣风雅，给我一解剖，他们便弄得一败涂地，我好像一个"战士"了。使我自己说，我大约也还是一个破落户，不过思想较新，也时常想到别人和将来，因此也比较的不十分自私自利而已。②

其意和《写在〈坟〉后面》一文中，"因为从旧营垒中来，情形看得较为分明，反戈一击，易制强敌的死命"③相近。而鲁迅之所以能"反戈一击"，就在于家境的"穷"，让我"明白了许多事情"，能去追求世界最新的思潮，时时想到别人，想到将来，故而不像他们一样地"装腔作势"。

但值得我们重视的是这句话："破落户子弟的装腔作势"，因为它概括出阿Q这一典型形象性格的最主要的特征；虽然在小说中，阿Q是以农村雇农的形象出现的，但他的内质是"破落户子弟"。这看起来有点"错位"，但符合鲁迅创作方法："古今文坛消息家，往往以为有些小说的根本是在报私仇，所以一定要穿凿书上的谁，就是实际上的谁。……我的方法是在使读者摸不着在写自己以外的谁，一下就推诿掉，变成旁观者，而疑心到像是写自己，又像是写一切人，由此开出反省的道路。"④也就是说，第十二则资料，鲁迅在给萧军的这封信中，道出了天机。若把它作为主线，前十一则资料的内涵就可串连起来，而关于阿Q形象身份定位上的种种困惑亦可随之而解。

---

① 周作人：《关于〈阿Q正传〉》，《年少沧桑——兄弟忆鲁迅（一）》，河北教育出版社2000年版，第230页。
② 鲁迅：《350824致萧军》，《鲁迅全集》第13卷，人民文学出版社2005年版，第528页。
③ 鲁迅：《写在〈坟〉后面》，《鲁迅全集》第1卷，人民文学出版社2005年版，第302页。
④ 鲁迅：《答〈戏〉周刊编者信》，《鲁迅全集》第6卷，人民文学出版社2005年版，第151页。

第三节　沿此解读　顺理成章

若用鲁迅所说的"破落户子弟的装腔作势"这把钥匙，去开启《阿Q正传》解读之门，似乎以往在论析中遇到的很多矛盾可以得到破解，有顺理成章之感。

因为阿Q形象原型的身份定位是"装腔作势的破落户子弟"，所以阿Q的骨子里像是很有点不安分的东西。他想与赵太爷比辈分，争高低，说他和赵太爷是本家，结果被打耳光；他很自尊，自认"见识高"，常常夸耀："我们先前——比你阔多啦"；他有精神胜利法，被人打了就说："我总算被儿子打了"；他有勇气，公开表露性生理需求，摩小尼姑头皮，要跟吴妈"困觉"；他敢于铤而走险，为生计问题，竟然进入偷盗之伍；他"神往"革命，想投革命党，得意地高喊"造反"；他潜意识中，仍有豪气，在被押解去法场游街示众时，居然喊出"过了二十年又是一个"的豪言壮语来。这些异乎寻常底层农民的举动及心理，从"破落户子弟"身份来理解，就顺畅了。由于对祖上魂灵承接，使得阿Q不甘于平庸，内心时时在躁动着。

因为阿Q形象原型的身份定位是"装腔作势的破落户子弟"，所以他在小说中变成一个两不着边的尴尬人物。像是鲁迅笔下的那只蝙蝠：

> 鸟兽各开大会，蝙蝠到兽类里去，因为他有翅子，兽类不收，到鸟类里去，又因他是四足，鸟类不纳，弄得他毫无立场，于是大家就讨厌这作为骑墙的象征的蝙蝠了。[1]

阿Q的遭遇虽不能绝对等同于这只蝙蝠，但其间还是有着相似之处。

他是"破落户子弟"，所以沦落到绝对贫困线之下，与王胡、小D为伍；但他又以"精神胜利法"来装腔作势，有别于一般的贫民。他沉溺于祖上的"尊显"，不甘现状，被逐出未庄；为了生计，他成了盗贼的手下小脚色；革命来了，他想参加，却被假洋鬼子赶走，不准革命；赵家被抢

---

[1]　鲁迅:《谈蝙蝠》,《鲁迅全集》第5卷，人民文学出版社2005年版，第212页。

案与他无关，却糊里糊涂被"团圆"了。他既不容于一般"庸众"群体，也被排斥于"将辫子盘在顶上"投机"革命"的团伙，更不会为夏瑜那些坚贞的革命志士所接纳。"他有翅子，兽类不收；他是四足，鸟类不纳"，对于任何一方，蝙蝠式的阿 Q 都是异类，他只能算是一个越界的"庸众"，终以悲剧收场。

因为阿 Q 形象原型的身份定位是"装腔作势的破落户子弟"，所以他在土谷祠梦中做的是这样的"革命"之梦：大开杀戒，满足权欲，小 D、王胡、赵太爷、秀才、假洋鬼子，统统杀头；攫取钱物，发革命财，"我要什么就是什么，我欢喜谁就是谁"，元宝，洋钱，洋纱衫，秀才娘子的宁式床先搬到土谷祠；占有女人，放纵无度，阿 Q 美滋滋地想着：邹七嫂的女儿过几年再说，吴妈可惜脚太大，未庄稍有姿色的女人，都在阿 Q 心中一一过眼；投靠不成，即生悖心，想投靠假洋鬼子，却是"不准革命"的拒斥，他愤然反击，我总要告你一状，看你抓进县里去杀头。

阿 Q 如此"革命"，能是鲁迅所赞同的吗？鲁迅曾把参与"革命""造反"的分为两种类型：一种是"前驱和闯将，大抵是谁也怕得做。……中国一向就少有失败的英雄，少有韧性的反抗，少有敢单身鏖战的武人，少有敢抚哭叛徒的吊客"，[1] 像写《革命军》的邹容、小说《药》中的夏瑜即是。

另一种是投机革命的：

> 国情不同，国魂也就两样。记得在日本留学时候，有些同学问我在中国最有大利的买卖是什么，我答道："造反。"[2]

阿 Q 则属于后一类，这种"阿 Q 似的革命党"是把"造反"当成获利的买卖。所以周作人才会说出："阿 Q 性格中最明显的两点是精神的胜利与假革命。……阿 Q 的假革命即是投机，而投机又是士大夫擅长的本领"，此语与鲁迅同调。可以想象，此类之阿 Q 如若参加了革命党，乃至形成"阿 Q 似的革命党"群体，那革命将成何种形态呢？势必使革命的内涵在质地上变异，因为"中国大约太老了，社会上事无大小，都恶劣不堪，像

[1] 鲁迅：《这个与那个》，《鲁迅全集》第 3 卷，人民文学出版社 2005 年版，第 152 页。
[2] 鲁迅：《学界的三魂》，《鲁迅全集》第 3 卷，人民文学出版社 2005 年版，第 221 页。

377

一只黑色的染缸，无论加什么新东西去，都变成漆黑"。^① 所以鲁迅不可能
对阿 Q 持"怒其不争"的态度，而应该是"惧怕其争"！

因为阿 Q 形象原型的身份定位是"装腔作势的破落户子弟"，你才
会理解周作人在《呐喊衍义》中为何坚持把阿 Q 定位在没落的士大夫阶
层上：

> 所谓优胜即是本文中的"精神的胜利"。这个玄妙的说法本来不
> 是阿 Q 之流所能懂的，实际上乃是知识阶级的玩意儿，是用做八股文
> 方法想出来，聊以自慰，现在借了来应用在阿 Q 身上，便请他来当代
> 表罢了。

阿 Q 这一形象典型最重要的个性是"精神胜利法"，但这决非雇农阿 Q 这
一阶层所能玩得起来的东西，它是知识阶级、士大夫才有的观念，周作人
甚至把它和做八股文的思维联系起来。若从阿 Q 是"破落户子弟"视角来
看，鲁迅把"精神胜利法"安在其身上也是合适的。其实作为小说中雇农
身份的阿 Q，他所承载的"国民劣根性"，从文学接受论的角度早已超越
出农民阶层的范围，因为阿 Q 的"精神胜利法"，及其对革命的投机性，
已侵蚀、扩散至我们民族的细胞中去，成了"国民性的病态"。近百年前，
当《阿 Q 正传》刚刚问世时，"就曾有小政客和小官僚惶怒，硬说是在讽
刺他"，^② 这就说明按小说设定的人物身份以求索解的路是狭窄的，文学典
型形象的价值与意义往往超越了社会学的定位。

周作人接着分析，阿 Q 在戏台下赌摊赌钱，赢了，但一下了被人抢
走，这是一个大失败，"他立刻转败为胜，他举起右手，在自己脸上连打
了两个嘴巴，打完之后，便心平气和起来，慢慢觉得是自己打了别人一
般，心满意足的躺下了。……这里具体写出了士大夫夸示精神的胜利的情
状，总是够十分深刻的了"。阿 Q 还是以士大夫那种特有的"精神胜利法"
自慰。

周作人继续分析，假洋鬼子留洋半年回来，腿也直了，辫子也没了，
戴着一条假辫，这是阿 Q 深恶痛绝的，他"这意见与第六章里说杀革命

---

① 鲁迅:《致许广平》,《鲁迅全集》第 11 卷，人民文学出版社 2005 年版，第 20 页。
② 鲁迅:《〈出关〉的"关"》,《鲁迅全集》第 6 卷，人民文学出版社 2005 年版，第 537 页。

党好看，第四章里说女人是害人的东西，都有连系，都是士大夫的正宗思想，在小说里却来借给了阿 Q 了……"①周作人把阿 Q 的行为细节都和士大夫的观念与气质挂起钩来，最后得出"阿 Q 到底是未蜕壳的士大夫"的身份定位，得出

> 阿 Q 这人是中国一切的"谱"的结晶，……是一幅中国人坏品性的"混合照相"，其中写中国人的缺乏求生意志，不尊重生命，尤为痛切，因为我相信这是中国的最大的病根。②

周作人的这一结论与鲁迅给萧军信中的意思是一致的。

至此，对阿 Q 形象原型身份定位之溯源似可做一收结，像是可以得出这样的断言：鲁迅给萧军信中的"破落户子弟的装腔作势"这句话，可成为破解阿 Q 身份定位的最贴切之语。

1925 年，鲁迅在《俄文译本〈阿 Q 正传〉序》中写道：

> 要画出这样沉默的国民的魂灵来，在中国实在算一件难事，因为，已经说过，我们究竟还是未经革新的古国的人民，……在将来，围在高墙里面的一切人众，该会自己觉醒，走出，都来开口的罢，而现在还少见，所以我也只得依了自己的觉察，孤寂地姑且将这些写出，作为在我的眼里所经过的中国的人生。③

阿 Q 形象是要画出"未经革新"的、"围在高墙里面"的古国"国民的魂灵"来，作者写的是"自己的觉察"，是"在我的眼里所经过的中国的人生"，即他以自我生命接纳、酿造的中国经验，而非仅是亚瑟·史密思的《中国人气质》一书的启示。还是冯雪峰概括得精确：鲁迅作品的"内容全部都是中国人民的生活和问题，他的思想和感情全部都是中国人在现在

---

① 以上几段中关于《呐喊衍义》的引文，参见周遐寿：《呐喊衍义》，《鲁迅小说里的人物》，人民文学出版社 1957 年版，第 47、50、54 页。
② 周作人：《关于〈阿 Q 正传〉》，《年少沧桑——兄弟忆鲁迅（一）》，河北教育出版社 2000 年版，第 233 页。
③ 鲁迅：《俄文译本〈阿 Q 正传〉序》，《鲁迅全集》第 7 卷，人民文学出版社 2005 年版，第 84 页。

中国的现实生活和革命斗争里所发生的思想和感情"。① 这也说明，以西方一种新的理论为预设前提，来框就、剪裁鲁迅作品的内蕴，将会贬低鲁迅的精神价值与历史地位，而这是否又是一种新的殖民文化的现象？鲁迅可珍贵之处，就在于他有着厚重的、独特的中国经验，这是在鲁迅研究中万万不可忽略的基点。

"围在高墙里面"的一切人众、国民，其沉默魂灵的深层被鲁迅挖掘出来，如前述："骄和谄相纠结的，是没落的古国人民的精神的特色。"早在日本留学时，鲁迅和挚友许寿裳就一再探讨"中国民族性的缺点"，认为"我们民族最缺乏的东西是诚和爱，——换句话说：便是深中了诈伪无耻和猜疑相贼的毛病。……要在历史上去探究，因缘虽多，而两次奴于异族，认为是最大最深的病根。做奴隶的人还有什么地方可以说诚说爱呢？"② 诚信为立国之本，《论语·颜渊篇》中，孔子回答问政的颜渊就说："民无信不立！"而今我们的民族既无诚信之道德，且无大爱之精神，国之根基岌岌可危。

诚与爱的缺失，造成了国民性的种种弊端，鲁迅在《论睁了眼看》中揭示：

> 中国人的不敢正视各方面，用瞒和骗，造出奇妙的逃路来，而自以为正路。在这路上，就证明着国民性的怯弱，懒惰，而又巧滑。一天一天的满足着，即一天一天的堕落着，但却又觉得日见其光荣。③

这里的"用瞒和骗"造出奇妙的逃路来，即是阿Q式的"精神胜利法"；而这种"精神胜利法"已成为晚清至民初全社会从上至下的"集体无意识"。

而对这一天天堕落的古国魂灵，鲁迅用"怯弱，懒惰，巧滑"三个词概括之。其怯弱，如《一点比喻》："通常，领的赶的却多是牧人，胡羊们便成了一长串，挨挨挤挤，浩浩荡荡，凝着柔顺有余的眼色，跟定他匆匆

---

① 冯雪峰：《鲁迅和俄罗斯文学的关系及鲁迅创作的独立特色》，《冯雪峰忆鲁迅》，河北教育出版社 2001 年版，第 144 页。

② 许寿裳：《回忆鲁迅》，《挚友的怀念——许寿裳忆鲁迅》，河北教育出版社 2000 年版，第 110 页。

③ 鲁迅：《论睁了眼看》，《鲁迅全集》第 1 卷，人民文学出版社 2005 年版，第 254 页。

地竞奔它们的前程。"① 当时的国人就像这一长串胡羊，柔顺地挨着挤着，浩浩荡荡地竞奔向被屠宰的场所。

其懒惰，如《娜拉走后怎样》："群众，——尤其是中国的，——永远是戏剧的看客。……北京的羊肉铺前常有几个人张着嘴看剥羊，仿佛颇愉快。"② 这是饱食终日、百无聊赖的"看客"的神态。

其巧滑，如《杂感》："勇者愤怒，抽刀向更强者；怯者愤怒，却抽刀向更弱者。不可救药的民族中，一定有许多英雄，专向孩子瞪眼。这些孱头们！"③ 这类人欺软怕硬，色厉内荏，他们对强者卑躬屈膝，而只会对比它更弱者施暴。对此，不妨可再回顾阿 Q 的言行吧。

从阿 Q 到"古国魂灵"，形形色色，各色人等，鲁迅都用入木三分之笔力为他们留下了画像，写出了"围在高墙里面"的国民从身体到灵魂的堕落与退化。

① 鲁迅：《一点比喻》，《鲁迅全集》第 3 卷，人民文学出版社 2005 年版，第 232 页。
② 鲁迅：《娜拉走后怎样》，《鲁迅全集》第 1 卷，人民文学出版社 2005 年版，第 170 页。
③ 鲁迅：《杂感》，《鲁迅全集》第 3 卷，人民文学出版社 2005 年版，第 52 页。

第十五章　论阿 Q 的辫子
——文学经典解读之"互文印证"

【在鲁迅著作中，辫子是一常见的意象，从国人的辫子到阿 Q 的辫子，其内涵既有叠印，又有变异。鲁迅为笔下人物取名阿 Q，这一文字符号之象形即蕴含着辫子的意象。而阿 Q "用竹筷盘上他的辫子"这一意象的细节特征，标示着阿 Q 对革命的投机；此举使阿 Q 差点滑入"以人血染红顶子"之列，有"人格分裂"症状；想以杀戮抢掠为"革命"目的的阿 Q，是"游民之类"的形象典型，鲁迅对其是持批判态度的。辫子意象的互文印证，能使我们能更为贴近鲁迅创作《阿 Q 正传》的旨意。】

第一节　从国人的辫子到阿 Q 的辫子

1936 年 10 月 10 日，在上海的鲁迅一觉醒来，拉过报纸一看，不觉得摩了一下头顶，惊叹道："二十五周年的双十节！"这是鲁迅先生在《因太炎先生而想起的二三事》一文（未完稿）中回述的场面。而先生写的这篇文章距他逝世仅二天，是他一生中的终曲。

先生写道，每当惊喜或感动的时候，他总习惯这摩一下头顶的手势。那么，在民国二十五周年双十节的这一天，是什么触动了先生的心弦，让他重复这一手势，让他在重病中仍念念不忘而提起笔来呢？是辫子，中国人的辫子！

这情景自然让人想到 16 年前的这一天，1920 年的 10 月 10 日先生也发表了《头发的故事》一文。那天，先生早晨起来揭去日历，向新的那一张看了又看，说："阿，十月十日，——今天原来正是双十节。"这一天，何以让先生值得如此感念呢？是辫子，"因为辫子究竟剪去了！" 1911 年的这一天，武昌义旗高举，结束了二百多年清王朝封建统治和二千多年封建帝制，双十节作为辛亥革命成功的纪念日，其意义之重大自不待言。对于生活在中国的个体来说，更直接的感受是，像猪尾巴一样整日拖在脑背的辫子终于剪掉了。

这辫子的意象也实在太沉重了，重到鲁迅先生在辞世的前两天仍想到它，写下它：

> 剃头担上的旗竿，三百年前是挂头的。满人入关，下令拖辫，剃头人沿路拉人剃发，谁敢抗拒，便砍下头来挂在旗杆上，再去拉别的人。……以作用论，则打架时可拔，犯奸时可剪，做戏的可挂于铁竿，为父的可鞭其子女，变把戏的将头摇动，能飞舞如龙蛇，昨在路上，看见巡捕拿人，一手一个，以一捕二，倘在辛亥革命前，则一把辫子，至少十多个，为治民计，也极方便的。[1]

在鲁迅的笔下，辫子已不仅是人的生理构成上的部件，而是浸着民族之血，沾着弱者之泪的象征物了。因此，"对我最初提醒了满汉的界限的不是书，是辫子。这辫子，是砍了我们古人的许多头，这才种定了的，到得我有知识的时候，大家早忘却了血史，反以为全留乃是长毛，全剃好像和尚，必须剃一点，留一点，才可以算是一个正经人"。[2]

辫子让鲁迅有着如此刻骨铭心的记忆，还因为他在青年时期受过"无辫之灾"。他在日本留学时剪掉了辫子，回到家乡绍兴竟为此付出了"代价"：在路上，小则说是偷了人家的女人，因那时捉住奸夫，总是先剪去他的辫子；大则被指为"里通外国"的"汉奸"。以至于当绍兴中学卷起剪辫风潮时，学生们问他，有辫好，还是没辫好？他给的居然是："没有辫子好，然而我劝你们不要剪"这样"言行不一"的答案。因为鲁迅深知：

> 他们却不知道他们一剪辫子，价值就会集中在脑袋上。轩亭口离

① 鲁迅：《因太炎先生而想起的二三事》，《鲁迅全集》第 6 卷，人民文学出版社 2005 年版，第 577 页。

② 鲁迅：《病后杂谈之余》，《鲁迅全集》第 6 卷，人民文学出版社 2005 年版，第 193 页。

绍兴中学并不远，就是秋瑾小姐就义之处，他们常走，然而忘却了。①

在当年，辫子的有与无，是政治性的"价值"判断的焦点所在，甚至涉及个人生存的安危，鲁迅不愿看到年轻的生命为此付出不必要的代价。

因此，在鲁迅的著作中，我们会不时地看到辫子这一意象。

《从胡须说到牙齿》："民国既经成立，辫子总算剪定了，即使保不定将来要翻出怎样的花样来，但目下总不妨说是已经告一段落。"②

《头发的故事》："顽民杀尽了，遗老都寿终了，辫子早留定了，洪扬又闹起来了。我的祖母曾对我说，那时做百姓才难哩，全留着头发的被官兵杀，还是辫子的便被长毛杀。我不知道有多少中国人只因为这不痛不痒的头发而吃苦，受难，灭亡。……宣统初年，我在本地的中学做监学，同事是避之惟恐不远，官僚是防之惟恐不严，我终日如坐在冰窖子里，如站在刑场旁边，其实并非别的，只因为缺少了一条辫子！"③

《略论中国人的脸》："西洋人所画的中国人，才知道他们对于我们的相貌也很不敬。……头上戴着拖花翎的红缨帽，一条辫子在空中飞扬，朝靴的粉底非常之厚。"④

《忧"天乳"》："男男女女，要吃这前世冤家的头发的苦，是只要看明末以来的陈迹便知道的。我在清末因为没有辫子，曾吃了许多苦，所以我不赞成女子剪发。北京的辫子，是奉了袁世凯的命令而剪的，但并非单纯的命令，后面大约还有刀，否则，恐怕现在满城还拖着。"⑤

可真是，脑顶一辫子，满腹辛酸泪。难怪辜鸿铭拖着辫子去北大上课遭到嘲笑时，会说出如此沉重的话："我头上的辫子是有形的，你们心中的辫子却是无形的。"可以说，鲁迅自始至终都在清除着辜老夫子所说的人们心中的"无形之辫"。

但鲁迅还写出另一类型的辫子，这就是本文所论的——阿Q的辫子。

据周作人回忆，鲁迅为何取"阿Q"这个名字呢？因为与"辫子"意象有关："阿Q本来是阿桂拼音的缩写，照例拼音应该写作Kuei，那么当

---

① 鲁迅：《病后杂谈之余》，《鲁迅全集》第6卷，人民文学出版社2005年版，第195页。

② 鲁迅：《从胡须说到牙齿》，《鲁迅全集》第1卷，人民文学出版社2005年版，第260页。

③ 鲁迅：《头发的故事》，《鲁迅全集》第1卷，人民文学出版社2005年版，第485、487页。

④ 鲁迅：《略论中国人的脸》，《鲁迅全集》第3卷，人民文学出版社2005年版，第432页。

⑤ 鲁迅：《忧"天乳"》，《鲁迅全集》第3卷，人民文学出版社2005年版，第488页。

作阿K，但是作者因为字样子好玩，好像有一条小辫，所以定为阿Q，虽然声音稍有不对也不管了。"[1] 但周作人有可能浅看了鲁迅，应该不止是好玩吧，从上所引，不难看出辫子在鲁迅的心目中是一个何等沉重、痛楚的意象。正如多年之后诗人余光中的名句："中国中国你是条辫子／商标一样你吊在背后"（《敲打》），辫子的精神象征性，才是鲁迅为他笔下主人公取名"阿Q"的缘由吧。

阿Q的辫子是黄的，常"被人揪住黄辫子，在壁上碰了四五个响头"，至于为什么是黄的，鲁迅没有交待，或许是营养不良，或许阿Q原本就是个异类。在《阿Q正传》中，写到阿Q辫子最生动的一场是和小D的争斗："但他手里没有钢鞭，于是只得扑上去，伸手去拔小D的辫子。小D一手护住了自己的辫根，一手也来拔阿Q的辫子，阿Q便也将空着的一只手护住了自己的辫根。"这也就是鲁迅在上面所论及的辫子功用之一——"打架时可拔"。

不过，阿Q辫子的作用并不止于此，阿Q还把它发挥到极致，即参加"革命"的政治功能。辛亥革命爆发了，赵秀才消息灵通，一早就将辫子盘在顶上。几天之后，将辫子盘在顶上的人逐渐增加起来了，赵司晨、赵白眼也这样了。

> 阿Q听到了很羡慕。他虽然早知道秀才盘辫的大新闻，但总没想到自己可以照样做，现在看见赵司晨也如此，才有了学样的意思，定下实行的决心。他用一支竹筷将辫子盘在头顶上，迟疑多时，这才放胆的走去。[2]

阿Q用竹筷将辫子盘在头顶上，这举动着实惊人，不亚于他跟着小偷团伙站在墙外接东西的"中兴"，因为这一意象细节标志着阿Q要"革命"了。

鲁迅不愧是一位大师，其塑造的意象在细节上绝不马虎。在小说《风波》中，鲁镇茂源酒店老板赵七爷是否"将辫子盘在头顶上"这一细节，成了当时政治的风向标。辛亥革命以后，赵七爷便将辫子盘在顶上，像道士一般；如若不当道士，变成光滑头皮，乌黑发顶，就标志着皇帝坐上龙

---

① 周作人：《关于阿Q》，《关于鲁迅》，止庵编，新疆人民出版社1997年版，第590页。
② 鲁迅：《阿Q正传》，《鲁迅全集》第1卷，人民文学出版社2005年版，第543页。

庭。张勋复辟时，他就把辫子垂下，穿上长衫，恐吓被剪掉辫子的七斤，令其一家人失魂落魄，在鲁镇上演了一场不大不小的"风波"。所以，阿Q此举非同小可，有点成王败寇的意味。不过，阿Q也不傻，他只是把辫子盘起而已，像赵七爷一样，进可"革命"，退可复辟。如此投机之举，这就涉及阿Q的革命性问题了。

多年以来，学界对《阿Q正传》的阐释多和中国的政治历史流程直接对应，具体的做法即是把阿Q的命运和辛亥革命挂上钩：

> 鲁迅清楚地表现了辛亥革命曾经使中国农村发生了不寻常的震动，像阿Q这样本来十分落后的农民都动起来了，封建阶级表现了很大的恐慌和动摇。……但辛亥革命的根本的致命的弱点也在这里，它对于已经动起来了的农民，对于农民已经燃烧起来了的自发的革命的热情，不但没有加以发扬和提高，相反的是被当时在农村占着支配地位的反动分子和投机分子加以排斥。这个革命是以资产阶级向封建势力的妥协而结束的。①

鲁迅创作《阿Q正传》的动机竟是为着揭露辛亥革命的弱点及不彻底性。这一判断的出发点是这样的，因为在日常的生计中，阿Q没有固定的职业，只给人家做短工，割麦便割麦，舂米便舂米，撑船便撑船，还换来众人的颂扬："阿Q真能做！"显然属于农村中底层的雇农阶级，是中国革命最可依靠的力量。而鲁迅的身份则被设定为革命民主主义者，一位民主斗士，担负着唤醒民众，特别是唤醒农民阶级起来革命的历史任务，但阿Q却懵懵懂懂、糊里糊涂地仅在睡梦中革了一场"命"，就被送上法场，大团圆了，所以鲁迅才会对阿Q"怒其不争"。

循此，有本权威的文学史曾把此结论做了形象化的描述："辛亥革命的命运是和阿Q的命运紧密地联系着的，阿Q被送上法场，辛亥革命也同时被送上了法场，枪声一响，这个革命的生命便和阿Q的生命一起结束了。"②阿Q的命运几乎成了巨大的历史事件的象征，他和结束中国二千多年封建统治的辛亥革命叠合在一起，纳入了宏大叙事的范畴，鲁迅塑造的

---

① 陈涌：《论鲁迅小说的现实主义》，《鲁迅研究的历史批判》，河北教育出版社 2000 年版，第 10 页。

② 唐弢主编：《中国现代文学史》一，人民文学出版社 1979 年版，第 117 页。

阿 Q 形象居然成了国运的象征。

第二节　"阿 Q 辫子"的意象内涵

但是，鲁迅所勾勒出的"阿 Q 的辫子"这一小小意象，却静静地潜伏在那里，偶尔显露出来，把它挑明，便可轻轻地撕裂了上述从先验命题演绎而来的结论，露出其破绽——阿 Q 的"革命"能叫革命吗？

其一，阿 Q 属于"将辫子盘在头顶上"的这一"投机革命"的群体。

虽然阿 Q 不能像赵七爷他们那样，花费时间悠然地盘辫，只是随便抓根筷子胡乱地把辫子盘上，这是他和赵七爷一伙人不同点的所在，但他终究仍属于"盘辫"群体。那么，这一群体在鲁迅笔下，是一批什么货色呢？

除了《风波》中的赵七爷外，鲁迅还在《论"费尔泼赖"应该缓行》中尖锐地揭示了"将辫子盘在头顶上"这一群体残忍、喋血的一面：

> 现在的官僚和土绅士或洋绅士，只要不合自意的，便说是赤化，是共产；民国元年以前稍不同，先是说康党，后是说革党，甚至于到官里去告密，一面固然在保全自己的尊荣，但也未始没有那时所谓"以人血染红顶子"之意。可是革命终于起来了，一群臭架子的绅士们，便立刻皇皇然若丧家之狗，将小辫子盘在头顶上。革命党也一派新气，——绅士们先前所深恶痛绝的新气，"文明"得可以；说是"咸与维新"了，我们是不打落水狗的，听凭它们爬上来罢。①

原是革命敌人的官僚、绅士们"将小辫子盘在头顶上"，混入了革命党内。按理来说，既已投身革命，理应剪去辫子，但他们却像《风波》中赵七爷那样留着、盘着、"伏着"，进可"革命"，退可复辟，投机嘴脸立显。

不仅如此，他们仇视革命的本质并未因"盘辫"而改变，他们镇压革命党人的狠毒手段依旧使出。鲁迅接下的一段就列出历史事实：辛亥革命

---

① 鲁迅：《论"费尔泼赖"应该缓行》，《鲁迅全集》第 1 卷，人民文学出版社 2005 年版，第 288 页。

后任绍兴都督的王金发不打落水狗，讲"文明"，讲"新气"，发善心释放了曾主张杀害秋瑾，还出谋掘毁西湖边上秋瑾墓的土绅士章介眉，而后此人混到北京任袁世凯总统府秘书，却恩将仇报，又密谋参与了督理浙江军务的朱瑞杀害王金发一案。"落水狗"上岸后，告密、陷害的手段重使，凶狠残忍的本性仍在，"帮着袁世凯咬死许多革命人"，再次"以人血染红顶子"。

对此，鲁迅无比沉痛地说：这"是见了我的同辈和比我年幼的青年们的血而写的"。①"将小辫子盘在头顶上"是鲁迅从血泊中透视出的负面意象，阿Q若是鲁迅想要呼唤的革命对象，能把他纳入这一群体之中吗？何况1920年前后的鲁迅心态颓唐，情绪低落："我那时对于'文学革命'，其实并没有怎么样的热情。见过辛亥革命，见过二次革命，见过袁世凯称帝，张勋复辟，看来看去，就看得怀疑起来，于是失望、颓唐得很了。"②对所谓的"革命"心存疑虑，自身尚在"彷徨"之中的鲁迅，能去动员他人，譬如阿Q"革命"吗？

其二，阿Q差点滑入"以人血染红顶子"之列。

在《阿Q正传》文本中，阿Q最厌恶的一个人，就是钱太爷的大儿子——假洋鬼子，他跑到东洋去，半年后回到家里，腿也直了，辫子也不见了。"阿Q尤其'深恶而痛绝之'的，是他的一条假辫子。辫子而至于假，就是没有了做人的资格；他的老婆不跳第四回井，也不是好女人。"从对假洋鬼子在辫子造假上的深恶痛绝，到自己也把辫子盘起来造假，可以看出阿Q的社会伦理的价值标准并非稳定，政治立场模棱两可，投机性极强。正符合鲁迅之说："我的意见，以为阿Q该是三十岁左右，样子平平常常，有农民式的质朴，愚蠢，但也很沾了些游手之徒的狡猾。"③在辫子的问题上，充分显示出阿Q的滑头，而且是"游手之徒"，即中国游民式的滑头。

这是因为阿Q压根就不懂得革命的含义，他甚至对革命党一贯怀有偏见："他有一种不知从那里来的意见，以为革命党便是造反，造反便是与他为难，所以一向是'深恶而痛绝之'的。"他在"中兴"之后回到未庄，

---

① 鲁迅：《写在〈坟〉后面》，《鲁迅全集》第1卷，人民文学出版社2005年版，第299页。

② 鲁迅：《〈自选集〉自序》，《鲁迅全集》第4卷，人民文学出版社2005年版，第468页。

③ 鲁迅：《寄〈戏〉周刊编者信》，《鲁迅全集》第6卷，人民文学出版社2005年版，第154页。

眉飞色舞地演讲进城见闻:"'你们可看见过杀头么?'阿 Q 说,'咳,好看。杀革命党。唉,好看好看……'他摇摇头,将唾沫飞在正对面的赵司晨的脸上。"其口吻中像是对革命党怀有某种深仇大恨似的。他之所以想"投降革命党",之所以能在午间喝了两碗空腹酒后在未庄大喊:"造反了!造反了!"原因仅在于,革命、造反"却使百里闻名的举人老爷有这样怕,于是他未免也有些'神往'了,况且未庄的一群鸟男女的慌张的神情,也使阿 Q 更快意"。① 使他舒服得如六月里喝了雪水,这仅是一种长期被压抑后心理得到张扬的本能性的快感,似乎与"农民已经燃烧起来了的自发的革命的热情"距离甚远。

最要害的是,鲁迅在小说中设置了这样一个情节:阿 Q 去找假洋鬼子,想投"白盔白甲"的革命党,但被赶了出来,不准革命,他涌起了忧愁,像是所有的抱负,志向,希望,前程,全被一笔勾销了。"他对于自己的盘辫子,仿佛也觉得无意味,要侮蔑;为报仇起见,很想立刻放下辫子来,但也没有竟放。"

而后,赊账喝了两碗酒,回到土谷祠,阿 Q

> 越想越气,终于禁不住满心痛恨起来,毒毒的点一点头:"不准我造反,只准你造反?妈妈的假洋鬼子,——好,你造反!造反是杀头的罪名呵,我总要告一状,看你抓进县里去杀头,——满门抄斩,——嚓!嚓!"②

请注意,鲁迅在这里连用了两个"毒"字,即歹毒、再歹毒啊!一己的欲望、要求不能得逞,立即就想"放下辫子",重新站队;而且随即萌生悖心,要到官府里去告发原先想要投靠的人,让他满门抄斩。阿 Q 虽不是土豪劣绅章介眉一类的落水狗,但在这一点上,他的心理本质也距"以人血染红顶子"之流的卑鄙与残忍不远了。至于什么造反,什么革命的真正的精神与意义,对于阿 Q 来说,简直是对牛弹琴。

其三,"阿 Q 似的革命党"与真正的革命党有本质上的不同。

阿 Q 压根不懂革命吗?肯定有人会用鲁迅在《〈阿 Q 正传〉的成因》

---

① 鲁迅:《阿 Q 正传》,《鲁迅全集》第 1 卷,人民文学出版社 2005 年版,第 538、534 页。
② 同上注,第 546、547 页。

以下的话反诘："据我的意思，中国倘不革命，阿Q便不做，既然革命，就会做的。我的阿Q的运命，也只能如此，人格也恐怕并不是两个。民国元年已经过去，无可追踪了，但此后倘再有改革，我相信还会有阿Q似的革命党出现。"但学界许多人却忘了鲁迅紧接的话：

> 我也很愿意如人们所说，我只写出了现在以前的或一时期，但我还恐怕我所看见的并非现代的前身，而是其后，或者竟是二三十年之后。其实这也不算辱没了革命党，阿Q究竟已经用竹筷盘上他的辫子了；此后十五年，长虹"走到出版界"，不也就成为一个中国的"绥惠略夫"了么？①

此段话是一综合整体，切不可分割开来，以导致断章取义。

它有三点值得注意，第一点，在"革命党"前鲁迅特地加上一前缀——"阿Q似的"，也就是说"阿Q似的革命党"与真正的革命党是不同质的，如若相同，鲁迅何必节外生枝，再设新词？这种不同，在鲁迅笔下的两个典型形象——夏瑜和阿Q身上展现出来。夏瑜在牢中，还劝牢头红眼睛阿义造反："这大清的天下是我们大家的。"只有达到这样的政治观念水准，才是鲁迅心目中真正革命者的形象。

第二点，"阿Q似的革命党"有一特点——"用竹筷盘上他的辫子"，这是鲁迅给予他们这一伙独有的意象细节特征。如前所说，阿Q这一群类要在形式表征上投向革命党，是盘起发辫，但他们不会像赵七爷一样悠悠然细细地如道士般盘起，而是抓根筷子胡乱地把辫子盘上，所以"阿Q似的革命党"既不同于真正的革命党，也不同于章介眉之流，虽然与后者"投机革命"的本质是一样的。由此，鲁迅特地点出：阿Q的运命是会卷入革命的，但"人格也恐怕并不是两个"。从上述的阿Q差点滑入"以人血染红顶子"之列，便可看出鲁迅是如何写出阿Q在所谓的革命中"人格分裂"症状的，而且还有可能是多重分裂症。

第三点，在语意上，特别是后半段，显然是讽刺、挖苦的反语。这场革命仅是使阿Q"用竹筷盘上他的辫子"，仅是使高长虹这类仇视社会的无政府主义者摇身变成工人的"绥惠略夫"而已，如此荒唐、无聊的革命

---

① 鲁迅：《〈阿Q正传〉的成因》，《鲁迅全集》第3卷，人民文学出版社2005年版，第397页。

成果，也"不算辱没了革命党"。这种反讽的意味，只要不陷于先验命题的误导，只要能客观地细细品味，是不会感受不到的。

也就是说，鲁迅关于《〈阿 Q 正传〉的成因》的这段话，对于这类由革命大潮裹挟而起的"游手之徒"，即游民、民粹的沉渣，及由其所聚合成的"阿 Q 似的革命党"在根底上是持贬抑、否定的态度的。

其四，"阿 Q 似的革命党"所欲进行的革命无非就是杀戮抢掠。

"用竹筷盘上他的辫子"为标志的"阿 Q 似的革命党"，将要在未庄进行一场什么样的革命呢？还是回到《阿 Q 正传》的文本。当阿 Q 得知城里举人老爷惊慌得把财物送到乡下来，十分快意，就想投降革命党。他禁不住地在未庄大声嚷道："造反了！造反了！""好，……我要什么就是什么，我欢喜谁就是谁。"革命造反就是要财物、要女人，这是深藏在阿 Q 潜意识中的欲望喷发而出。

当阿 Q 飘飘然地回到土谷祠，鲁迅特地点明：此时，他"酒已经醒透了。"这决非随意的一笔，而是着重指出随后的阿 Q 所思所想完全是在清醒的意识下进行的。"革命"后，他想干什么呢？

一是杀人。拔他辫子的小 D 第一个该杀，扭他辫子到墙上碰头的王胡也不留了，尽管他们跟他一样，都是为地主老财们打工的贫雇农者，是"革命的中坚力量"，但阿 Q 照杀不误。至于赵太爷、秀才、假洋鬼子等，当然不会放过了，但是排在小 D 之后。阿 Q 的"阶级立场"到哪去了？

二是夺财。为着生计，阿 Q 甚至沦落到小偷团伙中"站在洞外接东西"；高喊了革命、造反之后，也只从管土谷祠老头那里要来两个饼、一支烛，看来生活上的窘迫，是阿 Q 需加解决的第一要事。所以他想的"革命"第二件事，就是"直走进去打开箱子来：元宝，洋钱，洋纱衫"，最后，连秀才娘子的宁式床也要搬到土谷祠。

三是荒淫。阿 Q 性压抑太久了，拧了小尼姑的面颊后使他生理上"有些异样"；想和吴妈"困觉"，却吃了赵太爷的大竹杠。"革命"解决了权力与饱暖问题之后，使他开始"思淫欲"了：未庄的年轻女人，在他心里一一过目，赵司晨的妹子太丑、邹七嫂的女儿长大再说、秀才老婆眼胞上有疤，而吴妈"可惜脚太大"，嫌弃起老情人了……"革命"为阿 Q 开辟了一条性欲发泄的途径，虽然只是"意淫"。

革命的内涵在"阿 Q 似的革命党"跟前，质地完全变异了，鲁迅对此有过尖锐的揭示：

简单地说，便只是纯粹兽性方面的欲望的满足——威福，子女，玉帛，——罢了。然而在一切大小丈夫，却要算最高理想（？）了。我怕现在的人，还被这理想支配着。[1]

权力、金钱、女人及荫福后代，这些"纯粹兽性"，即动物性的欲望的满足，则是"阿 Q 似的革命党"们的"革命"目的。它能跟真正的革命党人，如现实中的邹容，小说中的夏瑜，能和他们的革命动机与目的同日而语吗？但可悲的是，这种"纯粹兽性"却被现在的人们视之为"最高理想"，竭力而追求之。

第三节　阿 Q 是"游民之类"的形象典型

"用竹筷盘上他的辫子"的"阿 Q 似的革命党"，与夏瑜式的真正的革命党不同；又和"将小辫子盘在头顶上"的投机革命的赵七爷、章介眉这批"落水狗"有别；而且想"投降革命"的阿 Q，也不同于七斤、华老栓、祥林嫂这类还在铁屋中昏睡者；那么，阿 Q 是属于哪一类的群体呢？

1948 年，周作人对阿 Q 的身份和地位曾给予了明晰的指认：

我以为阿 Q 的性格不是农民的，在《故乡》中出现的闰土乃是一种农民，别的多是在城里乡下两面混出来的游民之类，其性格多分与士大夫相近，可以说是未蜕化的，地下的土大夫，而阿 Q 则是这一类人的代表。[2]

阿 Q 是城里乡下两面交叉结合"混出"的"游民之类"，抑或为"未蜕壳的土大夫"，周作人这里指出了阿 Q 游移于城乡两端的生存状态，即隶属于中国传统文化中的游民阶层。

这和鲁迅在《寄〈戏〉周刊编者信》中对阿 Q 的画像很接近："在上海，从洋车夫和小车夫里面，恐怕可以找出他的影子来的，不过没有流氓

---

① 鲁迅：《热风·随感录五十九"圣武"》，《鲁迅全集》第 1 卷，人民文学出版社 2005 年版，第 372 页。

② 周作人：《〈呐喊〉索隐》，《关于鲁迅》，止庵编，新疆人民出版社 1997 年版，第 580 页。

样，也不像瘪三样。" 阿 Q 戴的毡帽，"上海的乡下，恐怕也还有人戴"。[①]
即阿 Q 生活的环境是在城乡两边混的，其性格既不同于流氓、瘪三，但又
"很沾了些游手之徒的狡猾"，"游手之徒" 则多是游民群体的指称。

鲁迅在给萧军的信中还提及："因为我自己是这样的出身，明白底细，
所以别的破落户子弟的装腔作势，和暴发户子弟之自鸣风雅，给我一解
剖，他们便弄得一败涂地，我好像一个 '战士' 了。"[②] 阿 Q 实则是一个 "装
腔作势的破落户子弟"，投机式地钻进革命的行列。

鲁迅、周作人的论定，涉及对中国传统文化与社会结构中的游民阶层
及游民文化的认识与判断问题。民国元年，即 1912 年，黄远生就在《少
年中国周刊》上发表《游民政治》一文，他尖锐地指出：

> 吾国数千年之政治，一游民之政治而已。所谓学校，所谓选举
> （古之官之制），所谓科举，皆养此游民勿作祟者也。游民之性，成事
> 则不足，而败人家国则有余，故古者之所谓圣帝明王贤相名吏也者，
> 尽其方法而牢笼之，夺万民之肉食而豢养之，养之得法则称治世；养
> 之不得法，则作祟者蜂起矣。[③]

游民养之得法则国家治理安宁，否则祸乱蜂起，游民问题涉及国之存亡
大事。

1919 年，《东方杂志》16 卷 4 号刊登其主编杜亚泉《中国政治革命不
成就及社会革命不发生之原因》一文，论及中国何以多为改朝换代式的
"帝王革命"，而很难发生政治经济体制实质性变革的 "政治革命" 和 "社
会革命"，其缘由之一，是因为介入历史震荡及其 "革命" 后掌实权之 "官
僚或武人，大率为游民首领之贵族化者"，这就主导了其政治品格的双重
劣根性：

> 一种为贵族性质，夸大骄慢，凡事皆出以武断，喜压制，好自矜
> 贵，视当世之人皆贱，若不屑与之齿者；一种为游民性质，轻佻浮
> 躁，凡事皆倾于过激，喜破坏，常怀愤恨，视当世之人皆恶，几无一

---

① 鲁迅：《寄〈戏〉周刊编者信》，《鲁迅全集》第 6 卷，人民文学出版社 2005 年版，第 154 页。
② 鲁迅：《350824 致萧军》，《鲁迅全集》第 13 卷，人民文学出版社 2005 年版，第 528 页。
③ 黄远生：《游民政治》，《少年中国周刊》，民国元年十二月二十六日。

> 不可杀者。往往同一人也，拂逆则显游民性质，顺利则显贵族性质；或表面上属游民性质，根柢上属贵族性质。①

革命后的执政者，其贵族性与游民性混杂，往往造成政局的混乱。

这两篇发于民国初年的文章有着深刻的见地。其一，他们揭示出中国传统文化中存在着一个独特的阶层，这就是游民阶层，他们的存在面相当广，在各个阶级中都有所存在，是中国社会安定与否的重要前提。其二，他们揭示出游民这一阶层除了尚侠仗义、勇敢好斗之外，还有另一负面特征：强烈的反社会性；言行过激浮躁，破坏性巨大；无政治目标，盲动盲从；反智主义，仇富心理等，实际上这也是我们今天所批评的民粹主义的特质。其三，他们更深的忧虑是游民文化将对中国政治历史起到深层腐蚀，造成政局动乱的后果。

《少年中国周刊》《东方杂志》在当时是首屈一指的具有启蒙性质的杂志，其影响面极大，周氏兄弟似不可能不读到的。最明显的就是鲁迅在《文化偏至论》中，对那些投机革命者的批判与黄远生在《游民政治》中的描述几乎一致，不妨略加对照。黄远生写道：

> 自国人粗解"维新"二字以后，士习益浮，风俗大坏，游民之变相，有一种人号曰"新党"。昔之立宪党者其中能自树立，及做官而有廉能之声者绝少概见，其多数则高谈阔论，嗜进无耻，骗取不义之财，运动无名之禄。②

辛亥革命之后，官员的游民本质不变，廉正者绝少，多数在敛财谋位，放纵无耻。

而鲁迅在此之前，亦尖锐指出，即使是国会立宪：

> 夫势利之念昌狂于中，则是非之辨为之昧，措置张主，辄失其宜，况乎志行污下，将借新文明之名，以大遂其私欲者乎？③

---

① 杜亚泉：《中国革命不成就及社会革命不发生之原因》，《东方杂志》十六卷第四号。
② 黄远生：《游民政治》，《少年中国周刊》，民国元年十二月二十六日。
③ 鲁迅：《文化偏至论》，《鲁迅全集》第1卷，人民文学出版社2005年版，第47页。

对这些所谓的"革命"、"维新"者的在攫取权力后的预测，力透纸背，入木三分。因此，我们必须把对《阿 Q 正传》的论析回归到当时的历史语境中去，这样才能较为真切地贴近鲁迅当年创作阿 Q 这典型人物时的心理。

美国政治哲学家阿伦特在《极权主义的起源》一书中曾论及：19 世纪阶级结构的打破，使人们没了共同的利益，没了以此利益而聚焦到一起的社会结构，于是"群氓心理"与群氓（有的也译为"群众""暴民"，鲁迅用"庸众"一词倒最贴切）就产生了。"群氓"是指缺乏共同目标和社会纽带的那些孤立的个体，他们在政治上盲从，反社会情绪强烈，并奉行"多数裁定规则"，往往被极权主义者利用来废除民主，促成了极权主义的胜利。① 阿伦特"群氓"的概念内涵，实质上相近于民粹主义，相近于鲁迅所批判的压制"个人""精英"的，"以众陵寡"的"众数"的内涵，相近于在中国有着深厚土壤的"游民文化"及群体。因此，若把阿伦特所论与鲁迅《阿 Q 正传》联系起来考察，对阿 Q 定将会有新的判断视角诞生。

20 世纪 30 年代，斯诺曾与病中的鲁迅进行过一次对话，他记述下来：

> "民国以前，人民是奴隶"，鲁迅是这样说的。"而民国以后，我们则成了前奴隶的奴隶了。""你们已经进行了第二次革命或者说国民革命了，难道你觉得现在仍然有过去那么多的阿 Q 吗？"我问鲁迅。鲁迅大笑道："更糟了，他们现在还在管理国家哩。"②

也就是说，在鲁迅的心目中，直到 30 年代，居然仍是那些"阿 Q 似的革命党"在"管理国家"，左右着中国的命运与前途。辛亥革命及其后的一场场变革，仿佛只是为着革掉一条辫子似的。所以，他才不无感慨地写道："革命被头挂退的事是很少有的，革命的完结，大概只由于投机者的潜入。也就是内里蛀空。这并非指赤化，任何主义的革命都如此。"③ 要高度警惕革命的投机者，这是鲁迅在《阿 Q 正传》中所要告诫国人的重要的意旨。

显然，在 20 年代初期，鲁迅盼望的是从根本上摆脱物欲、兽欲，在精神上彻底觉醒的革命先驱者，如写《革命军》的邹容、小说《药》中的

---

① 参见〔美〕帕特里夏·奥坦伯德·约翰逊：《阿伦特》，王永生译，中华书局 2014 年版，第 40—41 页。

② 〔美〕埃德加·斯诺：《斯诺文集》第 1 卷，宋久等译，新华出版社 1984 年版，第 158 页。

③ 鲁迅：《铲共大观》，《鲁迅全集》第 4 卷，人民文学出版社 2005 年版，第 107 页。

夏瑜，而非阿 Q 似的"投机者"式的人物，即"装腔作势的破落户子弟"。他对于以权力、金钱、女人为革命目的的"阿 Q 似的革命党"，对于革命中的游民文化意识与民粹主义倾向，是持批判、否定态度的。

因此，鲁迅对"用竹筷盘上他的辫子"的阿 Q，不可能是"怒其不争"，而恰恰相反，是"惧怕其争"！惧怕"阿 Q 似的革命党"这类游民、民粹的沉渣，借着革命的大潮起来争夺权力与地盘，因为他们不可能成为推进中国发展的健康的力量。

附录

"有思想的小说"与"被小说的思想"
——评俞兆平《越界的庸众与阿 Q 的悲剧》

夏中义　夏伟

　　一部经典，才子佳人看到缠绵，革命家却读出排满。鲁迅或许没想到，他言及《红楼梦》命运的这段话，后亦被其著名小说所应验。笔者所谓"一个阿 Q，三种读法"，似近之。"三种读法"如下：A. 从阿 Q 读出"思想家言"；B. 从阿 Q 读出"小说家言"；C. 从阿 Q 读出"有思想的小说"和"被小说的思想"。

（一）

　　从阿 Q 读出"思想家言"，这是俞教授的近年力作所显示的纯粹视角。俞文题为《越界的庸众与阿 Q 的悲剧——〈阿 Q 正传〉新解》，首刊《文艺研究》杂志 2009 年第 8 期，后由《新华文摘》2010 年第 3 期全文转载。

　　所谓视角"纯粹"，是说俞文大体未从小说叙事，而是侧重鲁迅思想史脉络来解析《阿 Q 正传》（下简称《阿 Q》），结果读出了三层新意。

　　1. 既然鲁迅说过："我的小说，也是论文；我不过采用了短篇小说的题材罢了"，[①] 那么，俞文就有理由将中篇小说《阿 Q》，也读作是鲁迅用故事来演示其价值忧思的特殊文献。此忧思内核，是指鲁迅自《文化偏至论》（1907）至《热风·随感录三十八》（1918）所延绵的、对精英式"个

---

　　① 引自冯雪峰：《鲁迅先生计划而未完成的著作》，《雪峰文集》第 4 卷，人民文学出版社 1985 年版，第 18 页。

人"与愚庸式"众数"之历史文化对立一案的忧愤沉思。而撰于1921年12月的《阿Q》，可谓是对鲁迅这十四年价值忧思的一次文学性聚焦。鲁迅所殷忧的国民品性中的卑劣（简称"国民劣根性"），几乎全缩微到阿Q身上。阿Q也就由此堪称中华民族反思其"国民劣根性"的文学"百科全书"。

2.俞文的新意还在于，它在论述阿Q是"庸众"一员之同时，更鲜明地论证阿Q又是"庸众"中一个不安分的"异数"，这就不仅在人物造型层面，将阿Q的独特性从孔乙己、祥林嫂、单四嫂子、华老栓及闰土等所合成的晦暗群落中剥离出来；而且，更要紧的是，强调了阿Q性格之生成特点，确如鲁迅所说，既"有农民式的质朴，愚蠢，但也很沾了些游手之徒的狡猾"。① 假如说，"农民式的质朴，愚蠢"，可将阿Q与祥林嫂、闰土们归于"庸众"一类，皆演绎了宗法文化对个体人格所酿成的蒙昧；那么，"游手之徒的狡猾"，则表明阿Q还深受非儒教的游民文化的刻骨浸润。也正是深烙在阿Q身上的这些极可鄙的胎记，使俞文将阿Q命名为"越界的庸众"，从而在阿Q与祥林嫂、闰土们之间划了一道界线。

这条界线重要吗？重要。因为多少年来，当国内学界把鲁迅"国民性批判"与"五四"新文化"打倒孔家店"直接相连，事实上已经形成了如下"共识"：即包括阿Q在内的、鲁迅小说人物所表征的人格冷漠、麻木、愚昧、鄙俗和狭隘，似乎皆是"孔家店"为符号的宋明理学所遗留下的历史孽债。现在看来，此裁决不妥，至少这不全符鲁迅本义。让"孔家店"来对"国民劣根性"负全责，恐怕"量刑过重"。记得鲁迅说过，就对中国民间底层的传统影响而言，道教的印痕或许比儒教更甚。阿Q造型的独特恰巧佐证了这一点。

不妨以刘再复为例，略作对照。刘在1988年曾说阿Q是鲁迅对中国文化的一大历史贡献。因为阿Q不仅兼具祥林嫂的麻木、孔乙己的迂腐、闰土的冷漠与华老栓的愚昧，也不仅他独家经营着畅销天下的"精神胜利"法宝，而且更重要的是——阿Q，几乎凝结着鲁迅"国民性批判"时的全部哀愁、忧患与忧愤，故它对中国文化的现代转型所发生乃至将发生的影响，想必深远。但有意思的是，当刘再复将阿Q的"国民劣根性"置于文化心理水平，来解析其内在结构，并将其结构依此陈述为"主奴根

---

① 鲁迅：《寄〈戏〉周刊编者信》，《鲁迅全集》第6卷，人民文学出版社1981年版，第150页。

性"①"修身克己""面子膨胀"②及 "精神胜利" 四层次融合的整体时，当下
学界不难发觉，刘再复在八十年代末也是将 "国民劣根性" 这笔账，几乎
全算在儒家的宗法文化头上的。至于非儒家的游民文化长在阿 Q 身上的
无赖相与痞子气，却被悬置。刘再复的疏忽，正好反过来鉴证俞兆平的慧
眼。因为 "农民的朴质，愚蠢" 与 "游手之徒的狡猾" 二语，实已表明在
鲁迅眼中，阿 Q 应是宗法文化与游民文化交媾而生的 "混血儿"，绝非宗
法文化的 "纯种"。俞文对阿 Q 的文化血统的谱系提示，当为卓识。

3. 俞文的最大新意，是学术地改写了国内学界在 "阿 Q 与革命" 一案，
对所谓 "不准革命" 论的、长达六十年的 "主流阐释"。

鲁迅的创作意图本不费解。小说从 "序" 到 "大团圆" 设九章，所以
让《第七章　革命》尾随《第六章　从中兴到末路》，再接踵叙事，无非
是先有所铺垫。阿 Q 为何会对 "革命" 从原先 "深恶而痛绝" 顷刻转为
"神往"？根子全在阿 Q 在未庄的日子已变得难过。何谓 "末路"？走投无
路罢了。一切皆属自作自受。阿 Q 所谓 "中兴"，不过是进城当了盗窃团
伙的小脚色，后返未庄销赃，一时中饱私囊而已。一俟露了马脚，他也就
成了未庄恐避之不远的嫌疑犯。也就在这节骨眼上，他听到 "革命" 来了。
他没料到 "革命" 竟使举人老爷甚惧，又喝了两碗空肚酒，愈加易醉，便
不觉飘飘然地大喝："造反了！造反了！" 魂儿出窍，"忽而似乎革命党便
是自己，未庄人却都是他的俘虏了"。当夜，阿 Q 就在土谷祠，伴着闪闪
的烛火，掉头做起有名的 "革命梦" 来：从杀小 D、赵太爷、秀才、假洋
鬼子、王胡到抢元宝、洋钱、洋线衫和秀才娘子的宁式床，最后是意淫赵
司晨的妹子、邹七嫂的女儿、假洋鬼子的老婆、秀才娘子和吴妈……

恐怕鲁迅认定，这就是阿 Q "革命" 的目的。因为早在 1919 年，即撰
《阿 Q》前两年，其《热风·随感录五十九 "圣武"》已经概括，刘邦作为
秦末农民起义领袖取代秦皇的内驱力，简言之，也 "只是纯粹兽性方面的
欲望的满足——威福，子女，玉帛，——罢了。然而在一切大小丈夫，却
要算最高理想（？）了。我怕现在的人，还被这理想支配着"。③两年后，

---

① 刘再复、林岗：《论中国文化对人的设计》，湖南人民出版社 1988 年版，第 16 页。
② 刘再复、林岗：《传统与中国人——关于 "五四" 新文化运动若干基本主题的再反思与再
批评》，生活·读书·新知三联书店 1988 年版，第 73—90 页。
③ 鲁迅：《热风·随感录五十九 "圣武"》，《鲁迅全集》第 1 卷，人民文学出版社 1981 年版，
第 355 页。

就轮到鲁迅笔下的阿 Q 了。

明此乎，再来读《第八章 不准革命》，也就洞若观火：这与其说是假洋鬼子（实为维新人士）挥舞文明棍，不准阿 Q "革命"；毋宁说鲁迅亦颇警觉一脸鄙俗、浑身流气的阿 Q，不仅会弄脏"革命"，而且，搞得不好，无特操可言的他将随时随地出卖"革命"。鲁迅在该章末尾所以连用两个"毒"字，来刻画阿 Q 对假洋鬼子的切齿诅咒："不准我造反，只准你造反？妈妈的假洋鬼子，——好，你造反！造反是杀头的罪名呵，我总要告一状，看你抓进县里去杀头，——满门抄斩，——嚓！嚓！"就是因为早看透这类流氓无产者有内心阴暗。

说鲁迅"早看透"，此言不虚。俞文的贡献之一，就在用心打捞了周作人撰于 1922 年的一篇重要书评，直言鲁迅对阿 Q 的"主旨是'憎'"，"精神是负"，[1]且论证当时周作人与鲁迅关系尚可，有理由相信此书评不仅鲁迅亲自看过，大抵亦颇认同。

说鲁迅"大抵认同"，当不缺证据。俞文着力甚深处，就在从斑驳文史中爬梳出鲁迅于辛亥革命前后，对"庸众政治"（张东荪语）的价值警戒是一以贯之，不曾动摇过。从辛亥年前的《文化偏至论》（1907）疾呼，"势利之念昌狂于中，则是非之辩为之昧"，若由"千万无赖之尤""借众以陵寡，托言众治，压制乃尤烈于暴君"，[2]到辛亥年后的《〈自选集〉自序》（1932）感慨自己，"见过辛亥革命，见过二次革命，见过袁世凯称帝，张勋复辟，看来看去，就看得怀疑起来，于是失望、颓唐得很了"。[3]因为他从骨子里厌恶那串走马灯般轮转的政客，同时也鄙视那群被政客牵着走以遂私欲的庸众。这落到阿 Q 身上，也就梦想借"革命"潮汛来漂白自己的窃贼臭名之际，也能轮到他捞一把。这倒也合乎其游民本性（所谓"无家无业无操守无信念"），却会从根本上蛀空"革命"的神圣正义。当鲁迅在 1919 年悲叹："我们中国本不是发生新主义的地方，也没有容纳新主义的处所，即使偶然有些外来思想，也立刻变了颜色……"[4]就是因为痛感在故国"阿 Q"数目不小。

也是在 1919 年，《东方杂志》16 卷 4 号刊其主编杜亚泉的文章《中

---

① 周作人：《鲁迅的青年时代》，河北教育出版社 2002 年版，第 110 页。
② 《鲁迅全集》第 1 卷，人民文学出版社 1981 年版，第 45—46 页。
③ 《鲁迅全集》第 4 卷，人民文学出版社 2005 年版，第 468 页。
④ 《鲁迅全集》第 1 卷，人民文学出版社 1981 年版，第 354 页。

国政治革命不成就及社会革命不发生之原因》，论及国史所以多改朝换代式的 "帝王革命"，而很难发生政经体制质变的 "政治革命" 和 "社会革命"，缘由之一，是因为介入历史震荡及其 "革命" 后掌实权之 "官僚或武人，大率为游民首领之贵族化者"，①这就主导了国民政治品格的双重劣根性："一种为贵族性质，夸大骄慢，凡事皆出以武断，喜压制，好自矜贵，视当世之人皆贱，若不屑与之齿者；一种为游民性质，轻佻浮躁，凡事皆倾于过激，喜破坏，常怀愤恨，视当世之人皆恶，几无一不可杀者。往往同一人也，拂逆则显游民性质，顺利则显贵族性质；或表面上属游民性质，根柢上属贵族性质。"②

请细细回味阿 Q 在土谷祠梦见 "革命" 成功后的那张嘴脸。

其一，当他梦臆："第一个该死的是小 D 和赵太爷，还有秀才，还有假洋鬼子，……留几条么？王胡本来还可留，但也不要了。……" 这就活脱脱地演绎了杜亚泉所说，游民文化（实为流氓陋习）"喜破坏，常怀愤恨，视当世之人皆恶，几无一不可杀者"。这就是说，阿 Q 性本流氓，若真让他掌生杀权柄，难免血流成河。

其二，当他色迷迷地意淫："赵司晨的妹子真丑。邹七嫂的女儿过几年再说。假洋鬼子的老婆会和没有辫子的男人睡觉，吓，不是好东西！秀才的老婆是眼胞上有疤的。……吴妈长久不见了，不知在那里，——可惜脚太大。" 这又赤裸裸地注释了杜亚泉所说，贵族文化（实为帝王特权）"好自矜贵，视当世人之人皆贱"。这也就是说，幸亏未准阿 Q "革命"，否则，他一旦得手，未必不像洪秀全，起义军尚未走出金田，他已妻妾成群。

感谢俞教授以其知识分子的良知，从阿 Q 读出鲁迅的 "思想家言"，进而激活笔者对上世纪初中国思想界的深挚缅怀。现在看来，一个《东方杂志》主编，一个《新青年》健将，虽在 "东西文化问题论战" 时姿态不一，然在忧思阿 Q 式的游民文化对中国政治历史的深层腐蚀一案，却又心有灵犀，想到一块去了。其差异只在，杜亚泉是用政治术语，而鲁迅兼具文学造型。

---

① 《杜亚泉文选》，华东师范大学出版社 1993 年版，第 400 页。
② 同上注，第 401—402 页。

（二）

或许将俞文直接置于现代文学学科背景，其价值尤为明显。

现代文学研究俨然而成学科，是 1949 年后的事。其奠基作是王瑶著《中国新文学史稿》两卷（1951—1953），其国家通编教材是唐弢主编《中国现代文学史》三卷（1979—1980）。该学科公认其对象源头是"五四"新文学，故其通例也就沿袭至今，这就是：谈现代文学史，没有不谈鲁迅；谈鲁迅，没有不谈《阿 Q 正传》；谈《阿 Q 正传》，没有不谈"不准革命"。

可以说，有关"阿 Q 与革命"关系的"主流阐释"，是从 1951—1979 年，历近三十年才郑重定型的。看得出，唐弢教材虽比王瑶史著对《阿 Q 正传》更用力，篇幅猛增四倍多（从 1200 → 5000 字），然其观点基本未变。要点有五：

1. "主流阐释"不是把《阿 Q 正传》还原到上世纪初中国思想史背景（含鲁迅 1907—1921 年的精神主脉），来考证阿 Q 形象的价值主旨之发生；相反，它是将阿 Q 纳入中国革命政论框架，来穿凿其可被附会的政治元素。

2. 由此，"主流阐释"也就很难尊重鲁迅的本意，实事求是地将阿 Q 读作凝聚"国民劣根性"的文化性格符号；而更愿在社会学层面强调阿 Q 很会劳动，"割麦便割麦，舂米便舂米，撑船便撑船"，即是"一个从物质到精神都受到严重戕害的农民的典型"。[①] 其实，"主流阐释"未必不知阿 Q 在鲁迅笔下，其雇农成分只是叙事学意义上的假定性载体，[②] 重要的是让阿 Q 能承载作者对"国民劣根性"的透视性反讽，否则，当年就不会"有小政客和小官僚惶怒，硬说是在讽刺他"。[③] 这又从反面证实了鲁迅叙事的高明。因为鲁迅所预期的小说效应，就想"使读者摸不着在写自己以外的

[①] 唐弢主编：《中国现代文学史》一，人民文学出版社 1979 年版，第 111 页。

[②] 比如承认："阿 Q 性格的某些特征是中国一般封建农村里普通农民所没有的。"见《中国现代文学史》一，第 113 页。王瑶也说："阿 Q 那些特征并不是农民所独有的，而是集中了各种社会阶层的、特别是新旧士大夫型的缺点与毛病。"《中国新文学史稿》上卷，《王瑶文集》第 3 卷，北岳文艺出版社 1995 年版，第 131 页。

[③] 鲁迅：《〈出关〉的"关"》，《鲁迅全集》第 6 卷，人民文学出版社 1981 年版，第 518 页。

谁，一下子就推诿掉，变成旁观者，而疑心到像是写自己，又像是写一切人，由此开出反省的道路"。① 这就是说，在鲁迅设置的小说迷宫中，与其说阿Q是农民典型，不如说阿Q是"疑似农民"，即不尽是农民，又胜似农民。但假如"主流阐释"也这般解读阿Q的文化内涵，那么，它也就无法让阿Q与权威政论接轨了。

3. "主流阐释" 刻意让阿Q与权威政论接轨，对王瑶而言，原因至少有二："政治隐喻"与"学术雄心"。

先说"政治隐喻"。毛泽东在1927年确实有言在先："国民革命需要一个大的农村变动。辛亥革命没有这个变动，所以失败了。"② 恰巧，赶上了辛亥革命的假洋鬼子在小说中驱逐阿Q，这情节当可用来做文章，王瑶按，这表明鲁迅"对于辛亥革命的不彻底性和那时革命形势的实际的表现达到了可惊的成功"。③ 似乎鲁迅早在1921年便以其小说预示了毛泽东在1927年的论断。

再说"学术雄心"。王瑶史著曾被吴组缃荐为"适时巨著"，④ 可谓一语中的。"巨著"，是指王瑶于1949年至1952年5月，独撰史稿约60万字，为共和国第一部有学科规模的现代文学史著；"适时"则指此书在文学学界首开"以论带史"之先河，明确宣示："中国新文学史既是中国新民主主义革命的一部分"，⑤ "它的性质和方向是由新民主主义革命的任务和方向来决定的"。⑥ 这就会驱动王瑶对阿Q作"政治整容"。后虽因时势骤变，导致王瑶史著暂停刊行，然王瑶对阿Q的"政治整容"，却依旧凭借唐弢教材的转述而延续至今。这未免与鲁迅的初衷太隔。

前章已详鲁迅所以让小说拒绝阿Q"革命"，是因为早已洞察阿Q投奔"革命"形同投机。诚然，王瑶也可说阿Q"确实感觉到革命与改变自己生活地位以及人们对自己的态度之间的关系"，⑦ 但一个有盗窃前科的痞

---

① 鲁迅：《答〈戏〉周刊编者信》，《鲁迅全集》第6卷，人民文学出版社1981年版，第146页。

② 毛泽东：《湖南农民运动考察报告》，《毛泽东选集》，人民出版社1961年版，第16页。

③ 王瑶：《中国新文学史稿》上卷，《王瑶文集》第3卷，北岳文艺出版社1995年版，第131页。

④ 吴组缃：《哭昭琛》，《王瑶先生纪念集》，天津人民出版社1990年版，第3页。

⑤ 王瑶：《中国新文学史稿》上卷，《王瑶文集》第3卷，北岳文艺出版社1995年版，第39页。

⑥ 同上注，第43页。

⑦ 同上注，第130—131页。

子的"翻身"情结，与整个被压迫的农民阶级渴望平等的正义诉求相比，毕竟有天壤之别。故当唐弢教材一锤定音："阿Q是从被剥削者朴素直感去欢迎革命的"。① 这真让人诧异。没想到，数亿农民寄望于"革命"的美好心愿和正当权益，竟硬要请这位不三不四的无赖来代表，这对农民阶级的政治形象不啻是矮化，在理路上，亦近混淆。

4."主流阐释"误读了鲁迅的阿Q，却又说鲁迅"没有忽视"，"也没有夸大"阿Q的"革命性"，他已从阿Q身上"看到农民是一个要革命的阶级，不管在什么情况下，他们都是中国革命的重要力量；阿Q真心向往革命，在他身上始终潜藏着革命的可能性"。② 其理路依然是尊阿Q为农民代表。进而推导出鲁迅始终"站在农民这一边，确信农民有权利过合理的生活，因而也有权利做革命党来争取这个合理的生活"。③

唐弢教材这些说法，是否鲁迅的意思，亟需甄别。

其一，鲁迅从未讲过阿Q能代表农民。

其二，鲁迅在1907—1921年间对农民为主体的精神委顿之国民当不无悲悯，然其文化立场从来独立而自由，不依附于某阶级。

其三，阿Q是小说人物，未让阿Q"革命"，这是鲁迅基于价值忧思而生发的文学想象，它与实践家在政治运作中出于谋略而让阿Q式人物来壮大队伍，不仅性质不一，取向也迥异。

其四，历史上的阿Q式人物，后来也颇有混迹于红色政权的（基层尤甚），他们也就类似赵树理所憎恶的、滥用公权、吃里扒外、私欲熏心、刁蛮无耻的金旺、兴旺、小旦或小元。从这意义上说，赵树理小说在代言良善农民的纯朴民意与痛切呼声方向，倒是在现代文学史上与鲁迅遥相呼应。尽管鲁迅是出于现代知识分子使命，而赵树理更愿当"农民之子"，但面对人类道义与社会公正，彼此不乏共鸣。

5."主流阐释"为了尊阿Q为"农民典型"乃至"革命的动力"，④ 颇爱引用这段鲁迅语录："据我的意思，中国倘不革命，阿Q便不做，既然革

---

① 唐弢主编:《中国现代文学史》一，人民文学出版社1979年版，第116页。
② 同上。
③ 唐弢主编:《中国现代文学史》一，人民文学出版社1979年版，第118页。阅唐弢主编《中国现代文学史》(简编)2005年版(人民文学出版社)，在"阿Q与革命"一案，仍延续其1979年观点（暨王瑶1951年观点），可谓近六十年不变。
④ 王瑶:《中国新文学史稿》上卷，《王瑶文集》第3卷，北岳文艺出版社1995年版，第131页。

命，就会做的。"① 此语出自鲁迅《〈阿Q正传〉的成因》一文，1926年12月撰。此文设二十二个自然段，如上语录载第12自然段。该段有249字（含标点）。俞文注意到，不论王瑶史著，还是唐弢教材，皆只截用了其中一句，仅30字（含标点），② 而另些重要原话（绝大部分）则被隐去，这就难免有模糊鲁迅语境本义之嫌。

为了正本清源，不如将鲁迅语段全文录下：

> 这样地一周一周挨下去，于是乎就不免发生阿Q可要做革命党的问题了。据我的意思，中国倘不革命，阿Q便不做，既然革命，就会做的。我的阿Q的运命，也只能如此，人格也恐怕并不是两个。民国元年已经过去，无可追踪了，但此后倘再有改革，我相信还会有阿Q似的革命党出现。我也很愿意如人们所说，我只写出了现在以前的或一时期，但我还恐怕我所看见的并非现代的前身，而是其后，或者竟是二三十年之后。其实这也不算辱没了革命党，阿Q究竟已经用竹筷盘上他的辫子了；此后十五年，长虹"走到出版界"，不也就成为一个中国的"绥惠略夫"了么？③

如俞文所言，只要不拘泥于成见，不难读出鲁迅针对"阿Q与革命"话题时，写的几乎"全是讽刺、挖苦的反语"，④ 而特地于"革命党"前置"阿Q似的"这一前缀，更是在阿Q（"无主义"）与鲁迅愿敬重的真"革命党"（"有主义"）之间，划一道异质界限。并非所有被"革命"大潮裹挟的人物，皆让鲁迅尊敬。相反，鲁迅历来警惕且鄙夷那伙拉大旗，作虎皮，包装自己，或唬人或渔利的伪君子、江湖骗子及二流子。阿Q何时真诚拥戴"革命"了？他只是用竹筷盘上其辫子罢了。高长虹又何许人也？从自诩为鲁迅门生，后因许广平走到鲁迅身边，他就翻脸，在媒体泄私愤，叫嚣是鲁迅抢走其情人，也活生生是痞子一个。鲁迅将小说人物阿Q与现实角色高长虹归为同类，委实"不算辱没"，近乎一丘之貉。

---

① 《鲁迅全集》第1卷，人民文学出版社1981年版，第379页。
② 王瑶：《中国新文学史稿》上卷，《王瑶文集》第3卷，北岳文艺出版社1995年版，第131页。唐弢教材引此语录，则略去"据我的意思，"6字（含标点）。
③ 《鲁迅全集》第3卷，人民文学出版社1981年版，第379页。
④ 俞兆平：《越界的庸众与阿Q的悲剧——〈阿Q正传〉新解》，见《文艺研究》2009年第8期。

诚然，俞文如此潜心于"阿 Q 与革命"关系，除却这是现代思想史暨文学史的重大公案，有话要说外，作者还寄托着某种人间关怀。用他的话说，即"阿 Q 似的革命党，不但不能成为中国革命的推进力量，带来的反而可能是一场灾难"。①这叫"心事浩茫连广宇"。这又与鲁迅的心挨近了。因为俞文在结语处，不惮重申鲁迅之价值忧思并未止于 1926 年，"而是其后，或者竟是二三十年之后"。其实，要确诊鲁迅的文化透视力之遥深，并不需这般长久的时间。只要读赵树理撰于 1943 年的《小二黑结婚》《李有才板话》及 1948 年的《邪不压正》，诸小说所出现的，混进根据地政权、丧失天良的金旺、兴旺、小元和小旦，他们不是别人，正是鲁迅曾预言的、寄生于"革命"以售其奸的、"阿 Q 似的革命党"。离鲁迅之逝（1936），近则仅七年，远则仅十二年。还不到"二三十年之后"。历史在昭示鲁迅的大仁大智的同时，亦深化了鲁迅的忧患，若他地下有知。

（三）

从阿 Q 读出"思想家言"，当是俞文的强项。然并不等于，俞文能同样卓越地从阿 Q 读出"小说家言"。诉诸情态想象造型、用文句来叙事的"小说家言"，自有不同于"思想家言"的审美法则，这反倒可能让擅长思想探索的专家，有鞭长莫及之虞。

这不是说，若想享受《阿 Q》的叙事乐趣，就非杜绝做思想史功课不可。笔者只想说，小说的第一功能乃在讲故事，有趣，逗读者开心，再兼及其他（诸如"思想""文化批判"或所谓"社会效果"）。若无趣，则写什么都行，就是别做小说，尤其不宜在报纸开专栏，做连载小说。这是不必触犯的禁忌，也是"行规"。鲁迅熟悉此"行规"，故其《阿 Q》第一章便刊于 1921 年 12 月 4 日《晨报副刊》"开心话"栏，且为了配合此栏目，不惜让文笔沾了油滑。嗣后渐渐认真，第二章起移载该报"新文艺"栏，直到 1922 年 2 月 12 日刊完。然此"认真"一词，也并非指无趣。事实上，那不无温文、雅洁却戏谑的反讽型白描，作为鲁迅的叙事文风，也大体能渗透《阿 Q》全稿，故颇吸引了当时受众的眼球。否则，孙伏园也不会殷

---

① 俞兆平：《越界的庸众与阿 Q 的悲剧——〈阿 Q 正传〉新解》，见《文艺研究》2009 年第 8 期。

勤得每周必笑嘻嘻地登门催稿，作者也不必顾虑若《阿 Q》早早进入 "大团圆"，怕孙伏园不赞成。

这就是说，一部有回味的经典小说，其构成大体取复合式，分 "意蕴层" 与 "叙事层"。你可以说，作家用文句所演示的人物、情节、场景和细节，不过是浮出其创意脑海的冰山一角；你亦可说，小说家最想倾吐的精微 "意蕴"，最终仍得靠绘声绘色、栩栩如生的 "叙事" 来生成且定型。

这就可能诱发如下 "悖式" 结局：即一个只把小说当小说来消遣的读者，因为不详作品背景及作家底细，倒反而能循着李泽厚所提及的审美程序，先是走马观花，继则渐入佳境，依次从 "感知"→"想象"→"情感"→"理解"，[①] 最后抵达对小说主旨的总体把握。若达不到对 "意蕴" 的整体 "理解"，也无伤大雅，毕竟小说陪你一路走来，你在作家设定的审美情境中笑过、哭过、沉吟过、畅想过，亦算不虚此行。

相反，另些把阅读当职业的专家，为了洞悉作品意蕴，在作家生平及心路历程方面功力甚深，无形中，倒可能将静气悠然的小说鉴赏，转为某种紧迫躁动、直奔主题、类似搜集证据式的现场侦探。为了更快更深地抵达 "理解" 终点，却仓促、粗疏地掠过了 "感知""想象""情感" 诸驿站。这就可能将 "有趣" 变得 "无趣"。这就酷似 X 光辐射，其穿透力太强，结果荧屏所显示的，只剩脏器、骨骼与血脉，至于日常迷人的形体曲线和肌肤芳泽皆消失于无形。所谓 "深刻的片面"，然终究失之 "片面"。

恕笔者直白，俞文所以未胜任从阿 Q 读出 "小说家言"，究其因，是著者从阿 Q 读 "思想家言" 太有心得，遂惯性使然，恍惚间将 "思想 = 形象"（而不是 "思想 < 形象"），这就势必简化鲁迅的小说创作心境，最终将鲁迅注入阿 Q 造型的喜剧丰富性暨审美涵浑性，全压缩成了一页比纸还薄、血肉粘连、模样可憎的国民品性病理切片。

先谈阿 Q 造型的 "喜剧丰富性"。

按歌德的说法，小说写人，取法有二：要么 "在特殊中显出一般"，要么 "为一般而找特殊"。[②] 因歌德倚重前者，故被叫做 "歌德式"，后者则被叫做 "席勒式"。鲁迅写阿 Q，取 "席勒式"，他找了一位用毡帽来掩

---

① 见李泽厚：《美学论集》，上海文艺出版社 1980 年版，第 558 页。
② 〔德〕歌德：《关于艺术的格言和感想》（1824），转引自朱光潜：《西方美学史》下卷，人民文学出版社 1979 年版，第 416 页。

饰癞疤、脸皮与嘴唇皆厚的"乡里小儿",来戏谑地书写他所忧愤的"国民劣根性"。悲剧是把价值撕毁了给人看,喜剧是把撕破了的无价值给人看,鲁迅的阿Q走了后一路子。这种写法理念性极强(近乎"主题先行"),然鲁迅也确有才华,当他将沉潜于心十余年的理念灌注到阿Q身上去时,不仅未见生硬,且还颇合这角色的无赖习性。

比如"合群的爱国的自大",这是鲁迅1918年曾痛斥的"国民劣根性"之一,是指国史颇多"党同伐异"者,"他们自己毫无特别才能,可以夸示于人",故拿国家作幌子,"把国里的习惯制度抬得很高,赞美的了不得";若遇攻击,"他们也不必去应战",只蹲在幌子里"张目摇舌",他们"数目极多",仿佛"一阵乱嗓,便可制胜";"大凡聚众滋事时,多具这种心理"。① 这用鲁迅1907年《文化偏至论》的语式来说,即是:"以大归乎无差别。同是者是,独是者非,以多数临天下而暴独特者,实十九世纪大潮之一派,且曼衍入今而未有既者也。"② 这是凝重得让人屏息的历史遗训。

然当阿Q以其乡气俚俗演绎"合群的爱国的自大"时,却顿时发噱,因为他竟能"自尊""自负"(实质文化专制)如此:既然未庄已把三尺长三寸宽的板凳叫"长凳",城里叫"条凳","这是错的,可笑!"同理,油煎大头鱼,未庄加葱半寸长,城里却将葱丝切细,"这也是错的,可笑!"更无须说,由"合群的爱国的自大"所繁衍的"精神胜利法",更被鲁迅的《第二章 优胜纪略》、《第三章 续优胜纪略》,痛快淋漓地演示为阿Q的"我们先前——比你阔的多啦!"与更著名的"儿子打老子"。屡屡撩读者忍俊不已。

阿Q很搞笑,当是鲁迅使然。然阿Q斜睨他人"可笑"时,并不知世上(或曰小说)最可笑的,应是他自己。阿Q很能让未庄人(或曰读者)开心,还因为他搞笑时并非一张脸谱。只要他亮相表达对人间世界,"包括对生命幸福名誉道德的意见"(周作人语),③ 阿Q皆滑稽非凡。仿佛擅耍十八般武艺,并非专攻某一兵器。更像是到老上海"大世界"看一长排哈哈镜,不仅仅让你大头小身子,也让你小头大身子,忽而肥壮如猪,忽而纤细如蛇……很是过瘾。这就是笔者所谓的"喜剧丰富性"。此亦当

---

① 鲁迅:《热风·随感录三十八》,《鲁迅全集》第1卷,人民文学出版社1981年版,第311页。
② 《鲁迅全集》第1卷,人民文学出版社1981年版,第48页。
③ 周作人:《鲁迅的青年时代》,河北教育出版社2002年版,第113页。

是鲁迅无愧为文豪的"小说家言"。

无须说，鲁迅所以能写出阿Q的"喜剧丰富性"，涉笔生趣，有一前提：即当阿Q尚未成型融入小说，还仅仅作为康德所谓的"意象"浮动在作家脑海，他已是一个能让鲁迅可笑、可怜、可叹、可悲的人物（哪怕病态），而非十恶不赦的魔鬼。把"思想家言"与"小说家言"逻辑间离的那条边界正在这儿："思想家"犹如医科诊断，若敲定是恶性肿瘤，务必切除，一刀见血，冷峻无趣；然"小说家"则像临床护理，毕竟面对的是病人，纵然垂危，他仍拥有要活下去的权利，故医道从来弘扬善待生命。再说，阿Q也确凿还未成为"阿Q似的革命家"去烧杀淫盗。不是说，阿Q身上没有蜕变成为"阿Q似的革命党"的可鄙基因。但只要他还没坏到这地步，他充其量是"文化癌"的早期患者，还不是病入膏肓、扩散全身的晚期重症，只有死路一条。阿Q不坏，读者不爱。然又没太坏。太坏了，除却可憎，恐怕鲁迅也就无此心，去可笑、可怜、可叹与可悲了。看来，读阿Q若能读到这份上，也就读出鲁迅写阿Q时的分寸。此亦可谓是其"小说家言"的精粹底蕴。

由此再看鲁迅写阿Q，鲁迅也真像一个医术高超、又有爱心的外科大夫临床操刀，虽然锃亮的柳叶刀寒光闪烁，然真的落到阿Q身上，又往往特小心地避开血管，尽量减轻创伤与流血。例子颇多：

比如写阿Q说自己姓赵，欲与赵太爷比辈分，虽属不安分，不识相，自讨没趣之类，但这不算罪过，不过是想谋个名分，满足自己对宗族家谱的身份认同罢了。

又如写阿Q视王胡、小D应位在其下，故发觉自己咬虱子的声响竟不及王胡而老羞成怒也罢，还是错怪小D抢了他在老主顾家的饭碗而"龙虎斗"也罢，这也纯然是儒教所含的"主奴根性"的一出山寨版表演。挨过赵太爷耳光的阿Q，若不找几个更卑微者来垫底，其内心也就太不平衡。①

---

① 鲁迅于1925年4月撰《灯下漫笔·二》，实在是将埋设了"主奴根性"的古人的宗法政伦秩序，透视到骨髓里了。鲁迅说，老祖宗"是早已布置妥帖了，有贵贱，有大小，有上下。自己被人凌虐，但也可凌虐别人；自己被人吃，但也可以吃别人。一级一级的制驭着，不能动弹，也不想动弹了"。《左传》云："天有十日，人有十等。下所以事上，上所以共神也。故王臣公，公臣大夫，大夫臣士，士臣皂，皂臣舆，舆臣隶，隶臣僚，僚臣仆，仆臣台。"鲁迅又对此问答："但是'台'没有臣，不是太苦了么？无须担心的，有比他更卑的妻，更弱的子在。而且其子也很有希望，他日长大，升而为'台'，便又有更卑更弱的妻子，供他驱使了。如此连环，各得其所，有敢非议者，其罪名曰不安分！"《鲁迅全集》第1卷，人民文学出版社1981年版，第215—216页。考虑到阿Q无妻无子女可臣，故他只能到外边找王胡、小D去过把瘾。按鲁迅的意思，这不是"不安分"。

再如写阿 Q 调戏小尼姑，以及求吴妈陪他"困觉"，虽曰触犯了"男女之大防"，然细想，也实在小菜一碟。一条能背能扛的汉子，却从来不晓异性肌肤的滑腻，忍不住捏小尼姑一把，这是要流氓，但也属人性之常，欲火难抑呢。至于吴妈，则是未庄唯一愿与阿 Q 拉家常的女仆，他是跪下求她，即使脑热冲动，又何罪之有？

更不用说阿 Q 做"革命梦"，也是一夜想入非非而已。"腹谤"不是罪。想必鲁迅认准阿 Q "有贼心无贼胆"。否则，为何写阿 Q 在未庄的仅有一次盗窃，只是因饿得发昏而偷了静修庵的萝卜？后来又为何写他在暗夜目睹赵家被抢，眼看箱子、器具、宁式床皆被抬出，然其"两只脚却没有动"呢？

总之，一句话，底线全在鲁迅不想把阿 Q 写得太坏。太坏，就无趣，笑不出来，也就没了"喜剧丰富性"。

再谈阿 Q 造型的"审美涵浑性"。

俞文对周作人"主旨是憎"的阿 Q 观，不必太当真。倒是周作人另段话颇契鲁迅的创作心境。他说，鲁迅"本意似乎想把阿 Q 好好的骂一顿，做到临了却使人觉得在未庄里阿 Q 还是唯一可爱的人物，比别人还要正直些，所以终于被'正法'了"。[①] 这似表明，"主旨是憎"应是在"思想家言"层次生发的写作动机；然一旦着手叙事，在"小说家言"层次愈潜愈深，鲁迅对日渐丰满的阿 Q 的体悟也就有变。只需细读小说，鲁迅耗在阿 Q 身上的笔墨，更多地仍属"哀其不幸，怒其不争"（此"争"不是争面子，而是争人格独立与尊严），唯独不憎。或曰，"思想家言"层次的憎，犹如盐，当它是晶体，颇咸；然它终将转为"小说家言"，这又溶为液体，咸被冲淡，味道转鲜。这就是说，鲁迅写阿 Q 时的审美心境具"涵浑性"，非一个"憎"字可以了得。假如定要用一词来概述"涵浑"的基调，那么，它是"悲悯"。"悲悯"是一颗博大心灵才有的道德气象，亦可说是"深刻的同情"。这纵然不算走到"憎"的对立面，亦离"憎"甚远。

十指连心，遂使笔下留情。人物毕竟是作家一撇一捺写就的。乍看人物在作家手里近乎泥塑的傀儡，欲死欲活，或誉或毁，怎么捏皆可。其实不然，内在良知与文学智慧不准许作家胡来，否则，他将于心不安。对付阿 Q 这等角色，若真想使坏，败坏其在读者心里的道德印象而催生憎恶，

---

① 周作人：《鲁迅的青年时代》，河北教育出版社 2002 年版，第 113 页。

一点不难，只需抓两个关节："淫"与"盗"。

然鲁迅为何偏偏不写阿Q对吴妈用强，又让吴妈自杀未遂呢？这一方面，固然是曲笔透露吴妈的生存语境甚苛，她心理压力甚大，只因为阿Q一句话便不想活了，太可怜；但另一方面，显然是鲁迅在为阿Q把关，切忌吴妈之死而让阿Q背一条人命。所以鲁迅又特意安插邹七嫂来劝慰吴妈："谁不知道你正经……"

"盗"亦然。现在看来，小说不准阿Q"革命"，既是鲁迅对"革命"负责（谨防痞子搅浑"革命"），也是对阿Q负责，禁止他到失控且失范的社会震荡里去放纵野性乃至兽欲。否则，阿Q倒真可能坏得无恶不作，国人皆呼"该杀"。但鲁迅未作如此设计，小说从头到尾，除了因一点面子而小打小闹，并未让阿Q对其他人物有实质性伤害，反倒他在未庄是遭受伤害最多的一个。

潜心比照鲁迅对未庄两类人物之态度的微妙差异，或许更可见其道义倾向。一类是阿Q、王胡、小D这拨草根群落。鲁迅深谙其人性的幽暗而不免相互啃食，底层人也确能从这啃食中觅得若干生存能量或灵魂喘息，虽然这是以人格退化为代价。然这种麻木的互相啃食又如日常功课做得很缓慢，每次啃食未必致命，但又确乎在慢慢地毁掉彼此。他们既是受害者，也是加害者，一个紧咬一个，咬成一团，形成密不透风、难以瓦解的"铁屋子"。对此，鲁迅内心是纠结的，有怜悯，却无奈。然对赵太爷、秀才这伙人，他们世袭着对底层的威势和威风，故鲁迅之落笔倒是相当利索，却颇干净，单调，没有描写底层时的矛盾感。

最后，没准是鲁迅不想没完没了地写连载小说，于是将阿Q不明不白地押赴法场，未免冤屈，故其写阿Q的笔触竟不料温婉起来，继而写出了阿Q的内心可爱与落寞。这真是"阿Q将逝，鲁言益善"。

阿Q的可爱，莫过于在赴刑途中瞥见久违的、已进城打工的吴妈，颇动眷念。他毕竟在她裙下跪过。他还有点放不下。他很想在诀别时给她一个好印象。结果是"无师自通"地吼出半句从来不说的话："过二十年又是一个……"旋即，阿Q在喝彩声中，又"轮转眼睛去看吴妈"。谁知吴妈似已忘了他，又仿佛不敢与其视线对接，"却只是出神地看着兵们背上的洋炮"。这颇令阿Q落寞。

让阿Q落寞的，还有那群看客。以前鲁迅写看客，皆取过路人的旁观视角，看到"一堆人的后背，颈项都伸得很长，仿佛许多鸭，被无形的手捏住了的，向上提着"（《药》）。然这次，鲁迅取当事者的俯瞰视角，让阿Q从车上望下去，"两旁是许多张着嘴的看客"；① 车动了，"全跟着马蚁似的人"，"发出豺狼的嗥叫一般的声音来"。曾几何时，阿Q也是这班看客中的冷漠一员。而今，这个曾赞叹杀革命党"好看好看"的活宝，自己也成了被看的冤鬼。阿Q也确乎死得冤。且不论他本无辜，实在是新掌权的把总需要他死，他不得不死；更要命的是，阿Q明明已付出血的代价，然看客仍"多半不满足，以为枪毙并无杀头这般好看；而且那是怎样的一个可笑的死囚呵，游了那么久的街，竟没有唱一句戏：他们白跟一趟了"。很要面子的阿Q，若在阎王殿听见，他会怎么想？……

　　人与人，只有在心靠得很近的时候，才在乎对方的动情与失落。鲁迅最后留给阿Q的那些欲哭无泪的文字，非具大悲悯者当不可为。②

（四）

　　能从阿Q读出"思想家言"的仁者，却未必能从阿Q读出"小说家言"。相反，能细深体恤阿Q的"小说家言"的智者，也未必能勘探阿Q所蕴藉的"思想家言"。这是为什么？欲回答这问题，有必要引入第三种读法：须从阿Q读出"有思想的小说"和"被小说的思想"。

　　说《阿Q》是"有思想的小说"，粗看不难，其实未必。要害是应界定何谓"思想"？

---

　　① "张着嘴的看客"这一意象，后来在鲁迅1923年12月26日于北京女子高等师范学校所做《娜拉走后怎样》的演讲中，又生发出如下议论："群众，——尤其是中国的，——永远是戏剧的看客。牺牲上场，如果显得慷慨，他们就看了悲壮剧，如果显得觳觫，他们就看了滑稽剧。北京的羊肉铺前常有几个人张着嘴看剥羊，仿佛颇愉快，人的牺牲能给与他们的益处，也不过如此。而况事后走不了几步，他们并这一点愉快也就忘却了。"《鲁迅全集》第1卷，人民文学出版社1981年版，第163页。小说中的阿Q之死，所以未令看客满意，缘由即此。
　　② 鲁迅于1925年5月14日撰《突然想到·九》，提及一两年前，曾有FD君指责《阿Q》写捉拿阿Q而用机关枪，"是太远于事理"。谁知是年5月9日，北京各校学生为了援救因纪念国耻而被捕的同学，前往执政府情愿，执政府不仅"东门上添了军队，西门上还摆起两架机关枪"。鲁迅感慨，学生游行和情愿皆"郁郁乎文哉"，"不但绝无炸弹和手枪，并且连九节鞭、三尖两刃刀也没有"，可是，当局却"已经架起机关枪来了，而且有两架！"——可见鲁迅对阿Q的持续怜惜，实与鲁迅对爱国学生的温情相通。《鲁迅全集》第3卷，人民文学出版社1981年版，第63—64页。

不是所有小说皆具 "思想"。中小学语文教程惯用 "主题思想" 一语，它要么将 "思想" 泛化为 "意识"，要么从来不知 "思想" 所以珍贵，纯属它是一种 "对有重大意义的公共命题发出独创之声"。人云亦云，舆论一律，当 "留声机" 或 "传声筒"，这是 "意识" 形态，不具 "思想" 特征，因为不是 "独创"。无病呻吟，愁绪缠心，情不自禁，迹近 "独创"，然与 "有重大意义的公共命题" 无涉，故亦非 "思想"。

一部小说，有诱人的故事，即使无 "思想"，不妨碍它依旧是好小说。然一部小说，不仅故事好玩，还有让人深省的 "思想"，这就更值得珍重。因为文学史上，能写好故事的作家不算少，但既能讲好故事，又能让故事深蕴 "思想" 的大家，甚少。

《阿 Q 正传》是 "有思想的小说"。1921 年底写完的小说，其 "思想" 之根，可追溯到 1907 年《文化偏至论》及 1918—1919 年《热风》。国内学界研究鲁迅，多少年来，大多重视 1918 年刊发《狂人日记》后的鲁迅。至于鲁迅为何能在 1918 年一炮打响？在此前他承受了怎样幽邃的精神历练？往往语焉不详。哈佛李欧梵一部《铁屋中的呐喊》汉语版，所以惊动 1980 年代后的大陆学界，原因之一，就是此书第一章题为《一个作家的诞生》，将探索的触角实实在在地伸向 1918 年前的鲁迅心灵。1980 年代前的大陆学界仰望鲁迅这棵大树，总是先惊叹其丰茂树冠，然李欧梵却愿从树根考察起。

俞文的贡献近乎此。俞文为了验证阿 Q 的 "思想家言" 的来龙去脉，不惧掘地三尺，把掩埋在《鲁迅全集》中，百年来的诸多材料都曝光了。都说做学术先要让材料说话。然当材料静静地躺在《鲁迅全集》，无人用心勘探，它依然默而无声。在有涉阿 Q 的 "思想家言" 一案，试比较俞文在钩沉考证鲁迅方面，比王瑶史著及唐弢教材要敏锐、深邃、周正、缜密得多。这儿有两种境况。一是先贤读鲁迅不如俞教授下功夫（似不可能）；二是先贤在其语境更想让阿 Q 与权威政论接轨，遂在漠视鲁迅 "思想家言" 的同时，将凝结 "思想" 的文献材料也有意无意地搁置了。骨子里仍是读不出阿 Q 的 "思想家言"，不愿或不宜正视《阿 Q》是 "有思想的小说"。

还有 "被小说的思想"。所谓 "被小说"，是指 "思想" 一旦融为小说构成，就不宜用 "思想" 去等于或限定形象，而要让 "思想" 活在形象身上，转化为人物的言行、心跳和气质，甚至化为云雾般弥漫情境的氛围，以致读者认不出它是"思想"。所谓"体匿昧存",是也。它有涉两个基本定律。

定律 1,作家的初始动机对创作全程未必具决定性。

鲁迅写《阿Q》即此,周作人已作概述,并用托尔斯泰批评契诃夫写《可爱的人》作类比,本想撞倒角色,因注意力集中于他,却反而将他扶起来了。这在世界文学史上是常例。问题出在周作人的补白:"这或者说是著者失败的地方。"① 这未免轻率。因为考量创作失败与否,并不取决于其过程有否恪守初始动机(创作不是做平面几何,得严格遵照"已知条件"解题),而只取决于作家能否写出其心灵的珍稀库存,以致让读者、作者自己乃至文学史皆持续为之"惊艳"不已。

这就是说,真正经典的创作过程,就其审美心境来说,应该是作家不懈地深入情怀,不断地发现新的自我的过程。创作灵感所以迷人或"迷你",是因为作家对其心灵库存的自我知解本就有限。那些较早被知解的对象若成了创作的初始动机,那么,另些足以誉为是作品的震撼性绝笔或"华彩乐章",倒很可能是作者刚落笔时不曾预设的。于是,作家与其创造的人物之间的关系,就往往出现曾令刘再复惊讶的奇观:"作家在创作中愈是处于主动,作家在自己的人物面前愈是处于被动",② 或"作家愈有才能,作家(对于人物)愈是无力"。③

托尔斯泰写《安娜·卡列尼娜》即此。安娜明明是小说家的造物,但小说家又深感是安娜在推着他走。小说家最初明明是想把安娜写成背离上帝的婚姻、家庭原则的贱女,到头来却变成为人类纯情而殉难的天鹅绝唱。究其因,也无非是:当作家的自我知解能力愈在涌泉般的小说人物前陷于困窘,就愈见作家的才华卓绝或精神富饶;或小说人物在灵感舞台上的"不服从",恰恰是作家的初始动机(表层理智——"思想")对其继起意图(深层动力——形象)的"潜顺从"(不得不顺从)。这种令作家为之神往且痴迷的创作心境,实是作家可遇而不可求、却又幸逢的"生命体验高峰"。故周作人对《阿Q》创作中途变卦之评判,不足为训。

定律 2,小说的"思想"基因对作品不应具限定性。

---

① 周作人:《鲁迅的青年时代》,河北教育出版社 2002 年版,第 113 页。
② 刘再复:《文学的反思》,人民文学出版社 1988 年版,第 70 页。
③ 同上注,第 68 页。

定律 2 与定律 1 是同一硬币的正反两面。差别只在：定律 1 是在作家与创作的动态进程中展开；定律 2 则在作品内部的静态结构中呈示。

这就是说，无论鲁迅如何表白他是把小说当论文来写，但当他把 "思想" 植入小说，此基因也就会在文学子宫中，与其他生命元素互渗或混化。"混化" 一词出自克罗齐。克罗齐说："混化在直觉品里的概念，就其已混化而言，就已不复是概念，因为它们已失去一切独立与自主；它们本是概念，现在已成为直觉品的单纯原素了。"① 显然，这儿的 "概念"（含 "思想"）与 "直觉品"（即艺术品）的关系，已是局部原素与作品整体的关系。不是局部制辖整体，而只能整体涵融局部，犹如 "放到悲喜剧人物口中的哲学格言并不在那里显出概念的功用，而是在那里显出描写人物特性的功用"。②

为了清晰地说明 "作品整体" 的根源，不妨再引证克罗齐 "心灵的统一" 理论。③ "心灵的统一" 或整一，不是指人的心灵的无差异、无矛盾、无变化，而是指 "这一个" 人的精神存在的真实性，是此人对其生命-人格存在的自我体认。其内核是此人对人生、历史、世界乃至宇宙的总体价值取向。这又可称之为是艺术家的 "灵魂的某种状态"，而艺术，正是艺术家对其 "灵魂的某种状态" 的审美直觉（即为抒情意象的生成及其外射）。故又可问，小说是什么？小说是作家凭借文句型叙事，为其生命存在写真的灵魂肖像。

鉴于小说家在叙事前，作为人已在世间历经非浅，所以，使其 "人之为此人" 的诸多心灵库存，会在其小说得以衍射。故作为思想家兼文学家的鲁迅，将其 "思想" 植入小说，很正常。用克罗齐的话说，这与有人 "看见艺术中有概念、历史、数学、典型、道德、快感和任何其它东西"，一样 "是有道理的，因为，在艺术中，借助心灵的统一，这些东西及其它的一切东西都是存在的"。④ 然同时，克罗齐又把话说了回来：这些 "概念、类型、数目、度量、道德、实用、快感和痛感" 都是作为材料进入艺术的，一俟进入作品整体，这些材料的形态与性质也就变了，"假如硬要把那些

---

① 〔意〕克罗齐：《美学原理》，朱光潜译，外国文学出版社 1983 年版，第 8 页。
② 同上。
③ 〔意〕克罗齐：《美学纲要》，韩邦凯、罗芃译，外国文学出版社 1983 年版，第 262 页。
④ 同上。

价值强加在作为艺术的艺术身上，那么，艺术也将不成其为艺术"。① 以此再看"被小说的思想"，即指此"思想"既然被小说化，它已被小说带着走了，而不是让它来限定小说。②

笔者说的这两条定律，若放到世界文学—美学史去看，无甚创意，只是常识。想必俞教授对此不陌生。然俞文所以有闪失，其症结不在知识学，也不在文学观，而是对自己的思想史修行有偏执。这大概是人格化的"文化偏至"。这就不禁让人联想达尔文：这位大生物学家曾在三十岁喟叹，自己已无暇陶醉于美人的笑靥，因为强劲的专业思维定势，会在瞬间驱动其视觉，将任何笑脸"转译"为骨肉神经井然有序的解剖图。

---

① 〔意〕克罗齐：《美学纲要》，韩邦凯、罗芃译，外国文学出版社 1983 年版，第 262 页。

② 还有两段克罗齐语录，或可有助于解释"被小说的思想"。其一，"一个艺术作品尽管满是哲学的概念，这些概念尽管可以比一部哲学论著里还更丰富，更深刻，而一部哲学论著也尽管有极丰富的描写与直觉品；但是那艺术作品尽管有那些概念，它的完整效果仍是一个直觉品的；那哲学论著尽管有那些直觉品，它的完整效果也仍是一个概念的。"见《美学原理》，外国文学出版社 1983 年版，第 8—9 页。其二，"即使有人出于实践的目的，想强调某个特殊的事物，渲染某一个事件，讲某一句话，可是他作品的逻辑和审美的连贯性会迫使他不得不放弃这个特殊事物的特殊性，放弃对这个事件的渲染，放弃要说的这句话。"见《美学纲要》，外国文学出版社 1983 年版，第 323 页。

后　记

鲁迅先生说:"人多是'生命之川'之中的一滴,承着过去,向着未来,倘不是真的特出到异乎寻常的,便都不免并含着向前和反顾。"[①]此"后记",就是我这"一滴"水,在"生命之川"中漂流而过的一段反顾。

有批评者曾调侃说,在中国,鲁迅至少养活万人生计。而我在需要鲁迅养活的时候,未曾傍上他;在不需要他养活我的时候,却开始皈依他。或许走过这一思想历程的中国知识分子不止我一人吧。

其实我和鲁迅早有缘分。20世纪70年代末,我师从许怀中先生开始研究生学业,先生以鲁迅研究闻名于国内现代文学界,陆续出版了《鲁迅与中国古典小说》等六部研究鲁迅的专著。[②]于情于理,我都应该沿着先生方向走下去,但鬼使神差的,不知怎么会看到了一篇《鲁迅与计划生育》的文章,还是在大报上登出的。那时年轻气盛,瞬间涌起一种叛逆的心态,鲁迅研究都走到这状况了,能有意思吗?就把毕业论文移到闻一多身上去。好在许先生宅心仁厚,宽容默许了我,数年后亦成正果,1988年《闻一多美学思想论稿》在上海文艺出版社问世。

时光易逝,我也跟许先生一样,步入了退休时段。闲云野鹤久了,精神有点寂寞,冥冥中仿佛书架上鲁迅在望着我一样,于是捧读了全集。鲁迅之于中国,是一奇特的存在,他是既读懂中国历史,又读懂中国现实不多的中国人之一,他的论著起到砥砺研读者思想锋芒的功用。或许生活阅历、人文积累到了一定的界点,此时的我,读鲁迅有了与年少时不同的悟解,便记下心得,陆续撰文刊出,激起点反响,进而辑成本书。

---

① 鲁迅:《〈十二个〉后记》,《鲁迅全集》第7卷,人民文学出版社2005年版,第312页。

② 许怀中:《鲁迅与文艺批评》《鲁迅与世界文学》《鲁迅创作思想的辩证法》《鲁迅与文艺思潮流派》《鲁迅与中国古典小说》《人的审视与建构:鲁迅与世界文学的一个视角》。

其实，我是文艺学专业的，在博士点设立的招生方向为"中国现代文论"，研究课题主要是中国现代文学思潮。正如华中科技大学中文系李俊国教授在微信群中信笔写下的："文艺学出身的兆平兄，总是越界到现代文学，做出一系列的'脱节、解扣'工作，而且活儿做得扎实漂亮！从80年代初的《闻一多美学思想论稿》，90年代的《中国现代三大思潮新论》，到近年的鲁迅研究系列。笑意挂在脸上的俞兆平，下笔落字，却是'辣手著文章'。"不安分守己的我，因研究现代文论及思潮也曾涉及鲁迅，确已"越界"写过几篇相关的文章，像《越界的庸众 阿Q的悲剧》在2009年的《文艺研究》登出后，就为《新华文摘》、人大复印资料、《高校学术文摘》等三家国内最重要的转摘刊物"全文转摘"。此后，则时断时续，于鲁迅研究界只能算是"票友"而已；直至退休之后，才通读了《鲁迅全集》，也才有了这本读书心得——《哲学的鲁迅》。

忘了是哪一位学者在微信上的文字："现今学界，要获取江湖地位，那运作过程委实很累，既无祖上的荫庇，又无呼朋聚友的习性，我还是追随'扫地僧'之风为宜。"读后极有同感，故抄录下来，转述于此。于我来说，许怀中先生80年代初就调往政界，"失去了祖上的荫庇"；又兼职负责《厦门大学学报》编务工作达11年之久，"年去年来来去忙，为他人作嫁衣裳"，分散了全心投入学术研究的精力。而我们这代人，所经受的是20世纪80年代纯粹学术风气的滋育，所以对社会上的变异，感觉多呈迟钝状态，仍溺于"扫地僧""独行侠"的自我玩味，直到退休后才发现福柯所说的"话语权"之存在，真有点像莫言的"晚熟的人"。古人云："上士忘名，中士立名，下士窃名。忘名者，体道合德，享鬼神之福佑，非所以求名也；立名者，修身慎行，惧荣观之不显，非所以让名也；窃名者，厚貌深奸，干浮华之虚构，非所以得名也。"这辈子，"忘名"的境界是达不到了，退求其次，"立名"而已，仅愿名实相副，心理安宁；而因兼任编辑所养成的"洁癖"，伤了一些"窃名"者，亦累及自身。由此，面对世风日下的学界，我几次欲金盆洗手，甚至一度退出江湖，到新闻界玩了5年，但现又重操旧业，只因在旧有既定轨道运行久了，惯性使然，实亦无奈。但用自己的腿，走自己的路，在别人没有发现问题的地方去发现问题，这一信条仍崇奉至今。

收录于书中的15篇章，均以"问题意识"为起点，以史料为实证而展开论说，全部在国内各学术刊物上陆续发表过。在此，感谢《文艺研究》编辑部方宁、陈剑澜,《新华文摘》编辑部陈汉萍,《中国社会科学评价》编辑部孙辉、马征,《上海文化》编辑部夏锦乾,《天津社会科学》编辑部时世平,《南国学术》编辑部田卫平,《东南学术》编辑部陈文章、杨健民、郑珊珊,《福建论坛》编辑部管宁、陈建宁,《厦门大学学报》编辑部廖哲平等诸位先生、女士及挚友们的鼓励与支持!熟悉我的师友会发现,有些以往我常联系的刊物不见了,原因是退休后没了在权威刊物发表的需求,而对于后续同行来说,这种版面却是与生存攸关的。论文在哪一级刊物发表对我已无意义,故只选择感觉顺畅的刊物与多年信赖的编辑,合作起来简单痛快。

尤其要感谢的是上海交通大学人文学院夏中义教授,他和夏伟为本书第 13 章《〈阿 Q 正传〉新论——越界的庸众与阿 Q 的悲剧》所写的评论文章《"有思想的小说"与"被小说的思想"》(见本书附录),刊发于 2011 年第 6 期《东南学术》。该文警辟透彻,令人折服,实为比我更加成功的《阿 Q 正传》的解读文章。称赏中的批评,批评中的推许,鲜明锐利,清晰磊落,20 世纪 80 年代的纯粹的批评文风重现。他批评我:对自己的思想史修行有偏执,会将文学中任何笑脸"转译"为骨肉神经井然有序的解剖图。真是一针见血,透入骨髓之语,刺激得我增写了本书第 15 章《论阿 Q 的辫子》,拟从形象细节分析,来弥补对阿 Q 在艺术审美上之不足,可惜仍未如愿。但我反转一想,或许正是这种"思想史修行的偏执",才会逼迫我突破旧说、拓出新地,另成一种气象吧。

应感谢国家社科基金后期资助项目的大力扶持,为我们这些已成乡野之士提供了方便!当然,还应感谢的是商务印书馆顾青先生和张艳丽、薛亚娟女士,是他们的接纳与支持,方使本书顺利地面世!人至晚年,能在中国历史最悠久的现代出版社的"编目数据"中列上序号,实乃三生有幸矣!

2022 年夏
于南国鹭岛南华苑